林正范　费　蔚　徐丽华　江矫英◎主编

我们怎样做校长

高质量发展视域下的小学教育创新

江西教育出版社

·南昌·

赣版权登字-02-2023-447
版权所有 侵权必究

图书在版编目（CIP）数据

我们怎样做校长：高质量发展视域下的小学教育创新 / 林正范等主编. -- 南昌：江西教育出版社，2024.3
ISBN 978-7-5705-4046-4

Ⅰ.①我… Ⅱ.①林… Ⅲ.①小学－校长－学校管理－研究 Ⅳ.①G627.1

中国国家版本馆CIP数据核字（2023）第231190号

我们怎样做校长：高质量发展视域下的小学教育创新
WOMEN ZENYANG ZUO XIAOZHANG：GAOZHILIANG FAZHAN SHIYU XIA DE XIAOXUE JIAOYU CHUANGXIN
林正范　费　蔚　徐丽华　江矫英　主编

江西教育出版社出版
（南昌市学府大道299号　邮编：330038）

出 品 人：熊　炽
责任编辑：俞霖霞　冯会珍
美术编辑：张　延

各地新华书店经销
江西千叶彩印有限公司印刷
710毫米×1000毫米　16开本　22印张　315千字
2024年3月第1版　2024年3月第1次印刷

ISBN 978-7-5705-4046-4
定价：68.00元

赣教版图书如有印装质量问题，请向我社调换　电话：0791-86710427
总编室电话：0791-86705643　　编辑部电话：0791-86708350
投稿邮箱：JXJYCBS@163.com　　网址：http://www.jxeph.com

前　言

　　由银湖书院承担的浙江省教育厅指令性培训"浙派名师名校长培养工程"小学名校长培训项目，从2021年9月至2023年11月，历时两年多，共开展了14个阶段的课程学习，圆满完成了80天的课程学习，每位学员收获满满，成长看得见！学员所在学校得到了诊断与改进指导，发展看得见！由22位学员的办学理念与实践成果提炼所汇集的《我们怎样做校长——高质量发展视域下的小学教育创新》，正是本次研修成果的展示，是学员理论素养及实践创新能力提升的真实写照。学员既能对自己的办学实践经验进行理性思考与总结提炼，同时，又能在办学实践中促进学校发展呈现新的样态，还能引领、辐射所在区域教育的发展，为实现教育共富而努力，可谓意义深远。

一、思想源于情怀

　　苏霍姆林斯基曾经说过，校长对学校的领导，首先是教育思想的领导，其次才是行政上的领导。22位名校长的平均校长龄约为10年，怎样在已有的实践经验基础上，通过培训学习，进行理性思考，然后在这个过程中改进办学实践，从优秀走向卓越，成为我们设计与实施培训课程时要考量的重要问题。我们认为，在培训中厚植校长的教育情怀是根本，是新时代校长专业素养的魂，也是未来教育家型校长的必备基础。

　　两年多来，我们通过与大师对话、名校长榜样示范、考察学习浸润等"教育情怀"课程，使学校文化、课程与课堂、教师培养等领导力课程的学习有了内驱力，更为办学思想注入了教育家的情怀和使命追求。

　　令学员们特别兴奋的是，在银湖书院研修学习期间，两次与我国著名教育家顾明远先生进行面对面对话。顾老的名言"没有爱就没有教育，没有兴趣就没有学习，教书育人在细微处，学生成长在活动中"给每一位学员都留下了深刻印象，并会影响其今后的办学实践。省内外一批名校长都相继前来开展讲座、互动交流，他们献身教育事业，用教育情怀及校长的专业素养引领学校发展的事迹，深深感染了学员们。在外出考察环节，学员们参观了云南西南联大博物馆，西南联大（全称为西南联合大学）成立于国家民族危亡时刻，在办学条件非常艰苦的情况下，秉承"刚毅坚卓"的校训，为国家培养了大批栋梁之才，这让学员们深受感染，立志要继承与发扬西南联大精神，努力办好一所学校，影响一片区域，成就一批学生。

二、眼界决定高度

教育情怀唤醒了学员的理想与信念，然而，对于为什么培养人、培养什么样的人、怎样培养人，还需要进一步打开学员的眼界、拓宽学员的视野。银湖书院充分发挥了"PET研修共同体"[银湖书院的培训模式，各类培训的方案制定以及方案实施中授课专家的选择，都由大学教授（Professor）、教研员及有关专家（Expert）、一线骨干教师（Teacher）及校长三类人员协同，互相发挥优势，融通学术与教研，提升研修质量]的教研培训特色，共邀请了国内外10余所高校的40余名教授、30余名教科研机构研究员、30余名小学名校长前来给学员开讲座、做点评指导。这三类授课专家发挥各自在理论研究、实践探索方面的优势，有助于提高学员理论学习与实践改进之间的相互转化能力，为学员办学思想的凝练打开了眼界、提升了高度。

两年多来，授课专家来源的多样性，为学员提供了丰富的课程内容。来自国内10余所高校的知名教授，为学员们带来了国家教育强国方面的国优计划、新课标、新课程等方面的政策举措和专家视角的理论思考，这对于提高学员们的政治站位、理论素养有着十分重要的作用。另外，来自加拿大麦吉尔大学教育学院、澳大利亚墨尔本大学教育学院的专家，为拓展学员的国际视野发挥了重要作用。

各级教科研机构，包括中国教育科学研究院，浙江省与杭州市教科院、教研室等机构的专家们，从教育课题，论文写作，核心素养导向的课程、课堂改革趋势，以及区域、学校改革的成功案例等研究角度，给学员们提供了新的可借鉴的视角。

在这里，一大批来自一线的小学名校长相互交流，分享多年来坚持改革创新的成功经验，参与学校诊断、点评、指导，就学员们共同关心的问题进行研讨，这让学员们受益匪浅。

此外，为了拓宽学员们的思路，银湖书院特意安排了一些跨界的课程，不仅让学员们了解了一些和教育相关的经济学原理，而且让学员们对学校发展与社会经济的关系、中国传统文化与当代教育发展的关系等有了新的理解。

两年多来，14个阶段的培训课程，都有体现银湖书院"PET"研修模式下国内外高水平学者、教研专家、名师名校长、一线骨干教师等多种形式的有机结合，讲座及对话交流会提高了学员们作为校长的专业素养，提高了站位，开阔了视野，创新了思路，使学术与研修、理论与实践融合在一起，发挥整体效应，为学员基于实践又高于实践的办学思想的形成奠定了扎实的基础。

三、淬火百炼成钢

大量的理论学习如何内化？这需要像炼钢那样，通过多次淬火，即高温与冷却的交替，中间还需加入盐水或其他溶液，发生化学反应与物理反应，最后百炼成钢。学员办学思想的逐步清晰、凝炼，直至恰当的校本化表达，都需要经过学习沉淀、独立思考、专题研讨、专家论证等循环往复、迭代升级，这中间，读书自省、名校考察、诊断指导等环节，是办学思想"淬火成钢的加速剂"。

两年多来，除了学员自选书目以外，银湖书院推荐并组织学员研读了杜威《我们如何思维》、彼得·圣吉《第五项修炼》、佐藤学《静悄悄的革命》、尹后庆《见证变革——站在上海基础教育转折点上》、伯特兰·罗素《教育与美好生活》、石中英《穿越教育概念的丛林》、苏霍姆林斯基《帕夫雷什中学》等近10本中外教育专著，学员们通过认真研读、写读书报告并交流分享，还有专家点评指导，不断提升自己的理论素养。

他山之石，可以攻玉。银湖书院在组织培训期间，带领学员走进上海、无锡、昆明等地多所名校考察研修，通过学校现场的考察学习，全方位感受不同学校办学的氛围、校园文化与办学成果，通过沉浸式体验获得良好的学习效果。例如，到全国知名的国家教学成果一等奖获得学校上海市静安区教育学院附属学校考察"后茶馆式教学"，到国家教学成果一等奖获得学校杭州天长小学考察学习"差异教育实践"，到国家教学成果二等奖获得学校杭州崇文实验学校考察学习"新班级教育"，到上海市闵行区实验小学学习"让学生主动健康发展，促一校四区优质均衡发展"，到上海七宝明强小学学习国家教学成果一等奖"融城市精神·育时代新人：小学生品格教育的25年实践"，到无锡市梅村实验小学学习心理课程开发的实践经验，到无锡师范附属小学学习"乐学教育理念与实践"，等等，都让学员们获益良多。

银湖书院还组织学员们到各学员所在学校去诊断研讨，促进学校改革发展。每到一校，都有校长报告，师生座谈会，专家、学员同伴的反馈，这既是一种现场考察学习、点评学习，又是一种同伴互助学习、镜面学习，收效甚好。

当然，校长办学思想的独特表达，还要经过围绕办学思想重点问题的课题论证，才能厘清思路。在两年多的培训中，书院多次组织专家分组面对面开展课题论证。学员在一次又一次的论证、修改过程中，对要解决的问题逐渐明了，研究思路更加清晰，这些研究成果不仅有助于解决问题，而且为办学思想的凝练奠定了基础。所以，本书中每位学员的"办学思想与实践"，是学员在经过培训学习，带领其所在学校教师自主开展课题研究、实践创新的基础上，在书院多次安排专家二对一、三对一，面对面、手把手的指导下，不断修改完善的成果。

22位名校长所在的学校分布于浙江省各地，有城市的，也有乡村的；有一校多校区的，也有九年一贯制的。他们办学的时间有长有短，聚焦的问题也不尽相同。因此，在名校长学员们所提交的关于自己办学理念的凝练成果中，有关于学校文化建设理解与实践的，有关于名人立校育人的，有关于新课程、新课堂改革创新视角的，有关于教师队伍建设梯队管理的，有关于学生德育活动路径创新的，还有关于五育融合、劳动教育评价新举措和新成效的……每一篇都是学员对学校办学创新探索的独特表达与实践总结，它们从多个角度体现了高质量发展背景下小学教育的学校创新理念的探索与实践。

习近平总书记在第39个教师节致全国优秀教师代表的信中强调，"新征程上，希望你们和全国广大教师以教育家为榜样，大力弘扬教育家精神，牢记为党育人、为国育才的初心使命，树立'躬耕教坛、强国有我'的志向和抱负，自信自强、踔厉奋发，为强国建设、民族复兴伟业作出新的更大贡献"。习近平总书记的殷殷寄语是浙派小学名校长培训学员的努力方向，也是银湖书院的努力方向！

在教育高质量发展的视域下，面对未来发展的挑战，我们任重而道远。让我们与各位教育同人一起努力，为培养教育家型校长不断研讨、创新前行。

银湖书院"浙派名师名校长"小学名校长项目领导小组

2023年12月1日

目　录

1　金文琴　全阅读点亮童年

15　郑水忠　自主发展，生命放歌

32　叶海峰　办一所童心飞扬的新样态学校

44　赵慧江　弘扬黎光文化，引领师生向着明亮那方润泽生长

63　梁茶斌　四SHU育人，和美人生

80　庄瑞明　名誉教育，五育融合

102　何月丰　漫画育人，未来三毛

120　倪崚嶒　向阳，向未来

130　陈荣仁　让教育看得见

142　杨秋林　红梅花儿开，朵朵放光彩

154　林　群　编经纬之本，织未来人生

167　陶晓迪　让每一个孩子精彩起来

185　孙其英　观澜童年，美好未来

199　翁昌舟　办一所有教育梦想的学校

218　邵　瑞　续写乡村教育的美丽"童话"

233　葛敏辉　生长教育：让每一个学生自主生长

248　陈小红　日新教育

262　孟国荣　看见每一个，让教育带着温度落地

277　毛芳芳　融美育人，引领儿童走向美好人生

291　方飞岳　让每个孩子拥有阳光人生

313　潘玲芳　看见儿童，让每个儿童都站在舞台中央

329　李　文　莲花莲韵，培养全人

全阅读点亮童年

金文琴

2020年8月，我开始担任台州市椒江区洪家街道中心小学（以下简称"洪小"）校长。洪小有150多年的办学历史，前身为椒江八大古书院之一的祀贤书院，创办于清同治七年（1868年），文化底蕴颇深。学校是一所地处城乡接合部的农村中心小学，办学规模较大，有52个班级，2000多名学生，140多位教师，在当地老百姓心目中的认可度一直较高。学校多年来坚持"厚德励行，博学致远"的校训，秉承"尚贤崇新，求真向美"的办学理念，树立"做贤能教师，育贤良少年"的办学价值观，持续打造爱满教育、活力激发、特色鲜明的幸福学校。学校体育、陶艺、气象科普等方面的特色比较鲜明。

但近年来，学校的教学质量开始滑坡，原因主要有两个方面。一方面，洪家街道处于经济开发的新区块，拆迁户的"暴发户"心态使得家长对学习的重视程度日益消减，对儿童精神成长的忽视尤为明显；另一方面，洪家街道位于商贸核心区，随着市场经济的发展，随迁子女不断涌入，大部分经商、务工父母在孩子的家庭教育中严重缺位，加剧生源质量两头悬殊，给学校教育提质带来极大挑战。在此背景下，我们将"全阅读"作为撬动学校新时期教育教学改革、促进学生综合素养发展的重要抓手，用"全阅读"点亮洪小学子的童年以及未来。

一、全阅读的内涵、理念与目标

阅读课程是促进儿童个体心灵健康成长、精神完整发育的重要载体。儿童阅读是终身学习的基础，也是传承文化和涵养精神的主要渠道。纵观阅读课程的发展，儿童阅读需要突破传统的视域、方法和思维方式，从儿童全面发展的需要出发，系统建构全方位、立体化的全阅读育人行动。

（一）全阅读的内涵

我们对全阅读的理解经历了两个阶段。第一个阶段（2020—2022年），从语文课程建设和跨学科阅读实践的角度理解和定义全阅读：全阅读是以儿童为中心，坚持"为儿童的全生活着想"的核心理念，紧扣"真实生活、多向交互、自主合作、知识建构、有效讨论、反思评估"六要素，开展以"阅读与鉴赏""表达与交流""梳理与探究"等语言实践活动为主线的项目式阅读行动。第二个阶段（2022—2023年），我们试着跳出语文学科和学校课程来理解和探索全阅读育人的价值与意义，升级全阅读的内涵：全阅读是以读书、读人、读事、读世界为内容，以全阅读实践为核心，通过阅读内容全主体生成、阅读方式多类型实践、阅读环境全要素联动、阅读评价全方位促进，实现家校社全员参与阅读的一种新阅读方式。

全阅读的新定义更凸显"四全"育人功能：聚焦全阅读实践，阅读内容超越了教材的阅读推荐和纯文本阅读，用内容关怀每一个生命个体，凸显"全员"；阅读实践走出了语文学科阅读的局限，改善读用脱离的现状，以丰富的项目活动关怀儿童，传承乡土文化，促进阅读、思考、表达相融合的儿童终身关键能力发展与成长，强调"全程"；阅读环境以阅读社群的组织与运行为引擎，超越了学校时空阻隔与资源限制，贯彻"全频"；阅读评价超越了小学六年的时限，立足兴趣激发、习惯养成，着眼儿童的未来，突出"全面"。

（二）全阅读的理念

全阅读坚持"为儿童的全生活着想"的核心理念。"为儿童的全生活着想"是叶圣陶先生的阅读教学思想的主要组成部分。教育是为人的成长发展服务的，任何课程的建设与实施都要以儿童的需要和发展为本。儿童全生活的主要特征：在一定的空间（家庭、学校、社会、自然）内的、动态发展的、有意义和有价值的。同时，儿童生活是游戏的与好奇的、自由的与率性的、他律的与自律的。全阅读将儿童的基本生活内容分为"三领域、八主题"：三领域——家庭生活、学校生活和社会生活；八主题——自我成长、生活之美、人际关系、科学探索、人与自然、传统文化、家国情怀、思维方法。按照这"三领域、八主题"进行全阅读的主题选择和课程内容的组织，让阅读与儿童的"全生活"建立起全面、真实、自然、紧密的联系，帮助儿童认识生活、丰富语言、发展思维和心灵，全面提升儿童的核心素养。

（三）全阅读的目标

人的全面发展理论是马克思主义的基本原理之一，也是中国教育方针的理论基石。中国学生发展核心素养以培养"全面发展的人"为核心，在文化基础、自主发展、社会参与三个维度，综合表现为人文底蕴、科学精神、学会学习、健康生活、责任担当、实践创新等六大素养。儿童全阅读所追求的"儿童全生活"的各项内容要求就是承接中国学生发展核心素养的目标导向，服务并服从于儿童全面发展的育人指向。

全阅读倡导"阅读即学习、阅读即生活、阅读即成长"的阅读育人观，融育德、育心、育美于一体，从习惯、能力、品格、价值观四个维度整体建构育人目标，培养生活自律、学习自强、人格自强、成长自由的新时代贤良少年，构建一种全面阅读育人的农村学校育人新样态。

二、全阅读的实践路径

（一）体现全员育人的螺旋式阅读内容

螺旋式的阅读地图是面向儿童群体的阅读内容导引，核心是建设以指引儿童成长的全生活主题书包，体现阅读关怀的特需书单和整合乡土资源的专题资料袋。阅读内容选择坚持儿童阅读文本类别的多样性与全面性，兼以阅读内容的多媒介探索，形成以育人为导向的多元化阅读内容，激发儿童的阅读热情。

1. 适合所有儿童成长的全阅读主题学习单

全阅读主题学习单面向儿童的全生活，兼顾文本阅读和真实生活，生成

"四级阅读目标、八大主题",每个主题学习单中的内容皆呈现螺旋上升的态势,实现阅读内容的结构化。"四级阅读目标"立足儿童的全素养发展,建构育人目标:培养生活自律、学习自强、人格自尊、成长自由的新时代贤良少年。"八大主题"用学习任务群思路重新梳理教材单元的逻辑顺序和结构空间,整合覆盖学生全生活:自我成长、生活之美、科学探索、思维方法、传统文化、人际交往、家国情怀、人与自然。全素养主题学习单(见表1-1),围绕一个主题,精选图书、文章、影视作品等,文本形式多样,每个主题学习单中的内容皆呈现螺旋上升的态势,不同学段要求阶梯式提高,拓展儿童阅读视野,促进儿童综合素养发展。如"自我成长"模块,低年级引导儿童侧重对自身身体和习惯的认识;中年级儿童需要理解自己在不同立场下的观点和态度;高年级引导儿童善于从他人的故事中发现自己、反思自己。全阅读主题学习单让阅读主题与儿童的生活经验、生命体验、思想心灵相连接,保证儿童真正拥有自己的学习、成长、生活经历和体验。

表1-1　指引儿童成长的"四自"全素养主题学习单

目标	模块	第一学段	第二学段	第三学段
生活自律	自我成长	图书《自己的颜色》《小绿狼》《我喜欢我自己》《大卫,不可以》,电影《大闹天宫》等	图书《贝丝丫头》《男生贾里》《女生贾梅》《一百条裙子》,电影《小鬼当家》等	图书《今天我是升旗手》《彭罗德的12岁》《绿山墙的安妮》,散文《成长的痕迹》,电影《阿Q正传》等
	生活之美	图书《体育全知道》《西瓜游泳场》《可爱动物操》,电影《龙猫》等	图书《朱瑞福的游泳课》《奔跑的女孩》,电影《菊次郎的夏天》等	图书《梦境批发站》《让孩子一生受益的100位名人成长记录》,电影《千与千寻》等

(续表)

目标	模块	第一学段	第二学段	第三学段
学习自强	科学探索	图书《太空旅行记》《水的故事》《神奇校车》，电影《天才眼镜狗》等	图书《相约星空下》《可怕的科学》《科普三部曲》《寂静的春天》，纪录片《微观世界》等	图书《有趣的物理》《空间简史》《毛毛》《大国重器：图说当代中国重大科技成果》，纪录片《深蓝》等
学习自强	思维方法	图书《汤姆去农场》《第一次上街买东西》《我是小花匠》，电影《棋逢敌手》等	图书《我也有过小时候》《卢利尤伯伯》《杰德爷爷的理发店》，电影《了不起的狐狸爸爸》	图书《神秘岛》《永远讲不完的故事》《享受发明的乐趣：中小学生创新发明读本》，纪录片《平衡》等
人格自尊	传统文化	图书《三字经》《笠翁对韵》《你好啊，故宫》《了不起的中国古代科技》《这就是二十四节气》等	图书《中国的文化》《中国民俗故事》《了不起的中华文明》，文章《白雪红灯的年》，电影《月神》等	图书《可爱的中国》《给青少年的中国文化课》《少年趣读中国历史》，文章《岳阳楼记》，纪录片《脉动中国》等
人格自尊	人际交往	图书《蚕豆大哥和长豆角》《小兔彼得和他的朋友们》《公鸡的新邻居》，电影《精灵鼠小弟》等	图书《亲爱的汉修先生》《小恩的秘密花园》《秘密花园》，电影《驯龙高手》等	图书《寄小读者》《长腿叔叔》《想念梅姨》，纪录片《了不起的妈妈》等

（续表）

目标	模块	第一学段	第二学段	第三学段
成长自由	家国情怀	图书《地图上的全景世界史》《中国历史绘本》《小兵的愿望》等	图书《少年读史记》丛书、《写给儿童的中国历史》，电影《小英雄雨来》《小兵张嘎》等	图书《明朝那些事儿》《中华上下五千年》《希利尔讲世界史》《红岩》，文章《看见满天星》等
	人与自然	图书《绿色的一天》《云端上的雪豹》《拯救地球的孩子们》，纪录片《企鹅群里有特务》等	图书《"亲近大自然"生态科普绘本》《海洋塑料：一个入侵物种》《让我陪你重返狼群》，纪录片《美丽中国》等	图书《有谁听到座头鲸在唱歌》《人山》《带回家的自然博物馆》，文章《喂——出来》，纪录片《蓝色星球》等

2. 着眼儿童特需关怀的全阅读书包

学校中的特殊学生群体包括留守儿童、随迁儿童、低收入家庭儿童和单亲家庭儿童等。阅读育人要托住阅读教育的"底线"，"八大主题"中的"自我成长"模块要用阅读关怀理念来开展阅读教学，用价值感和使命感来构建学校阅读育人的新生态。特需关怀阅读书包分推荐书目、开展阅读行动和改变阅读弱势群体的现状三个阶段，以阅读滋养特殊学生群体的生命，为他们提供专业的阅读护航。例如，留守儿童远离父母的照顾和关爱，阅读能陶冶心灵，有助于其健康快乐成长，阅读关怀书单内容指向：感受爱——理解爱——表达爱。

儿童因缺少阅读陪伴以及专业的阅读指导，经常会产生阅读"偏食"现象，男生不爱阅读文学类书籍，女生不喜欢读科技类书籍。特需关怀阅读书包还可以为儿童定制"个性化特需书单"，纠正阅读"偏食"现象，有了教师的协助与指导，儿童自主选书的能力会得到不断发展。"个性化特需书单"的定制清晰地展现了儿童阅读的经历与轨迹，是儿童成长过程的真实体现。由教师推荐逐渐发展为儿童自主选择,在螺旋上升中让儿童的阅读力得到精进,也促进儿童自身选书能力的发展及阅读品位的提升。阅读教育的真正价值在于育人,通过特需关怀阅读分级书单,可以缩小城乡儿童阅读的差距,减小乡村儿童之间的阅读差异,凸显全阅读关注每一个儿童的阅读发展,构建乡村学校阅读育人新生态。(见表1-2)

表1-2 特需关怀阅读分级书单

特殊群体	育人目标	特需关怀阅读分级书单	阅读行动
留守儿童	了解自己,悦纳自己,爱家爱生活	1.感受爱:《团圆》《猜猜我有多爱你》等 2.理解爱:《到你心里躲一躲》《青铜葵花》等 3.表达爱:《绿山墙的安妮》《野芒坡》等	"我爱我自己"分享会、"见字如面"书信展览会等
随迁儿童		1.自尊:《大脚丫学芭蕾》《蛤蟆先生去看心理医生》等 2.自信:《雷梦拉八岁》《老鼠阿贝漂流记》等 3.自我肯定:《爱德华的奇妙之旅》《窗边的小豆豆》等	"闪亮我自己"评比、"我最棒"小读者剧场等
低收入家庭儿童		1.我是谁:《折耳兔奇奇》《失落的一角》等 2.崇拜谁:《闪光的天才》《成长不烦恼系列》等 3.成为谁:《一百条裙子》《逐光的孩子》等	"我的梦想"主题演讲、"我帮我自己"分享会等
单亲家庭儿童		1.多元化家庭:《各种各样的家》《小獾的两个家》等 2.不是你的错:《这不是你的错》《爸爸妈妈不在一起了》等 3.爱不会消失:《爸爸的围巾》等	"世界多奇妙"分享会、"甜甜圈"小读者剧场等

3.感悟乡情的全阅读乡土资料库

乡土资源专题资料袋，立足乡村儿童的优势，找准乡土资源与阅读的链接处，将乡土资源与学科实践、生活实践相结合，融于专题阅读之中，整合儿童熟悉的地理地域自然、人文、历史等资源，形成具有乡土特色的阅读伴读包。例如红色文化、山海文化、农耕文化等，进一步让人与自然主题和传统文化主题根植于农村儿童的内心。"耕读传家"专题阅读是弘扬中华优秀传统文化的重要内容，通过种植、养殖等活动，强调人与自然的和谐相处，注重生态平衡和资源可持续利用。"耕读传家"专题阅读资料袋中以古今农业科技书籍阅读为主，拓展家乡的节气、气候、生态环境等阅读内容。儿童与所读的文本产生共鸣，被真切的情感和熟悉的乡土资源感染，在提高阅读能力的同时，对家乡文化产生浓厚兴趣，通过阅读，儿童也可以创造性地以自己的方式宣传家乡，为家乡发展出谋划策。专题资料袋的推广，延伸了儿童的阅读空间，有助于引领乡村阅读风尚，助力乡村文化振兴。

（二）夯实全程育人的系列化阅读实践

1.创造"有意义"的全阅读

一是全阅读马拉松活动。全阅读马拉松是一种全员参与的阅读仪式，用游戏方式替代日常阅读打卡，分学校、家庭、社会3个版本。学校依据儿童的年龄和学段特点，分阶段设置阅读目标：低学段学生完成2本书阅读任务，平均每本5万字；中学段学生完成3本书阅读任务，平均每本8万字；高学段学生完成4本书阅读任务，平均每本10万字。儿童根据阅读兴趣和时间从全阅读书单中自主选择书籍，制订自己的阅读计划。儿童需要每日留出连续的30~60分钟阅读时间，可持续有声朗读或默读整本书，在持续阅读中培养专注力和良好的阅读习惯，使阅读成为乡村儿童的一种生活习惯、学习态度。阅读马拉松活动按任务的完成情况给予相应的表彰奖励。坚持阅读的儿童获得相应的阅读积分存入阅读"存折"，连续阅读21天可兑换"习惯章"，坚持4个月的长线阅读可兑换"自制章"，根据阅读"存折"记录的时间与阅读量兑换"进步章"。每学期的学校阅读节组织一次"全阅读马拉松赛"，全程共表彰2次。完成半程马拉松阅读任务，在教师、家长确认后可申请"半马阅读证书"，完成全程马拉松阅读任务后可申请"全马阅读证书"。除必须完成的任务，有兴趣的孩子可自由阅读，数量不限。学校将阅读量最多的前50名孩子记录在学校"阅读长跑名人录"中，在阅读节闭幕式上进行表彰。

二是全阅读成长节活动。全阅读成长节强调用阅读点燃儿童每一个成长节点的仪式，根据不同学段孩子的成长节点设置"一年级适应周""四年级成长节""六年级毕业礼"三大板块，以主题阅读为切入点，开展系列育人活动，以美文朗读、故事分享、访谈、辩论、读写研学等多种方式，让阅读成为儿童的一种生活方式。如一年级的"我上小学了"入学适应周，从儿童的身心适应、生活适应、社会适应、学习适应四方面开展绘本共读活动，选择《大卫，上学去》《小魔怪要上学》《大头鱼上学记》等绘本进行亲子阅读、师生共读，为每个儿童搭建成长适应的桥梁。四年级成长节以"耕读传家"为主题，依托乡村耕读文化开展实践研学活动，培养儿童尊农爱农、热爱劳动、吃苦耐劳的品质，厚植农村儿童家国情怀。六年级毕业礼活动结合小学语文教科书的毕业综合性学习开展"笑与泪，经历与成长"主题阅读，根据儿童发展特点和学段要求推荐《童年》《城南旧事》等图书，制作青春纪念册，举办毕业典礼，让儿童们在隆重的仪式中感悟毕业的成长意义。

2. 给予"关怀"的全阅读

乡村儿童读书缺少陪伴，缺乏有效的阅读指导；留守儿童受手机、游戏、电视"三大保姆"的影响，缺乏阅读实践；根据乡村儿童环境城市化、社交能力受限等特点，开展"特别关怀"全阅读行动，在尊重学生"阅读动机"的基础上研制特殊书单，向儿童施以"引导"与"关爱"，最大程度地减少强制力量，以提升儿童的阅读幸福感，达成阅读育人的根本目标。

阅读关怀行动引入"阅读疗法"，用经典图画书育心，分主题训练儿童的心理弹性，促进身心健康。不同系列给予各类儿童特别的爱：如"'线'在一起读"是留守儿童和父母的在线共读与分享；"我是我"系列帮助儿童找回自信；"我是新××人"是随迁儿童的全阅读研学；低收入家庭儿童则有一对一"阅读结对"。

在整个"认同—净化—领悟"阅读关怀模式中,针对不同性别留守儿童在社会能力维度发展中的不同特点,教师利用好全阅读书包,在导入环节和儿童建立好阅读关系。这不仅能激发儿童的阅读热情,构建良好的信任关系,还能保证师生在互动过程中联结角色,使讨论和分享更加真实与充分。儿童对于自身与故事中人物会有一个"比较"的过程,进而对自己以往的观念、行为进行调适与修正,最后调整并重新建构自己的认知和观念,通过表达感受导出负面情绪;在共读过程中,教师对儿童在积极参与阅读、思考、讨论、模拟和延伸活动等环节中的闪光点等进行点评,给予产生深度思考和领悟的儿童特别的鼓励,可以在积极愉悦的情绪氛围中将围绕心理弹性主题的活动目标巩固下来,同时也可以对儿童心理弹性的整体培育效果进行初步的评价与总结。

3. 根植"乡土"的全阅读

乡土全阅读主要以跨学科项目式阅读为主,挖掘乡村榜样人物、乡村特色产业、乡村地方文化等资源,通过"问题融合""主题融合""自然融合"等多元方式推进。榜样人物主题阅读以洪家乡贤"开眼看世界第一人"王咏霓、革命烈士汪秀福等为例,以"乡土名人我学习"为任务驱动开展阅读实践,阅读"史话进万家"系列图书,探访纪念馆、东瓯书院,传讲榜样故事,等等。乡村特色产业以灵济村的"走向世界的童装"为主题,探究乡土特色产业的过去与现在,童装产业链与各学科学习的关联,在表现性任务中让儿童体验童装的设计与生产制作、童装的线下与线上直播销售等。在阅读与实践过程中,打通课内与课外、校内与校外,让儿童在真实的情境与任务中更深入地了解家乡、热爱家乡,根植长大以后建设家乡的使命担当。

(三)创建全频育人的协同式阅读环境

聚合学校、家庭、乡村社会资源,以构建校内外协同合作、多方资源共通联结的指向、多元育人的儿童阅读社群为契机,多途径地实现阅读资源的流通,全方位地打造适合儿童阅读的环境。

1. 组建多向交互的"1+N"阅读社群

"1+N"阅读社群包括"1个儿童+N个阅读伙伴""1个儿童+N个家人""1个家庭+N个家庭"等多种形态。依托一支由教师、儿童、家长、志愿者组成的乡村阅读推广人队伍，各类阅读社群以协同机制创设多主体"共读场域"，理解、调适儿童的阅读动机，以对话方式参与、引领阅读过程，帮助乡村儿童成为主动阅读者与成长者。通过重点探索，形成了学校、家庭、家校社三类阅读社群。

学校阅读社群重在落实指引儿童成长的"四自"主题书单，在学校中以阅读书籍为媒介，由班级、年级、学校为单位，组建特色"班级书友队"和"跨班跨级阅读圈"，由此形成学校阅读社群。"班级书友队"由6~8人组建形成，队长按照一定的方式组织活动，分享好书、交流阅读体会和收获；"跨班跨级阅读圈"打通班级、年级、学校的阅读壁垒，围绕阅读主题、有质量的话题，每班选择不同的必读书目，经过一段时间共读后，抽签选取一个班级面向年级、学校进行多样化的阅读展示，实现学校社群间的联动。

家庭阅读社群面向缺乏家庭阅读陪伴与指导的儿童，以乡村榜样家庭（拥有良好阅读氛围的家庭）为轴心，辐射带动留守、随迁、低收入家庭、单亲家庭四类儿童，形成"1+N"的家庭阅读社群；发挥台州市城乡阅读共同体的互助优势，将城市榜样家庭与乡村特需家庭结对，形成"1+1"的家庭阅读社群；合理利用阅读义工的优质资源，指导、引领并陪伴特需儿童阅读，形成1带N的家庭阅读社群。

家校社阅读社群对接乡村儿童的特有生活，邀请校外的阅读推广人进行专业引领，招募高校教师、新乡贤等做义工，和学校教师、家长构建家校社阅读社群，利用假期举办综合性阅读活动，促进乡村阅读的共生共长。

2. 畅通好书好资源的互助式流通渠道

全阅读把常规"好书漂流"活动设计进儿童的生活，贯彻"共享"理念，打造线上和线下互通的全域场景。

一是固定场所与流动好书——营造浓郁学习氛围。通过创设阳光书吧、一米阅读窗、班级书吧等固定的阵地，以星级书架、家庭书房评比，让书吧里的好书流动起来，为儿童营造随手能拿到书、随时能看书的阅读氛围。全阅读还积极与图书馆合作，教师去图书馆担任阅读推广人，鼓励儿童去图书馆当小小阅读推广人。通过校园书吧、校园活动、家庭书柜、校园图书馆固定阵地场域的好书流动，更好地发挥了阅读阵地的传播与推广作用。

二是故事情境与流动场景——实现书籍儿童互融。在全阅读活动中以一本童书为场景主题，引领儿童一同创建校园场景场域，包括班级阅读游园会的流动形态场域、书中的某个精彩剪影以及其他相关的艺术造型等。以学校的"查理和巧克力工厂读书乐园"场景为例，在学校不同角落，把故事书中的人物——查理、威利旺卡等主人公请出，利用学校的创意陶艺课程，以陶艺泥塑的形式高度还原童书中的典型故事场景，让儿童真实体验参观巧克力工厂的过程，通过体验更深层次地感受阅读，让故事与儿童之间建立更亲密的联结。

三是线上互动与线下交际——达成时空链接共享。利用学校公众号，开设开放互通的"好书漂流"平台，儿童借用家长手机在线上完成捐书、借书、分享书的操作。儿童输入图书和个人基本信息，把自己愿意分享的书上传至平台漂流区，并写下自己的阅读感悟。借阅者在线上"好书漂流"平台办理借书手续，到线下实体互动区寻名领书。借阅者阅读完并在书的漂流书签上登记自己的名字后，就可以让这本书继续"漂流"出去，如此往复，实现线上线下互动。"好书漂流"通过线上线下互通，创建了儿童与书的互动平台。在好书漂流的过程中，学校教师也逐渐参与到捐书、借阅活动中，促进了生生、师生的跨班级、跨年级社交，有效实现了跨时空的链接。

"好书漂流"活动让校园内好书充分流动，除了"一班一本书"的共读书漂流之外，也有"你约我送"线上线下互通式漂流；联合市图书馆开展"汽车图书馆""班级书香驿站"活动，因需配送好书好资源到学校、到乡村，城区学校的"漂流绘本馆"活动让乡村儿童最缺的绘本资源得到充实。同时，合力开发阅读指导系列微课，开展线上亲子共读、线下乡村图书馆领读人活动，给予乡村儿童专业的阅读引领和陪伴。

3. 打造有滋有味的沉浸式阅读空间

"流动式阅读书吧"是一种自由、互动的全阅读场域，它融入儿童的全生活空间，以潜移默化、耳濡目染的方式，促使儿童以书会友，借书传递情感、分享收获，让阅读融入儿童的学习、成长与生活中。儿童参与其中，养成习惯，孕育品行，积淀文化。

全阅读用标准引领建设、评价激励创优的方式引导学校、家庭以及乡村开展标准化图书室（角、馆）建设。家庭书柜从位置选择、环境布置、藏书数量以及日常管理等多方面共同设计、精心布置。学校按市标准化图书馆建设标准要求，加强阅读转角、廊道的利用，班级书架让学生轮值管理，开展星级评比。"乡村书房"以方便儿童就近阅读为目的,因地制宜而建,突出小而精，建成乡村儿童阅读的"标配"文化设施，让乡村儿童"看得见文化、感受到文明"。"留守儿童书屋"保障乡村留守儿童和低收入家庭儿童的基本阅读需求。以"乡村书房"为阵地，发动乡村退休教师和乡村大学生参与到书屋维护中，与城区图书馆联动，组织并开展儿童话剧等文化活动，让乡村书房成为乡村文化振兴的助推器。

（四）激励全面育人的生长式阅读评价

"生长式阅读评价"的阅读观察从读书、读人、读事和读生活四个角度出发，科学确立阅读育人评价目标，强调儿童阅读全参与，完善阅读跟踪指导，通过三类评价方式全程关注儿童阅读过程中的进步，用开放式、长周期的发展性评价，促进儿童爱阅读、会阅读、习惯阅读、享受阅读，生成在阅读中学习、创造和成长的体验。

1. 阅读生长币，让阅读效能自我提升

把所有的阅读活动纳入全阅读树评价体系，每个项目都有明确的生长币值和认定办法。主题书单的阅读更侧重习惯养成，鼓励坚持，不同程度的中断会有不同的扣分值。与传统的阅读管理制度相比,阅读生长币更具人文关怀，更关注情感体验。每个儿童都渴望上进，渴望得到认同。全阅读的生长币奖励就是对儿童的正向承认与肯定，在儿童的心中设立一个目标，目标实现会带来满满的成就感。儿童通过全阅读马拉松、根植乡土全阅读等阅读实践获得自我肯定。每个实践活动赋分不同，儿童只有主动参与阶梯性的项目化主题实践，才能实现自我改变。

2. 贤良少年章，为儿童成长注入动力

贤良少年章是儿童个人阅读档案的有机组成部分，儿童积累到一定量成长币后可以兑换贤良少年章，该形式可提高儿童的阅读兴趣。四类主题下的十二个贤良少年章，将自我肯定下的争章行为作为儿童阅读激励、进步激励、实践激励、荣誉激励的重要动力。四类主题又有细分的准则。贤良少年章并不仅仅关注具体的量化分数指标，更多的是关注儿童在阅读主题实践活动中个人的成长，让儿童通过阅读审视自我的变化，思考自己能获得什么章，突出儿童自我的评价与审视。

3. 全阅读成长树，让育人效果真实彰显

全阅读成长树作为表现性评价，更关注儿童阅读路上的蜕变。阅读在儿童心中种下思考的种子，让成长成为一棵长满可能的树。该评价方式引入"成长树"的概念，以培养生活自律、学习自强、人格自尊、成长自由的新时代贤良少年为目标，鼓励儿童通过阅读累积成长果实。如在家校社活动中，通过为留守儿童提供有针对性的社会情感学习与支持活动，组织"吐槽大会""生命图书馆会"等丰富多彩的活动，鼓励儿童大胆表达，帮助儿童更好地认识自我，建立与自己、同伴、家庭、自然和社会的良好关系，提高儿童的社会适应能力，提升儿童的自信心以及对未来发展的期待。将儿童的阅读体验和阅读实践以表达（说、写、演）的方式呈现，可直观突出儿童的自我评价与进步，建立个性化阅读记忆平台。

（作者单位：台州市椒江区洪家街道中心小学）

自主发展，生命放歌

郑水忠

一、我的办学思想

宁波国家高新区外国语学校（以下简称"高外"）是宁波高新区管委会直属的公办九年一贯制学校，承继了原宁波万里国际学校义务教育阶段的优质教育资源，学校办学思想、办学理念因而得以保持相对的稳定性、连续性和发展性。高外自 2009 年创办以来，就将"自主发展教育"作为学校的办学思想、办学理念和实践追求。经过几任校长团队及全体师生的不断探索和提炼，自主发展教育思想的内涵及理念系统得以确立和完善，并已经成为我们的办学思想。

（一）内涵及内容

自主发展教育是发挥每个教师、学生的主体性和主动性，激活每个教师、学生的生命活力，促进师生全面、充分而有个性的发展的教育。

（二）理论依据

"尊重、发现、唤醒"是自主发展教育的三大理念。尊重是自主发展教育的基石，包括对儿童的尊重，对教职员工的尊重，对教育规律、成长规律的尊重等内容，能够促进高外人全面、充分而有个性的发展。发现是自主发展教育的智慧表达。教师要充分了解每一个学生的性格特质，善于发现每一个学生的个性特长，努力为每个学生的成长助力。学生要从追求学问到追求问学，从学会知识到发现问题，从学会方法到学会创新，从发现他人到发现自己。学校管理者要发现每位教职员工的性格特质、个性特长，为他们在各自岗位上成长、成才助力。唤醒是自主发展教育的境界追求。教育不是给予，而是激励和唤醒，学校是师生灵魂觉醒的地方。教师要善于唤醒学生的向善、向上之念，唤醒学生的自我成长意识，激活学生的创新潜能。学校管理者要善于唤醒每位教职员工的向上之心，激活每位教师的成长潜能。

在自主发展教育理念指引下，我们确立了学校办学目标、学生培养目标、教师发展目标及学校"一训三风"。

学校办学目标：把学校建设成为管理规范、特色鲜明、质量上乘、具有一流竞争力的自主发展教育品牌学校。

学生培养目标：培养健康、向善、自主、乐学，具有中国心和世界眼的现代学子。

教师发展目标：建立一支师德高尚、素质优良、结构合理、充满自主发展活力的教师队伍。

校训：追求卓越，崇尚一流。

校风：行为规范，思想解放。

教风：心中有生，手中有法。

学风：学中问，问中学。

二、我的办学实践

通过全体高外人十余年的努力，我们探索和提炼了自主发展教育的六大实践路径：自主德育、自主课堂、自主研修、自主管理、自主课程和自主评价。（如图2-1）

自主发展教育六大实践路径

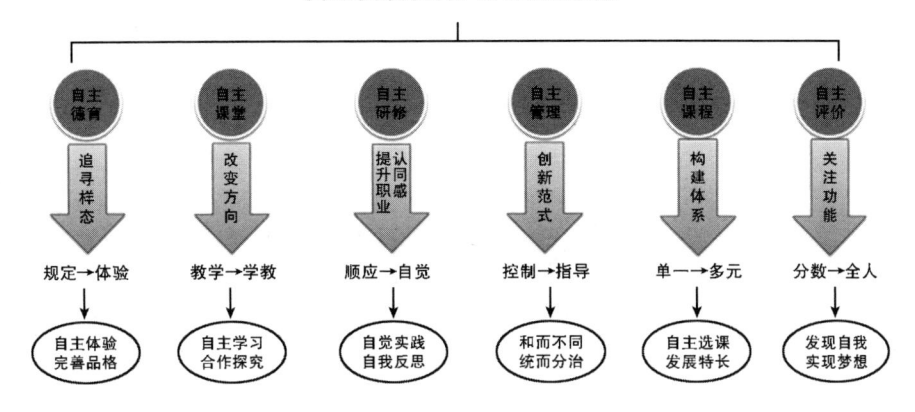

自主德育	自主课堂	自主研修	自主管理	自主课程	自主评价
追寻样态	改变方向	提升认同感职业	创新范式	构建体系	关注功能
规定→体验	教学→学教	顺应→自觉	控制→指导	单一→多元	分数→全人
自主体验完善品格	自主学习合作探究	自觉实践自我反思	和而不同统而分治	自主选课发展特长	发现自我实现梦想

图 2-1　自主发展教育实践路径图

（一）自主德育：德育样态由"规定"走向"体验"

学校教育应以德育为先，德育对学生成长的重要性不言而喻。然而，目前我国学校德育的实效性仍普遍不强。主要表现为：一是忽视学生作为道德主体的主观能动性。教育形式主要是单向灌输、刻板说教，无视学生道德学习的主体参与和情感体验。二是过分强调德育作用的外塑性。在德育实践中，教育者往往缺乏对学生个体品德、心理发展特点的充分了解，学生只能被动服从。总之，传统的德育没有以学生为中心，没有发挥学生的主体作用，未能真正促进学生形成道德约束意识。事实上，学生不是被教化的物品，而是未成熟的具有主体意识的人。因此，我们在自主发展教育理念引领下，积极开展自主德育实践活动，促使学校德育样态由"规定"走向"体验"。

1.构建"1+5+N"学生德育进阶评价体系

为进一步落实立德树人根本任务和《中小学德育工作指南》文件精神，培养健康、向善、自主、乐学的高外学子，学校构建了整体化、层次化、系列化的"1+5+N"德育进阶评价体系（如图2-2），以增强德育工作的针对性和实效性，探索学生成长绿色评价机制，唤醒学生自主成长的力量。

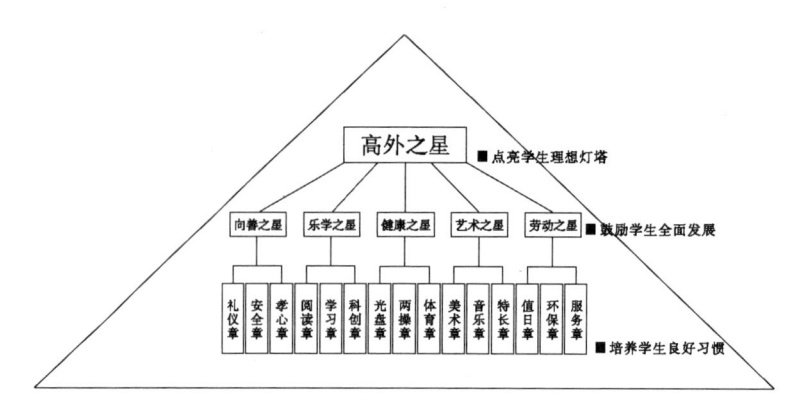

图 2-2 "1+5+N"德育进阶评价体系

该体系坚持立德树人、五育并举的理念,"1"指的是"高外之星";"5"指的是"向善之星""乐学之星""健康之星""艺术之星""劳动之星";"N"指的是根据各年段学生习惯养成制订的奖章指标。这一体系构建的价值在于基于学生年龄段差异,层层推进,唤醒学生自主发展的力量,激发学生的内在自觉,引导学生追求更高的目标。与此同时,注重培养学生的主观能动性,促进学生德智体美劳和谐统一发展。

为了有效落实此项工作,学校还为每个学生印制了"成长护照"(如图2-3)。

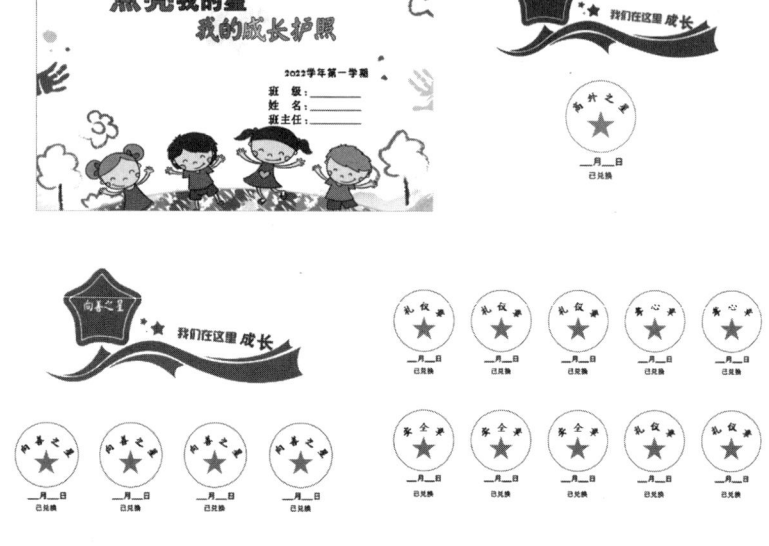

图 2-3 成长护照

在具体操作上，学校每周会给出相应的德育常规主题，各班还可根据班级实际提出德育常规主题。经过阶段性实践后，各班组织评议活动，对达到相应标准的学生"亮星"，即在成长护照上的相应区域盖红色印章。每个月，大队部还会开展"集章兑换"活动，学生集满一定数量的章，就可以到大队部兑换文具、心愿卡等礼物。

2.发挥主题教育活动的育人功能

除了德育常规工作之外，主题教育活动也是落实立德树人和自主德育的重要抓手。我校根据学生特点，精心策划主题教育活动，让学生在参与、体验中获得教育、收获成长。

在实施自主德育的过程中，我们非常重视学生自主性的发挥。凡是学生可以完成的任务，都由学生自主完成。如常规值周检查由全体学生以值周班级的形式承担；国旗下讲话由学生演讲；接待客人由"高外小大使"完成；文明班级指标由学生共同参与制订；等等。学校的很多重大决策，我们也积极邀请学生参与，如学校校服款式的选择，学生代表和家长代表人数超过了参与人员总数的50%。

（二）自主课堂：教学方式从"教学"走向"学教"

日本教育家佐藤学曾在《静悄悄的革命》一书中提到："课堂改变，学校就会改变。"2009年，高外创校。此时，招收的第一批初一学生来自老庙小学。该小学性质类似于城乡接合部的村小，无论是生源素质还是学生家庭背景，都与主城区学校无法相提并论。如何在遵循教育规律的前提下尽快实现教育质量和办学美誉度的提升，是摆在学校管理团队面前的首要挑战。经过反复论证，我们决定将课堂变革作为突破口，以教学方式变革为主要抓手，探索高外自主课堂之路。

1.自主实践，探索自主课堂"个性样态"

改革伊始，所有人都不清楚怎样的课堂才是真正教育学意义上的自主课堂。但我们有几点共识：一是要改变传统的以"师讲生听"为主要特征的教学模式，充分保障学生自主探究的机会，突显学生在学习中的主体地位；二是要努力保障学生在课堂中的主体活动时间，包括探究时间、合作交流时间和独立练习时间。基于以上共识，我们安排全体教师开始自主实践，根据自己的理解准备一堂体现上述共识的自主课堂研究课。然后，学校组织一批骨干教师开展全员听课，走进每位教师的自主课堂。经过评议，我们从每门学科中推选出1~2节优质课，邀请全体教师参与听课评课。在这一过程中，全体教师逐步明晰了自主课堂的样态，达成了共识，也为课堂教学的整体变革奠定了基础。

2. 梳理比较，提炼自主课堂"基本模式"

在教师全员实践和典型引路的基础上，我们组织教改团队核心成员对典型课的教学环节及背后学与教的关系进行研读、梳理和提炼，从而形成我校的"三环六学"自主课堂模式。（如图2-4）

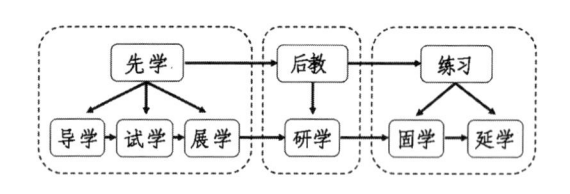

图2-4 "三环六学"自主课堂模式

随着研究的持续推进，我们发现苏联心理学家维果茨基的最近发展区理论可以很好地解释我们的课堂模式，并助力从"教学"走向"学教"的自主课堂教学改革。（如图2-5）

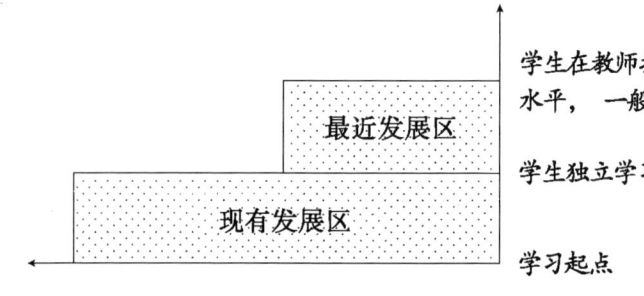

图2-5 最近发展区理论图解

从图2-5我们可以发现，维果茨基把学生面临一个新问题的独立探究水平称为现有发展区，而把学生未经帮助所能达到的程度和经他人帮助后可达到的程度间的跨度称为最近发展区。基于上述理论，我们对自主课堂模式进行了优化，形成了"二段四环六学"自主课堂模式（如图2-6）。

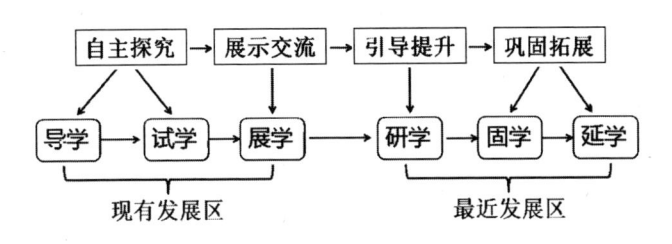

图 2-6　"二段四环六学"自主课堂模式图解

从大的板块上来说，一节课包括暴露学生现有发展区和提升学生最近发展区两大阶段。从环节上来说，一节课包括自主探究、展示交流、引导提升、巩固拓展四大环节。从具体操作步骤上来说，一节课包括导学、试学、展学、研学、固学、延学六个步骤。

3. 推广延伸，构建自主课堂"模式系统"

对于教学模式，有人会提出反对意见，认为模式是固化的，甚至僵化的，不利于教学创新。其实，教学模式是在一定教学思想或教学理论指导下建立起来的较为稳定的教学活动结构框架和活动程序。所以，教学模式背后遵循的是相应的教学思想和教学理论，有了一定的教学模式做指导和引领，可以使教学从低位个性走向中位共性。当然，我们也要避免教学从模式走向模式化。为此，我们又积极探索了与不同学科、不同类型教学内容相匹配的模式变式。以科学学科为例，有的内容涉及实验的科学性，甚至存在一定的危险，此时让学生直接开始尝试（试学）是不合适的，这就有必要将教师的指导前置。体育学科也有类似情况，有的动作具有一定的危险性，教师的前置示范就很重要。除此之外，新授课、练习课、复习课及涉及不同领域的课（如语文学科的阅读课、习作课、口语交际课等），其教学结构也有很大差异。

总之，与模式相比，我们更关注的是模式背后的以生为本、以学定教的教学指导理念。我们的理想是每位教师能以模式为抓手，并最终超越模式，追寻属于自己的自主课堂教育艺术。在推进课堂变革的同时，我们积极依托课题研究来助力课堂教学改革，相关课题成果获首届基础教育国家级教学成果奖二等奖和宁波市"十二五"教育科研十大最具影响力成果，另有多项课改课题获省市级奖项。

（三）自主研修：教师成长由"顺应"走向"自觉"

一个学校的发展不会超过其教师发展的高度。教师的发展，最关键的不是学校请了几个专家来讲学或者参与了哪些培训项目，而是在于校本研修的持续助推功能。校本研修是指学校自行组织实施，以本校教师为研修团队，以促进教师专业发展为目标，以解决问题、改善教学、提升教育教学质量为宗旨的培训与研究活动。由此可见，校本研修既强调基于学校、为了学校、通过学校，也强调基于教师、为了教师、通过教师。高外创建于2009年，其小学部于2013年开始招生。除了原来万里国际学校调入的20余位资深教师，短短五六年内引进了70多位新教师，教师队伍呈现典型的"哑铃型"结构。一端是教龄20年，甚至30年以上的教师，其中有一部分教师的专业发展意愿不强；另一端是新入职的教师，这些教师的家庭条件大多很优越，其中有很多教师对自己的未来是懵懂、模糊的。总之一句话，教师群体中有很多教师的职业状态是"顺应"。每天的工作就是备课、上课、批改作业、完成各部门布置的任务，很少有时间进行教学反思、开展教育科研、规划自身专业成长，更多体现为自然成长。为此，我们工作的重心是以校本研修为抓手，着力推动教师成长由"顺应"走向"自觉"。

1. 唤醒教师专业成长的内驱力

一个人的成长是内外因共同作用的结果，其中内因（主观能动性）起着决定性作用。为唤醒教师专业成长的内驱力，我们着力做好以下工作：第一，提升教师的职业认同感。通过榜样引领、主题教育、谈心谈话等途径，提升教师对职业的价值认识和情感认同，让每位教师不轻视自己的职业，坚信自己所从事的是无上光荣的事业。第二，尽量减少非教育教学因素的干扰，为教师安心从教营造良好的环境。第三，帮助教师排忧解难。学校要主动、积极地帮助教师化解在教育教学中遇到的困难。同时，要处处彰显对教师的人文关怀，让教师体会到学校就是他教育人生中最强大的靠山。

2. 加强教师专业发展的规划和指导

凡事预则立，不预则废。学校如果缺乏对教师专业成长的规划，教师专业成长则容易走向顺应式的自然成长，成长效能就会大打折扣。因此，我们做了以下工作：首先，加强对全体教师的专业发展现状调研。根据伯利纳的教师发展五阶段论，教师专业发展分为"新手阶段、高级新手阶段、胜任阶段、熟练阶段、专家阶段"五个层次。其次，分层次组织教师专业发展座谈会和个别谈话，帮助教师明确自己的专业发展优势和不足，明晰专业发展的努力方向。最后，用团队的力量助力教师发展关键事件。教师专业成长是有节点的，把握某些关键性成长节点，对教师的成长有重大意义。当某个教师获得某次重要赛事的参赛机会时，我们会以团队的力量来帮助参赛教师，通过仿真比赛等形式全力助推参赛教师，坚持成熟一个、助推一个、发展一个。通过这样的团队协作活动，我们在积极助力参赛教师取得优异成绩的同时，也锻造、形成了各学科组优良的团队文化。过去几年，学校培养了省特级教师1名，宁波市名班主任1名，浙江省教坛新秀1名，高新区名教师、骨干教师数量在区域领先，多名教师执教的课荣获宁波市优质课一、二等奖。

3. 强化研究中心主任的职责和校本教研的指导

为了强化校本教研工作，我校将传统的教研组长改为学科研究中心主任。这一改变的背后，不仅仅是简单的名称变化，更是赋予其丰富的内涵。传统的教研组长更多地只是策划几次教研活动，而学科研究中心主任则承担着三个掌门人的角色，即学科教学质量的掌门人、学生素养培养的掌门人、学科教师专业发展的掌门人。学科教学质量的掌门人，着重要求研究中心主任对本学科的学业质量水平负责，确保六年级学业质量水平测试及其他年级抽测中的高质量水准。学生素养培养的掌门人，一方面要系统规划相应学科的素养拓展课程，如数学学科的"玩数学"课程等；另一方面要规划、指导学生参与的各项素养竞赛项目，如语文学科的朗诵、现场作文竞赛等。教师专业发展的掌门人，一方面要求研究中心主任成为教师专业成长的典范；另一方面要系统规划教师的梯队建设，全力以赴做好教师的备评、备赛指导工作。所以，从某种意义上来说，我校的学科研究中心主任就是准中层。这样的岗位定位极大地激活了研究中心主任的积极性，也有效地锻炼了后备干部团队，学校的很多管理干部就是在这一岗位上成长起来的。

与此同时，我们还积极加强对校本教研工作的指导。每学期各研究中心的工作计划都要经过评议、论证、修订后再正式施行，计划以解决问题、改善教学、提升教育教学质量、发展学生综合素养为宗旨。工作既要紧跟教育教学改革的热点，大力支持上级教研员做好专题研究；又要主动把脉学科教师专业成长、学生发展中的问题，开展针对性的研究活动；还要积极开展调研活动，从教师当中寻找校本教研的突破口和增长点。

（四）自主管理：学校管理由"控制"走向"指导"

浙江省教育厅教研室副主任张丰提出了控制性管理和指导性管理的概念。控制性管理是指通过自上而下的督促与评价为主的手段来贯彻管理者的理念，关注结果或过程中的显性指标完成情况的一种管理模式。指导性管理是指通过对被管理者进行专业方法指导，推动个体和组织实现突破，从而系统提高工作效能的一种管理模式。2021年3月，宁波市高新区成为浙江省首批"改进学校教学管理"项目试点区，我校为重要试点学校。高外小学部将推进指导性管理作为改进学校管理的重要抓手，努力提升学校管理品质。

1. 自我诊断，明确学校所处的发展阶段及管理倾向

我们通过问卷、座谈等方式发现，高外小学部的整个管理层处于控制性程度和指导性程度均中等偏强的状态，而低控制、强指导才是最理想的管理状态。这预示着学校改进管理的方向首先是进一步提升管理的指导性功能，然后在此基础上逐步降低控制性功能。

2. 重新审视学校管理架构和制度，合理扬弃、完善修订

学校经多年发展积淀后，整体呈现研究中心强、年级组工作弱，学科强、班主任工作弱的样态。对此，我们有以下举措：第一，我们积极推进年级组工作，通过强化使命、明确职责等方式提升年级组管理水平，通过成立班主任研究中心，促进班主任工作的梯队建设和阵地建设，提高班主任成长效能。第二，积极修订学校教育教学成果奖励办法，通过激励制度来推动管理转型、引领

教师成长。第三，通过项目化任务助推指导性管理落实。学校积极推进工作任务的项目化，以提升管理、促进教师成长。如为推进家校共育，提升家长育人理念和育人能力，学校推出了"家长领读课程"，通过发布招募令，物色有主动参与意愿的项目负责教师和家长，由他们来具体策划、实施该项目。学校层面则提出目标、把准方向，并进行过程性的参与和指导。再比如针对学生素养拓展，我们推出了"未来成长课堂"，招募有意向的教师担任该项目首席导师，由他们与校家委会协作，与宁波市博士学会、宁波市女科技工作者协会等对接，引进各行各业的重量级专家为学生授课，取得了非常好的效果。

3. 处理好制度刚性与人文关怀的关系，推进协商式管理

制度管理是推进指导性管理的基础，但仅有制度性管理，容易忽略管理中的人文性。过去几年，学校积极探索在制度规范基础上的管理人文性。如教职工生病住院，学校领导都会看望慰问，下一步还将推进对教职工家属的重病探望慰问。再比如，自"双减"政策实施以来，各地都推行了课后服务工作，教师们的工作时长、工作强度显著增加，为此，我校积极推进"无理由调休制度"，根据教师参与课后服务次数的多少，发放相应数量的无理由调休券，教师可以在安排好工作的前提下自由使用调休券。此举在有效保障教师休息的同时，大大提升了教师的幸福指数。

（五）自主课程：课程体系从"单一"走向"多元"

课程是课堂教学改革的载体，也是实践自主发展教育的重要依托。高外初中部以学生"五力"（自我管理力、自我修养力、自主学习力、自主创新力、自主实践力）发展为主要内容，构建了"ID+"课程体系助力学生自主发展。高外小学部则探索构建了生态课程体系（如图2-7）。

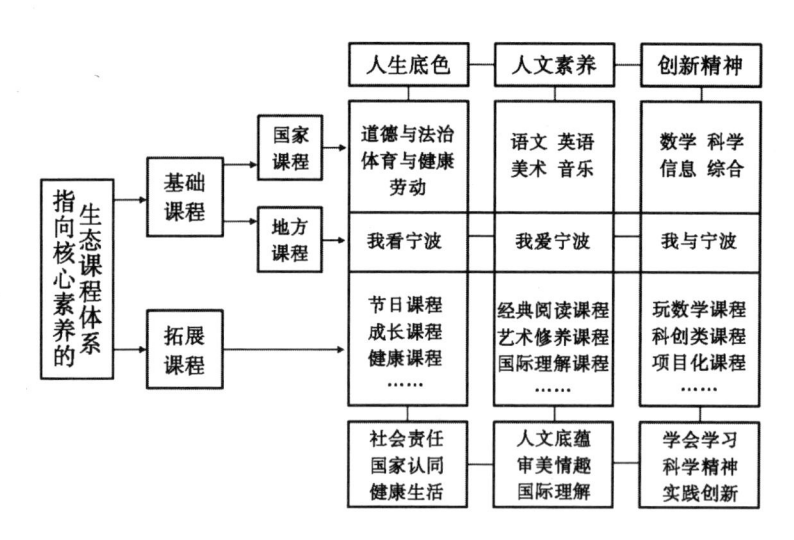

图2-7 高外小学生态课程体系

生态课程是指促进学生健康、和谐而有个性地发展，体现学生生命状态、生长样态以及生动形态的课程体系。生态课程有生命性、生长性、生动性三个基本特性。生命性指课程要关注人的成长质量，关注学生的生命状态；生长性指课程要关注人的可持续发展，关注学生的生长样态；生动性指课程要关注人的差异发展与多元发展，关注学生的生动形态。

根据《浙江省教育厅关于深化义务教育课程改革的指导意见》的文件精神，浙江省义务教育阶段课程分为基础性课程和拓展性课程，基础性课程包括国家课程和地方课程，而拓展性课程主要指学校提供给学生的可自主选择的学习内容。我校的生态课程体系也按此要求进行架构，该体系具有以下特点。

根据课程核心特征，将课程划分为人生底色课程、人文素养课程和创新精神课程三大类。人生底色课程聚焦人的道德素养、身心健康及成长体验；人文素养课程聚焦以人为中心理念，通过人文知识的传授，使学生的人格、品质、修养得到全面提升；创新精神课程聚焦综合运用已有的知识、信息、技能和方法，培养学生提出新方法、新观点的思维能力和进行发明创造、改革、革新的意志、信心、勇气和智慧。

结合核心素养图谱，落实高外学生核心素养培养。学校启动生态课程体系梳理建构后不久，《中国学生发展核心素养》正式发布。为此，我们第一时间对课程体系进行调整完善，建立人生底色、人文素养、创新精神三类课程与其所指向的核心素养的关联。同时，我们也清醒地认识到，课程与核心素养之间绝不是简单的一一对应关系，所以，我们在课程体系中还关注核心素养之间的整体性和不可分割性。

在课程实施方面，我们主要做了国家课程校本化实施和校本课程特色化建构两方面工作。

1. 国家课程校本化实施

国家课程校本化实施是指在坚持国家课程原则的前提下，学校根据自身性质、特点和条件，将国家层面上规划和设计的面向全国所有学生的书面学习经验转变为适合本校学生实践学习经验的创造性实践。国家课程校本化实施不仅能有效联结课程理想与课程现实、融通书本世界与生活世界，还可以调适国家课程基准与学生个体差异。新课程实施以来，我校积极投入到国家课程校本化实践中，主要做了以下工作：第一，解构国家课程标准。一方面，第一时间组织教师对最新版的课程标准进行学习、解读；另一方面，通过制订双向细目表、专项能力（素养）测评方案等方式，将课程目标分解成年段目标、单元目标乃至课时目标。第二，调整课程内容结构。一方面，结合学校专项素养测评等实际需求，对教材内容顺序进行适度调整；另一方面，结合学校自主课堂实践需求，对教材例题、素材进行改造，并积极开展单元整合教学研究。第三，变革教学模式。伴随着新课程改革的推进，我校的自主课堂教学改革一直未停步。从模式推动到要素推进再到评价助力，始终紧跟课程改革的步伐。

2. 校本课程特色化建构

在拓展课程（校本课程）建构上，我们将"让学生选到为之心动的课程"作为出发点，努力为学生提供充分且可选择的课程。从课程角度来看，我们构建了"人生底色、人文素养、创新精神"三大课程群。人生底色校本课程群主要包括节日课程、成长课程（入学礼、入队礼、十岁成长礼等）、健康课程等。人文素养校本课程群主要包括经典阅读课程、艺术修养课程、国际理解课程等。创新精神课程主要包括玩数学课程、科创类课程、项目化课程等。从课程层级来看，主要包括学校重点打造的彰显学校特色的课程和满足学生兴趣爱好的课程。其中，学校重点打造的课程包括足球课程、合唱课程、国画课程、乒乓球课程等。从实施途径来看，我们主要利用每周四的两节个性选修课程及每天的课后服务课程来保障课程时间。从课程师资来看，我们积极构建"学校教师＋引进专业教师＋专业特长志愿者"三位一体的师资团队。

（六）自主评价：价值取向由"分数"走向"全人"

2013年6月，教育部出台《关于推进中小学教育质量综合评价改革的意见》以及《中小学教育质量综合评价指标框架（试行）》，以扭转单纯以学生学业考试成绩和学校升学率评价中小学教育质量的倾向。高外小学部充分认同并积极响应上述文件精神，于2014年启动小学生绿色评价改革的探索。高外小学部绿色评价改革经历了从手册研发到标准研制再到智慧支持三大阶段。

1. 评价手册研发：促进绿色评价体系建构

（1）搭建以生为本的绿色评价体系框架。

学校依据教育部《中小学教育质量综合评价指标框架（试行）》的基本精神和具体要求，完成了校本绿色评价体系框架的初构（如图2-8）。

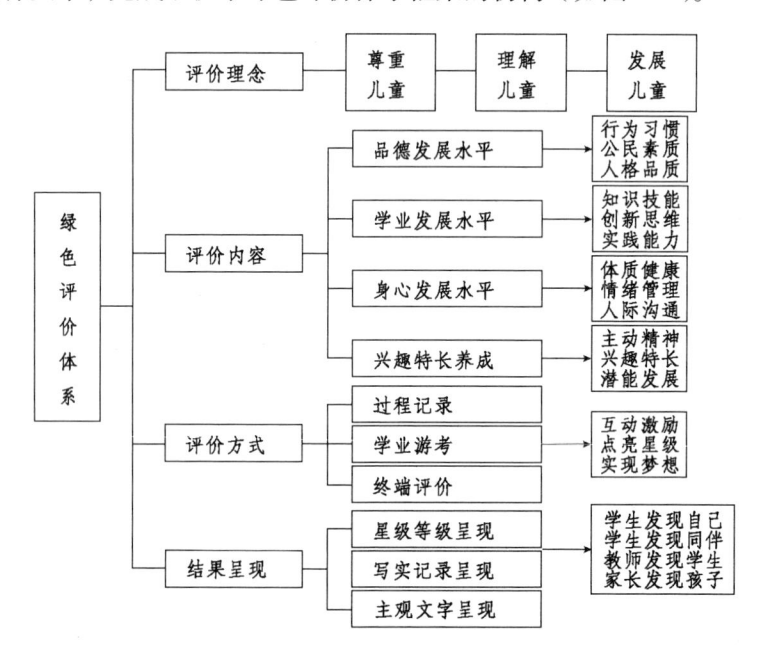

图2-8 高外小学绿色评价体系框架

绿色评价体系框架包含评价理念、评价内容、评价方式和结果呈现四个方面。

学校绿色评价的基点（理念）是儿童立场。我们认为，坚守儿童立场的起点是尊重儿童，包括尊重儿童的人格尊严、话语权、兴趣爱好等。坚守儿童立场的关键是理解儿童，包括理解儿童的外在行为、内在思维、情感需求等。坚守儿童立场的根本是促进儿童发展，绿色评价的最终目的不是区分人，而是发展人，发展每一个人。

绿色评价的主要内容定位在品德发展水平、学业发展水平、身心发展水平和兴趣特长养成四个方面。品德发展重点关注学生的行为习惯养成、公民素质培养和人格品质的形成。学业发展关注学生的知识技能、创新思维和实践能力的协调发展。身心发展关注学生的体质健康、情绪管理和人际沟通能力的健康发展。兴趣特长养成关注学生主动精神、兴趣特长和潜能发展的引导和培养。

绿色评价方式改变了传统重终端轻过程的评价制度，通过过程记录、学业游考和终端评价三个途径来实施评价，全面客观地记录和反映学生的成长状态。在实现多元评价的过程中，注重互动激励，引导学生亲自动手点亮每一颗专属于自己的星星，最终实现成长梦想。

（2）研制"明星成长记"绿色评价手册。

评价结果的呈现需要载体。为了更全面、客观地呈现评价结果，我们在绿色评价体系框架的基础上着手研制"明星成长记"绿色评价手册。手册主要包含校长寄语、成长心愿、品德发展水平、学业发展水平、身心发展水平、兴趣特长表现、多元评价（自评、同伴评、教师评、家长评）寄语、闪光足迹、幸福指数和点亮我的星等十七个项目，累计包含六大板块，八十一项二级指标。

评价主要通过星级等级、写实记录和主观文字三种方式来呈现。星级等级呈现包括星级呈现和等级呈现两种。星级呈现主要用于记录学业水平表现中的各项专项素养测评成绩以及身心发展水平、兴趣特长表现、幸福指数、亮星汇总等。等级呈现主要用于记录学业发展水平中的学习习惯、态度等内容。

写实记录呈现主要包括获奖证书、体质健康相关数据等。主观文字评价主要包括学生自拟的成长心愿、多元评价寄语等。

2. 评价标准研制：促进核心素养培育落地

绿色评价手册研制完成，不代表学生评价工作就可以顺利开展，更不代表学生核心素养的培养能顺利落地。其中还有非常关键的一环，即为每个二级指标制定相应的评价标准。聚焦学科的核心素养与关键能力培养，围绕二级指标拟定评价标准。评价指标不仅指向学生的学习结果，同时指向学生在学习过程中的发展和变化，还指向学生的个性与创新。每一个项目的评价指标与细则包括评价内容标准、评价方法、评价星级量化三大模块。

三、我的办学特色

办学特色是一所学校整体的办学思路或者在各项工作中表现出的积极的与众不同之处。办学特色具有整体性、独特性、先进性、校本性等特点。因此，我们需要区分学校特色和特色项目。很多学校会把学校的某一个或某几个特色项目称为学校特色。我们认为，学校特色应该更多的是在理念性、价值性层面区别于其他学校的表现，特色项目则是在学校特色理念指引下的某一个方面或几个方面的实践。

高外把"自主发展教育"作为自己的办学特色。它具有整体性、独特性、先进性及校本性等特点，从理念上、整体上区别于其他学校，是能引领学校持续发展的灯塔。学校自主课堂、自主德育、自主评价、自主课程等成果都是自主发展教育的成果。2017年3月10日，宁波市教育评估院专家来我校进行特色创建评估。专家们一致认为我校：学校办学理念先进，管理科学有序，制度健全；学校的自主发展教育定位准确，实现途径多，成果丰硕；学校积极深化课改，起步早，立意高，在省内有良好影响力。

在自主发展教育理念指导下，学校通过几年努力，也建设了一批特色项目。我校是全国青少年足球特色学校，学生人手一个足球，每个学生都掌握足球的基本技巧。校足球队曾获宁波市校园足球联赛一、二、三等奖十余次。我校合唱队曾获浙江省中小学生艺术节一等奖，多次获宁波市一、二等奖。我校国画、手风琴、击剑等项目也取得了丰硕的成果。除此之外，学校还先后荣获教育部课改实验区实验学校、省级平安单位、浙江省清廉校园、浙江省首批艺术教育实验学校、浙江省千校结好特色学校、浙江省教师发展优秀学校、宁波市文明单位、宁波市文明校园、宁波市美丽校园、宁波市智慧校园、宁波市依法治校示范校等荣誉称号。

过去几年，高外小学部通过全体师生的共同努力，以自主发展教育理念为引领，通过自主课堂、自主课程、自主评价、自主德育、自主研修、自主管理六大实践路径，最终汇聚成学校的自主发展教育文化，有效提升了师生的幸福感、社会的满意度和学校的美誉度，推动学校办学品质不断提升。

（作者单位：宁波国家高新区外国语学校）

办一所童心飞扬的新样态学校

叶海峰

作为一所百年名校的校长,我时常问自己:如何才能在传承学校优良传统的基础上大胆创新,办出学生、家长、教师和社会都满意的新时代高质量学校?什么样的办学思想才能最有效地促进学校的发展?经过多年的思考和探究,我终于认识到:我们应该办一所童心飞扬的新样态学校。

一、我的办学思想

我所在的学校是慈溪市第二实验小学(以下简称"二小")。这是一所浙江省百年名校,其创办史可以追溯至1860年的胡氏私塾。胡氏私塾于1882年扩为胡氏尚义堂经塾,开始普招观海卫地区的儿童。1894年,胡氏尚义堂经塾率先改办为观海卫安定小学堂,这是宁波第一所由国人创办的新式小学堂。1940年,易名观海卫中心国民学校。中华人民共和国成立后,称观城镇中心小学。1983年,更名为观城区中心小学。1987年,挂牌观城区辅导学校和锦堂师范附属小学,同时承担辅导全区各乡镇中小学和锦堂师范学生实习的双重任务。1992年,正式定名为慈溪市第二实验小学。学校是慈溪市教育局直属学校,但服务对象却是距离城区18千米的观海卫镇六大村(社区)的1400名学生。义务教育阶段市属学校服务乡村教育的办学模式,在浙江省内并不多见。全体二小人秉承"同心同德、自重自强、尽心尽责、共存共荣"的教师精神,在一次次的教育实践中"相信自己、鼓励自己、超越自己",不断地实现教育的高质量发展。学校连续多年被评为慈溪市五星级学校,2019年被评为首批浙江省现代化学校,同时又被慈溪市教育局授予"自主成功"教育品牌。

"自主成功"教育品牌颁奖词

慈溪市第二实验小学是省内为数不多的地处农村的县市级实验小学，更是一所办学历史悠久、文化底蕴深厚的百年老校。无论是20世纪80年代的有乐学特色的整体优化实验，还是20世纪90年代的"观城实验区"领衔试教，都呈现出崇尚完美、积极进取的成功教育文化。进入21世纪以来该校实践探索的"自主成功"教育，是以尊重、宽容、赏识、激励为核心标志，倡导教师顺从天性、承认差异、个性施教等的教育。他们努力使学校成为学生追求成功、享受成功的理想场所，努力让学生体验到做人的尊严和学习的快乐，努力让不同类型的学生走向不同阶段的成功。这恰恰就是优质教育本质意义上的追求，值得同类学校学习和借鉴。

学校所在地——观海卫，是慈溪最大的乡镇，是浙江省十大强镇之一。明洪武二十年（1387年），信国公汤和奉旨在杭州湾南岸亲自筑城建卫，"卫名观海，海之大观在卫焉"。这是一片忠勇的土地，当年戚继光率军在此抗击倭寇，近代中共浙东区委于此成立；这是一片孝顺的土地，东汉时期董黯汲水孝母的故事千古流传；这是一片信义的土地，爱国侨商吴锦堂热心桑梓的美谈家喻户晓；这是一片勤朴的土地，"九秋风露越窑开，夺得千峰翠色来"，一件件精美的越窑青瓷赢得天下人的青睐。观海卫建卫600多年，人杰地灵，文化绵延，实乃千年唐涂宋地，百年教育沃土。

我是一个土生土长的观海卫人。1991年毕业于浙江省慈溪市锦堂师范学校，以"童工"的身份入职这所学校，做了7年普通教师、5年中层干部、7年副校长、13年书记兼校长。32年如一日，扎根卫里，服务二小。青春在奋斗中闪光，岁月在激情中燃烧，"今天我以学校为荣，明天学校以我为荣"。处在这样的成长环境中，还有谁不想当"将军"呢？谁没有心中的教育梦呢？我，也不例外。

2010年我刚任校长，接到一个来自美国的越洋电话，对方称他的父亲刚过世，想把亲手誊抄的民国时期的毕业歌捐赠给当年就读的小学堂。老人长期身在异国他乡，但一辈子都无法抹去对童年时代母校的深深思念。1999年学校开展的浙江省编义务教育教材试教实验荣获国家教育科学研究优秀成果奖二等奖，学校涌现出虞绍源、蒋维国、施国柱等一大批宁波教育名家。如何将一所百年传统老校转型为现代优质名校，是我作为校长所肩负的沉甸甸的责任和使命。

我一直在思考：教育是什么？学校是什么？我认为，教育应该是基于儿童立场的自主追求，学校就是儿童自主追求并成长、成功的新型空间。南京师范大学刘晓东教授在《儿童文化与儿童教育》一书是这样描述我们的教育对象的："儿童是人，但不是小大人；儿童是探索者，也是思想家；儿童是游戏者，也是艺术家；儿童是成人之父，也是成人之师。"受刘晓东教授启发，我在前任校长挖掘的品牌"自主成功教育"前面加了"基于儿童立场"六字，基于儿童立场的自主成功教育，简称"童心教育"。

明代思想家李贽在《童心说》中这样表达其对"童心"的理解："夫童心者，真心也。若以童心为不可，是以真心为不可也。夫童心者，绝假纯真，最初一念之本心也。若失却童心，便失却真心；失却真心，便失却真人。人而非真，全不复有初矣。"多年来，我一直坚持"溯源人本，敬畏童心"的办学理念。所谓"溯源"，就是往上游寻找发源地，充分挖掘百年校史和光荣传统，树立"以人为本"的现代民主管理思想。所谓"敬畏"，就是既敬重又害怕，我们要站在儿童的立场，一切从"真"出发，强调"真现场""真性情""真成长"，时刻去维护属于他们和世界的"童心"。

我的童心教育办学思想旨在"让每一个儿童都能体验成功的快乐"，通过对"童心课程""童心课堂""童心管理""童心校园"的重塑，办一所"敬畏童心，体验成功"的"学园、乐园、家园、花园"四园式学校，育一批"正直优雅、仁爱聪慧"的现代儿童。

二、我的办学实践

这些年，我在办学过程中尊重二小儿童独立价值的存在，给予二小学生丰富的学习经历，希望六年的学校生活能够珍藏在二小学生幸福童年的美好回忆中。我从4个方面简要介绍童心教育实践。

（一）童心课程：点亮童心，成就童真

课程是跑道，是实现育人目标的重要载体。建构童心课程体系，立足"五育并举"，开齐、开足、开好国家课程和地方课程；同时，基于"雅慧"育人目标，创设"文雅、优雅、健雅、智慧、创慧、巧慧"6大板块，88门拓展性课程，供1400名学生选择性学习。"宁波快书""又见茶修""无线电测向""童创花园""面人孙粉塑"等精品课程深受孩子们追捧和喜爱。

作为浙江省首批艺术特色学校，学校早在1991年就已经确立了艺术教育总目标——"班班有乐队，人人会乐器，个个会演奏"，即每一个毕业生必须掌握两种以上乐器的演奏技能；校级艺术社团必须达到市级一流水平，班级乐队随时能上台表演。同时我们又提炼出"分层设组、七个固定、艺术汇演三年循环、星级考评、设奖鼓励、文化标识"六大经验做法，累积形成了六大感悟，如"思想统一很重要""人人都是艺术教师""经费一定要保证""展示舞台要丰富""参赛标准必须高""最好家长也参与"。30多年的艺术特色教育坚持，最终印证并实现了20世纪90年代老校长虞绍源（宁波市首届名校长）对特色办学的经典论断：以办学特色促进整体工作，再以整体优化来促进每个人的个性发展，使局部特色发展成为学校整体的个性风格，营造一种良好的教育文化、环境和氛围，使一所乡村学校逐渐发展成为优质学校，乃至品牌学校。如今，"艺"字成了校徽的主标识。

校训是校园文化的核心与精髓，是学校形象和品牌的直接展示，彰显着学校办学的传统、宗旨和核心价值观，引领、规范和勉励着师生行为。每所学校都有自己的校训，作为一所百年老校，二小的校训可以追溯到安定学堂时期，彼时主张"忠勇为爱国之本，孝顺为齐家之本，信义为立业之本，勤朴为生活之本"。2021年，学校成功申报宁波市教育科学规划重点课题"基于安定古训的童心德育课程的实践研究"。该课题旨在落实立德树人根本任务，形成集课程理念、课程目标、构建路径、实施与评价为一体的童心德育课程体系，使之贯穿全体师生的生命旅程，实现师生对校训文化的认同和完成对自身德性的建构。同时充分依托"学军、学孝、学廉、学农"四大项目化学习，实现德育课程和德育活动的协同育人。课题成果获宁波市学校德育课题二等奖，

相关论文案例获宁波市绿色教育论坛一等奖、宁波市德育创新案例评比二等奖,并被《德育报》刊发,"百年校训·润泽童心"被评为慈溪市首批德育品牌。2022年,我们积极向政府部门建议,把"忠勇、孝顺、信义、勤朴"定义为东南沿海一带"卫文化"的核心精髓。基于传统文化传承的使命,成功申报宁波市教育局研学课题"地域文化视角下'童眼观卫'研学旅行的探索与实践",通过"卫里老话""印象鸣鹤""年糕故事""跟着节气游卫城"等非遗传承,满足儿童"好奇、好玩、好表现"的天性,让"童眼观卫"成为具有二小特色的综合实践活动金名片,此举被评为浙江省美育改革创新案例一等奖。如今,学校是全国青少年国防教育示范学校、宁波市首批绿色教育实验学校,"红色研学""净水援疆""爱心暖壶""学泡中国茶"已经成为学校一张张亮丽的德育名片。

(二)童心课堂:激扬童心,体验童乐

"双减""双新"政策出台后,学校该如何提质增效?早在2013年,我们就开始探索"童心课堂"建设。

一个课题,全员参与:学校成功申报浙江省教研课题"农村小学创建童心课堂的实践与研究",并成立总课题组,各教研组相继申报一级子课题,每位教师根据所教学科选择切口申报二级子课题,并以《自主成功教育》校刊为主阵地,分享交流学术观点。全校形成金字塔式课题研究模式,形成人人有课题、人人有研究的教研氛围。

两大活动,全力助推:课堂是教学的主阵地,也是深化课程改革的主阵地,只有通过课堂教学,才能把理想的课程转化为现实的课程。学校每学年开展青年教师"扬帆杯"优课评比和骨干教师"导航杯"教学活动,将"构建小学童心课堂的实践研究"课题作为深化学教方式变革的重要抓手,全力助推童心课堂实践,促进教师可持续发展。

三条原则,全面遵循:关照"三性",即儿童性、实践性、过程性。实施"三则",是指"从儿童中来,到儿童中学,在儿童中长"。要求教学从儿童的真实起点出发,让儿童经历真实的学习过程,赢得真实的自然生长。"三性"是童

心课堂需要关注的本质,"三则"是"童心课堂"教学实施中应遵循的原则。遵循了"三则",儿童的知识能力才能在不断循环中得到提升,才会真正体现"三性"。

四有量表,全程观察:要正确评价"童心课堂"的教学效果,不仅要看教师的主导作用,更要看学生的主体作用是否得到充分尊重和体现。2.0版童心课堂观察表从"有序、有趣、有度、有效"去扩展并丰富课堂观察点,基于学生、教师、课堂效果三个维度全程评价"童心课堂",引导全体教师通过课堂观察,反观自己的教学。

五项成果,全景打造:课题研究报告"构建小学童心课堂的实践研究"获宁波市基础教育教研优秀成果一等奖;校刊《自主成功教育》坚持办刊11年,共刊发44期,屡获宁波市优秀校刊一等奖,被宁波市档案馆收藏。校本研修项目"基于童心课堂的教师教学能力研修"连续五年获慈溪市年度优秀校本项目,并获2021年宁波市优秀校本研修精品项目。《童心课堂》一书由上海交大出版社出版,是近十年童心课堂研究实践的智慧结晶。"安定学堂"已成为我们的学术交流基地。五项成果,全方位绽放童心教育理念下的教研之花。

"六童六学",全新提炼:建立"六学六童"童心课堂基本教学环节,即"预学引发童思、引学解读童心、导学破解童疑、对学启迪童智、展学释放童声、固学获取童悦"。六个环节充分突出"以童为本",强调"教"与"学"的同步进行,凸显学生"学""情"的地位和作用。

作业是课堂教学的延续,分层、精准、趣味、综合是设计和优化作业的关键。语文组和美术组合作实施"我做童童宣传员"项目,经历专题阅读、项目策划、分项实施、项目复盘,被评为浙江省优秀项目化学习案例;数学组"童心作业"依托备课组,整理"西瓜题""桃子题",采用线上、线下结合的方式,让学生在精准的靶向作业中习得能力、发展素养,该项目获宁波市"双减"课题成果二等奖,并被列为浙江省教育科学规划专项课题;美术组循着24个节气,结合卫城24个地标,创作《跟着节气游卫城》组画,获浙江省艺术节作品一等奖。为了让作业撬动学、教方式的改革,赋能精准教学,我们在学校中心地段打造了作业展厅,让每一个儿童都能体验成功的快乐。

（三）童心管理：修炼童心，呵护童梦

受场地限制，学校的办学规模不大，共有31个班级、1400名学生、76位教师，但教师中党员的覆盖率占比63%，党建引领和党员带头是这所百年老校保持长盛不衰的密码。作为一所红色学校，学校全面实行"党总支领导的校长负责制"，深入开展"人人是旗帜，个个争先锋"主题活动。2007年，学校被确定为第二批深入开展"科学发展观"学习实践活动基地，"结双友，帮三困"工作经验被《浙江日报》头版报道。在此基础上，成立"金蚂蚁帮帮团"，铸造党建工作品牌。金者，发光也。党员是时代的先锋，更是社会发展的发光者。蚂蚁，是二小的吉祥物，它具有"勤学、向上、求实、创新"八字校风的品质。帮帮团集中一些有爱心、有能力的同志，为需要帮助的弱势群体提供常态化、精准化的服务。此举旨在集聚党员向上、向善的力量，反哺社会，去关心和帮助更多需要帮助的人。学校党支部是慈溪市先进党组织，连续五年被评为宁波市五星级党组织。

爱与责任是师德之魂，学校在全面实行师德承诺制的基础上，重点强化"五心"培育工程，增强团队凝聚力和竞争力。具体来说，一是对职业的忠诚心：自编教师誓词，提炼教师精神，每年举行教代会时组织教师一起在国旗下庄严宣誓。二是对学生的慈悲心：在平凡的岗位上捕捉不平凡的瞬间，我校坚持17年的"感动心灵"慈爱行动优秀事例评比活动获评慈溪市工会工作创新一等奖，方雅明老师挂拐上课等一个个暖心的爱生事迹传遍校园。三是对自我的修炼心：为35周岁以下的青年教师组建青联会，通过配师傅、定目标、练功夫、抓关键、压重担，修炼教师教学技能，改善教学育人态度，形成良好的"自主成功修炼"氛围。四是对同事的友善心：年级组也是工会小组，每月定期评比文明和谐年级组，借助祝寿会、群英会、乐一乐等平台，奏唱"相亲相爱一家人"。五是对社区的反哺心：成立党员讲师团，进社区文化礼堂宣讲垃圾分类和家训家风，帮助弱势群体点亮微心愿，助力"共富共美共育"建设。

同时，我们也推出了一些校本研修新举措：如"五骨丰登"工作坊，以"安定学堂"为活动基地，以《自主成功教育》为学术阵地，组建"润·童心"骨干班主任工作室、"慧·童心"骨干教师工作室、"菁·童心"青年教师工作室、

"研·童心"科研教师工作室,聘请专家为学术顾问。通过成长规划、教学技能、课程开发、课题研究等途径,联动课堂、课题、课程研修,不断推动学校向前发展。又如"云端漫步"校本研修,以教研组、备课组为单位进行线上培训,选择适切的培训内容,落实特殊时期的教研训一体,确保全体教师参与校本研修,为线上教学保驾护航。再如基于自主成功理念下的"1+1"学习共同体的实践研究,以全体教师通识培训和不同维度学习共同体的精准研训为载体,以四轮驱动为保障,以目标驱动推动共生性,以制度驱动唤醒主体性,以教研驱动激发自主性,以评价驱动促进反思性,最终达成"自主成功、分层发展、整体推进"校本研修目标。该课题开辟了一条乡村教师专业自主成长的路径,获宁波市师训课题二等奖。"三鲜汤"则是通过会前抽签发言、不时推门听课、学习强国每月晒积分等制度,促进教师主动学习与发展。学校被评为浙江省民主管理先进单位、浙江省模范职工小家、宁波市师德群体创优先进单位、宁波市校本研修工作先进集体。

(四)童心校园:润泽童心,营造童趣

学校致力于创设优美的育人环境,让学生潜移默化受到熏陶。

1. 构建陶冶情操的心灵花园

整个校园杜鹃吐艳,荷叶飘舞,丹桂飘香,茶梅浴雪,让学生一年四季沐浴在大自然的绿意之中。百果园、元敬亭和空中花园,是学生们最喜欢的玩耍处。

随着中国学生核心素养研究、理论与实践的不断推进,学校在传授文化知识的同时,也愈加关注对学生文化素养和人文气质的培养。应运而生的校园文化墙成为一本本"活"的教科书,潜移默化地影响和启迪学生的心灵,陶冶学生的美好情操。"敬畏童心,体验成功"是学校的办学思想,更是学校的文化核心,将其呈现于校园显眼处的墙面,对师生而言是一种潜移默化的渗透。学校随处可见的活泼可爱的卡通小蚂蚁,是二小的形象大使,代表着"勤学、向上、求实、创新"的校风;"博爱多德、博学多才、博习多能"是几经课改积淀而来的学风。学校秉承"同心同德、自重自强、尽心尽责、共存共荣"

的精神，努力培养高素质的现代学生。

此外还有雷锋精神展示墙、军人荣誉墙、清风故事墙、校史文化长廊等，一面面文化墙散发着浓郁的文化气息，讲述着生动的学习故事，厚植了文化根基，更让发展学生核心素养、净化学生文明心灵的理念真正落地生根。

2. 构建成长成才的学园

艺术长廊、节气地标和卫文化展示墙，雅慧学子、阳光双星和毕业全家福，这些都让学生在文化浸润中健康成长。学校位于浙东名镇观海卫，是戚继光将军当年抗倭的重要军事基地，卫文化是这座古城的"灵魂"。为了把卫文化的种子种进学生的心里，学校以安定古训"忠勇为爱国之本，孝顺为齐家之本，信义为立业之本，勤朴为生活之本"为校训内容，艺术性地打造了"印象鸣鹤"楼梯、观海卫老话长廊、观海卫老话故事墙、观海卫"百家姓"墙、"燕话微信"对话框、"天时地利人"楼梯等卫文化墙廊，用地方优秀传统文化唤起学生对中华优秀文化的向往。

学校坚持把德育工作放在首要位置，始终以"忠勇、孝顺、信义、勤朴"八字校训内容对学生进行道德品行教育，并把校训德育融入核心价值观培养全过程，形成独有的"润泽童心"慈溪市首届德育品牌。学校以百年校训下传承卫文化为核心，努力探究"童眼观卫"的顶层设计，构建具有二小特色的"童眼观卫"德育综合项目。学校依托红色、国学、建筑、民俗、旅游、商业六大文化项目，每个大项目下又分设多个子项目，通过创设卫文化环境、开发卫文化课程、开展卫文化活动、举行卫文化研学，结合观海卫镇在我校成立卫文化少年研究所，学生从小接受卫文化的学习与熏陶，从而形成优良的传统美德和民族精气神。

3. 构建生动活泼的乐园

群情激昂的拔河比赛，精彩纷呈的文艺公演，飒爽英姿的国庆军训，诙谐有趣的农民运动会，一个个丰富的活动，一张张灿烂的笑脸，让学校成为童心飞扬的成长空间。教学楼各个楼梯下面的"读书吧"，是学生课间和午休时的休闲吧；校园展板、年段展板展示的是学生在童心校园下的快乐生活；位于学校中心地段的作业展厅为学生发展个性、发挥特长保驾护航。

我们主张让学生在行走中乐学，在乐学中行走。以项目化研学深挖内涵，研究观海卫之城（三十六街、七十二弄）、观海卫之桥（太极古镇沈师桥），探寻红色印迹、国药重地、青瓷风韵等。在课程群"童眼看卫城"的带动下，学生绘制"童眼观卫"旅游地图，制作"跟着节气游卫城"旅行手册，启迪智慧，提升素养。学生围绕"练太极""学燕语""做年糕""打菜油""玩陶泥""印糕版""品茶艺""访大姓""腌咸菜""酿米酒""唱走书""捏面塑"等主题，三五成群，饶有兴致地开展快乐研学活动。

4.构建温馨和谐的家园

营造童心文化，激扬儿童生命成长；共建育人生态，润泽儿童美好心灵。国学馆、茶艺室、年糕坊、教室空调、热菜热饭、嘘寒问暖，让学校处处焕发家的气息。

塑造童心家长，培育童心家庭，让家校时时融合，优化童心教育生态。我们积极引导家长们做童心家长，致力于永葆孩子的童真、激发孩子的天性、培养孩子的品行、激励孩子的力量。每学年通过评选、表彰童心家长，让更多的家长争做童爸、童妈，呵护童心，共育共进。我们开展家长课堂，邀请家长结合自身的职业优势、个人特长等，为孩子们开展美食制作、卫生自救、法制安全、手工制作、童话剧等多彩的活动，努力为孩子良好品德的形成、知识视野的拓宽、实践能力的提升、人生路上的成长开辟新渠道。开展好书共读，将读书活动延伸到家庭，让家家都沐浴书香。通过淘书乐，乐淘淘、作家进校园系列、整本书阅读项目化、"悦读"朋友圈、书香家庭评比等活动提升阅读的有效性与深入性。开展每周一天家庭日活动，让五项管理落到实处。"亲子共读日""亲子运动日""亲子研学日"等丰富的活动，促进亲子关系，呵护孩子健康成长。学校发放的"五项管理"成长卡，让过程性评价见证学生成长，让学校的童心教育理念渗透到家庭教育。

我们创办教育议事会、班级家委会，开放式管理让家长参与学校的教学管理、学校文化和特色社团等活动，使家长真切体验孩子在学校的学习和生活，从而在教育中进行新的探索。在美化校园活动中，邀请家长参与教室文化建设；在运动会上，班主任指导家长参与学生方阵训练；在艺术节那天，学校邀请家长做化妆师、服装设计师；在科技节那天，学校邀请家长做家庭实验员；在社团拓展课上，学校邀请家长做辅导员；在期末测试时，学校邀请家长参与监考。每学期一次的教育议事会、每月一次的家长进食堂……让家长时时感受学校是孩子温馨、和谐的家园。家校的双向奔赴，只为诠释"一切为了学生，为了学生的一切"。

千年卫城、百年校史、童真童趣等三种文化跃现在校园里的廊所墙面，弥漫在二小人的脑海心间，烹饪出"文明"和"美丽"的味道。浙江省文明学校、浙江省健康促进金牌学校、宁波市文明校园、宁波市绿色学校、宁波市美丽校园等荣誉"纷至沓来"。

童心教育理念的贯彻与实施，使学生品质得到提升，教师专业得到发展，学校美誉度得到提高。近5年，师生获奖达2002人次，全国农村青年致富带头人、捐赠千万德育基金的叶凯峰和全国信息学奥林匹克赛冠军任路瑶是优秀校友代表，在浙江省"阳光伙伴"竞赛运动中荣获"伙伴奖"，这是学校"蚂蚁精神"的代言。同时学校涌现了全国师德先进个人王从容、浙江省农村教师突出贡献奖获得者冯幼玲、浙江省春蚕奖获得者叶群莲、浙江省师德先进个人张科芳、浙江省优秀辅导员陈宗杰等一大批优秀教师，培养了全国优课获得者张瑾和潘雯、浙江省教坛新秀陈科，另有7名宁波市教坛新秀。学校拥有"省首批现代化学校""省百年名校"等20个浙江省级以上荣誉。《中国教育报》以《溯源人本，尊重童心》为题，《中小学校长》以《办一所童心飞扬的新样态学校》为题，分别报道我校的童心教育实践。2009年，时任教育部基础教育司司长王定华赞赏我校："这是一所地处乡村的百年名校。"2022年，杭州师范大学原校长林正范教授代表浙派名校长培养对象研修班专家团队对我校评价："底蕴深厚、特色鲜明、质量优异。"

我也十分有幸先后被授予"浙江省少先队先进工作者""宁波市优秀共产党员""宁波市名校长""宁波市首批骨干校长""宁波市教科研先进个人""浙派小学名校长培养对象"等荣誉称号，并被选为浙江省基础教育评估专家库成员，多次担任浙江省现代化学校评审组专家。身为慈溪市名校长工作室导师，我近5年发表管理论文6篇，为新疆、安徽、浙江等地校长班授课13场，承办"浙派名校长培养工程"等活动15项，并在全国海洋教育大会论坛、全国新样态学校高峰论坛、全国小学优秀校长高级研究班杭州分享会上发言，展示宁波教育的风采。

苏霍姆林斯基曾指出，校长对学校的领导，首先是教育思想的领导，其次才是行政上的领导。作为一名校长，站在时代发展和教育改革的前沿，就要敢于对传统落后的教育模式和管理机制进行革故鼎新，溯源人本，敬畏童心，让儿童在充满爱与温暖的校园生态中获得心灵自由，实现生命成长，成就更好的自己，这是我的岗位职责。同时，作为一名教师，坚守在一所学校，用一辈子的青春与热血，服务乡村，圆梦童心，这是我的教育情怀，更是我的人生价值。

（作者单位：浙江省慈溪市第二实验小学）

弘扬黎光文化，引领师生向着明亮那方润泽生长

赵慧江

湖州师范学院南浔附属小学（以下简称"湖师附小"）是"十二五"期间南浔区第一个市教育重点建设项目，是南浔区唯一一所与高等师范院校紧密合作办学的全日制学校。学校位于市新区，区位优势突出，交通便捷，建筑风格优雅大气。

办学11年来学校一直保持高速发展。2012年学校创办之初，仅有26个教学班、66位在编教师。现在，学校已经拥有2个校区、102个教学班、4800多名学生和219位在编教师，办学规模逐年扩大，家长信任度、社会美誉度逐年提高。

当下，学校已经形成了党组织领导的校长负责制教育集团化办学模式。在学校11年办学历史的基础上，我传承学校原有优秀文化，融入自己对教育的理解，与团队共同研讨打磨，提炼了自己的办学思想，并努力践行。

一、我的办学思想

（一）文化定位：黎光文化

打造学校特色文化品牌需要确立定位，凝炼核心，有效解决三个问题：第一，文化从哪里来？有根脉有积淀；第二，文化是什么？有内涵有特质；第三，文化如何建设？有颜值有品牌。也就是说，需要深挖内涵三原则：确立主题贯穿始终，结合地域特质人文历史，传承已有的育人目标办学特色。

湖师附小位于中国魅力名镇——南浔。生于斯亦长于斯,记得乡愁根在此,生生不息溯文源,名镇魅力潜心思。嘉业堂藏书楼是南浔最有文化内涵的地方之一。其中最著名的藏书——《永乐大典》涵盖孤本42册和《四库全书》原稿150册。这两套书目前被存放在二楼的黎光阁。"黎光"一词,充满诗意。南浔籍作家徐迟有一段形容黎光的文字:"黎明的霞光却渐渐显出了紫蓝青绿诸色。初升的太阳透出第一道光芒。从未见过这鲜红如此之红;也未见过这鲜红如此之鲜。一刹那火球腾空;凝眸处彩霞掩映。光影有了千变万化;空间射下百道光柱。"这黎明的霞光,犹如开蒙的儿童。旭日初升,儿童天性多彩,有着无限可能,万物可期。

黎光文化,赓续文脉,契合生情。据此,我们确立了学校的文化定位:以黎光文化引领学校发展,传承精神,涵养生成。

(二)办学理念:明润教育

明润,意思是明朗温润,明亮润泽。"教育即生长。"这是美国著名教育家杜威的教育哲学。我认为,好的学校,应该是一个自然生长的栖息地,一个有温度的生命场。明润教育,就是弘扬黎光文化,遵循个体生命成长的需求,唤醒并激发师生内在的潜能,让湖师附小的每一个师生向着黎明的霞光,向着旭日初升的方向润泽地生长!

明润教育,核心的思想有两个:一是教育的过程要给师生更丰富、更美好的生命体验;二是教育的结果要使学生获得全面而有个性的成长,使教师体味到教育的幸福与光亮。

(三)学校目标系统

1. 教师发展目标

学校教师发展目标:身范德高、明体志高、达用学高、研创术高的"四高"智慧教师。身正为师,德高为范。我校与湖州师范学院合作办学,湖州师范学院的校训是明体达用,系北宋著名教育家、"湖学"创始人胡瑗的教育思想。学习知识的目的是实践,学习的最终目标是报效社会。这是胡瑗践行"实学"

的初衷，也是当下教育者的终极追求。

2.学生发展目标

学校的学生发展目标：身心健康、品格雅正、乐学善思、笃行智创的"四立"时代新人。立人，意思是立身、做人。我们要培养的是德智体美劳全面发展的时代新人，是知行合一的时代新人，也是爱学习、爱思考、爱生活、爱创造的时代新人。

3.学校发展目标

学校发展目标是成为全市一流的现代化标杆型优质品牌学校。

（四）价值系统

党建品牌：黎光初心（朝气蓬勃、永葆初心）。

清廉品牌：清朗明瑟（清朗四风、莹洁纯净）。

校训：博雅，融合。

校风：静思，灵动。

教风：春风化雨。

学风：涵养生成。

学校传播语：诗意童年，惬意成长。

师生誓词：我们弘扬黎光文化，博雅融合，静思灵动，春风化雨，涵养生成，共同建设全市一流的现代化标杆型优质品牌学校。

（五）治理体系："四度智治"现代治理品牌

党建统率高度，目标导航远度，数智赋能深度，文化引领厚度。

二、我的办学实践

黎光文化引领下的明润教育如何落地？我们将"黎光初心"党建品牌、诗意德育、博雅课程、润雅课堂、"清朗明瑟"教师培养、"黎光"校园文化等六个方面的学校办学活动要素纳入办学体系之中，共同支撑和表达明润教育思想。（如图4-1）

图 4-1 "明润"教育思想

（一）做强"黎光初心"党建品牌

湖师附小党建工作围绕"建设全市一流的现代化标杆型优质品牌学校"这一发展目标，坚持以高度定品质、以远度谋未来、以深度求革新、以厚度铸底蕴思想，打造"黎光初心"品牌，有效发挥党组织政治核心作用，着力让每一个附小师生向着明亮那方润泽地生长。

传播正能量，记录进行时，讴歌真善美，唱响好声音。我校的党建工作，主要围绕着四个关键词来开展。温润：有温度的党建。学校党支部秉持人文管理的理念，努力让每一位党员、每一位教师以及每一个学生感受到来自集体的温暖与关爱，幸福工作，快乐学习。博雅：有内涵的党建。深入学习宣传贯彻党的二十大精神，每月开展主题教育活动，落实"三会一课"制度。充分发挥课堂教学主渠道的作用，利用班队活动、思政课、晨会、社会实践活动等向学生宣传先进思想和传授先进文化。融合：有力量的党建。党支部与南浔区人民检察院第一党支部、南浔派出所党支部联合创建"红韵凝心、蓝护雏鹰"党建联建并开展一系列活动。创新：有思想的党建。开展"附小青年说"教师演讲比赛、"缅怀革命先烈，传承红色基因"清明祭英烈活动，邀请浙江水利水电学院"00后"宣讲团来校为学生宣讲，等等。

（二）做亮诗意德育，构建"大德育"格局

诗意德育缘起学校传播语和办学愿景"诗意童年，惬意成长"。诗意德育的追求是给孩子一个诗意的童年，让孩子的童年如诗般美好，如诗般值得一生回味；让每一个孩子惬意成长，享受成长带来的快乐与欢笑，享受自己每一天的进步和体悟。学校德育工作及各项活动的规划和开展始终围绕有意思、有意义、有诗意的"大德育"方向。

我们所倡导的"大德育"指的是德育覆盖的全面性，是全员参加的德育，是全过程的德育，重视德育方法的全面性，打造诗意德育管理模式和运行模式，构建"大德育"的内涵覆盖和时空格局。（如图4-2）

图4-2 诗意德育管理模式和运行模式

如何构建诗意德育的管理模式和运行模式？学校从八个方面全方位、立体式地开展积极有效的德育活动。

1. 创美丽班级，育美丽学生

班级管理是诗意德育的基础保障。我们制订了操作性强、覆盖面广的《附小班队管理考核方案》，从学生行为规范、班队事务工作、班队文化营造、班级学科成绩、班队活动比赛、学生体质健康、教师民主评定、班级财产管理和其他工作等9个基础项进行评价。通过客观系统的评价营造"个个争创美丽班级、人人争当黎光少年"的氛围。美丽班级建设的最终落脚点是黎光少

年的培育。我们制订了"争附小之星，做黎光少年"学生评优方案。让每名学生都有自己的目标，期初有目标，期中有过程，期末有收获。

2. 快乐星期五，社团结硕果

快乐社团是诗意德育的核心元素。学校根据学生需求以及教师特长开设100多个社团。除常规社团（书法、国画、儿童画、合唱、舞蹈、三大球、两小球等）之外，还包括京剧、越剧、架子鼓、吉他、烘焙、茶艺、机器人、电视编导、主持演讲、电子油画、编织、十字绣、泥塑等课程，初步达到"社团参与全员化、社团活动课程化、精品社团品牌化"的标准。

3. 博雅电视台，舞台兼讲台

校园电视是诗意德育的重要载体。博雅电视台是学校教育教学工作的一个全新窗口，是学生展示才艺的舞台，也是诗意德育开展各类主题教育的重要渠道。校园电视台是学生展示梦想的舞台，学校在每周四中午进行30分钟的"博雅电视台"节目直播。我们的目标是每个学生都能在小学6年时间内在校园的电视台"露一次脸"。

4. 少先队活动，实践展示台

少先队活动是"诗意德育"的实践展示过程。我校重视少先队工作，力推国家课程少先队活动课，将每周一下午第三节课作为全校少先队活动课。理念先行，行动跟进。学校还在六个"1日"开展大型的少先队活动，通过个体展示和集体展示，进行仪式教育，突出"爱学习、爱劳动、爱祖国"的三爱教育。

5. 做阳光体育，健身又健心

阳光体育的开展是诗意德育的活力所在。我校的阳光体育活动包括：阳光大课间、田径运动会、校园足球班级联赛等。我校阳光体育基础和拓展、普及和提高、趣味和实效并重。我们正在优化整合"阳光大课间"结构，努力提升学生体质健康水平。为实现学生体质健康达标，学校建立"两位一体"的训练规划：两位即大课间和家庭，一体即体育课。学校建立了"天天训练，期末达标竞赛"的学生体质健康管理模式，首创使用湖师附小"学生体质健康记录本"。在每学年的元旦和六一儿童节时开展湖师附小学生体质健康达标竞赛，在学期末用半天时间对全校学生进行体质健康达标评比。学校明确了各方在学生体质健康水平提升任务中的职责：体育教师在学生体质健康水平提升中起主体作用，体育教师的教学质量就看学生体质健康达标情况；班主任在学生体质健康水平提升中起主导作用，班主任有义务、有责任引导学生锻炼身体，促进体质健康，学生体质健康水平也是美丽班级管理的一部分。

6. 凸书画主体，崇多元艺术

多元艺术发展为诗意德育增添了魅力。经过多年的努力，学校已经已获得湖州市艺术特色学校和湖州市湖笔书法特色学校等称号。学校充分凸显书画主体特色，并以书画为拓展点，推动学校多元艺术教育的整体发展，实现艺术教育的全面开花，促进学生素养的全面提升。

7. 学做小军人，树立新形象

开展学做小军人系列活动是让学生拥有诗意童年的一个重要部分。学做小军人系列活动可以帮助学生养成严守纪律的良好习惯，磨炼吃苦耐劳的意志品格，还可以激发学生的爱国热情，弘扬集体主义精神，陶冶情操，净化心灵，增强体质。

8. 搭建运行模式，构建大德育

诗意德育系列活动开展时要有稳定的运行规律和时间表，让零碎、烦琐的德育活动变成有系列和规律的常态化专业化活动。（如图4-3、图4-4）

体育艺术科

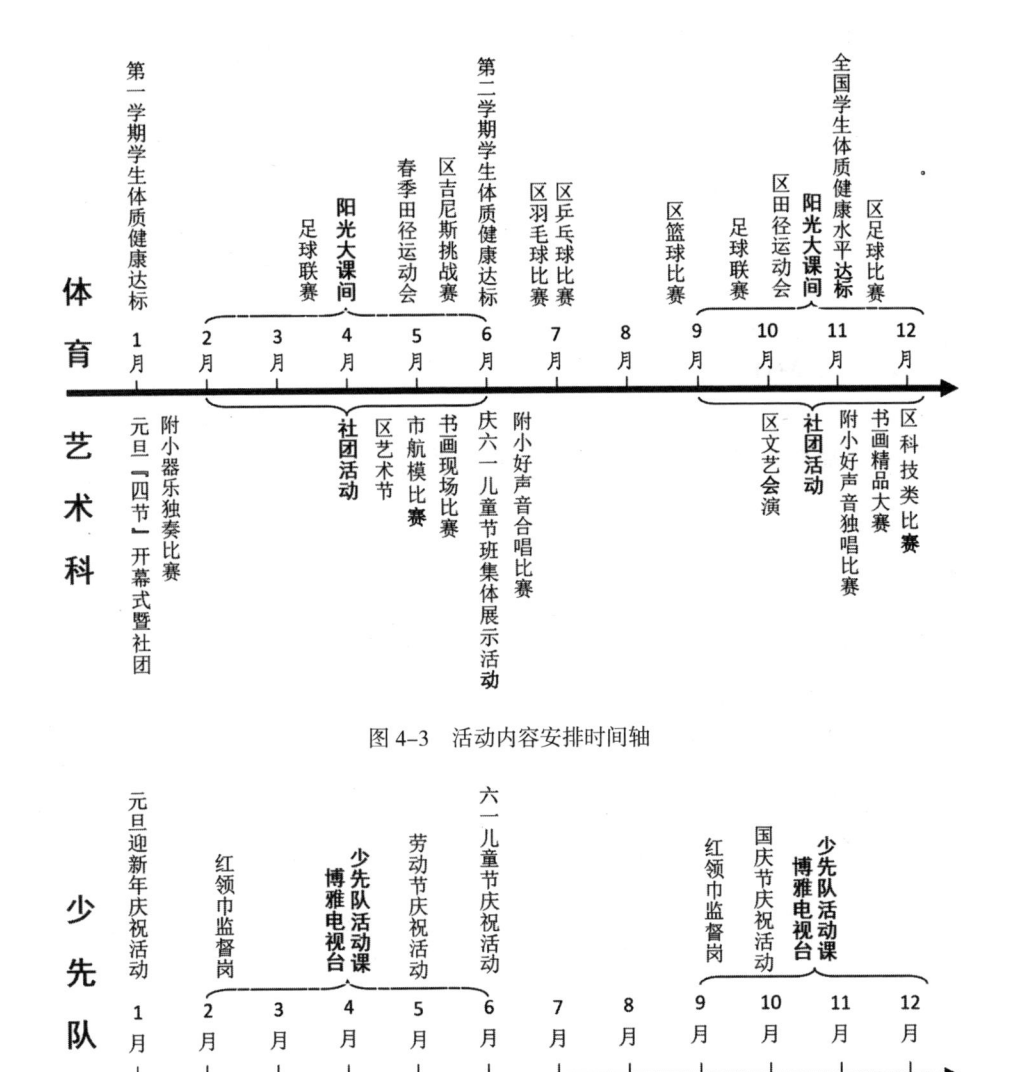

时间轴上方（从左到右）：
- 1月：第一学期学生体质健康达标
- 2月-6月：足球联赛
- 4月：**阳光大课间**
- 5月：春季田径运动会
- 5月：区吉尼斯挑战赛
- 6月：第二学期学生体质健康达标
- 7月：区羽毛球比赛
- 7月：区乒乓球比赛
- 9月：区篮球比赛
- 10月：足球联赛
- 10月：区田径运动会
- 11月：**阳光大课间**
- 11月：全国学生体质健康水平达标
- 12月：区足球比赛

时间轴下方：
- 元旦"四节"开幕式暨社团
- 附小器乐独奏比赛
- 2月-6月：**社团活动**
- 5月：区艺术节
- 5月：市航模比赛
- 6月：书画现场比赛
- 6月：庆六一儿童节班集体展示活动
- 7月：附小好声音合唱比赛
- 10月：区文艺会演
- 11月：**社团活动**
- 11月：附小好声音独唱比赛
- 11月：书画精品大赛
- 12月：区科技类比赛

图 4-3　活动内容安排时间轴

少先队德育

时间轴上方（从左到右）：
- 1月：元旦迎新年庆祝活动
- 2月：红领巾监督岗
- 4月：**少先队活动课博雅电视台**
- 5月：劳动节庆祝活动
- 6月：六一儿童节庆祝活动
- 9月：红领巾监督岗
- 10月：国庆节庆祝活动
- 11月：**少先队活动课博雅电视台**

时间轴下方：
- 2月：行为规范训练要点
- 4月：**美丽班级美丽学生**
- 4月：周一升旗仪式
- 5月：学做小军人系列活动
- 7月：六年级毕业典礼
- 9月：一年级新生入学仪式
- 9月：行为规范训练要点
- 11月：**美丽班级美丽学生**
- 11月：周一升旗仪式
- 12月：学做小军人系列活动

图 4-4　活动内容安排时间轴

明润教育下的诗意德育能切实让我们的孩子有一个诗一般、有意思、有意义的童年，明朗温润，能让我们的孩子惬意成长。惬意怎么理解？我想不应该等于安逸，也不应该等于舒适。惬意应该是成功后的得意，努力中的快意,成长中的惬意。学校通过构建五育并举的课程体系,落实德、智、体、美、劳全面培养的教育体系,以德育课程树主干,以智育课程搭枝干,以体育课程立根基,以美育课程展枝叶,以劳育课程活经脉。通过建设五位一体的课程体系,学校正培育"主干正、枝干强、根基厚、经脉畅、枝叶茂"的参天大树,培养学生树立爱国的意识,锻炼健康的体魄,养成良好的习惯,形成多才多艺的本领,努力塑造学生挺拔、阳光、健康、向上的黎光少年形象。这也正是我们落实"大德育"育人的根本宗旨。

(三)做精"博雅课程",提升育人水平

我们深知,课程的丰富程度决定着生命的丰富程度,一所学校的课程水平代表了学校的育人水平。"有一个孩子每天向前走去,他看见最初的东西,那东西就变成了他的一部分。"这是美国诗人惠特曼诗意的表达。这样的诗句为学校的课程规划提供了思路。该用怎样的课程结构,才能留给儿童弥足珍贵的"最初的东西",并通过这"最初的东西"为儿童健康、持续、全面、和谐发展提供丰富的可能性呢?

2016年,我们规划了"博雅课程"1.0版。为何冠以"博雅"之名?学校的校训是"博雅,融合"。我们曾对"博雅"一词追根溯源,"博雅"的拉丁文原意是"适合自由人"。古希腊倡导博雅教育,旨在培养具有广博知识和优雅气质的人,让学生摆脱庸俗、唤醒卓异,这与我校的培养目标不谋而合。之后,经过我们在实施的基础上的不断调整与完善、迭代与优化,目前"博雅课程"已进入3.0版。

1. 课程理念

多元发展、适度选择、儿童立场。

2. 课程目标

经过多方调研,我们依据学生发展目标,确定四个关键价值取向——"健康、雅正、智慧、涵养"。我们的博雅课程,旨在以"博雅"文化塑造学生的价值观,让他们成为博学之人、独立之人,拥有儒雅之品、优雅之质和自由之心。

3. 课程结构

结构决定功能，我们设计了博雅课程总图谱。我们的愿景是诗意童年，惬意成长。核心价值体现在四个方面：健康、雅正、智慧、涵养。健康指的是身体健康与心理健康两个方面，健康第一。雅正即规范的，指向道德气质，德育为先。智慧指学识广博深厚。涵养指修身养性、爱生活、会生活。根据这四大价值取向，我们构建了四大模块的课程体系，分别是阳光课程、博学课程、雅行课程和修远课程。以教育部《义务教育课程方案（2022年版）》《义务教育课程标准（2022年版）》和浙江省教育厅《关于深化义务教育课程改革的指导意见》为依据，我们湖师附小"博雅课程"由基础性课程和拓展性课程两部分组成。

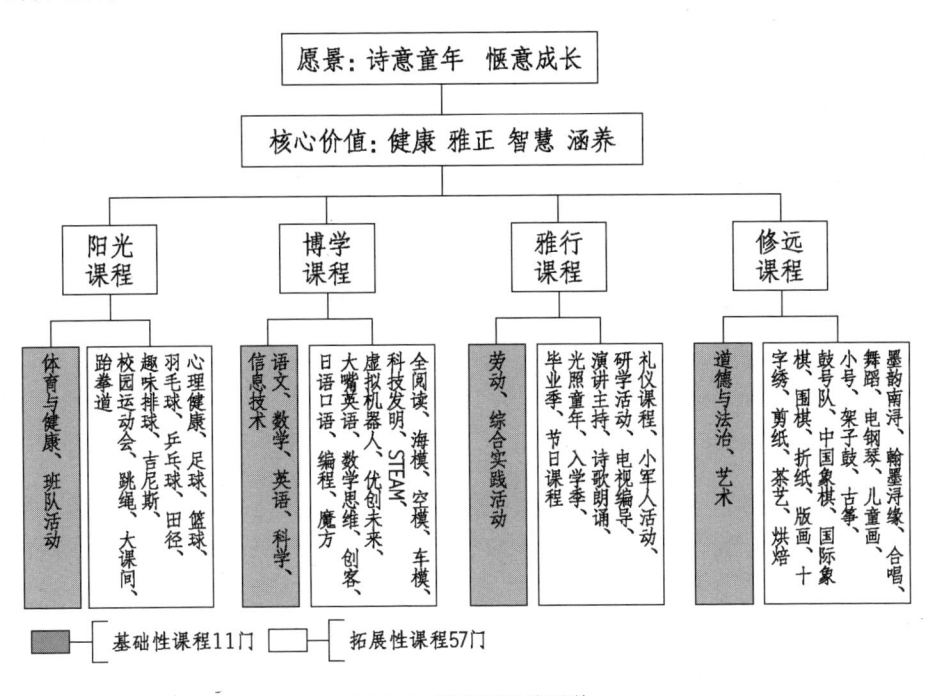

图 4-5 博雅课程总图谱

在课后服务时段，我们基于博雅课程实施经验，为学生提供涵盖面广、课程形态多的"菜单式"托管课程。实施差异化的课程定制，不仅允许学生选择托管模式，还在"N"模式中分类设置了注重特长能力的拓展课程和注重体验的拓展课程，允许学生根据自身情况分类选择拓展课程。（如图 4-6）

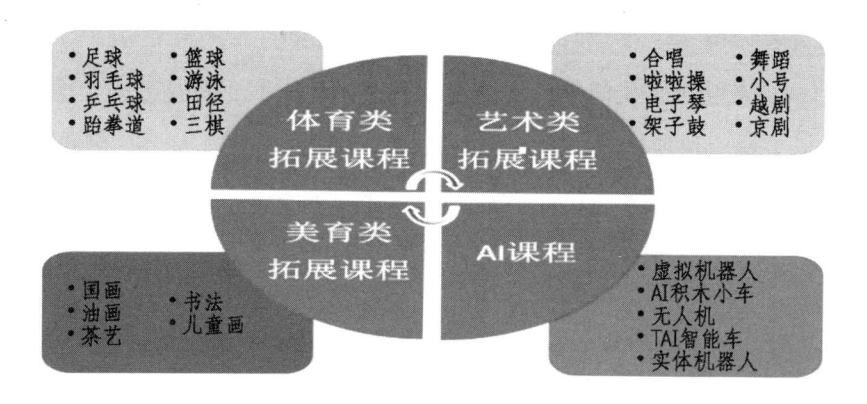

图 4-6　拓展课程分类图

4.课程实施

（1）有效整合，优化设置。

我们根据学生核心素养培育的需要，拆"墙"、架"桥"、连"心"，删繁就简，做到有效整合。一是学科内整合。在某一门学科内，在原有国家统一标准、统一教材的基础上，打破以往按统一教材设定教学内容和教学进度的课程实施方式。如语文学科采取单元主题教学的方式，采用"X+1"的模式。在美术课中，将"墨韵浔溪"国画课程、"翰墨浔缘"书法课程的一部分课程内容整合到美术教材中去，使湖师附小学生人人会画国画、会写毛笔字。体育课则将基础体育与项目体育相结合。一至二年级的体育课采用"3+1"的授课模式，即一周4节体育课，其中3节用于基础体育教学（教学内容来源于教材），1节用于足球教学。三至六年级的体育课采用"2+1"的授课模式，即一周3节体育课，其中2节用于基础体育教学（教学内容来源于教材），1节用于项目分项教学。二是学科间整合。打破泾渭分明的学科间的界限，以统一的主题、问题、学习内容、活动去链接不同学科。如低段的读写绘课程，中高段则大多以综合实践活动为基点，找到综合学科与其他学科的整合点，整合课程。

（2）累积经验，打造精品。

我们的课程建设力求从丰富走向精致。

"墨韵浔溪"国画课程于2015年入选第四届浙江省义务教育精品课程。

我们依托南浔古镇丰富的名胜古迹和人文资源，进行国画学习与古镇资源整合的教学探索，研发校本教材《墨韵浔溪》（上下册），出版师生书画作品集。既分阶段使学生逐步了解基本的书画知识，培养学生书画的兴趣和爱好，又结合古镇南浔独有的水墨风韵和丰厚的人文底蕴，用笔墨再现最美江南古镇，培养学生对家乡的爱。我们还在区图书馆承办师生书画展，得到各界的一致好评。"墨韵浔溪"国画特色课程已经成为学校的一大亮点，有很多学生因此受益。

"南方有嘉木"茶文化课程于2021年被评为湖州市精品课程。湖州作为《茶经》故里，有"茶之源"之美誉。湖州的茶文化"以茶为媒，以茶会友"，成为沟通世界的桥梁和纽带，也成了中华茶文化宝库中一颗璀璨的明珠。而我们南浔的茶文化中最为著名的莫过于三道茶文化，该文化入选了浙江省第五批省级非物质文化遗产名录。作为南浔人，我们引以为豪，也应该更加深入地了解茶文化。2017年12月，我校被湖州陆羽茶文化研究会确立为"湖州市茶文化进学校示范点"。借此契机，我们想让茶文化深入学生心中，为学生所熟知，使茶文化得到较好地传承并发扬光大。我们布置茶艺教室，拓展课程，增设茶艺课，开展"茶韵悠悠"综合实践活动。说茶、问茶、品茶、奉茶，积极传播茶文化，让湖师附小学子对茶有更深入的感受与了解，学茶道、学做人，让中华优秀传统文化伴随着悠悠茶香代代相传。在此基础上，我们开发了"南方有嘉木"茶文化课程。

"智创未来"AI（Artificial Intelligence，人工智能）课程于2022年被评为区精品课程。自2020年，我校开始构建"智创未来"AI课程。该课程以培养学生发展核心素养为目标，开展关于智能机器人的综合性学习课程，组织学生去搭建机器人、调试程序，激发学生对智能机器人的学习兴趣，培养学生热爱科学，乐于探究问题并解决问题的创新精神。课程开设至今，学生信息素养得到明显提升，对人工智能技术的认知逐步加深，学生思维能力明显提升，学生、家长对该课程表现出极高的热情。学校AI竞赛队成绩斐然，从2020年11月至今，学生在智能机器人比赛中获区级三等奖有4人次、二等奖有8人次、一等奖有15人次；获市级三等奖有2人次、二等奖有2人次、一等奖有9人次；获省级三等奖有11人次、二等奖有7人次、一等奖有12人次；获国家级三等奖有4人次、二等奖有2人次、一等奖有26人次。学校荣获2023年全国青少年信息素养大赛总决赛"优秀组织单位"。不俗的成绩，也引起了新闻媒体的关注。南浔教育网、浙江教育频道、南浔电视台、浙江电视台先后多次对学校的人工智能教育进行报道。

素养立意，课程育人。站在儿童立场，把最美好的东西给最美丽的童年，让湖师附小学生向着明亮那方润泽地生长，这是湖师附小"博雅"课程规划与实施的宗旨。

（四）做实"润雅课堂"，优化学教方式

"润雅"的"雅"，有两层含义：首先，雅就是正的，合乎规范的；其次，雅，是美好的，不庸俗，不粗鄙。我们期待构筑这样的课堂：教师活力充沛地走进课堂，作为学习的引导者，用一颗尊重孩子的心，和他们一起营造愉悦的课堂氛围。孩子们则在课堂上敞开心扉，沉浸在欢乐的学习中，主动地动眼、动脑、动口、动手。春风化雨，润物无声，学习就这样自然而然地发生。润雅课堂，是以学生发展为本的生本课堂；润雅课堂，是符合教育规律的有效课堂；润雅课堂，是符合新方案、新课标的深度课堂。我们理想中的润雅课堂，焕发着纯朴诗性的光华，孕育着成长中的灵动生命。

做实"润雅课堂"，我们经历了探寻、奔赴、跨越三个阶段。

第一阶段：探寻。在对标和追问中形成润雅课堂共识。先进的教学理念从专家思维、行政思维转化成一线教师的实践行为，这个过程不是一蹴而就的，需要一段时间的尝试、探究、体验与内化。我们通过专家引领、书籍阅读、微信群理念推送等方式，让教师浸润式学习润雅课堂的理念。在传承和变革中创新润雅课堂模式。按照润雅课堂愿景，我们提出了教师课堂倾听要求，绘制了学生课堂倾听的自画像。自画像以学生喜闻乐见的童谣进行表达，并放置于各班电脑桌面，化规范于无形。

第二阶段：奔赴。在双微驱动教研模式下，组建学习共同体。微教研模式全面铺开，以微项目微团队为依托，将大项目化为小课题，解决深度学习中的各类问题。教研节中开设"微分享"博雅论坛专场，畅谈学科润雅课堂的建设，

使思维的火花在碰撞中达到共融、共进。在教师团队和学生团队中，以共学、共研、共享、共进为原则，以课堂为载体，建立温暖润泽的共同体文化和伙伴关系；学习共同体按需组建，多学科联动理念全覆盖。在推进深度学习过程中，重构润雅课堂生态。何为真正的学习？我们从情绪、思维、人际、成果四个角度分别去看。要达成真正的学习首先要构建有效问题链，启发学生拾级而上；其次要倾听学生之"声"，体察学生之"色"，以此反观教学目标的达成。在反复实践的基础上形成了包括教师润学和学生学润两个维度的润雅课堂师生评价量规。在深耕和打磨中，建构润雅课堂雏形。首先，承办各类活动，举各学科专家之力打磨课堂，以点带面，发挥辐射效应。分主题、分团队打磨。磨课过程是艰辛的，但磨砺后的成长是丰盈的。其次，借助教共体，举两校学科带头人之力打磨课堂建设。无论是省外的还是省内的，又或者是我们两个校区间的研修，都已然成为一种常态。最后，借助教研节的推进，举各学科教研组之力打磨润雅课堂。我们从研训中出发，在课堂中深耕，收获教学的精彩与成长。

  第三阶段：跨越。在研修与技术中赋能润雅课堂。信息化背景下的课堂教学需要教师熟练掌握各种新技术，打破时空界限，对教学流程进行再造，形成全新的教与学空间。我们开展了信息素养提升培训，帮助教师熟练使用数字化技术。在活动和评价中拓展润雅课堂内涵。教师育人在细微处，学生成长在活动中。我们用项目化学习，用倾听、陪伴、激励和点燃，撬动学生成长的支点。在教师层面，有意识地去捕捉一些小美好，以此带动更多教师热爱课堂，享受课堂。转变学习方式首先要结构化组织课程内容，大单元教学、跨学科主题学习、项目式学习等都是重要途径。在学生层面，落实免考制度，一、二年级非纸笔测试，学生综合素养评价的探究，等等。切实让评价指向学生的素养，指向学生的成长。通过评价来倒逼我们的课堂教学，真正做到教、学、评一致。在联动和研修中提升润雅课堂的成效。通过多阶联动的方式，有效构建教师梯队，并以梯队模式纵向增进课堂改革的成效。

  通过三个阶段的探索与实践，学校取得初步成效，教师形成了"好课堂"的"附小理解"。图4-7为润雅课堂交互网状式课堂基本模型。

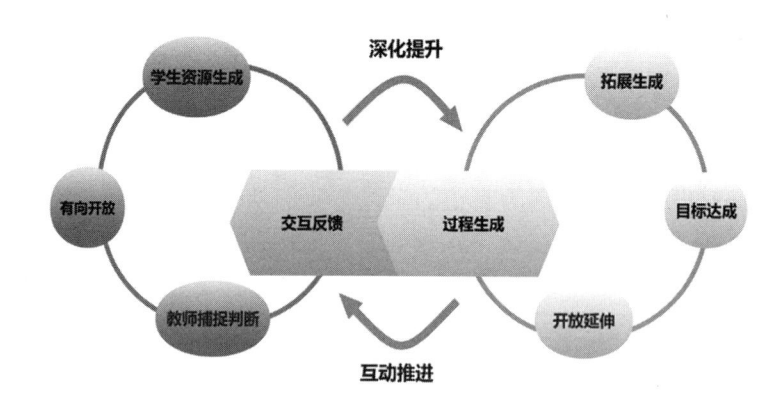

图 4-7　交互网状式课堂模型

我们研制了润雅课堂评价量表，量表研制思路如图 4-8：

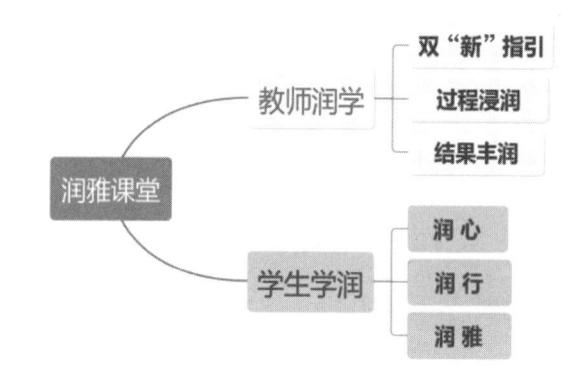

图 4-8　润雅课堂评价量表图

（五）做优"清朗明瑟"教师培养

嘉业堂藏书楼前有明瑟亭。"明瑟"一词，源自郦道元《水经注》"目对鱼鸟，水木明瑟"。明瑟，是莹净的意思，明白，清楚，清澈。身范德高、明体志高、达用学高、研创术高的"四高"智慧教师，是我校教师的发展目标。具体包括以下教师培养策略。

1. 以价值观引领教师自觉的责任和行动

重价值观塑造，引领湖师附小教师心中有信仰、脚下有力量，培养和造就有定力、有方向感的教师队伍。

2. 创造内生机制，唤醒和激励教师

实施教师业绩每月一公示，做好教师自身发展考核，制订《湖师院南浔附小贡献奖申报认定办法》，优化教师评优评先细则，用业绩说话。

3.构建教师自主发展的"自我统整"模式

以学习型组织的五项修炼（建立共同愿景、团队学习、改善心智模式、系统思维、自我超越）为路径，让教师从"要我发展"转向"我要发展"。（如图4-9）

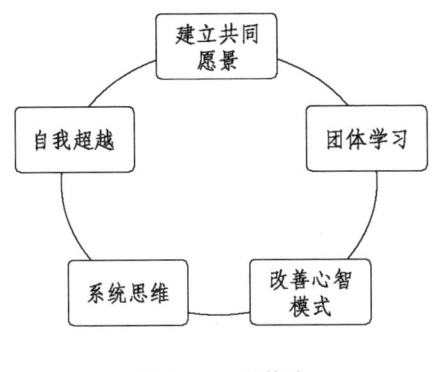

图4-9　五项修炼

4.以"四一三"校本研修范式培养青年教师

根据我校每年新进教师多、青年教师占比多、学校教师平均年龄32岁的现状，我们探索实践四一三校本研修策略重点培养青年教师。

"四"指教师发展的"四个阶段"，具体分为融入阶段（认同学校理念，有归属感。包括新入教师见面会"进了附小门就是附小人"的培训，师徒结对）、入门阶段（树立安心从教思想，能够掌握教育教学常规，能够组织好班级秩序，具备一般教师应该具备的素质）、成长阶段（胜任班级管理和学科教学）、发展阶段（业务进一步提升，能在区及以上平台得到展示，并获得相关荣誉称号，具有一定知名度）。

"一"指建立一个研训班，我们将其命名为"陶然社"青年教师成长营。陶，培养塑造之意；然，样子也。君子陶陶，结社治学，永以为好。陶然社本着"需求导向、深度浸润、情感融合、实践为本"四原则开展研修活动。图4-10为陶然社基本研修模式。

问题引领 → 经验调动 → 实践切磋 → 理论指导 → 总结提升 → 经验创造

图 4-10　陶然社基本研修模式

陶然社就像一列"和谐号"高铁列车，带领着我们的青年教师驶上快速成长的轨道。

"三"指三条渠道。第一条渠道，名师出高徒——站在前辈的肩膀上前行；第二条渠道，氛围出人才——站在团队的肩膀上飞翔；第三条渠道，三专促成长——站在自己的肩膀上攀升。

青年教师"四一三"校本研修范式在青年教师职后培养方面走出了一条新路径。青年教师相关成果获湖州市一等奖，2020年青年教师在浙江省校本培训管理者培训会议上做经验分享，2021年《青年教师培养的"四一三"范式》收录在浙江教师培训"十百千工程"丛书之《成长的支点》以及《教育活力的新视域》一书中。在今后的发展中，学校还将充分发挥与高校合作的优势，进一步优化青年教师培养方式。

（六）做细"黎光"文化，形成校园特色

1. 明晰"黎光"校园文化的内涵与外延

课程体系是文化体系的载体，黎光文化的核心内涵是博雅课程。建设并落实好博雅课程体系下四个模块的课程：阳光课程、博学课程、雅行课程、修远课程，文化便有了定力。

黎光文化的外延主题具有文化张力。我们确立了五大主题：红色基因主题——统领性。学校建有"黎光初心"党建馆、"清朗明瑟"清廉主题厅以及黎光少先队活动室。人文国学主题——奠基性。学校设有特色课程教室：润雅书院、"明润"国学教室、"翰墨浔缘"书法教室、"墨韵浔溪"国画教室。有校本教材：南方有嘉木（茶艺）、墨韵浔溪（国画）、翰墨浔缘（书法）、礼仪学本，还有诗书笔墨长廊。博雅融合主题——特色性。博雅课程、润雅课堂、雅行研学、"修远"社团是我们努力做实做优的特色。通过特色的创建，让湖师附小的每个孩子通过6年的学习成为具有湖师附小辨识度的学生。科技创新主题——

跨界性。通过"智创未来"AI 课程的学习、项目化学习的探索、学生创客中心、STEAM 课程（科学、技术、工程、艺术、数学等学科共同构成的跨学科课程）主题长廊的建设，培养面向未来的学生。惬意生长主题——成果性。校园有多处学生成果展示柜、展示墙，存放与张贴学生作品；每年开展"阅读嘉年华"系列活动，其中诗词大会和经典诵读是传统项目，我们还在嘉业堂藏书楼举行书香少年颁奖仪式；改革评价体系，为每名学生颁发黎光护照，评选黎光少年。

2. 文化视觉系统的整体设计

图 4-11　文化视觉系统

3. 学校文化具象：启悟生长的精神文化

在"弘扬黎光文化，让湖师附小的师生向着明亮那方润泽生长"的理念引领下，学校努力加深师生对校园文化内涵的理解和认识，创设良好的育人氛围。在湖师附小活跃而充满人文气息的校园里，学生不断受到艺术的熏陶、榜样的激励，接受潜移默化的教育，个体人格得以不断健康发展。

校徽：校徽标志以南浔拼音首字母"N""X"和蒲公英以及学校教育特色为主要设计元素，刻画了拱桥、流水等如诗如画的江南水乡特色，整体清新，富有诗画意境；标志中间一大一小两朵蒲公英象征着教师对学生的谆谆教诲，又寓意着学生在教师的悉心呵护下惬意成长。校徽的左上方的光，如同黎明的霞光，两朵蒲公英正向着明亮那方生长；标志整体色彩采用了嫩绿色及嫩黄色，充分体现了学校的勃勃生机。

楠楠，南浔的"南"的谐音。主体颜色为蓝色，蓝色代表了博大、宽容与梦想，契合学校的校训：温润博雅、融合创新。楠楠胸前佩戴着校徽，纯净的眼睛，透着智慧的光芒；灿烂的笑容，散发着真诚与阳光；轻盈的步伐与张开的双臂寓意湖师附小学子在南浔这片土地上静思灵动，自由生长。

走进嘉风校区南大门，十个楠楠塑像正笑意盈盈地欢迎走进校园的每一个人。新城校区内，有五种色彩的楠楠形象，代表着德智体美劳全面发展。2023年5月，我们把静态的楠楠升级为立体三维的毛绒公仔，作为"黎光少年"的奖品，让楠楠真正走近孩子们。楠楠作为黎光文化的具象，进一步提升了学校文化的辨识度。

"黎光"校园文化建设以学校形象识别系统的打造为路径，以"润泽生长"为价值取向，通过构建理念识别系统、视觉识别系统、行为识别系统和环境识别系统，打造温润和谐的自然环境。让书声琅琅、歌声朗朗、笑声朗朗的生动气息与教师对教育理想心平气和的坚守相得益彰，形成学校的文化气场，使得校园成为一个高尚的道德社区、优雅的成长乐园和神圣的学习殿堂。

我深知，只有深耕的教育理念之根，才有丰硕的办学思想之果。一所学校的办学思想，必须基于校情、基于师生、基于时代。同时，学校的办学思想一定是不断生长的。我们必将在黎光文化的引领下，遵循个体生命成长的需求，唤醒并激活师生内在的潜能，让湖师附小的每一个师生向着黎明的霞光、向着旭日初升的明亮那方润泽地生长！

（作者单位：湖州师范学院南浔附属小学教育集团）

四 SHU 育人，和美人生

梁茶斌

一、我的办学思想

保全小学（以下简称"保小"）创办于 1910 年，前身为蔚文高等小学堂。1940 年 3 月改名为保全中心校。1992 年由于撤乡并镇，保全中心校改为完小，1999 年学校整体搬迁到现址。2015 年 5 月从完小升格为中心校。

学校以家乡名人、著名红色书画家陈叔亮为思想引领，在实践中提炼出"四 SHU 育人，和美人生"的办学理念。通过打造学校"四 SHU"文化，确立了"会做人、会学习、会健体、会欣赏、会生活"的育人目标，以"仰望星空、脚踏实地"为校训，致力于打造"求实求新、臻善臻美"的校风，"真学、善玩"的学风，"真知、善导"的教风，培养德、智、体、美、劳全面发展的"和美少年"。

（一）凝练四"SHU"内涵

学校对陈叔亮先生在教育理念、艺术理念、革命精神、铁汉精神和为人处世五大板块的思想文化进行凝练，在传承"叔亮文化"这一前提下提出"舒""淑""书""黍"四大核心理念。借鉴四个"SHU"的内涵，即"知识、技能、品德、健康、艺术"，以创造和美为目标促进学生的全面发展，帮助其拥有美好人生。（如图 5-1）

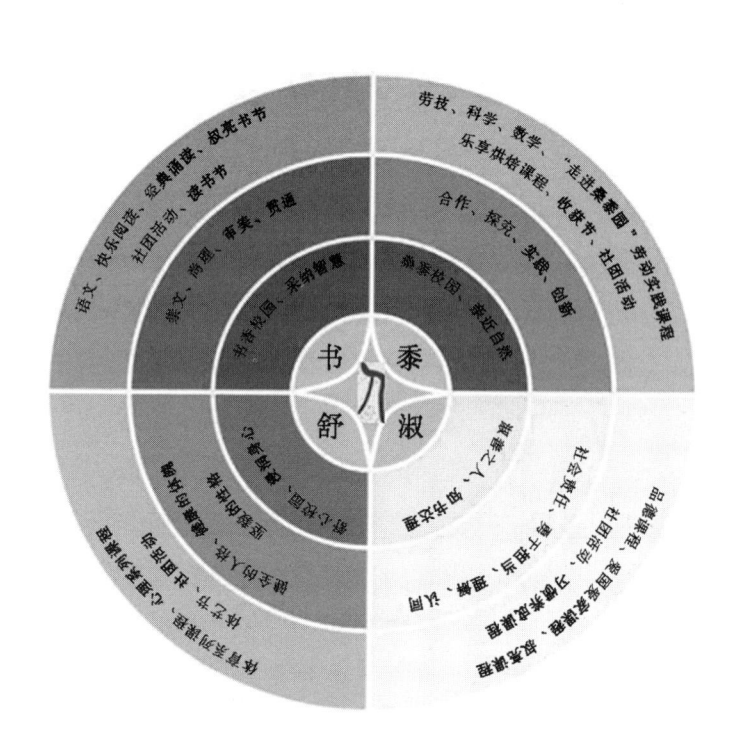

图 5-1 四 "SHU" 内涵图

1. 舒心涵韵

舒心指的是保持内心平静和宁静，通过放松身心来寻找内在的满足和快乐。涵韵则是指通过欣赏和感受艺术、音乐、自然等美好事物，提升精神境界和审美情趣。这一理念以心理学和教育学的研究为基础。心理学研究表明，舒适和谐的环境对个体的情绪、情感和心理健康有积极影响；教育学理论强调学习环境对学生的学习效果和学习动机有重要影响。通过创造舒适、和谐的学习环境，关注学生的情感需求，培养积极的心理品质，可以促进学生的学习动力和创造力的发展。

2. 淑善润德

"淑"寓意美好而善良的品质，是对"叔亮文化"中和善文化的继承。淑善强调修养品德，培养道德伦理观念和行为准则，使个体具备优秀的道德品质和行为方式。润德则是指通过教育和培养，让人们能够不断提升个人道德水平，增强责任感和奉献精神，为社会做出积极贡献。淑善润德教育的理念源于中国传统文化中的儒家思想和道德伦理观念。儒家思想强调人际关系、仁爱之道和行为规范等内容，对经典著作如《论语》《大学》等的学习，可以培养学生的道德情操和情感修养，可以帮助他们成为有德行、有责任感的人。

3. 书香养慧

书香强调通过阅读和学习来开拓心智，培养思维能力和扩充知识储备。养慧则是指通过培养创新思维、逻辑思维和批判思维来提高学生的智力水平。书香养慧强调培养学生的知识和智慧。这一理念基于认知心理学和教育学的研究，认为知识是智慧的基础，学习是智力发展的关键。通过提供丰富的学习资源来激发学生的学习兴趣，培养学生的学习能力和创新思维，促进学生的智力发展和创造力的培养。

4. 桑黍践真

桑黍指的是依托劳动实践基地"桑黍园"，鼓励学生孜孜不倦地从事劳动实践，通过实践经验来提升智慧和能力。践真则是指在实践中坚持真实、合作、探究和创新的原则。桑黍践真也是"叔亮文化"中产教结合理念的直接体现。这一理念基于劳动教育、实践教育和体验学习的理论，认为学生只有通过实际参与和亲身体验，才能真正理解和掌握知识和技能。通过提供实践机会，在真实情境中培养学生的实践能力和创新精神，促进他们的实际应用能力和创造力的发展。

（二）创造和美人生

舒心涵韵、淑善润德、书香养慧、桑黍践真四个方面的教育，旨在培养学生全面发展和创造和美人生。

1. 舒心涵韵

校园是每位师生心灵安放之处。学校致力于创造一个舒心涵韵的校园环境，让学生在快乐和谐的氛围中成长和发展，从而给师生舒心、舒适的身心成长环境，促进师生的身心健康，为师生提供良好的成长和发展条件，帮助师生实现自我价值和追求和美人生的目标。

（1）心理健康：舒心涵韵的校园环境能提供一个平静、温馨、愉悦的氛围，有助于师生的心理健康。这样师生能够更好地放松身心，减少压力和焦虑，提高自我意识和情绪管理能力，从而树立和谐、积极的人生态度。

（2）学习氛围：优质的校园环境有助于形成良好的学习氛围，激发师生的学习兴趣和动力。同时，现代化的教学设施和资源也提供了良好的学习条件，帮助师生更好地掌握知识和技能，追求卓越的学业成就。

（3）自由发展：舒心涵韵的校园环境鼓励师生发展自由和展示个性。学校提供多元化的课程和活动，鼓励师生积极参与社团，在宽松和宽容的校园氛围下，师生可以更加自由地追求自己的兴趣和激发自己的创造力。

（4）和谐关系：舒心涵韵的校园环境有利于建立和谐的师生关系。通过加强师生之间的沟通与交流，促进师生之间的情感联系和合作精神，建立起一个人人平等、和睦友善的校园环境。这种和谐关系有助于师生相互支持、共同成长，创造出和美人生。

2. 淑善润德

学校作为社会教育的重要组成部分，有责任培养学生具备良好的道德品质和涵养，以适应社会发展的需要。以"会做人、会学习、会健体、会欣赏、会生活"为评价标准，让学生更好地成长为全面发展的和美少年，通过淑善润德的教育实现师生的和美人生。

（1）淑德：教师要树立正确的教育观念和职业操守，具备崇高的师德，尊重学生的人格和尊严，以身作则，做学生的榜样。通过实践活动、道德故事、角色扮演等方式，重视培养学生成为有道德的人。

（2）润心：教师要关心学生的成长、了解学生的需求、关注学生的心理健康，并给予适当的爱心与关怀。同时教师对待每一个学生一视同仁，不偏袒任何学生，要对学生进行公正的评价和奖惩，不产生任何歧视或偏见。

（3）教学：教育要注重培养学生的实际能力和创新思维。教师针对学生的兴趣、特长和个性特点，采用多样化的教学方法，激发学生的学习动力和潜力。

（4）善行：教育中要引导学生树立正确的价值观和人生观，激发学生关心他人、乐于助人并积极参与社会公益活动的意识。

3. 书香养慧

书香满园，经典浓郁，腹有诗书气自华，这是对我们和美学生、和美教师、和美校园的要求。"书"蕴含着快乐阅读、认真学习和书法艺术等多重含义。书香养慧即打造良好的读书学习环境,让学习成为每个师生的习惯,让阅读成为学校的一种良好风气,并且注重个人艺术修养。这是对"叔亮文化"中全面发展和活到老、学到老精神的传承与体现。学校通过开展各项师生读书活动来培养智慧和修养,致力培育和美少年,成就和美教师,实现师生的和美人生。

（1）培养阅读兴趣：教师引导学生培养对阅读的兴趣,选择适合学生年龄和能力水平的优质书籍,并且组织开展相关的阅读活动,激发学生的好奇心和求知欲。

（2）建立良好的阅读环境：学校提供丰富的图书资源,建立图书馆或者阅览室,为学生提供良好的阅读环境。同时,教师通过组织课外阅读俱乐部、文学讲座等形式,营造良好的阅读氛围。

（3）提高人文素养：教师通过讨论、辩论、写作等方式培养学生主动思考、独立分析问题的能力,鼓励他们提出自己的观点和见解。通过阅读经典文学作品、历史故事等,让学生了解人类文明的发展,提高人文素养。

（4）教育实践结合：教师将阅读与实际生活、学科知识相结合,让学生能够将所读的书籍运用到实际中去,提升他们的实践能力和综合素养。

4. 桑黍践真

桑黍践真劳动教育以社会主义核心价值观为指导,是对传统教育模式的一种创新和改革,符合当前社会和经济发展的要求。通过桑黍践真劳动教育,我们致力打造一支和美教师团队,促进和美校园建设,打造师生的和美人生。

（1）培养劳动意识：通过参与实际劳动,学生能够体验到劳动的价值和意义,并树立热爱劳动、尊重劳动的态度。

（2）培养实践能力：通过参与各种劳动活动,学生能够学习和掌握各类实用技能,提高自己的实际动手能力和解决问题能力。倡导实践教育,将理论知识与实际应用相结合,让学生在实践中学习和成长。

（3）培养团队合作意识：在实际劳动中,学生需要与他人密切合作,共同完成任务,这能够促进学生之间的互助精神、合作意识和团队协作能力的发展。

（4）培养创造力：劳动教育鼓励学生在劳动活动中发挥创造力，提出新的想法和方法。学生通过改进活动流程、设计新的工具或设备等方式展现创造力，从而提高效率和质量。

综上所述，通过舒心涵韵、淑善润德、书香养慧、桑黍践真四个方面的教育，可以为个体提供全面的成长支持，培养出具备内在优美情趣、优秀道德品质、扎实知识基础和实践能力的人，培育一群和美少年，成长一批和美教师，形成一支和美团队，建设一所和美校园，从而实现和美人生的目标。

二、我的办学实践

（一）培育一群和美少年

学校主要通过以下路径来培育和美少年。

1. 情感价值观教育

通过课堂教育、特色活动、社团组织、心理辅导等方式培养学生良好的情感表达和管理能力，提高他们的情商，让他们形成正确的价值观。

（1）开展"淑善"教育活动。

每日五善。学校督促每一个学生每天能做到"善于微笑、善于赞美、善于整理、善于学习、善于助人"。每日五善活动由各班主任根据班级特色、学生实际具体组织落实，德育处不定期进行督导检查，并根据实际情况对相关活动内容进行调整。

每周一评。由学校少先队大队部负责，组织开展每周的"淑善班级"评选活动，入选的班级获得"淑善班级"的流动锦旗。此举能够促进学生自我教育、自我管理，努力做最好的自己。

每月一主题。每年除去寒暑假后的九个月，每月一个主题活动，让学生们在活动中快乐自主地学习、互相促进幸福成长，努力成为和美好少年。

每学期一表彰。学校建立"和美"少年评价体系，制订积分兑换制度。教师根据自己班级实际，制订积分奖励具体方法，对学生的表现予以量化奖励。

到期末，评选和美少年、和美班级、和美班主任、和美家长志愿者、和美劳动好少年等。

（2）开展主题班会活动。每周一次主题班会。通过从"节日""卫生""安全""健康"等方面开展主题班会，有效引导学生积极参与，提升他们的综合素养和社会责任感。

（3）开展特色主题活动。开展传承"叔亮文化"特色主题活动：在叔亮广场听叔亮爷爷的生平故事，在叔亮陈列室看叔亮爷爷的生平事迹、学叔亮爷爷的书画作品；开展红色主题研学活动、走进中国传统节日、向美成长六一系列活动；依托区精品课程《红满校园》进行"红旗飘飘、童心向党"课本剧会演，让学生传承红色基因，争当和美好少年。

（4）开展心理辅导活动。每个月每个班级至少设置两节心理健康教育课，并在《班队手册》上至少记录一次。学校建有心理辅导室，并配备专业心理辅导教师，每周一至周五向学生开放，辅导室设备齐全。此活动可以帮助学生培养情感表达和管理能力，促进情商提升。

2. 思维培养，学业指导

学校通过提供学习资源、组织各项竞赛、开展科技创新活动、开设思维课程、项目式学习等方式培养学生的创新思维、批判思维和解决问题的能力，提供全方位的学业指导，帮助学生形成良好的学习习惯，激发学习兴趣，提升思维能力和综合素质。

（1）开展读书节系列活动。为进一步落实"书香养慧"，我校通过开展"书香润心灵，阅读促成长"读书节活动，开展魅力图书角评比、经典诵读比赛、讲故事比赛、读书卡制作评比、作文竞赛、阅读之星评比、书香班级评比等活动，激发学生学习兴趣，全面提升学生的人文素养。

（2）开展各项竞赛活动。通过开展校园才艺大赛、电脑绘画比赛、科技节活动、英语系列比赛、美术系列比赛等多样化的活动，激发学生的学习兴趣，增强他们的学习兴趣，进而培养出全面发展的优秀人才。

3. 健康教育和实践活动

学校通过课堂教育、体育锻炼、健康讲座等方式，组织志愿者活动、劳动实践等，让学生从中学习、成长。

提高学生的身体素质和健康水平，引导学生养成良好的生活习惯和健康意识。引导学生积极参与实践活动，培养他们的社会责任感和团队意识。

（1）健康教育。

特色体育活动。学校开设篮球、啦啦操、国际跳棋、排球、跳绳、体能操等特色体育项目，学校按照规定组织教学，教学秩序规范，保证了学生每天在校的活动和学习时间。

每天体育锻炼一小时活动。树立学校教育"健康第一"的指导思想，在每天的体育大课间、眼保健操、体育课及学校组织下午的课外体育活动中，每人每天累计在校参加阳光体育活动达60分钟左右，不断促进儿童身心健康发展，提高其体质健康水平。

健康讲座。学校每学期举行一次健康讲座。向学生传授关于身体健康、营养均衡、心理健康等方面的知识，提醒他们保持健康的重要性。同时，讲座还介绍一些科学的运动方式和日常锻炼的方法，引导学生形成良好的运动习惯。通过这些讲座，提高学生对健康问题的认知，引导他们自觉养成良好的生活习惯，保持身心的健康状态。

（2）实践活动。

班级承包种植活动。学校依托省级课题"农村小学班级承包制下的劳动教育实践研究"开展桑黍园班级承包种植活动。通过参与种植活动，学生可以亲自体验到农作物生长的过程，了解到粮食、蔬菜等农产品的来之不易，有助于实现自身全面发展，为成长奠定坚实基础。

志愿者服务。学校以助力文明城市建设、垦荒、尊老等形式开展学生志愿者活动，让学生能够认识到自己对社会的责任和义务。学会对别人的需求产生关注并主动提供帮助，培养责任心和奉献精神。同时，学生也能够从志愿者服务活动中获得成就感和满足感，进而激发他们热爱公益、积极参与社会实践的意愿。

义卖活动。在桑黍园种植的农产品收获后，学校组织学生进行义卖活动，最后用义卖的资金帮扶需要帮助的学生。通过义卖活动培养学生的综合素质和社会责任感。

这些实践内容和做法有助于培育和塑造和美少年,使他们在德、智、体、美、劳等各个方面得到全面发展。同时,学校还会根据学生的特点和需求,灵活调整实践方式,以促进每个学生的全面成长。

(二)成长一批和美教师

以"导师制度""专业培训""教研组建设"为载体,通过各种教学活动,如"蔚文学习大讲堂""名优师培养""乡村好课评选""班主任基本功大赛"等,成就一批和美教师,培养一支和美教师团队。

1. 导师制度

学校每学年都会为从教五年内的教师指派有丰富经验和优秀表现的教师作为导师,进行一对一的指导。一学年后,对徒弟进行评估认证,评价其成长情况以及达到的教学能力和素质。评估认证由教科室进行,以保证评估结果的客观性和权威性。只有评估合格的教师,才会获得学校发放的聘书。

2. 专业培训

学校对教师进行分层培训,为他们提供系统、持续的培训机会,帮助他们不断更新知识,提高教育教学水平,并有针对性地提供专业发展支持,促进教师团队的成长。

(1)心理健康教育培训。学校要求班主任必须具备心理健康教育C证资格证书,并且还要进行心理健康教育C证续期培训。通过心理健康教育培训,帮助教师更好地与学生建立和谐、和美的关系,创造积极健康的教育环境。

(2)青年教师专业知识和技能培训。学校每年指派青年教师参加千课万人、名师工作室和其他学校承办的短期培训等活动。通过相关学科知识和教学技巧的培训,提升他们的教学能力和更新他们的教育观念,进一步加强与学生之间的和谐关系。

(3)班主任专题培训。为了拓宽教师的视野,树立跨学科融合的教育教学理念和提高班级管理水平,全面推进素质教育,提升德育工作活力,加强团队凝聚力,学校每学期都会组织正、副班主任进行专题培训。

（4）骨干教师案例研讨和实践机会。每学期学校都会组织教研组举行案例研讨会。通过分享成功和失败的案例，教师可以从中吸取经验和教训，进一步提升自己的教育水平。

（5）中层管理人员培训。学校根据中层管理人员的特点和培训目标，确定培训内容和形式。让业务部门工作人员参加教科研能力提升等相关主题培训；让德育部门工作人员参加德育活动设计和策划、德育团队管理、心理健康与辅导等相关培训，确保培训的针对性和实用性。同时培养中层管理人员的团队合作和创新意识，提高整体竞争力。

（6）劳动技能培训。根据学校特色劳动课程的发展需求，邀请劳动教育名家及农民等来为教师进行专业培训。为了更好地促进团队成长，学校还会通过承包区"新劳动教育"的短期培训为团队成员提供实践机会。通过讲座、公开课、实地考察等方式，提升团队成员的劳动技能水平，让团队教师更快地成长为专业的"农夫"教师团队。

3. 教研组建设

为了提升师资力量，加速和美教研组的建设，学校采取多种途径：教师带新人，发挥骨干力量；搭建平台，承办区域新劳动教研活动和短期培训活动。通过请进来，邀请名师、专家来校讲座；走出去，让骨干教师参加高层次的培训，全面提升教师的素质，让教研组更快、更好地成长为和美教研组。

（1）创建积极的工作环境。学校注重建立积极、开放、互信的工作环境。通过节日教师团队拓展、教师趣味运动、元旦晚会等活动促进教师之间的有效沟通和合作，鼓励分享教学经验、互相支持与帮助。

（2）设立专业共同体。学校按学科设立专业共同体，让同一领域的教师在专业上进行合作。共同研究教学内容，讨论课程设计、教学方法，解决教学中的难题，促进教师之间的专业成长。

（3）引入跨学科教学。学校鼓励教师进行跨学科教学尝试，以项目化活动的方式开展活动，促进不同学科教师之间的交流与融合。以跨学科教学激发教师的创意和想象力，促进教师团队间的互动与协作，提高教育教学的综合效果。

（4）提供专业发展机会。学校为教师提供专业发展的机会，包括参加专业培训、学术研讨、教育研究等活动。学校搭建各种平台，邀请市区教研员、知名专家等来校开展学术研讨会，为教师提供学习资源和平台，鼓励教师不断更新知识和提升专业水平。

4. 教学活动

（1）"叔亮杯"教学比赛。学校组织35周岁以下的教师参加"叔亮杯"优质课比赛和"叔亮杯"教学大比武，成绩优异的教师有机会参加区里组织的相关比赛。通过参与教学比赛，教师提升了自己的教学技巧，丰富了教学经验，并从中获得对教学方法和理论更深入的理解。

（2）蔚文学习大讲堂。学校每学期都会选择一些高质量、有价值的教育书籍推荐给教师进行阅读。这些书籍涵盖教学方法、课程设计、教育心理学、教育管理等方面内容。开设蔚文大讲堂，每周一进行读书分享，教师们从各种优秀的教育书籍中汲取智慧和灵感，丰富自己的教育理论和实践，与其他教师一起讨论和分享，相互促进成长，逐步成为具有和美特质的教师。

（3）乡村好课评选。我校依托乡村名校的平台开展"项目化研修：乡村好课让教师遇见'最美'的自己"评选活动。教科室制订相应的活动方案，以上课教师为核心，分别组建磨课团队。通过邀请名师、专家来助力"乡村好课"的打磨，开阔我们的眼界和工作思路，提升我们的教育理念和思想境界。教学比赛为教师提供了展现自己才华和能力的舞台。通过参与教学比赛，教师不仅能够提高自身教学水平，还能够为学生提供更优质的教育服务，促进教育事业的发展。

（4）班主任基本功大赛。为进一步探索新形势下班主任队伍建设的新途径、新方法，推进班主任队伍专业化发展，提升班主任育人基本功，学校开展"以爱育人，美美与共"的班主任基本功大赛。大赛分为笔试和面试两大环节。笔试要求教师紧扣主题，设计出一堂精彩的班队课。面试分为三个环节：第一环节，教师以爱岗敬业、价值观教育、班级管理、师生沟通、家校共育等为切入点讲述自身工作中的育人故事；第二环节，教师模拟各类教育情境，并给予解决的方法；第三环节，教师随机抽取教育问题并结合自身专业素养进行答辩。

（5）优师培养。学校建立起科学、公正的教师选拔机制，通过课堂比赛、笔试等方式选拔具有潜力和素质的人才，确保培养出优秀的教师。为优秀教师提供系统性、专业化的培训课程，设立教科研重点培育团队，鼓励教师参与教研活动和科研项目，提升他们的专业能力和影响力。

通过以上路径，成就一批和美教师，激发教师的工作热情和创造力，提高教师的教学水平，从而形成一支和美教师团队，为学校发展和学生成长提供坚实的支持。同时，学校还注重教师职业发展规划、工作待遇等方面的改善，通过发放生日蛋糕券、节假日送教师"努力鸭"玩偶等方式，进一步增强教师对学校的归属感和团队凝聚力。

（三）建设一所和美校园

建设一所和美校园的载体包括：美化校园、新建教学楼、建设安全和谐校园、校园文化建设、精神文明建设，以及强化家校合作。具体路径如下。

1. 美化校园，建设和美校园环境

将校园内的空地、桑黍园等进行绿化美化。校园外部环境做到景色优美，校园内部环境达到书香满园的标准。让桑黍园一年四季都有景、有花、有果，努力将桑黍园打造成一部活的教科书，成为五育融合的实践基地。创造出舒适宜人的氛围，营造和美校园环境，从而促进师生的身心健康，让师生们有归属感和自豪感。

2. 新建教学楼，提供优质教学设施

新建一幢教学楼，并提供现代化的教室、实验室、图书馆等教学设施，为师生创造一个良好的学习环境。此外，建设运动场所，为师生提供丰富的体育活动，促进身心健康发展。

3. 建设安全和谐校园

加强校园安全管理，建立健全的安全制度和应急预案，确保师生在一个安全的环境中学习和生活。同时，重视师生心理健康，提供专业的心理咨询和辅导服务，帮助师生有效解决心理问题。

4. 校园文化建设

学校通过建设蔚文学习空间、星空走廊、叔亮陈列室、学习角、天文气象科普实践基地、班级文化等丰富校园文化，提供学习和交流的场所，激发学生学习的兴趣和创造力，营造积极向上的学习氛围，培养学生的综合素质和创新精神。

5. 精神文明建设

学校注重学生的道德教育和心理健康教育。开展丰富多彩的实践活动：重阳节尊老爱老活动、劳动收获义卖活动、文明城市志愿者活动、垦荒少年活动等，鼓励学生参与活动，让学校与社会相互融合，形成校外资源的共享与互动。引导学生培养良好的生活习惯和行为规范，形成良好的校风学风。通过开展丰富多彩的文化活动，如举办读书节、艺术节等，组织各种社团活动，提供多样化的文化体验和交流平台，营造学校的浓厚文化氛围。

6. 强化家校合作

学校有健全的家校联系机制，并定期召开家长会，与家长保持密切的沟通与合作，及时了解学生的表现和问题，并共同解决学生在学习和成长中的困惑和困难。

通过以上措施的实施，打造一个舒心涵韵的校园环境，促进师生之间的和谐相处，让师生获得美好人生的成长和发展。

三、我的办学特色

特色是学校的生命所在。"仰望星空，脚踏实地"既为校训，又为学校的双特色。仰望星空是我校的天文气象特色课程，脚踏实地是我校的"和美·桑梓实践"劳动课程。学校的核心是课程，课程有了自己的特色，学校也就有了特色。每所特色学校的创建，都离不开特色课程的支撑。我们根据"四SHU育人，和美人生"的办学理念和"会做人、会学习、会健体、会欣赏、会生活"的培养目标去构建和美校本课程。通过开发特色校本课程，逐步形成"和融致美，以美化人""和美共生，和而不同"的课程文化体系，从而发展学校、发展教师，最终促进学生的全面发展。

（一）仰望星空，梦想启航

人应该懂得仰望星空，否则便会目光短浅。人的和美发展，就是要让人最大限度地发挥出自己的潜能，和美共生，和而不同。孩子天性好奇，对未知的世界充满探究的热情，对成长的需求是多元的。"气候小达人"校本课程就是要保护好孩子们的这份好奇心与求知的热情，满足他们和美共生、和而不同的多元发展需求，为他们打开更多扇门，让每个孩子都得到滋养，让每个孩子体验成功，让每个孩子的梦想花开，为孩子的一生奠基，为民族的未来启航！

1. 建设场馆

场馆是学校开展气候教育的重要平台。我校拥有气象观测台，另购置一大批天文设备，打造和美少年研究院，为学生的气象科学学习、科学探究、全面素质训练创造了实践平台。

2. 多渠道学习

通过阅读气候变化相关书籍，参观校内外气候教育科普基地、科普长廊的气候科普宣传栏目、气候科学知识宣传橱窗，参加气候变化科普和气候变化知识讲座，观看气候变化科普影视片，参加气象观测员培训班等让学生学习相关知识，同时向学生传播气候变化相关科学知识，传授科学方法与科学技术，提升师生的科学文化素养。

3. 气候行动

教师围绕气候变化对人类的影响和应对措施进行讨论，让学生在思考主问题的过程中，进一步形成子问题，从而使教学内容转换成问题链的形式。在这一过程中，教师进一步整合相关学科信息，呈现学生思维历程，创新教学模式，形成气候变化教育活动方案。

4. 教育宣传

学校通过各种方式、各种途径走出去，面向家庭、社会进行气候变化教育的相关宣传，将气象防灾减灾和应对气候变化的科学知识传播到千家万户，渗透到公众的日常生活中，最大限度地减轻气象灾害造成的损失，提高公众参与度。此外，学校也制订相关评价标准，评选"和美少年""形象大使""绿色使者"等。

5. 全面评价

（1）知识竞赛。每学期学校都会组织学生通过各种途径学习相关气候知识，并在期末评选"气候百事通"。

（2）气候故事。气候变化是抽象的、理论的、遥远的，这就造成了"心理距离"。以讲故事的方式展示气候变化对我们的影响，可以拉近心理距离，并在活动结束时评选"气候故事大王"。

（3）走进气象站。通过走进气象站，学生变身小记者采访专业人士，学习气象播报，并能根据节令进行农事安排。活动结束时评选"气候小记者""气候小主播"。

（4）气候观测。通过气候观测，提高学生的观察力、动手能力、探究能力等。每学期评选一次"气候小达人"。

（二）脚踏实地，和美劳动

脚踏实地是让保小学子梦想成真的途径。"和美·桑黍实践"把"四SHU育人，和美人生"的办学理念落实到"和美·桑黍实践"课程的创新设计上。倡导"让学生在劳动中锻炼，在生产中创新"，强调要将教育与生产劳动相结合，让生产劳动更好地为教学服务。让学生踏踏实实做事，和和美美做人。

1. 依托课题构建班级承包模式，壮大师资力量

依托省级课题"农村小学班级承包制下的劳动教育实践研究"构建"班级承包制"的实施模式，通过"班级承包"模式，让更多的教师卷入"桑黍"劳动教育中来，壮大师资力量。教学全程贯彻"做中学、做中教"理念，以学生自主管理团队的模式，发挥学生的主动性、积极性和创新精神，最终有效地掌握专业知识技能。真学善玩，学为中心，"以育人为主、创收为辅"，促进学生和美发展。

2. 架构"和美·桑黍实践"课程框架，开发校本课程

依托桑黍园的区域构建"和美·桑黍实践"课程框架，有逻辑地开发课程，彰显学校特色。我们以"桑黍园"为主要载体，从生产、生活、艺术、服务、科技五大板块开展劳动实践。每个板块又分别从知识、技能、情趣、探

究、体验五个方面进行课程开发设计，内容涵盖德、智、体、美、劳五个方面。各年级根据各个学科整合桑黍园劳动实践的知识为课程序列，体现跨学科教学的特点，体现我们校本课程的特色。

3. 以"精品课程建设"助推特色建设

学校以"四SHU育人，和美人生"为办学理念，致力于培养"会做人、会学习、会健体、会欣赏、会生活"的和美劳动好少年的育人目标，倡导"真学善玩"。在构建"和美·桑黍实践"课程框架的基础上，提出"以精品课程建设为抓手，助推课程改革"的建设策略，将精品课程建设作为一个系统工程，从理念的树立、机制的健全、措施的落实等方面整体推进课程建设，最终达到以精品课程建设助推学校的特色建设，让劳动教育成为我校的一张名片。

（1）开发"小农夫成长记"课程，树立劳动标杆。在"和美·桑黍实践"课程框架下，学校的"小农夫成长记"课程应运而生，并以此为特色课程，为本校的教育树立标杆。课程围绕"生产劳动"而开发的农耕蔬菜种植劳动实践课程，用综合实践活动的方式结合"小农夫成长课堂"的形式开展劳动实践主题活动。

（2）融合学科、整合课程，创新实施劳动实践教育。要促进学生的全面发展，教师也要有全科意识。教师通过跨学科教学、学科整合的方式形成新的教学设计或案例，促进教学方式的变革。在"班级承包种植"过程中，注重把劳动教育和学科课程进行整合，形成一种新的教育模式，更好地推进劳动教育的实施。

（3）"小农夫成长课堂"辅助教学。在蔬菜种植过程中结合"小农夫成长课堂"的形式开展劳动技能学习。教师带领学生们置身实践基地，以直播的方式调动学生兴趣引出课题，结合学生搜集的资料进行劳动技能的学习，通过学生亲身实践来落实课程目标。

4. 开展特色项目，丰富劳动内涵

通过开展项目化活动的方式开展劳动实践教育，学校可以更好地发展自身的劳动教育特色，提升学生的综合素质和职业能力。结合本土资源开发项目化活动促进五育融合，以劳动创造美好人生，以推动学校劳动教育特色的发展。如根据峰江土地重金属严重超标的情况开发的土壤改良项目、精神抖擞小农夫项目、桑黍桥改造项目等。

总之，学校根据"四SHU育人，和美人生"的办学理念，秉承着"仰望星空，脚踏实地"的校训，追求求实求新的校风，致力于臻善臻美的教育目标。我们以真学善玩的态度，鼓励学生在学习中发展自己的兴趣爱好，积极参与各种学习活动，同时注重传授给学生终身学习的能力。我们注重体育锻炼，培养良好的体魄和团队合作精神。学校鼓励学生树立正确的人生观和价值观，不断追求自我提升和成长，在实践中将所学知识应用于实际生活中，不断探索和创新，培养自己的实践能力和解决问题的能力。学校倡导真知善导和美教精艺的原则，教师在教学中注重传授学科知识的同时，更注重提升学生的品德素养。教师们以榜样行为引领学生，通过启发式的教学方法激发学生的学习兴趣和创造力。在"四SHU育人，和美人生"的办学理念下，我们致力于培养"会做人、会学习、会健体、会欣赏、会生活"的和美少年。我们相信，通过我们的共同努力，和美少年将成为未来的栋梁之才，为建设美好社会贡献力量。

（作者单位：浙江省台州市路桥区峰江保全小学）

名誉教育，五育融合

庄瑞明

一、我的办学思想

办学理念是学校的灵魂，没有好的办学理念就谈不上学校的发展。晨曦小学的办学理念包括"名誉教育"与"名誉管理"两部分。"名誉教育"旨在培养学生名誉感，引导学生珍惜名誉，发展自我；"名誉管理"是教师管理策略，这一策略主张相信教师能自我管理，学校管理在于"理而不管"。"理"学校价值观，"理"学校运作方式，"理"学校课程体系，"理"教师成长体系；"不管"是指不考核、不检查、不批评，一切由教师自己作主，推动教师自我发展。

我的办学思想中的四大关键词是名誉教育、名誉管理、陪伴式成长、发现式赋能。

关于名誉的理论依据：

> 人类的本质里最深远的驱动力就是希望具有重要性，希望被赞美。
>
> ——杜威

我们认为"希望被赞美"与名誉有关，也就是说人人都需要名誉，名誉可以成为人发展自我、约束自我的动力。我们将教师的名誉管理与学生的名誉教育联系起来，教师的名誉一部分来自学生名誉，另一部分来自教师的自我成长与发展。只要我们把名誉高高地提起，教师必定能提升自己的主体意识，用心发展自我，并用名誉管理自我。

1. 名誉教育

这是晨曦小学的教育思想，旨在通过唤醒学生的"名誉"意识，建立学生内心规则。学校倡导教师在教育教学过程中以培养学生"名誉感"为重,"让学生懂面子,给学生留面子,帮学生长面子,促学生管面子"。创设激励式的学校氛围,采用名誉激励卡、名誉评价课、班级名誉角等措施,使学生懂得名誉的意义,做到"我的名誉我珍惜,我的行为我负责"。

2. 名誉管理

这是"名誉教育"思想在教师管理中的体现,其以"理而不管"引导教师借助名誉来实施自我管理。重构管理层级,由"职能扁平化"取代"金字塔式",实现管理效能的最优化。

3. 陪伴式成长

把"教师没有拒绝成长的理由"这一思想传递给每一位教师,同时在日常的管理中通过"三长负责制、项目化教研、关键项目"三大举措来培养教师,做有温度的教育。如构建了"教研组长、学科组长、年级(项目)组长"领衔的三长运行教师管理体系,着力于教师培训、学科质量、班主任管理等方面,实现了整体管理向分级管理的转化。

4. 发现式赋能

美学大师罗素说过,生活中从不缺少美,而是缺少发现美的眼睛。学校管理者,更需要有一双善于发现美的慧眼。如何发现?这不仅需要教师达到一种教育境界,更需要教师具备管理智慧。

管理就是这样。当你怀着一颗欣赏之心经营时,问题很有可能成为发展的契机!管理就是发现并解决问题。

发现让教师感觉到自己被重视,被重视就是人价值的体现,这就是赋能。善于发现是校长在学校管理中很重要的技能。

二、我的办学实践

(一)一个核心,六大中心,两式管理:新时代名誉教育文化重塑

在办学中,赓续名誉教育精神,在文化重塑、目标重构、课程重建、课堂重组、活动重设、评价重置等方面进行新时代名誉教育的再践行。

1. 一个核心：重塑名誉教育

学校文化分显性文化与隐性文化两方面。显性文化即名誉教育标志、文化主题墙等设计，让走进晨曦小学的每一个人能够感受到学校的办学氛围；隐性文化从学生、教师、学校三类主体出发，具体分为名誉是什么，具体落实到课堂、行为、生活中的名誉又是什么，提炼出易记、易懂的词句，从而梳理出具有可操作性的内容。

（1）校名与"名誉"。

"晨曦"两个字的内涵：一日之计在于晨，早晨的阳光是充满希望的。小学生是早晨升起的太阳，他们的希望在于努力，努力争取自己的荣誉，看到自己的希望。"名誉"就是希望的具体体现。

简而言之：晨曦是清晨的阳光，是永远的希望。

（2）校徽设计指向目标。

校徽图形的形状由C、X两个字母组成，是晨曦拼音的首字母。（如图6-1）

图6-1 晨曦小学校徽

X像人。它的手脚充分放开，在奔跑、跳跃，反映了学生快乐的学校生活、上进的精神面貌和健康的身心状态，同时也看出学校张扬学生个性的培养理念。C代表引领、环境和速度。C表明了方向，是为学生发展指明方向，是对学生的引导。我们学校以名誉教育作为引导策略，引导学生悦纳自己，珍惜名誉，发展自我；同时，C是环境，是学校为学生提供的发展环境，包括软件与硬件环境；C还代表速度，既是学校发展的速度，也是教师、学生进步的速度。

可以用六个词来简单描述，X表示快乐、上进、健康。C表示引领、环境、速度。

（3）名誉教育原理重构。

名誉教育的假设：人人都有名誉心，当学生意识到名誉的重要性时，名誉就成了教育因素。培养名誉感就是培养学生自我发展、自我约束的能力，体现了儿童的主体性、自尊、自我认同和自信。

名誉从哪里来？学校引导学生发挥其在名誉教育中的主体地位，让学生用自己主动努力学习的实际行动在五育方面获得进步，并且努力为他人、为社会做出贡献。这是名誉的来源。（如图6-2）

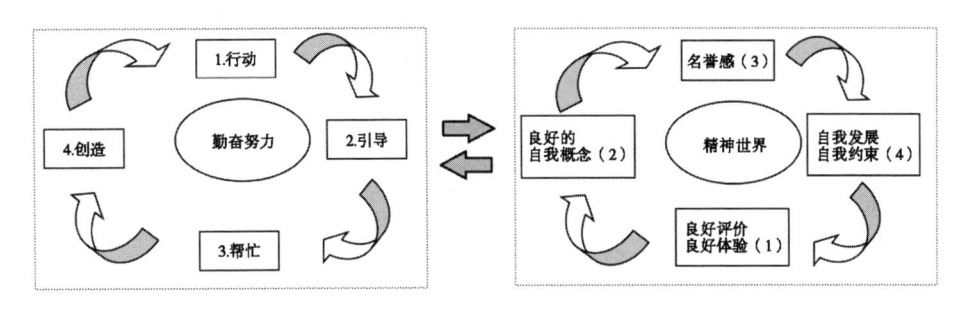

图6-2 名誉教育原理

教师站在学生立场思考，把学生作为名誉教育的主体，运用积极心理学的原理让学生获得名誉感知，并采取行动培养优秀的自我。名誉的评价就是对优秀的肯定与激励，教师要为学生赢得名誉创造机会，引导学生积极行动、让自己变得优秀。

教师的名誉管理就是为学生的名誉教育服务，不能将学生的名誉教育和教师的名誉管理搞成"两张皮"。教师的名誉来自学生的发展，教师的名誉依托学生的成长；没有学生的名誉就没有教师的名誉！教师的名誉源自能够引导与帮助学生获得进步、赢得荣誉；离开学生的名誉，教师的名誉就无依托；教师之所以会看重名誉，不是出自对个人发展利益的考虑，而是因为他们的名誉和学生的发展紧密相连、与学生的名誉息息相关。

教师如何做？教师需引导学生懂得：第一，名誉的获得首先靠自己的主动努力，同时要学会感恩，没有教师的教育和同学的帮助，很多成绩是难以获得的。在名誉教育中，教师的任务重点不只是在学生做出成绩时及时给予表彰，而是在学生做出成绩之前给予帮助！帮助学生成功是名誉教育的关键。第二，教师要发现学生的进步，要肯定与表彰学生的成就。第三，教师要教育学生"惜誉如羽"。即使有了成绩、有了名誉，仍要谦虚谨慎，继续努力获得更多进步，让过去的名誉成为自己继续努力的动力，为未来的名誉持续不断地努力！此外，教师还要教导学生提高名誉教育的价值追求层次，从个人名誉到集体名誉再到国家民族的名誉，重视社会关注。

2. 六大中心：重设管理职能

学校的发展离不开行政团队，一个行政团队对上的执行力及对下的指导力决定着这个团队的生命力。我在办学中发现，"金字塔式"的层级化管理体制易使工作在落实中逐渐消耗，出现目标不到位、举措落实不强、责任不清等问题；后来我将学校管理体制改进为"扁平化"管理，解决了消耗问题，但又产生了各处室职能不明晰等问题。最终，我采用"职能中心化"来管理，在实施"扁平化"管理模式的基础上，压缩了组织结构层级，重组了体现职能的六大中心，副校级的干部都要兼任一个年级或部门的主管，而不是分管。六大职能中心分别为综合服务中心、学生发展中心、教师发展中心、安全指导中心、运行管理中心和财务管理中心。

六大职能中心的组建能够将每学期、每学年、三年发展规划等中心工作中急需达成的目标、实施的举措落实到位，解决了各行政部门人员与校长之间的沟通问题，显著提高了行政部门人员的自主意识、责任意识和创新意识。让每一位教师、行政人员清晰每天、每周要干什么、怎么干，一起朝着相同的目标携手同行！

3. 两式管理：做有温度的教育

作为管理者，应该把"教师没有拒绝成长的理由"这一思想传递给每一位教师，同时在日常的管理中注重陪伴、发现。在陪伴中让教师们感受到管理者对其成长的真心引领，在发现中以科研意识构建"课堂——课题——课程"体系，以关键项目促进教学改进和课程开发。

（1）陪伴式成长。

学校构建了"教研组长、学科组长、年级（项目）组长"领衔的教师管理体系，着力于教师培训、学科教学质量提升、班主任管理等方面，实现了整体管理向分级管理的转化。

三长负责制，在陪中成长。学校构建了三长负责制的校本培训运行体系，保证每周五的教研组、学科组、项目组的磨课、主题研讨、项目研究顺利开展。

在三长的组织下，每一位教师都有很强的研究意识与钻研精神。比如，为了磨一节课，同学科组的教师会集中起来，围绕核心问题设计、课堂引领、学习任务单设计等方面商讨好几个小时。研讨既是对执教者的触动与提升，又能分享组内人员的智慧。每一次活动都会让执教者感动，感动于三长与学科教师的认真与坦诚。他们有时会争论某个细节，开展各抒己见的自由讨论，直到深夜；有时为了达到最真实的上课效果，把组内教师当学生进行模拟上课（如图6-3）。

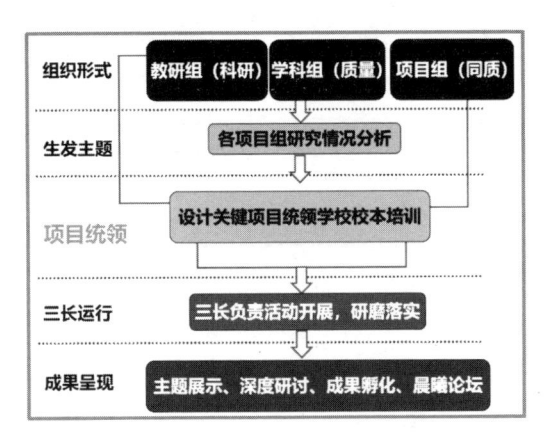

图6-3　三长负责制运行体系

精准型指导，在伴中提升。科研兴校、科研兴教不能停留在口头上，管理者要以过程化的管理引导教师关注课堂。以解决日常教学中的问题、困惑为研究的切入口，通过研究服务于教育教学，杜绝教与研"两张皮"的现象。通过精准选题、精准指导，最终精准教学的阶段指导，帮助教师成长。成立校长、教学副校长、教科室主任领衔的三个"土专家"指导组，将全体教师根据学科分成三个组，负责教师选题确定、中期指导、成果撰写的全程指导。指导时以互动为主，多问"你为什么研究这一问题？你有哪些策略？"等，提出指导建议，让教师在这个过程中感受到"土专家"的认真。这种认真的态度感染着每一位教师，鼓励其认真开展研究。最终形成教师主动追着"土专家"问"什么时间有空？能否再帮助指导一下？"的氛围。有些教师非常认真，一个成果的撰写要修改五到七次。

（2）发现式赋能。

学校一直都在思考如何激发教师的动力。工会活动（团建活动）可以凝聚人心，绩效管理可以激励优秀教师。名誉教育在日常管理中采用"发现式"管理来激发教师的动力（实施路径如图6-4），实现校长赋能与能量构筑。

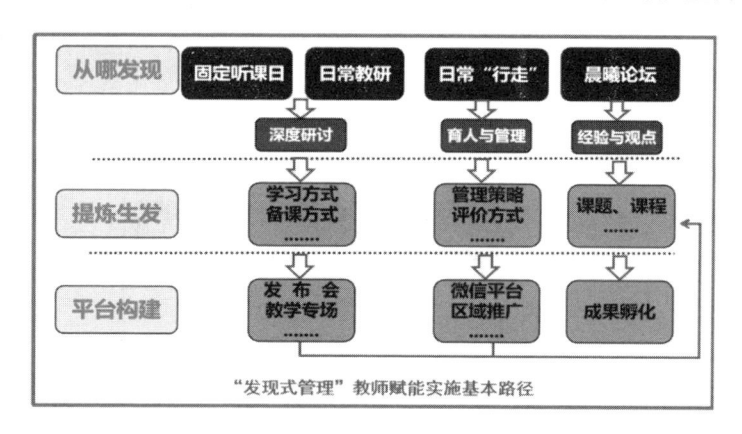

图6-4　发现式管理实施路径

如何实施发现式赋能？

活动中发现。校长如果每天坐在办公室里是管理不好学校的，因为这样会成为"聋子""瞎子"，不知道教师、学生每天的状态，不知道教师在课堂上、教研中的做法。我充分利用校长固定听课日、日常教研、日常校园行走、晨曦论坛等机会，在这些活动中发现教师的创新点。创新点可能是评价方式的改变、单元一体化设计、阅读教学载体的设计、教学方式转变等，我会与教师们一起梳理这些创新点。有些创新点可在全校推广，有些可以成为研究的课题，有些则能开发为一门精品课程。

多平台展现。善于发现是校长从事学校管理的重要技能之一。在善于发现的同时，校长要设计与之相对应的载体，比如开设暑期班主任经验分享会、举行"守初心，入童心"微型发布会、召开隆重的课堂教学亮点发布会、开设教研专场（一节展示课+一个观点报告）……

发现让教师感觉到自己被重视，被重视就是人价值的体现，就是赋能。平台给教师提供了展示自己的舞台，每一次展示都需要教师经历"提炼—阐述"的过程，对于教师而言，每一次都是提升自我的机会。

(二) 学生气质，教师精神，家长面貌：新时代名誉教育目标重构

名誉教育从最初的名誉学生，延展到名誉教师、名誉家长，由个体名誉转向团队名誉，逐渐形成体系化的名誉引领机制。在这个体系化名誉引领机制下，学校更加关注价值观、愿景、使命三维度，构建晨曦校园文化，让走进晨曦小学的每一个人能够感受到"名誉教育"的氛围。

1. 学生气质：自信、阳光、有礼

引导学生准确地自我定位和客观地自我评价，从生活、学习的细节出发，让自己成为一个积极向上、有集体荣誉感、有责任心的名誉学生。学校的校训即"我的名誉我珍惜，我的行为我负责"。

2. 教师精神：合作、奉献、创新

教师有积极的合作意识，积极开展师生间的合作、教师间的合作、与家长的合作，热情、真诚关爱学生，具有创新素养与能力，能担当创造性教学，营造晨曦优良育人氛围，增进晨曦整体教育智慧。

3. 家长面貌：适性、理解、协作

家长根据孩子个性、人格、兴趣、能力差异灵活选择教育方式。理解孩子的成长烦恼，承担对孩子直接教育之责，密切配合学校教育，与学校一起助力孩子的成长。

图 6-5　教师精神标志

(三) 三课修身，八园实践，十二节体验：新时代名誉教育课程重建

通过新时代名誉教育的深化研究，实现"育人课程"的重构，实现新时代名誉教育"育人课程"与核心素养"人文底蕴、科学精神、学会学习、健康生活、责任担当、实践创新"六项指标的深度融合。梳理出"政治底线、道德底线、交往底线、学习底线、文明底线、健康底线"，形成相应的名誉教育系列课程，落实校本化实施。

课程更加突出和聚焦"名誉"内涵，结合学校"名誉教育"培养自信、阳光、有礼的晨曦学子这一育人目标。在重塑"名誉教育"文化理念的基础上，有

效统整课程，形成生活孵化园、体艺孵化园、行为孵化园和学习孵化园等四大课程孵化园。内容既包括国家基础学科知识和国家综合课程内容，也包括来自学生生活、能够培植对美和健康追求的体艺类课程。只要学生应该学习、可能学习、希望学习的内容，我们尽可能地考虑并开设课程。

1. 三课修身：塑心课程润无声

名誉文化是小学阶段不可缺失的教育教学内容，它集国家品德课程、学校名誉文化养成教育于一体，是对学生思想品德、行为习惯、社会生活等各方面的综合性德行教育，不仅对学生的整个小学阶段有重要影响，更影响学生一生的德行养成。"行为—修身—德行"板块关注学生身心的塑造，它以"晨曦初露"开学课程为起点，以"晨曦成长"为延展，以"晨曦远航"毕业课程为结点，为每一个学生的幸福成长保驾护航。

塑心课程作为一门相对固定的课程，属于学校基础性课程门类，是学校课改的一项重要举措（见表6-1）。塑心课程体现了学校遵循"名誉教育"思想，充分重视学生行为习惯的养成。从时间轴上来看，它以"晨曦初露"为始，以"晨曦远航"为终，以"晨曦成长"的实施串接生成，紧密贯穿于每一个学生的整个小学阶段，甚至影响其今后的人生历程。我们渴盼在行为课程的指引与浸润下，形成修身的意境，成就晨曦学子"我的名誉我珍惜，我的行为我负责"的责任担当。

表6-1 晨曦塑心课程

课程名称	素养指标	实施路径
晨曦初露	道德底线、交往底线、学习底线、文明底线	一年级开学课程
晨曦成长	会爱、会学、会玩、会创造	一至六年级塑心课程
晨曦远航	感恩、负责、为学、发展	六年级毕业课程

"修身"板块，主要包括三大内容：

一是成长仪式课程。学校在学生成长过程中的关键时间节点举行隆重的主题庆典活动，并形成课程。目前开发设置的主要有小学生一年级刚入学时的"晨曦初露"开学课程和小学六年级时的"晨曦远航"毕业课程，旨在通过活动给学生七彩童年烙下斑斓的底色。"晨曦远航"毕业课程自每年五月开始，始终围绕"感恩、责任、为学、发展"这四个关键词，通过"成长论坛"等载体，引导学生关注身边、关注社会，用行动担当责任；通过"毕业墙设计"唤起学生回忆往昔、传承美好，用行动诠释感恩，让学生在晨曦学习的最后时光，溢满浓浓的毕业情怀，溢满浓浓的依恋和感恩。

二是"晨曦成长"。该课程主要以"晨曦成长"项目为抓手，深化学生行为习惯养成教育。学校德育处征求教师意见后确立"塑心课程"项目内容，设立如"入室即读、书声琅琅、课前准备、专注听课、高效作业"等内容，分项设定行为目标，跟进考核检查，组织评比奖励。每月重点实施一至两个项目，以此创新德育新机制，分阶段落实要求，使"晨曦成长"实施系列化、常规化。以促进学生行为养成的主题班队、团队互动，集束训练为依托，以德行养成为目标，促进学生幸福成长。

三是"晨曦远航"课程。它是校本德育课程，重点是培养毕业班学生的名誉心，培养负责任、能包容、会发展、有理想的晨曦学子。课程分四个单元，十一个课时，实施对象为六年级学生，实施方式为长、短课相结合（长课六十分钟以上，短课二十分钟左右）和综合实践活动。在实践中，我们把这些课时安排在一个学年内完成。"晨曦远航"课程第一单元教学计划见表6-2。

表 6-2 "晨曦远航"课程第一单元

单元	课时内容	课时安排	课题	内容	目标	形式
第一单元：学会感恩	了解父母、老师、学校在自己成长过程中为自己做出的努力和奉献	1课时	感恩父母	1.知道父母对自己的关爱 2.感谢父母	1.知道父母对自己关爱的具体事例 2.感受父母对自己的关爱之情 3.会用适当的方式表达自己对父母的感谢	班会 才艺
		1课时	感恩老师	1.知道老师对自己的关爱 2.感谢老师	1.知道老师对自己关爱的具体事例 2.感受老师对自己的关爱之情 3.会用适当的方式表达自己对老师的感谢	
		1课时	感恩学校	1.知道学校对自己的关爱 2.感谢学校	1.知道学校对自己关爱的具体事例 2.感受学校对自己的关爱之情 3.会用适当的方式表达自己对学校的感谢	

2.八园实践：生活课程探中学

在社团活动开展方面，学校积极推行八大园生活课程。在课程设置上做到"五个有"：有专业教师辅导、有课程计划、有固定活动时间、有指定活动场所、有专门器材设施。以尽量保证八大园生活课程的有效开展与实施。八大园课程涉及身体、益智、游戏、技能、文创等领域，极大地增加学生自主选择课程的广度和深度，拓展学生的活动空间，拓宽教育实践空间。

八大园课程设八个园区，分别是：工匠园、艺趣园、益智园、乐学园、音美园、健体园、创新园、扬帆园。工匠园着重培养学生动手能力，包括创意木工、石膏塑形等课程；艺趣园以艺术的趣味性、多样性为特色，包括美丽沙画、衍纸创作等课程；益智园以培养智力为主,包括数字金字塔、魔方、魔尺等课程；

乐学园着重乐学，包括趣味数学、绘本故事等课程；音美园是音乐、美术专职教师开发的拓展课程，包括童心飞"舞"、芦笙雅韵等课程；健体园是体育学科的延伸，包括足球、灌篮高手等课程；创新园以动手动脑为主，包括纸世界、趣味实验、科学绘本等课程；扬帆园以夯实基础为目的，包括我爱阅读、快乐书写等课程。

3. 十二节体验：体艺课程玩中学

"十二节课程"源于学校在每个学年中常规举办的各大活动，内容主要包括语文节、数学节、英语节、科技节、艺术节、体育节等。以课程的形式推进对传统校园主题活动的全面提升与完善。通过活动定案、启动、实施、记录、评价等一系列完善的举措跟进，促使每一次主题活动课程全面有序展开，让学生深度参与其中，使每一个学生真正获益。它将引领着学生走进丰富多彩的活动天地，锤炼技能，展示才艺。

"十二节课程"是综合性实践课程的熔炼与沉淀，是学生跨学科素养综合运用的过程，是各学科知识融会贯通的最主要的实践体验活动。"十二节课程"设置着眼全人发展，熔炼各科知识，不断完善主题实践。该课程以综合性活动为主要内容，向活动前后延伸，即在活动前教师提出该活动的指导意见、主题思想，并开设活动前的活动指导课；在活动中教师组织学生根据活动要求有序、有效地开展活动，并从中学习知识的使用与融合；在活动后教师组织学生全面总结收获，形成知识体系，并在小组、班级中交流活动收获。这一项活动的收获也将是下一项活动的基础与起点，学生在这样的实践课程中逐渐提升学识，不断融合与拓展自己的各学科素养。

（四）一核驱动，四环内化，五育融合：新时代名誉教育课堂重组

名誉教育中课堂教学旨在激发学生自主学习能力、提升高阶思维能力、提升综合解决问题素养，进而深化新时代名誉教育的研究。通过名誉教育激发学生自主学习的潜力，树立学习榜样，寻找可学习的路径。通过名誉教育实现课堂转型，使合作学习、协同学习真正落实，通过名誉教育实现学习活动生本化。

1. 一核驱动：名誉教育继中做

着力进行单元整体教学流程研究，从确定单元、了解教学内容、教材比较、学情分析、教学重构、制订单元教学计划等几个方面展开。每个环节的工作目标是从教材分析比较中生成研究问题，确定重点制订目标，调整框架进行教学设计，开发学习资源、实施教学，制订框架检验研究的效果，最终形成单元整体教学教学范式。

2. 四环内化，名誉教育做中承

新时代的名誉教育课堂让学生从名誉体验着手，通过融入名誉概念，多样的名誉评估，以及学生课堂中的积极展示，让名誉教育走进儿童心灵。名誉课堂大致为四个环节：名誉体验、名誉植入、名誉评估、名誉展示。

3. 五育融合：名誉教育承中展

班级推荐每月评比名单后，学校德育处以此模式精心设计表彰活动。先为学生颁发一张活动名誉入场券，进行活动预热，并在活动中通过三个环节"展—动—传"，融入五育的育人理念，将德智体美劳五育融入每个环节中，以此达到活动育人的效果（如图6-6）。

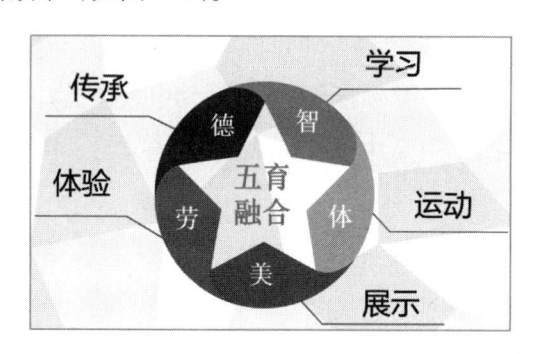

图6-6 名誉教育融合五育

（五）一月一主题，研究性学习，才艺三十分：新时代名誉教育活动重设

将原有缺少体系的碎片化活动进行归类整理，以名誉教育这一主线为牵引重设活动体系，设计促进行为习惯养成的活动、激发内驱力的实践活动、提升学生能力（如劳动能力、英语口语能力、读写能力、创新创造技能等）

的系列活动、培养学生的责任担当的活动（如健康生活、感恩父母、社会责任、心理健康等）。

1. 一月一主题：像时代楷模一样正品行

学校结合劳动教育课程全面开展"大德育、小主题"德育月活动，每月一主题，培养队员的良好习惯。根据名誉教育要求，一学年有8个主题。（如图6-7）

春季	3月宽容	4月守信	5月勤劳	6月勇敢
秋季	9月明辨	10月忠诚	11月真诚	12月坚持

图6-7 "大德育、小主题"德育月活动主题

月初，学校通过公众号发布月主题，每个年级有各自的达标要求，班级制订达标细则，进行达标评比。月末，班级根据学生获得的积分排名颁发达标章，并推荐积分排名前五的月度名誉之星参与学校设计的一月一主题的德育表彰活动。

我们根据需要制作微视频，通过队员自己讲解和视频案例的形式向队员展示各类仪表整理、就餐等文明标准，做到全员知晓。比如五月的主题是勤劳，月初公布活动主题和方案，我们会根据内容制订相应的要求，并通过微视频的形式告知每一个队员，到了月末再进行小结评议，根据考核结果颁发生活卡。

2. 研究性学习：像科学家一样做研究

研究性学习是晨曦小学"名誉教育"理念下的一种假期特色作业，目的是希望学生能"像科学家一样做研究"。它指向学生核心素养发展目标，具有跨学科、合作式、项目化作业的特征，旨在引领学生走出课堂、走出学校，融入社会。这样不仅可以有效培养学生的社会责任感，还可以培养学生的团队合作能力、科学探究能力、创造性解决问题的能力等综合素养。

研究性学习主要面向三至六年级学生，每班组成五至八人小组进行研究，每学期结束前一个月在学生中进行研究话题征集，在寒暑假期间开展研究。要求小组合作和鼓励创新，在家长和社会资源的协助下，研究组开展走访调查、实地查看、查阅资料、数据分析、讨论交流、形成研究报告等。最终由学校提供展示平台，学生进行成果展示、优秀成果报告（班内汇报、公众号发布、空中课堂、晨曦论坛等），这是给学生"长面子"的一种有效途径。

3. 才艺30分：像艺术家一样上舞台

每个中队每一年都有一次才艺展示的机会，参演人员覆盖每一个学生。这可以帮助很多学习成绩不是很好，但有才艺的队员重新找到自信。辅导员也会改变对某个队员的看法，眼光不再只盯队员的学习表现，而是注重育人的更多方面。比如：有个队员数学总是考不及格，她自己也失去了信心。当辅导员发现她唱歌不错时，就积极利用体艺卡奖励，与音乐老师一起给予她机会，并且让她在才艺30分上展示，大放光彩！后来这个同学的学习积极性被调动起来，她的数学学习也取得了进步。

家长的感受：孩子把这些卡片当作宝贝，把它们放在一个小包里，时不时拿出来看一看、数一数。如果有时候不小心丢掉一张，那是一定会哭鼻子的。有些家长说，以前担心孩子不喜欢体育锻炼，现在学校要奖励体艺卡，天天在家嚷着要跳绳。

一张体艺卡，小小的奖励让小队员的学校和家庭生活都发生了非常大的改变，小小的一张卡起到了监督和提醒的大功能，让学生积极锻炼，强身健体，提升技能，展现才华。

（六）晨曦精灵，名誉护照，名誉评价课：新时代名誉教育评价重置

新时代名誉教育评价改革要探索"教—学—评"一体化的实施路径。探索增值评价、过程性评价，提倡自主评价，健全综合评价。评价内容分"成长性评价＋园地式评价＋期末阶段评价"三大板块，充分利用信息技术，升级创新名誉激励奖励的形式和内容，进一步完善评价及记录的方式。以定性与定量评价相结合，使过程评价与期末的终结性评价形成一个完整的体系。同时开展各类自我评价和家庭评价，形成综合评价体系。基于"名誉教育"的小学生综合评价体系的优化设计，其核心是将原本相对独立的"四卡""一平台"和"一护照"，有效串联成一个完整的评价操作系统。其运行流程有三个环节，分别为"精灵卡"获得名誉分、"晨曦精灵"平台录入名誉分和"名誉国护照"使用名誉分。

1. 晨曦精灵：全面精准显性激励

"晨曦精灵"数智平台运行逻辑以"精灵卡"为起点，学生通过四色卡积分、申请加分和投资及公益行为等途径获得个人积分，平台动态生成学生个人成长档案（个人小精灵）和数字画像。同时个人积分以1∶1比例实时兑换成精灵币，学生在"精灵超市"消费精灵币购买名誉活动券、文创产品、动物饲养员证等多类特色产品。

（1）"精灵卡"为源。

"精灵卡"有电子卡和实物卡两种类型。不同类卡有不同赋分，分别是行为卡2积分、学习卡2积分、生活卡5积分和体艺卡5积分。学生获得"精灵卡"有三个渠道：一是教师评价；二是自主通过"晨曦精灵"平台"申请加分"；三是"名誉评价课"，经全体同学评议后发放。

（2）精灵平台为池。

"晨曦精灵"是评价结果数据录入和呈现的平台，它实现了学校综合评价体系五育融合的育人目标。它将学生个人和班级的四类"精灵卡"获得过程、分值录入和名誉分值变化情况数据化，形成学生的个人精灵画像。学生、教师和家长能通过学校公众号中的"晨曦精灵"移动终端以及校内"晨曦精灵"综合评价设备终端随时查阅个人各方面的发展情况，方便及时调整成长轨道。

平台构成完整，确保综合评价的留痕效果。

"晨曦精灵"平台（如图6-8）由三部分构成，分别为数据来源、数据管理和数据终端。其中数据来源是四类"精灵卡"实卡和电子卡，通过扫码向平台录入个人积分数据；数据管理中包括学生端、教师端和管理端，其中学生端和教师端目前分别包含9个模块，管理端目前包含3个模块；数据终端有移动终端（即学校公众号中的"晨曦精灵"APP）和固定终端（即校内"晨曦精灵"综合评价终端机）。平台构成的完整性确保了学校综合评价体系大数据的强操作性和留痕效果。

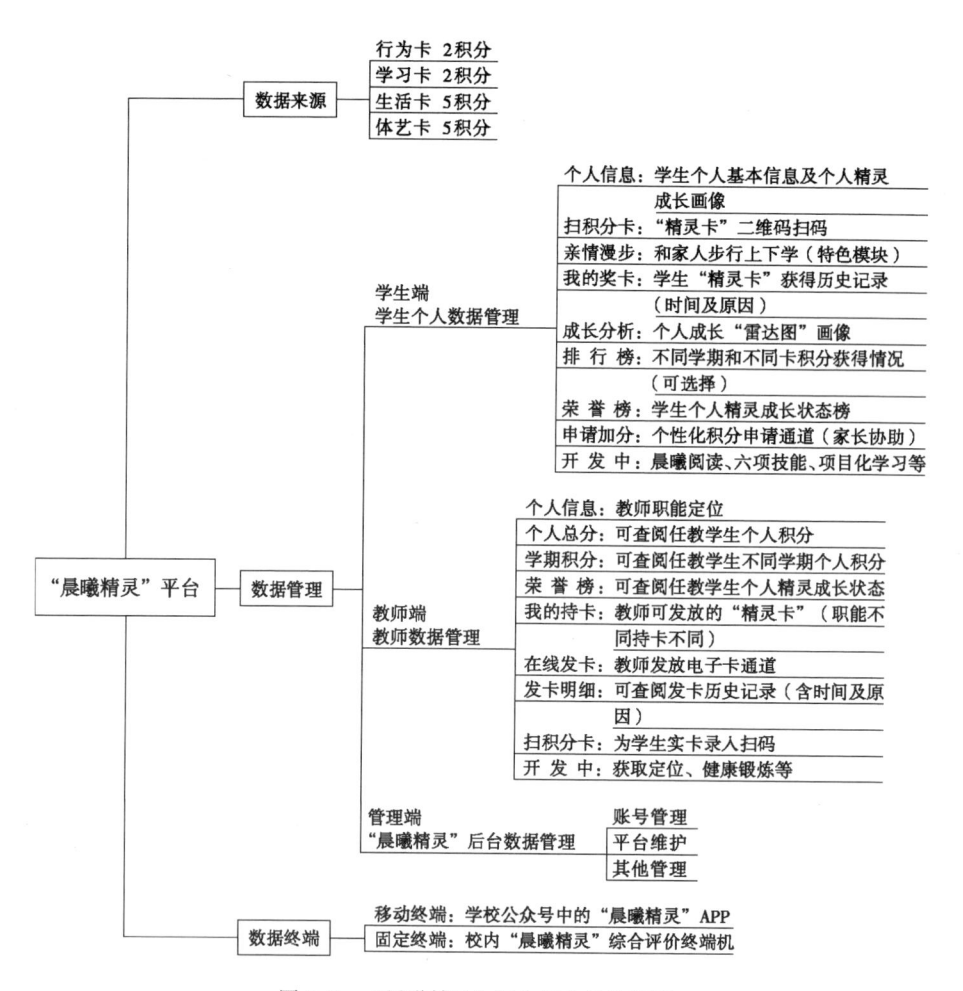

```
                                    ┌─ 行为卡 2积分
                      ┌─ 数据来源 ───┤   学习卡 2积分
                      │             │   生活卡 5积分
                      │             └─ 体艺卡 5积分
                      │
                      │                              ┌─ 个人信息：学生个人基本信息及个人精灵成长画像
                      │                              │  扫积分卡："精灵卡"二维码扫码
                      │                              │  亲情漫步：和家人步行上下学（特色模块）
                      │             ┌─ 学生端        │  我的奖卡：学生"精灵卡"获得历史记录（时间及原因）
                      │             │  学生个人数据管理┤  成长分析：个人成长"雷达图"画像
                      │             │                │  排 行 榜：不同学期和不同卡积分获得情况（可选择）
                      │             │                │  荣 誉 榜：学生个人精灵成长状态榜
                      │             │                │  申请加分：个性化积分申请通道（家长协助）
                      │             │                └─ 开 发 中：晨曦阅读、六项技能、项目化学习等
                      │             │
"晨曦精灵"平台 ───────┤             │                ┌─ 个人信息：教师职能定位
                      │             │                │  个人总分：可查阅任教学生个人积分
                      │             │                │  学期积分：可查阅任教学生不同学期个人积分
                      │             │                │  荣 誉 榜：可查阅任教学生个人精灵成长状态
                      ├─ 数据管理 ──┼─ 教师端        │  我的持卡：教师可发放的"精灵卡"（职能不同持卡不同）
                      │             │  教师数据管理 ─┤  在线发卡：教师发放电子卡通道
                      │             │                │  发卡明细：可查阅发卡历史记录（含时间及原因）
                      │             │                │  扫积分卡：为学生实卡录入扫码
                      │             │                └─ 开 发 中：获取定位、健康锻炼等
                      │             │
                      │             │                ┌─ 账号管理
                      │             └─ 管理端        │  平台维护
                      │                "晨曦精灵"后台数据管理 ┤
                      │                                └─ 其他管理
                      │
                      └─ 数据终端 ──┬─ 移动终端：学校公众号中的"晨曦精灵"APP
                                    └─ 固定终端：校内"晨曦精灵"综合评价终端机
```

图 6-8 "晨曦精灵"平台基本结构导图

平台运行使用，优化评价体系的动态循环。

平台运行使用实现了学生综合评价数据在三个部分内的闭环流通，以数据终端为载体实现五育融合的小学生综合评价动态循环，其分为以下三个环节。

环节一，录入积分。"精灵卡"实卡学生通过固定终端扫码，家长和教师通过移动终端扫码，向平台录入积分；电子卡学生通过"申请加分"申报，教师通过在线发卡直接录入积分。使用后的"精灵卡"将被回收。

环节二，管理积分。学生和家长通过数据终端中学生端查阅个人积分，在"我的奖卡"中看到个人在成长过程中什么时候、因为什么获得了哪类"精灵卡"的完整历史记录;在"成长分析"中看到自己的个人成长"四卡五育"雷达自画像;在"个人信息"和"荣誉榜"中可以看到自己的个人"晨曦精灵"成长画像处于哪个阶段;在"排行榜"中可以看到同班同学和同年级同学的综合评价总积分和评价分项积分情况。

环节三,再获积分。学生通过在数据终端进行积分管理的过程中,了解自己的成长轨迹和发展状态后,扬长补短,积极主动地争取获得欠缺领域的"精灵卡"积分;教师和家长则通过积分管理环节,精准掌握学生的发展情况,从学生需求导向出发,并给出建议,正向引导和帮助学生获得对应"精灵卡"。

平台特征鲜明,实现五育融合育人价值。

"晨曦精灵"平台在开发设计过程中始终坚持"名誉教育"理念,贯彻五育融合的育人价值目标,这从鲜明的设计特征中可见一斑。

特征一,站在儿童立场,呈现学生成长"双重"画像。"四卡五育"雷达图成长画像,主要面向家长,呈现的是学生四类"精灵卡"获得情况与班级平均情况。五育融合体现在四卡获得情况中,家长可以以此了解孩子的综合发展情况。考虑到雷达画像相对抽象,不适合学生,学校设计了第二种画像——"晨曦精灵"个人成长画像。该画像设置了"破壳、幼灵、青灵、成灵"四个阶段,对应50、200、500、1000的分值,只有四个方面都达到预定的分数才能使精灵升级。在初级阶段比较容易晋级,考虑到学生在校有六年时间,晋级难度会随着年级的升高不断加大。这也在学生综合评价过程中实现五育融合的真实落地。这样的进阶式成长画像,类似"打怪升级",一下子激发了学生的积极性。

特征二,模块迭代更新,与时俱进同时彰显校本特色。平台中的模块内容随着新时代育人目标对学生综合评价的要求以及学校"名誉教育"校本化育人目标的需要,每学年进行迭代更新。平台的推陈出新体现在学校三年规划中的每个学年目标计划中,譬如在新学年,平台将陆续推出"晨曦阅读""项目化学习""六项技能""名誉国超市"等新模块,指向促进学生的综合发展和健康成长。

特征三,"拍照式"写实记录,看到一路成长过程中的足迹。平台中录入的每一分，都有它的来龙去脉，什么时候、做了什么事情、获得什么评价都有记录。通过数据管理，家长和教师都能看到学生在成长过程中的每一件事情，留下的每一个足迹。这种"拍照式"的写实记录方式，看平台中"我的奖卡"时就好像看照片，画面跃然眼前，让每个家庭体验了有温度的综合评价。

2. 名誉护照：评价有痕成长留迹

"名誉国护照"是对平台虚拟化的补充，让学生真实体验到学校综合评价带来的现实乐趣，也是个人成长过程的实物记录，弥补数字化评价随着毕业后被覆盖的缺憾。

（1）"名誉国护照"的设计及功能。

"名誉国护照"是学生线下使用"晨曦精灵"平台积分的通行证，有低段和高段两本。以一年级为主，"名誉国护照"由封面、护照使用说明、学生基本信息、各学期四卡获得情况、消费积分记录、封底几个部分组成。

护照是综合评价积分的消费出口，流通的积分让综合评价"活"起来。学生可以凭借消费平台积分参加三大"名誉国"（本领国、理想国和担当国）中的晨曦名誉主题节活动，或者前往"名誉国超市"消费。（见表6-3）

表6-3　名誉国护照积分流通

		主题节活动	消费积分	说明
名誉国护照	三大名誉国	本领国	校园挑战节	30	活动过程中根据表现还能获得对应"精灵卡"，重新获得积分
		魅力英语节	20	
		乐享美食节	40	
		智慧数学节	20	
	担当国	书香阅读节	20	
		趣味语文节	20	
		多彩艺术节	30	
		研学旅行节	40	
	理想国	创新科技节	30	
		基地实践节	40	
		阳光体育节	20	
		快乐收获节	30	
	"名誉国超市"	平台待上线	10—60	

（2）"名誉国护照"的基本使用流程。

"名誉国护照"的具体使用基本流程包括解读护照、学生申报、出国签证、参加活动或购物、回国签证五个环节。在双周周一的"名誉评价课"中穿插"名誉国护照"的使用。

（3）"名誉国护照"在设计和使用过程中呈现出的特征。

收藏性。这是主要特征，也是设计"名誉国护照"的初衷所在。让学生通过纪实性实物记载，保留小学阶段的评价过程及结果，同时在设计上体现了学校特征和儿童立场，具有收藏价值。

延续性。"名誉国护照"是学校综合评价体系的三个构成部分之一，是"精灵卡"和"晨曦精灵"平台评价载体的一个延续，是基于"名誉教育"学生评价的延续，也是学生评价结果的使用出口和另一种呈现方式。

选择性。使用护照消费积分的出口很多，学生可以根据自己的喜好和特长选择前往三大"名誉国"或者"名誉国超市"消费。

3. 名誉评价课：实时交互内外同驱

"名誉评价课"是一堂优秀行为赞赏课，旨在通过平时观察来评析学生的优秀行为，以优秀引出优秀；引导全体学生参与评价，全面评价，多元评价，由表及里，直至学生内心世界。在新时代名誉教育下，学校"名誉评价课"在内容、形式、载体等方面做了版本升级调整。

（1）名誉评价课的新内容：与少先队活动课相结合，融入少先队的仪式。

学校统一利用每周一的中午时间进行授课，形式相对固定。自区教育局发布《关于进一步推进少先队活动课程建设的通知》后，我们在第一时间内将"名誉评价课"与少先队活动课相结合，使我校的"名誉评价课"符合少先队活动课的要求，真正起到教育实效。校长室组织学生发展中心以及部分骨干中队辅导员，以学校"名誉教育"的教育理念为引领，分析少先队活动课的要求，科学设计、开拓创新，形成了这堂整合课的课堂模式要点。

包括以下几个内容：

主持人（或中队辅导员）回顾班级上一周情况，结合平时记载情况和队员表现，由相关中队干部宣读队员在各考察项目中的得分情况；根据得分和进步情况，由辅导员颁发"名誉激励卡"；队员谈体会；辅导员对评价情况进行小结，布置新一周将要努力实施的重点任务。

（2）名誉评价课的新形式。

针对班级特点、学校德育工作安排以及学生年龄特点，主要有以下形式：故事式名誉评价、阅读式名誉评价、赞美卡式名誉评价、口头自由推选式评价、书面自由推选式评价、教师反馈式评价、结果反馈式评价、小组捆绑式评价、活动式名誉评价等。比如：故事式名誉评价，要点是选好一两个有主题意义的故事或身边的事例，由教师或学生讲述，让学生感受与体会。这种形式各年级都适合，操作起来方便，学生喜欢，教学效果也很好。这些故事可以从书中找，也可以根据班级情况自己编写。

（3）名誉评价课的新特点。

改变课堂评价引导语。比如，在课堂朗读中请学生评价"请说一说他哪个地方值得你学习"，而不是"他哪里没有读好"，当学生有补充说明时，引导学生使用"我对某某同学的发言还有补充"，而不是直接用否定的话来伤害其他学生的积极性。

让教师的表扬看得见。有的班级用卡片来实施奖励，当学生课堂表现较好时，教师奖励学生自制的"小苹果"，10个"小苹果"可以换1张激励卡，10张激励卡可以换1张喜报或享受1次与教师一起的周末户外活动。有的班级通过小组积分来实施奖励，每个小组根据组员的表现情况将其分成1、2、3、4号，4号学生回答1次可得4分，3号学生回答可得3分，由此来鼓励优秀学生当小老师认真辅导后进学生。

（4）名誉评价课的新载体。

在名誉评价课的载体中引入"晨曦精灵"评价体系，在原有的实物卡片的基础上进行了创新。每个学生有1张身份识别卡，教师根据学生表现，给学生不同方面的奖励。每张激励卡上都会有1个二维码，学生得到这个卡片以后可以到机器上刷卡加分。卡分为4类，有体艺卡、学习卡、行为卡、生活卡，我们称为四色卡。通过积分获得，线上可以喂养精灵，帮助"晨曦精灵"的成长，激发学生获得积分的兴趣。整个评价具有激励性，还可以让家长在每周、每月查看大数据分析后的孩子的个性报告，到学期结束时，还可以查看系统生成的类似于班主任评语的报告。

（5）名誉评价课的新颁章。

新版名誉评价课的颁章激励是以"徽章+奖牌颁奖"式进行的。为了帮助学生增强名誉感，我们需要充分运用晨曦精灵这两个卡通人物，让晨晨和曦曦走进学生的内心，让学生有一种想帮助晨晨和曦曦当好精灵的欲望。晨曦精灵卡是一张张有魔力的卡，积分不能直观地呈现在学生面前，看不见摸不着，只能用心感受。对于低年级学生而言，隐形的东西，其激励作用会有所降低。为了激发学生争相获得行为卡、学习卡、生活卡和体艺卡的积极性，年级组通过各种抓手，使晨曦精灵的形象直观化，让晨曦精灵的作用最大化。

在具体操作中，学校给学生订制了晨曦精灵徽章，男生为蓝徽章，女生为粉徽章，学生获得200积分，就可被评为十星级"名誉之星"，可以获得晨曦精灵蓝（粉）徽章。因此，以每周名誉评价课为平台，以晨曦精灵荣誉榜为抓手，学校每周公布学生的精灵积分，学生你追我赶，人人在乎积分，在不知不觉中增强了名誉感。初步增强了学生的名誉感之后，为巩固学生的名誉心，学校趁热打铁，设计晨曦精灵名誉奖牌，分别为金、银、铜牌。学生的名誉积分达到500分佩挂铜牌，积分达到800分佩挂银牌，积分达到1000分佩挂金牌。得到徽章的学生天天把徽章别在胸前，得到奖牌的学生更是无比光荣，这也大大激励了没有徽章、没有奖牌的学生。

通过15年名誉教育探索，5年的深化研究，学校取得了多方面的成果，吸引了省市区多所学校的参观学习。面对新时代"立德树人"的教育要求，学校把牢名誉教育主方向，砥砺前行。

（作者单位：浙江省杭州市临安区晨曦小学）

漫画育人，未来三毛

何月丰

2021年8月13日，我接受了成为三毛小学校长的任命。我清楚地记得那天下着江南夏季常见的大雨，我与行政班子成员见面后，来到了属于自己的校长室。看着玻璃窗上挂满雨滴，我感到有些茫然。这种茫然既源于我对校长职位的陌生，也源于我对三毛小学未来发展的未知。

根据我担任学校中层干部和副校长近十年的经验，我深知，要做好一项工作，不仅需要认真的态度作为基础，更需要独到的工作思想作为指引。因此，在一阵迷惘后，我清楚地认识到，作为一所学校的校长，我的首要任务是确立自己的办学思想，从而明确自己的工作方向。只有有了明确的方向，我们的步伐才会坚定、才能走得更远，并带领学校朝着更好的发展方向前进。

回顾过去两年在三毛小学担任校长的经历，我意识到自己做了很多事情，其中最核心的是逐步提出了"漫画育人，未来三毛"的办学思想，并围绕这一思想展开的一系列实践。

一、"漫画育人，未来三毛"办学思想的提出

（一）始于"全国唯一"

在我成为三毛小学校长之前，我对这所学校并不熟悉。我只知道"三毛小学"中的"三毛"指的是《三毛流浪记》中那个妇孺皆知的著名漫画人物，而这所学校的漫画研究很有特色。除此之外，我对这所学校并没有更多的了解。

在我担任三毛小学校长的第三天，我得知学校没有为一年级新生准备录

取通知书，我觉得不妥。我认为，对于一年级的新生来说，进入小学是人生中值得纪念的一件事，需要有一定的仪式感，录取通知书不仅是一种仪式感的体现，也能给孩子留下一个美好的回忆。出于这样的考虑，我与教务处商量之后，决定为一年级新生设计一份特别的录取通知书。

对于三毛小学来说，这件事毫无难度可言。作为一所以漫画为特色的学校，它在美术设计方面具有得天独厚的优势。因此，第二天我就收到了学校美术教师设计的录取通知书的样版。

录取通知书设计得很漂亮，颇具漫画特色，但令我震惊的不是它的美观，而是写在上面的那段话：

恭喜你成为三毛小学大家庭的一员！你知道吗？三毛小学是全国唯一一所以著名漫画家张乐平爷爷笔下的漫画人物"三毛"命名的特色学校……

当我读到这段话的那一刻，我有点不敢相信，心里暗暗嘀咕——"全国唯一，这是真的吗？"经过询问之后得知，三毛小学的名字是得到张乐平先生家人的认可和授权的，目前在全国确实只有一所三毛小学，所以"全国唯一"这个称号是名副其实的。著名漫画家张乐平先生是浙江海盐人，而海盐县正是三毛的故乡！在三毛的故乡建立一所以他名字命名的小学是合情合理的。后来我还发现，在录取通知书下面盖的学校公章上只有四个字——三毛小学，这再一次证实了三毛小学的独一无二。

于是，在三毛小学的第一次全体教师会议上，我分享了自己对三毛小学的个人理解，并提出了"让'全国唯一'更响亮"的学校品牌发展目标。之所以要提出这个目标，是因为我深刻地感受到目前社会对三毛小学"全国唯一"的知晓度还远远不够高。这个目标也成为我不断提升三毛小学办学品质的坚定信念。

从那时起，每当有来访者，我都会非常自豪地向他们介绍三毛小学的"全国唯一"。在省内外进行讲学的时候，我也会把三毛小学的标志放在幻灯片的首页上，并隆重地介绍三毛以及三毛小学的"全国唯一"。当我去新加坡培训时，我送给专家们印有三毛小学标志的文具盒作为小礼物，并同时介绍了三毛小学的"全国唯一"。此外，我还提醒学校的行政人员和教师在外出讲学时要利用适当的机会介绍三毛小学的"全国唯一"。

渐渐地，三毛小学的"全国唯一"被更多人知晓了。然而，我深知仅仅这样宣传"全国唯一"是远远不够的，因为没有内涵的"全国唯一"最终会变成一个笑话。因此，为了让三毛小学的"全国唯一"有真正的含义，我们必须在其内涵发展上下更多功夫。

（二）提出"漫画育人"

1. 重拾漫画内涵

三毛小学于1994年建校，是一所年轻的、富有朝气的学校。年轻不仅是我们的优势，更是激发青春与活力的源泉。年轻的三毛小学给予我的不只是青春与活力，还能让我轻松地回到建校的第一天去认识它。

为了更好地探索三毛小学的内涵发展之路，我详细阅读了从三毛小学建校的第一天开始的重要事件。通过阅读，我发现了三毛小学始终坚守的价值追求，也看到了属于三毛小学的内涵发展之路——特色办学。

三毛小学是由教育部中国教师发展基金会正式挂牌的"全国特色学校"，这是一个了不起的成就。（见图7-1）

我对此的理解是：挂牌的意义在于广泛认可，广泛认可的意义在于长期坚守，长期坚守的意义在于认识到做这件事的价值。三毛小学的特色办学正是在这种坚守中逐步形成的。

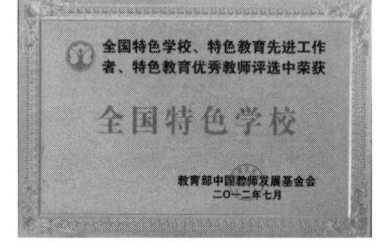

图7-1

经过梳理，可以将三毛小学的特色办学发展历程大致划分为五个阶段：

更名阶段（1999—2000年）：1999年，依托张乐平纪念馆"儿童漫画教育教学基地"成立的契机，在县政府、张乐平纪念馆、上海三毛文化有限公司等的关心与支持下，海盐县城北小学（建校于1994年）决定更名为三毛小学。2000年，"儿童漫画创作研究"被立项为浙江省教育科学研究规划课题。

此外，漫画培训班开设、央视专题采访……一件件大事因漫画而来。三毛小学的学生用他们稚嫩的画笔和纯真的视角，初步展现出了儿童漫画的迷人色彩。

起步阶段（2001—2004年）：2001年，学校在初步认识到漫画中蕴含的丰富育人元素后，根据儿童漫画创作研究的基础，审时度势，研究并制定了《三毛小学漫画特色教育研究实施方案》《漫画特色教育指导纲要》，从而正式将漫画作为学校的办学特色。2002年，"漫画特色教育研究"被立项为浙江省教育科学研究规划课题。与此同时，"漫画与作文教学研究""发挥漫画的德育功能研究"等课题在县市也得到立项，这说明不仅美术学科开始尝试将漫画引入课堂，语文、德育等多个学科也开始尝试将漫画作为教学的载体。

探索阶段（2005—2012年）：2005年，学校举行了"庆祝三毛七十华诞"暨"三毛小学首届漫画文化节"活动，从那时起，漫画文化节成为属于"三毛人"（指三毛小学全体师生）的特殊节日。在浓厚的漫画特色教育研究氛围中，学校不断取得丰硕的成果：学校被评为"浙江省第三批艺术教育特色学校"；"漫画特色教学研究"获浙江省第四届教育科学研究成果一等奖（2005年）和浙江省人民政府第三届基础教育教学成果一等奖（2007年）；"漫画特色教育活动项目的开发与实施"获全国第三届艺术教育展演活动艺术教育科学论文评比一等奖；"儿童'日记式'漫画创作教学研究"得到省级立项；漫画特色教育成果被《长三角教育》刊登；学校被教育部中国教师发展基金会评为"全国特色学校"（2012年），这是对三毛小学在漫画特色办学方面探索的最好肯定；还有省市县相关媒体对此进行了专题报道……

曲折阶段（2013—2020年）：2013年，学校研究并制定了《三毛小学漫画特色学校建设第二轮实施方案》，在漫画领域陆续推出了软陶漫塑、电子漫画、趣味插画等漫画课程，使得学校漫画校本课程不断丰富，从而开启了漫画多元创作之路。其中，"儿童漫画""漫画肖像"等多门课程被评为县市精品课程。

读完三毛小学的大事记后，我惊讶地发现，这所学校在漫画特色办学的探索上已经坚持了23个春秋，这是多么不易的事情啊！面对如此辉煌的历史，我感到心潮澎湃。不过，当我激动之余，心中却悄然涌现出一个问题：为什么三毛小学在特色办学方面取得如此出色的成绩，却未能获得与之相称的外界影响力呢？为了解答这个疑惑，我与几位行政人员和一线教师进行了交谈，算是找到了问题的症结。其中一位教师的观点最具代表性，他说："现在三毛小学是在吃10年前留下的老本，这几年基本没有什么新的发展，而是在原地踏步。"我心里非常清楚，这位教师所说的"老本"指的就是三毛小学的漫画特色办学。

当我对照着学校的大事记再来理解这位教师所谓的"10年前留下的老本"后，一切都变得明朗起来：近10年来，在义务教育课程改革提出拓展性课程建设的背景下，三毛小学没有一以贯之地坚持和发展漫画特色办学，而是另起炉灶架构"善美课程"总方案，全力推进拓展性课程，漫画只是作为其中的一个小项目。可见，学校近10年在特色办学上走了一段弯路。

在意识到这一切之后，我果断做出决定：三毛小学必须重拾漫画，坚持特色办学的初心，并持续不断地探索和发展这一办学特色，这才是让"全国唯一"更加响亮、更有内涵的最好方式。由此，我们进入了三毛小学特色办学的第五个阶段。

深化阶段（2021年后）：我们重新将漫画作为学校办学的核心，以漫画为载体进行特色办学的全方位探索，并总结和提炼20多年来的研究成果。

2. 坚定育人初心

作为一名小学数学教师，我一直坚信教育与教学不分家。因此，在我的数学课堂里，我不仅重视传授学生数学知识与技能，也注重学生学习的过程与方法，关注学生学习过程中的情感、态度与价值观。

我曾读过《学记》中的一句话："教也者，长善而救其失者也。"这句话的意思是，教育的目的在于培养并发扬学生的善心善行，并纠正学生身上的缺点。自那以后，我一直将"教也者，长善而救其失者也"作为自己的教育信条。

此外，我还秉持着"有教无类"的教育理念。"有教无类"是孔子的重要教育思想。一般来说，我们将其理解为，不对教学的对象分类别，每个人都享有接受教育的权利。

如今我作为一名校长更加坚信，学校教育必须在"长善"和"救失"上下功夫。学校不仅仅是教学的地方，更是育人的场所，立德树人才是学校教育的唯一方向和首要目标。面对21世纪新的挑战，价值观教育已经成为全球教育变革共同关注的焦点。

三毛小学的漫画特色办学研究，其成果不应仅停留在以往的"看到一幅漫画"这个层面，更要提升到"成就'高质量的人'"的层面上。至此，我坚定了一个信念：三毛小学的漫画特色办学的最终目标一定要落在立德树人这个根本任务上。

3. 漫画亦可育人

"高质量的人"，概括地理解，就是德智体美劳全面发展的人。那么，漫画特色办学能否实现这一育人目标？一开始，并没有确定的答案。但是，这个问题必须得到明确的回答。

2021年10月22日，我参加的"浙派名师名校长培养工程"小学名校长培训班在银湖书院正式开班。那天晚上，我在"校长日记"中写下了这样一段话：

今天在听讲座的过程中，突然想到了学校的发展这一问题。三毛小学一直以来的名片是漫画，追求漫画特色办学。在当前教育发展背景下，我们该何去何从？不管是漫画特色教学还是漫画特色学校，主题是基于漫画的教学和学校，很明显，缺了最主要的核心——学生。在这一刻，我脑海中蹦出一个词——漫画育人。

10月26日上午，银湖书院邀请了杭州师范大学的教授来指导我们的教育科研工作。在进行课题研究设想汇报时，我第一次正式提出了"漫画育人"这个概念。我清楚地记得，当时给我们解读自己的研究设想的时间很短，而我对这个问题也没能思考透彻，所以专家没有完全理解"漫画育人"这个概念。但有一点可以确定的是，专家并没有反对以漫画为载体来开展育人工作这种方式，反而认为这可以成为一种高质量育人的新样态。

尽管这次汇报专家没有明确肯定"漫画育人"这个概念，但"漫画育人"的实践得到了他们的明确认可，这给了我极大的信心。当然，至于漫画到底以怎样的形式实现育人，还需要进一步探索。在后续的探索中，以下两个故事让我看到了"漫画育人"的具体形式。

故事一：清廉漫画。

一次，上级领导到学校进行调研，我正在准备汇报的幻灯片，突然注意到一幅学生创作的关于清廉主题的漫画（如图7-2），不禁赞叹不已。此时，学校校务办主任和漫画教师舒老师正好在旁边。她听到我的赞叹后说："这幅漫画是我指导的。何校长你不知道，学生一开始哪里有这样的想法，他们连清廉是什么都不清楚……"听完舒老师的介绍，我明白了，要想让学生画出以清廉为主题的漫画，首先必须让学生知道什么是清廉，其次要让学生了解一些违反清廉的行为及其所带来的后果，最后需要学生用讽刺的方式来呈现清廉的意义。

图7-2 清廉

我认识到，学生创作这幅漫画的过程实际上就是清廉教育的过程。而且，这种教育是如同"随风潜入夜，润物细无声"般自然的。

故事二：漫画巴士。

学校几位教师参加县里的"德育能手"评选，我与她们一起讨论并修改了申报材料。其中一位班主任以"漫画巴士"的形式开展班级管理工作，我觉得这个方法很有创意。在与她交流时，她还告诉我一件更有意义的事：有一次，她发现一群学生指着校园宣传橱窗中一幅名为《孝子图》（如图7-3）的学生漫画议论纷纷。一个学生说："这幅漫画真搞笑，这个老奶奶竟然像一只小狗一样坐在汽车后面的小木车上被拉着走，而她的儿子、儿媳舒舒服服地坐在车里。"另一个学生说："搞笑是搞笑的，但漫画题目与内容也太不相符了吧！这叫什么孝子图？这是大不孝才对吧！"

图 7-3　学生廉政漫画作品选

听了这位教师的话，我醍醐灌顶，豁然开朗。一幅漫画，让学生自主地对"孝"有了深刻的认识。这不就是漫画的育人效果吗？漫画常常以生动形象的方式展现一些深刻的道理或晦涩的社会现象，往往会让人在看到画面后不禁思考、猛然领悟其中的意义并会心一笑。漫画直观展现善与恶、理与德的特点，恰好契合小学生这个年龄段的认知特点。

于是，在我来到三毛小学第一个学期的期末行政民主生活会上，我以尊重学校文化根脉、融合学校办学特色、坚持立德树人根本任务为理念指引，正式提出将"漫画育人"作为三毛小学特色办学的思想，积极探索教育高质量发展背景下的学校育人新样态，培育适应未来学习和未来社会的新时代新三毛。

（三）提出"未来三毛"

1. 始于"善美三毛"

2022年2月15日，在新学期开学第一天的全体教师会议上，报告厅的大屏幕上赫然写着8个字：漫画育人，善美三毛。

这是"漫画育人"第一次正式与三毛小学全体教师见面，同时出现的还有"善美三毛"。事实证明，这8个大字在三毛小学的突然出现没有任何的违和感，因为"漫画"和"三毛"已经深入每一个三毛人的骨髓之中。

提出"漫画育人"的初衷是要将人放在学校教育的核心位置,虽然"漫画育人"4个字强调了学校的办学特色、以人为核心的教育理念以及独特的育人手段,但对于培养学生成为何种人仍不够清晰。因此,我们提出了"善美三毛"的概念。

讲起"善美三毛",也有故事。

三毛的影响力广泛,陪伴了很多人。特别是《三毛流浪记》,在中国几乎家喻户晓。三毛这个形象之所以有如此大的吸引力,一方面是因为形象本身有趣,另一方面与形象折射出的精神有关。关于三毛的精神,三毛小学自更名之后便一直在努力探寻。起初,我们看到的是三毛这个人物形象在故事中展现出来的阳光和机智,这是每个读过《三毛流浪记》的人都能感受到的。

三毛小学地处海盐县城北,当时为一所典型的城乡接合部学校。随着海盐县经济的发展,很多外来务工人员子女来到三毛小学就读。教师通过教学发现,这些外来务工人员子女在行为习惯方面明显比海盐县本地的学生弱一些。学校希望他们通过学校教育成为优秀的人,为了改善外来务工人员子女的教育,于是学校在三毛精神"阳光""机智"之后增加了"向善""尚美",这两个概念代表了学校真正意义上对学生发展目标的思考和期望。上文有提及,拓展课程全面开始后,三毛小学的总课程即取名为"善美课程"。因此,阳光、机智、向善、尚美便是三毛小学一直以来努力培养的学生形象,也是三毛小学坚持了10多年的育人目标。

在了解到这些情况之后,结合对于"培养怎样的人"的思考、对"长善而救其失"的理解和三毛小学近10年在"善美课程"上的探索,我便从"阳光""机智""向善""尚美"中选择了"善美"二字,进而提出了"善美三毛"这一学生发展目标。

2. 定于"未来三毛"

从2022年春季起,三毛小学在各种会议和汇报中开始使用"漫画育人,善美三毛"这8个字作为办学思想并不断"吟唱"。我也多次在不同场合向领导和专家介绍这8个字与三毛小学的深厚渊源。然而,对于"善美三毛"的表述,我内心一直隐隐觉得有些不妥,但无法明确不妥之处在哪。

有一次我去教育局向分管局长汇报工作时，谈到了"漫画育人，善美三毛"，她也认同"漫画育人"是一个很好的概括，体现了三毛小学一直以来的特色和追求，这4个字有根、有故事、有辨识度，但是"善美三毛"需要我们再思考一下。这位分管局长曾经是一位资深校长，对于办学有自己独到的见解。因此，她的意见和建议让我更加坚定了进一步思考"培养怎样的人"的决心。

在一次次与人交流和独自慎思的过程中，我意识到"善美三毛"这个提法有3个小问题：首先，三毛小学一直是以阳光、机智、向善和尚美来描述学生，而今只选择善美这个词而忽略了阳光和机智，这是自相矛盾的。其次，善美本身没错，善与美是立德树人的重要体现，背后蕴含着多重意义，但过于具体，有种局限于"善与美"的束缚感。"长善而救其失"，一个简单的"失"字承载了无尽的含义。最后，面对21世纪的挑战，我们的教育应该进行怎样的变革？我们的育人目标应该如何体现？这需要在办学思想中进行探讨。

那么，怎么样才能不自相矛盾？怎样才能蕴含万千？怎么样才能体现教育的变革？我想到了两个字——未来。

联合国教科文组织丛书《学会生存：教育世界的今天和明天》写道，教育的使命是"替一个未知的世界培养未知的儿童"。1983年10月邓小平为北京景山学校题词——"教育要面向现代化，面向世界，面向未来"。这些话语都表明，我们已经进入了一个一切都变得不确定、不稳定、复杂和模糊的"乌卡时代"，这是一个未知的世界。21世纪的世界可能会发生翻天覆地的变化。所有教育工作者都面临着一个不可否认的现实：教育要关注当下，更要关注未来。面向未来的教育，是21世纪带给教育的挑战。

因此，我将"漫画育人，善美三毛"改为"漫画育人，未来三毛"。未来的三毛需要阳光、机智、向善、尚美，但一定不局限于此。未来是与时俱进的，现在的学生需要面对未来10年后他们依然需要面对的未来。培育未来的三毛，也就意味着我们需要培养一个与时代共成长的三毛，他们不仅需要对眼前的世界有清晰的认识，更需要对未来的发展有一定的理解。同时，培育未来三毛，也需要学校的教育理念和手段面向未来。

简言之，未来三毛，不仅仅指向学生成长的未来，也指向教师教育理念的未来和学校办学思想的未来。可见，相比于"善美"，"未来"具有更强的包容性和时代性，具有更强的张力和后劲。

（四）形成"漫画育人，未来三毛"办学思想

从想擦亮"全国唯一"的品牌开始，顺应学校内涵发展提出"漫画育人"，配以"未来三毛"的学生发展目标，我在三毛小学"漫画育人，未来三毛"的办学思想得以形成。

漫画：三毛小学的文化符号，是三毛小学始终坚守的办学特色，也是三毛小学独特的教育手段。

育人：教育的根本任务，将人放在学校工作的最中心，将高质量的人作为学校教育的最佳作品。

未来：面对 21 世纪的挑战，教育必须面向未来。

三毛：学校的文化形象，是对三毛小学学子的昵称，是张乐平先生"我爱孩子"思想的体现。

漫画育人，未来三毛：坚守特色办学的初心和愿景，以漫画为育人载体，培养适应未来学习和未来社会的新时代新三毛。

二、"漫画育人，未来三毛"办学思想的实践

（一）将办学思想作为学校工作的重点

1. 作为重点工作写进学校计划

2022 年春，是"漫画育人，善美三毛"首次亮相的学期，我将"清晰学校顶层设计，探索'漫画育人，善美三毛'办学思想"写在学校计划重点工作的第一条，提出本学期学校尝试提出并探索"漫画育人，善美三毛"这一办学思想，并将其作为学校办学育人的顶层设计，努力将"三毛""漫画""育人""善美"这些和三毛小学息息相关的教育元素有机融合，以让"全国唯一"真正落实，更为响亮。

尽管此处出现"善美三毛"显得有点突兀，但这也表明，办学思想与办

学实践是紧密相连的，办学思想指导着办学实践，同时办学实践反过来检验和完善办学思想。

重点工作的第三条为"优化学校育人路径，深入探索'漫画育人'新样态"，提出学校将紧紧围绕"漫画育人"这一育人新样态，探索其可行路径，全面优化学校的育人模式。

在具体工作中明确要求德育处从学生养成教育方面去"探索'五育融合'下的'漫画育人'新样态"，教科室从课题研究、课程设计的视角去"探索'漫画育人，善美三毛'的顶层设计"。

我认为，办学思想是一个口号，它代表着学校的内涵与追求，体现了校长的理想与信念。同时，办学思想又不仅是一个口号，只有努力实现学校的内涵和追求、校长的理想和信念，才能使办学思想真正具有生命力。

基于这样的理解，"漫画育人，未来三毛"这个办学思想一经提出，我便一直将其作为学校工作的重点，引领全体教师齐心协力，共同推进。

2.作为重点项目校长自己抓

我的"校长日记"在2023年2月9日有这样一段记录：

下午，陆敏丹回到学校，我约了她和顾校长到办公室，就"漫画育人"主题教育活动一事进行交流。这件事是我在本学期提出的，因此还是从我这里开始推进比较好。之所以在今天与两位分管德育的领导交流，主要是因为今天早上值日时，有一些学生从汽车左侧车门下来的事给了我启发。

第一，这是一次教育契机，需要抓住。

第二，这件事可以在晨间活动中以漫画的形式开展，是一个好的结合点，是"漫画主题教育"的一个依托点。

第三，教育学生"会下车"，与本学期我提出的德育行动中的"十会百善"一致，又是一个好的契合点。

2月9日，新学期刚刚开始。在学校的工作计划中，我提出了一个名为"漫画主题教育"的活动。这个活动的提出是基于我对"漫画育人"理念的理解，以及对学校"漫画育人"课程架构的整理和把握。虽然在行政会和全体教师会上我已经对这个项目进行了解读，但是对于具体细节，尤其是对活动契机的把握，我最为清楚。因此，在项目提出之后，我就一直在关注并寻找合适的契机，我希望找到一个更加具体的案例，以此为良好的载体来解释我的想法，让负责这项活动的德育处能够更好地推进。因此，在开学第一周的值日中发现学生从汽车左侧车门下车后，我抓住这个问题，约了分管校长与德育处主任交流此事，希望以此为突破口推进"漫画主题教育"的进展。

在学校管理中，流行着"校长给思想，中层去落实"的理念，对此我深表赞同。但是凡事没有绝对，我认为在与落实学校办学思想相关的活动中，校长不仅需要提供主导思想，更需要在适当的时候自己去抓。因为学校的办学思想体现了校长的教育思想，校长有这个责任和义务起到带头作用。校长自己抓办学思想的落实，体现在将办学思想写进学校工作计划，更体现在学校日常工作的方方面面。

3. 作为新起点推动学校发展

有人问张乐平："你的儿童漫画小孩子那么喜欢看，有什么诀窍吗？"张乐平如是回答："我想来想去没啥诀窍，就是有一点，我爱孩子。"

"我爱孩子"，这是多么朴实又深刻的育人理念！我认为，张乐平在三毛小学代表着一种精神、一种文化，更是教师的一种形象。作为一名教师，唯有爱学生，才能真正爱教育、爱教学这份工作，才能让教育焕发出生命的光彩。

接着，我又想到了三毛。《三毛流浪记》中的三毛面对穷苦与压迫时展现出的阳光与机智，还有那种向善与尚美的精神，不正是我们培养学生的目标吗？

我突然领悟到，张乐平是师者形象，三毛是学生形象，将三毛与张乐平结合起来，实质上是学生和教师的结合，这正是学校应有的面貌。因此，三毛小学不能只有三毛和漫画，还要有张乐平。想到这些之后，我立刻意识到三毛小学更加不平凡的地方：三毛小学的背后有名人支撑，这赋予了它更加深厚的底蕴，需要我们去传承和发扬。

目前，有很多学校像三毛小学一样具有名人的支撑。比如，鲁迅是家喻户晓的名人，他是绍兴人，因此在绍兴有鲁迅小学和鲁迅中学。类似这样的以当地名人的名字来命名的学校在全国范围内是非常多见的，我将这样的做法称为"名人立校"。"名人立校"的好处很多，其中我认为最显著的好处就是为学校注入了文化底蕴，让学校更有辨识度，让办学更有特色和深度。

我对于"名人立校"的理解以及其对办学的思考，让我不禁思考其他类似学校的办学方式。他们的校长又是如何理解的呢？如果说"漫画育人，未来三毛"是三毛小学"名人立校"的一种表达，那么其他以名人命名的学校的办学思想，又是一种怎样的理解与表达呢？如果把这些问题分析清楚了，我想三毛小学的未来发展、"名人立校"的未来发展，一定会更加美好。

畅想未来，我已经在着手准备成立"名人立校"学校发展联盟，期待通过相互交流与合作，共同探索"名人立校"的发展范式，助推更多此类学校更好发展，为更多学生提供优质服务。

（二）将办学思想作为学校发展的顶层设计

"三毛小学发展的顶层设计和课程体系，我们自己会做，这事你们帮不了……"

来到三毛小学近两年的时间里，上面这句话我讲了很多遍。

我到三毛小学任校长之际，正值占地约6万平方米的新学校开建之时。尽管建设新学校是辛苦而艰巨的，但这也给了我一个机会——我可以将我的办学思想融入新学校的建设中，使其一体化。

因为新学校的建设，各种与建设相关的公司络绎不绝地找上门，其中有很多是设计校园文化的。一家做校园文化设计的专业公司负责人向我展示了他们的一些案例后说："何校长，你把学校资料给我，我可以为你们量身打造适合三毛小学的顶层设计、课程体系……"在听完他的话之后，我说了上面的那句话，把这家公司回绝了。

我记得曾经与教育局领导、新学校设计方、新学校施工方四方共同商议学校建设时，表达过这样的观点："三毛小学新学校，对设计方而言是一件作品，对教育局而言是一个项目，对施工方而言是一件商品，但对三毛小学的师生而言是我们生活的家园。建成一所学校要分两个阶段：第一阶段从开工到投入使用，第二阶段从开始使用那一天起，永远不会结束……"

学校建设的第二阶段，才是学校建成的关键阶段，因为在这个阶段需要所有师生用自己的理想和信念，用自己的生命一点一点不断地去打造、去完善，这是一个永无止境的过程。学校的顶层设计、课程体系，不可能仅凭一些文字资料就能提炼出来，如果可行，那一定是套路，是表面文章，是没有生命力的。学校的顶层设计、课程体系一定是基于学校文化的根脉，因此只有融入其中、深刻感受，才能让其根深叶茂！

那么，三毛小学的顶层设计该如何架构呢？毫无疑问，必定是坚守特色办学的初心，围绕"漫画育人"这一办学思想。并且，教育的现代化，要求学校不仅是课程的落实部门，也是课程的建构部门。学校建构自己的课程，依赖于学校的顶层设计；学校顶层设计的形成，离不开学校的办学思想。

正是在这样的认知背景下，我于2022年上半年开始要求教科室从课题研究和课程设计的视角来探索"漫画育人，善美三毛"的顶层设计，并持续不断地尝试建构学校的"漫画育人"特色课程。

值得说明的是，"漫画育人"特色课程并非学校的总课程。学校的总课程，必须严格地按照国家课程要求执行，这是国家的意志，是"为党育人、为国育才"的光荣使命。学校在课程上的行动，也是在严格地、规范地执行国家课程的基础上，结合本地和本校的实际情况，将学校特色课程有机地融入国家课程之中。比如学校的"微漫一刻"课程，要求每位美术教师根据需要灵活调整国家美术课程内容，在每周每班2节美术课时间中利用10分钟进行一次漫画临摹和创作的指导。这样的漫画进课堂，先执行的是国家课程，后融入学校的特色。

"'漫画育人'的核心是育人，需要思考漫画如何更好地融入学校教育教学中。"在一次行政会上，我这样说。"体育课如何结合漫画开展研究呀！"学校一位分管领导在说起三毛小学10多年前探索漫画与学科融合的研究经历时，发出了这样的感叹。

的确，特色办学的课程体系切不可为了凸显特色而牵强附会，"漫画育人"

特色课程体系不能因为要用漫画来实现育人目标而强迫各个学科必须立刻执行。因此，我提出了"漫画育人"特色课程体系架构的三个基本理念：

让"漫画育人"出现在该出现的地方；

让"漫画育人"出现在能出现的地方；

让"漫画育人"顺其自然地发生发展。

比如，美术学科必然要开展"漫画创作"，这就是"该出现"；语文学科中有看图说话、写话、写作文的内容，可以结合漫画开展"漫画作文"，这也是"该出现"；上文提到有班主任利用漫画开展德育活动（"漫画巴士"），这也是"该出现"。

那么，除了上述提到的学科之外，其他学科怎么践行"漫画育人"呢？《义务教育数学课程标准（2022年版）》提出"数学连环画"的概念，分管领导敏锐地觉察到"连环画"就是"漫画"，于是"漫画数学"应运而生。比如，学生习题中的一些典型的错误可以通过漫画的形式来展现，一些知识的形成与发展也可以通过漫画来呈现，这种方式不仅有趣，而且令人印象深刻，这就是"能出现"。

"该出现"表达的是一种必然存在，是可以立即观察到的。"能出现"表示的是一种可能性，需要根据实际发展的可行性来确定。

"该出现"与"能出现"，都蕴含着"道法自然"的理念，不强求，更不强迫，这便是"顺其自然地发生发展"。

以上这些，我想一定不是一家公司可以代替我们完成的，也不是建筑设计单位可以帮我们实现的。也就是说，要架构好"漫画育人"顶层设计和特色课程体系，唯有我们切合实际地融入其中，用我们对教育的理解和对学校的情怀，特别是对儿童成长的期待，慢慢地去发现和完善，如此架构出来的课程才是有血有肉的、更具生命力的。

在"该出现""能出现"和"顺其自然地发生发展"3个基本理念的指引下，经过1年多的努力，三毛小学的"漫画育人"特色课程体系已经得到初步架构。（如图7-4）

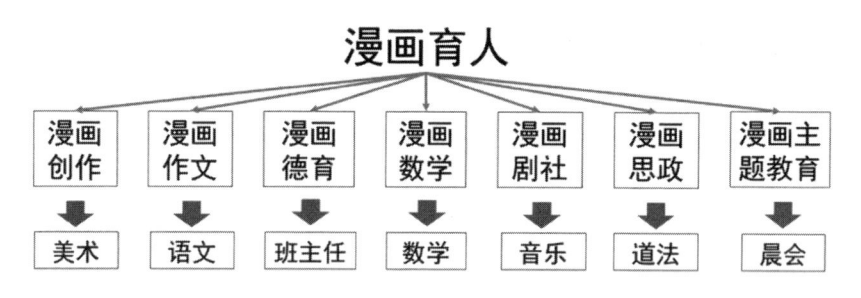

```
                    漫画育人
    ┌──────┬──────┬──────┼──────┬──────┬──────┐
    ↓      ↓      ↓      ↓      ↓      ↓      ↓
  漫画    漫画    漫画    漫画    漫画    漫画   漫画主
  创作    作文    德育    数学    剧社    思政   题教育
    ↓      ↓      ↓      ↓      ↓      ↓      ↓
   美术   语文   班主任   数学    音乐    道法    晨会
```

图 7-4　"漫画育人"特色课程体系

此外,学校还在策划以漫画的形式展现"未来三毛"应该具备的"十会百善"品质、一日常规要求等。

(三) 将办学思想融入学校环境之中

育人的方式有很多,环境育人是其中的一种。作为一所将"漫画育人,未来三毛"作为办学思想的学校,在校园环境中体现漫画特色也是必不可少的。经过20年的不懈努力,在三毛小学的旧址中,每一堵墙都在述说着"漫画育人"的故事,如今的新学校也延续着这样的环境育人理念。

1. 张乐平的儿童观

三毛小学的漫画育人,离不开三毛这个形象,而讲起三毛一定离不开"三毛之父"张乐平先生。在多次与张乐平家人联系并获得授权后,我将"我爱孩子"这4个字写在了三毛小学新学校的外墙上。

"我爱孩子"是张乐平先生漫画创作的诀窍,在我看来,这也代表了张乐平先生的儿童观。作为一名漫画家,唯有理解儿童,才能创作出真正能够体现儿童特点的作品。作为一名教师,同样唯有理解学生,才能真正教好学生。因此,"我爱孩子"应当成为学校办学、教师教学的主要教育观。

为了进一步凸显张乐平先生的儿童观在三毛小学中的重要意义,我在再次获得张乐平家属的授权后,将学校的艺术楼取名为"张乐平艺术中心",以此来传递三毛小学的文化理念、育人理念和办学思想。

2. 三毛的精神

三毛是一个卡通人物,但对于三毛小学的学生而言,三毛不仅是一个卡通人物,更是学习的榜样和一起成长的伙伴。因此,学校的外墙上有三毛的形象。新学校建成时，我还设想在校园里安放三毛的雕塑群，在图书馆前设置看书的三毛雕塑，在综合楼前设置做实验的三毛雕塑，等等。我希望通过这样的环境，让三毛小学的学生意识到三毛就在我们身边，我们都是小三毛。

3. 漫画的味道

为了进一步彰显"漫画育人"的思想和目标，学校不仅结合相关课程开展融合研究，还在校园环境方面做出了一定的努力。比如，学校门口的校园导视图采用的是漫画教师手绘的漫画图，食堂文明就餐的宣传图片、文创产品上的图案是学生自己创作的漫画；学校在张乐平艺术中心专门为学生设置了展厅，用于定期展览学生的漫画作品；等等。除了通过内部活动打造具有漫画味道的育人环境之外，学校积极联合相关部门营造这样的育人环境，比如，2023年学校协办了第七届中国"三毛杯"漫画展，负责展示前六届的获奖作品。这些导视图、文创图案、展览等，都是为了让学校充满漫画氛围，以此达到环境育人的目的。

在担任校长两年的经历中，我始终保持着"用思想引领行为"的初心，提出并践行着"漫画育人，未来三毛"的理念，这两年的经历让我对校长的办学思想有了一些自己的认识。我认为，校长办学思想的内涵主要体现在两方面：一是校长的办学思想体现了他的教育理念，这是跟随校长而行的思想，无论这位校长来到哪所学校，他的教育思想都会随之而来；二是校长的办学思想体现了他对所在学校的发展愿景，这是不会流动的，因为学校的发展愿景是与这所学校的历史和特色相结合的，是学校教师共同的价值追求和努力方向，而不是校长个人的。

我在三毛小学，愿意与大家一起不断努力，走在"漫画育人，未来三毛"的路上。

（作者单位：浙江省海盐县三毛小学）

向阳，向未来

倪崚嶒

办学思想是引领学校教育教学和改革发展的统领性意见，是校长教育观和学校价值取向的表达，也是师生教学行为的正确向导和基本准则。就一所学校而言，校长办学思想是灵魂，起着导向和凝聚的作用。基于这一理解，在对学校情况的理性分析和教育教学实践的基础上，东苑小学依据《中华人民共和国教育法》《中华人民共和国义务教育法》和教育方针，确定了"向阳，向未来"的办学思想。

一、学校办学背景分析

（一）学校基本情况

东苑小学创办于1999年，占地面积超2万平方米，191名在岗教师。其中，本科学历的教师151人，硕士研究生学历的教师20人。高级教师22人，一级教师115人，二级教师44人，结构合理，素质优良。专任教师中有省"春蚕奖"、"师德楷模标兵"获得者5人；省市优秀教师、优秀辅导员、优秀班主任共21人；省市名师名校长3人；金华市拔尖人才3人，金华市"321人才"培养人员9人，市（县、区）教坛新秀59人，省市区优质课评比一、二等奖70余人次。

（二）教育教学设施设备

学校最初的设计规模是24个班，即初阳楼南北楼东侧的24个普通教室。之后逐年扩建，分别于2006年建成向阳楼、2010年建成日新楼、2015年建成旭升楼、2020年建成地下综合楼，2021年装修完毕投入使用并实施校园绿化和建筑物外立面提档改造。

学校的学科专业教室十分完备，配套建设向阳健康中心（心理辅导室、资源教室）、陶艺教室、木工教室，体育场馆有乒乓球馆、篮球场馆、舞蹈室、武术馆、跆拳道馆。近几年，我校陆续建成校史馆、科技展览体验馆、录播室、图书阅览室、宝葫芦绘本馆、大型多功能报告厅等现代化教育空间，各类教学仪器设备基本达到省教育现代化的标准。此外，各栋楼都设有教学研讨室，学校功能教室基本满足教育教学的需求。

（三）学校办学优势

1. 声誉光环

我校的建设是市政府南迁的配套工程，市、区两级领导高度重视，多年来一直关心和支持着学校的发展。在全体师生的共同努力下，学校稳居市区小学第一方阵，成为深受金华老百姓欢迎的名校之一，也成了开发区教育的一张金名片。

办学20多年来，学校先后荣获"全国教育系统先进集体""全国艺术教育特色单位""全国绿色学校""全国三八红旗集体""全国科技体育传统校""浙江省文明单位""浙江省教科研先进集体""浙江省信息化学校""浙江省教师成长发展学校""金华市深化课程改革基地学校"等90余项全国、省、市级荣誉称号。

2. 人力优势

一批优秀教师伴随学校发展共同成长，逐渐成熟并脱颖而出；家长素质高，教育意识强，对孩子教育的重视度高；学生整体素质较高，接受的学前教育和家庭教育较好。在教师、家长、学生三方素质共振的基础上，社区对学校大力支持与配合，这为学校提供了有力的支撑。

（四）学校发展的制约因素

我校大部分教师是在学校办学初期入职的，目前教师的平均年龄为41岁，教师的整体结构趋于老龄化，在185名在编教师中，30周岁以下的仅有16人。目前，学校教师课务繁重，长期超负荷工作，部分教师的健康状况堪忧。我校患有重大或精神疾病的8名教师休病假，让本就紧张的师资雪上加霜，因此迫切需要随学生数增加教师编制数。缺编缺教师，是制约学校当前发展的一大问题！

此外，教师的思想老化是学校发展最大的危机。因此，学校不仅急需引进"新鲜血液"，更需通过学习培训突破教师职业倦怠的困境，从而再次焕发活力。

经历了20余年的发展，我校在高速扩张和成长之后进入了一个高原期，甚至有些停滞化，又过于注重"利"，因此必须从思想上树立阳光心态，学校才有未来。

二、办学思想的内涵

我们在传承的基础上梳理学校的文化脉络，结合办校的优势和制约因素，重新解读"东苑"的含义：东，太阳升起的方向——日出东方，其道大光；苑，草木生长的乐园——文苑荟萃，山高水长。在一次次思想碰撞中，学校的校训逐渐明晰——"向阳而生"。校训是学校的灵魂和旗帜，集中体现了学校的教育理念、培养目标、办学宗旨和学校特色。它既是凝聚全校师生的精神力量，也是构建学校文化的精髓。阳，指的是太阳，对于教育和师生而言，它也代表着中国，代表着中国共产党。"向阳而生"的校训表明了我们的社会主义办学方向——办人民满意的学校，也回答了"为谁培养人"的问题。作为一所义务教育公办小学，我们必须旗帜鲜明地表明自身的政治立场，明确原则性的定位。一所学校办得好不好，是以人民群众是否满意为衡量标准，教学质量和管理水平高，人民群众就会满意，党和政府就会放心。

党和国家的教育方针表述为，教育必须为社会主义现代化建设服务、为人民服务，必须与生产劳动和社会实践相结合，培养德智体美劳全面发展的社会主义建设者和接班人。《国家中长期教育改革和发展规划纲要（2010—2020年）》战略主题也指出："重点是面向全体学生、促进学生全面发展，着力提高学生服务国家服务人民的社会责任感、勇于探索的创新精神和善于解决问题的实践能力。"

"教育要面向现代化、面向世界、面向未来"。"面向未来",是指教育要着眼长远,面向未来的挑战,不断改革教育体制和教育结构,更新课程教材内容,改进教学方法和手段。未来是属于每个人的未来,而少年儿童是创造未来、建设未来的生力军。未来也是每个行业的未来,但教育是决定未来、赢得未来的关键所在。因此,我们的教育必须居安思危,未雨绸缪,以足够的远见眺望未来。因此,"向未来",就是要着眼学生的成长,为学生一生的发展夯实基础,这在当下显得尤为重要。学校的存在和终极目标是学生的发展,让学生既要成人又要成才,全面关心学生的成长和进步。人才的培养是一项长远而复杂的系统工程,片面地只看重学业成绩而不注重学生的全面发展,那就是急功近利。真正的负责是对学生的一生发展负责,真正的高度是站在中华民族伟大复兴的高度。

三、办学思想的实践

校长的职责是将国家宏观的教育方针政策具体转化为学校的办学思想和办学实践。因此,如何让党的教育方针有效地落地生根是关键所在,没有"转化",学校实施素质教育、维护学生的生命发展就是纸上谈兵。

(一)"向阳"文化筑牢学校生长根基

学校文化是学校的灵魂,是凝聚全校师生的黏合剂,也是学校发展活力的源泉。

1. 理念凝练,寻根聚魂

"寻根"指的是找到学校的文脉,了解学校的发展历史;"聚魂"即聚合形成学校的核心价值观和信念,以此作为学校发展的精气神。我校积极寻找学校文化之根,将大家聚合为一体的"文化之魂",通过共同努力集聚、编织成一张"意义之网",将学校统摄为一个有魂的整体。

我校结合教育发展潮流和学生发展特性进行理念寻根。"苑"的汉字意思是"草木动物生长的地方",指的是在一个共有的生长空间中,每种生命根据自己的需求吸取阳光、水分和养料,既有属于自己的不同生长样态,又相互依存、相互影响。"苑"里的一切生命,体现的是一种个体与集体的关系。

生命有其内在的生长力量。每个学生都如同一颗种子,只要为他提供必要、充分且适合的土壤、阳光、水分和营养,并保护其不受外界的伤害,他就能正常地生根、发芽、开花与结果,长成他最好的模样。教育,就是要提供这种良好的成长环境,让生命的内在成长力量与外在良好环境进行有效互动,通过外部环境去唤醒、激发、滋养、支持、引导内在的生命力量迸发。

学生成长的过程与绿色植物的生命活动过程非常相似,因此,我校文化聚焦在"光合"上,推行"光合教育"。

2. 丰富文化,形成体系

向阳而生,必会看到阳光灿烂的世界。一年四季,寒来暑往,身在其中,都能感受阳光的馈赠。

向阳而生,每一个人都有成长的希望。一棵小草即使再卑微,阳光也能激发它对生长的渴望。

向阳而生,我们就能日日生长。人生旅路漫长,只要有阳光的能量供给,我们就可以百折不挠、勇毅前行,最终到达梦想的远方。

向阳而生,就会把理想信念融入胸怀。我们不仅能够使自己灿烂,也能以华美的五彩人生奉献社会与国家,彰显"为党育人、为国育才"的光荣使命。

根据校训,我校进一步落实"三风"——校风"大气、朝气、灵气、志气"是精神气质;学风"言之有训、行之有范、眼中有人、心中有爱"是行为准则、内在外显、相互支撑;"教风"是一个教育群体的德与才的统一性表现,是教育群体整体素质的核心,是教师队伍在道德、才学、作风、素养、治教等方面的集中反映。在"光合教育"中,教师的"光能"作用至关重要,没有教师的引领,教育就无从谈起。教师的"光能"作用主要体现在教师的智慧和爱心等方面。光合作用中光能转化为植物生长的化学能,教师同样需要将自己的智慧和爱心转化为学生思想进步的能量。教师应该做到以智慧启发学生思想,寓德育于情感熏陶之中。因此,我们紧扣校训,最终将教风定为"做一道光，温暖有爱"。

以培养人为目标的学校教育活动，首先要回答的问题就是"培养什么样的人"，这也是所有学校教育改革的出发点和归宿。国家的教育目的明确了育人目标，具体到学校，我们基于光合作用的特性，并突出利他性和社会责任感，最终将育人目标定为"培养身心阳光、负责担当的'向阳少年'"。

3. 打造文化，落地生根

紧扣"向阳而生"，我们优化设计了校标，包括字标及各种辅助图形等，让新的校标成为校园文化理念的集合，成为校园综合信息传递的媒介，成为校园文化的象征。我们将学校标志的设计元素应用到学校的公众号、班牌、公文纸、信封、笔记本、便笺、奖状、获奖证书等各个地方，以此来传递东苑精神，激励和鼓舞东苑学子发奋读书，立志成才。

除了符号化物品的日常使用之外，我们还注重将学校文化渗透和体现在学校的每一项活动和日常的话语体系中。"一训三风"体现了学校的核心价值观，浓缩了学校的精神文化。它是一个学校文化建设的软件系统，往往无声地影响着师生的生命走向。在日常的教学工作中，全体教职员工始终牢记"一训三风"，身体力行，躬身实践。

4. 优化环境，文化育人

"人造环境，环境育人"，学校从师生需求着眼，从更有利于学生成长和发展的角度出发，添置设备，改造环境。校园地下改造工程竣工，突破了制约学校发展的空间难题；依托开发区"明眸工程"，每个教室都安装了护眼灯，保障师生用眼卫生；安装电子班牌，展示班级文化，拓展课堂交流；提档改造"春夏秋冬花园"，增加花木品种，使"四园"春华秋实，冬夏常绿；改造阳光花房，建设新型教学空间；建设综合楼"农作园"，让学生走出书本、走进现实，使劳动教育落地生根，让校园变成一部经典多彩、立体的"活教材"，可视、可循、可感、可悟。

（二）人本管理推动学校"向阳"发展

现代办学理念要求突出以人为本，发挥人的个性，重视人的价值。我校的办学理念正是围绕这一核心内容而提出的，它符合素质教育精神，具有鲜明的时代特色。"以人为本"的"人"，对一所学校来说，就是指"教师和学生"，"以人为本"要求学校的一切工作必须坚持以教师和学生为本，尊重他们，理解他们，关心他们，发展他们。

对于学生来说，"以人为本"就是充分突出学生的主体地位，遵循学生身心发展的特点和成长规律，因材施教，循循善诱，诲人不倦，培养学生自我发展的意识和能力，使他们具有强烈的社会责任感、良好的日常行为习惯、健康的心理和体魄，具有初步的创新实践能力、积极的人生态度、价值观和世界观。

对于教师来说，"以人为本"就是要让他们具有高尚的师德和精湛的技能，具有爱岗敬业的工作态度和求真务实的工作精神。为此，我校为每位教师营造和谐、愉悦的工作氛围，不断改善他们的工作环境，在事业上为他们提供施展才华的舞台，使他们生活得舒心、工作得专心，助力他们的事业得到最大限度的发展和成功。

1. 贯穿人性化管理

学校管理者的首要任务是服务，要为完成学校承担的任务服务，要为学生和家长服务，要为教师的教育教学工作服务，最终是为了更好地服务社会。因此，我们把服务于师生的工作、学习和生活作为管理的出发点，全面了解教师教学的需要和学生内心的愿望，了解师生在教学和生活上的困难。为了让广大师生能舒心工作和专心学习，我们努力营造一个良好的教学氛围，把改善师生的工作条件和学习生活环境放在重要的位置来抓。对于他们合理的需要，只要条件许可，都尽力满足，绝不消极应付。例如，学校向全体教职工广泛征求意见与建议，分别召开年级组、学科组等征求意见会，修订完善了《奖励性绩效工资考核分配实施方案》《班主任管理制度》等考核制度，实行请假的弹性管理，让学校制度更有"人情味"，既合理也合情，更加体现人文关怀。

2. 推行民主化管理

师生不仅仅是被管理者，同时也是管理的参与者。我校定期召开教职工代表大会，提供机会让教职工代表行使民主参与和民主管理的权利；坚持校级领导年终述职制度，每年由校级领导在全校教职工大会上做述职报告，然后由全体职工对各位领导的工作进行量化考评；坚持实行校务公开制度，将本校"三重一大"事务等向广大教职工公开说明；广泛听取师生们的意见和建议，集思广益，避免学校管理的武断性和片面性，增强决策的科学性和正确性；当进行教育教学改革时，倾听一线教师的心声，群策群力，确保教育改革的顺利进行。

为了充分发扬民主，鼓励教职工、学生家长以及社会各界知名人士多提意见，我校设立了校长信箱，安排了校长公开接待日，及时收集有关资料，倾听不同的意见，凡是对学校有利的，对师生有益的，我们都会采纳。由此，全体师生共同参与学校的管理模式，使师生自觉确立了"校兴我荣，校衰我耻"的意识，从而无形中增强了师生的责任感和主人翁意识，促使他们纷纷主动投入学校的教育学习和建设之中。民主化管理体现了民主办学的思想，使学校各项工作通畅地运行。

3. 助推教师专业发展

以人为本，最关键的是为教师专业化发展构建平台。优秀的教师队伍是学校发展的有力支撑点，也是促进学校发展的第一要素。教师是学校教学工作的主体，办好学校，关键在教师。我校遵循"在成就学生的同时成就教师"的理念，努力为教师的人格健全和专业成长创设良好的条件和环境，提升教师的成就感和幸福感。

（1）实施精准化培训，促进教师内化理论。

我们根据学校教师队伍的教龄和实际水平等，精心架构教师发展的4个梯队，分层规划梯队目标：1年教龄新教师的目标是"新苗"，2～10年教龄教师的目标是"新秀"，11～20年教龄教师的目标是"能手"，20年以上教龄教师的目标是"名师"。各梯队的成长目标不同，学习的内容也各有侧重。学校通过精准的分层培训，充分发挥对教师专业发展及未来成长的引领作用，重视教师专业品质、专业知识和专业能力的整体提升。学校将教师个人成长规划与学校团队建设需求相融合，打开教师职业发展的大视野和大格局，提升教师的科研创新意识，全面提高教师的教育教学能力。

（2）落实个性化学习，鼓励教师全面发展。

随着社会进步，人们呼唤高质量教育的到来。对教师的要求，也不再是"会什么教什么"，而是具有广博知识的全科教师：不仅要在本学科专业上不断提高，还要在教育专业上不断精进，更要全面发展跨学科的整合能力。不同的教师兴趣不同、短板不同，学校出台各种鼓励措施，让教师们根据自身的优势与不足合理规划，通过个性化学习全面发展。每年学校都会为每位教师订阅教育教学杂志，采购教育教学和人文社科书籍，希望通过阅读活动，开阔教师的教学视野，提高教师的思想深度，丰富教师的文化积淀，使他们成为能触类旁通、信手拈来的受学生欢迎的好教师。

（3）开展团队型学习，教学相长合作共赢。

学校开展了整体探索学校教师团队建设的研究与实践，努力走出学科全覆盖、年龄全覆盖的教师团队建设之路。为了促进新教师的快速成长，我们挑选了一批爱岗敬业、业务优秀的教育教学中坚力量当师傅，一对一进行"传帮带"。我们在各学科组内组建了"多师一徒式"的学习团队，团队成员有一年内教龄的新教师，有日趋成熟的成长型教师，也有经验丰富的专业型教师，团队成员间相互学习、交流、合作和分享各种学习资源，让不同智慧和思想聚焦融合，这不仅可以使年轻教师快速成长，也能促进经验丰富的专业型教师超越个体知识与思维的局限性，在具有开放性、情境性和互惠性的合作中实现教师团队素质的整体提升。

（4）构建混合型教研模式，提高教师科研水平。

混合教研既能通过更多的渠道获得海量资源，实现优质资源共享，又能够实现集体合作和个体之间的交流，使教研形式更加灵活多样，最大化地满足教师的多元化需求，使得教研活动更为有效。我校以研促教，坚持"教育科研与教学研究相融合"的工作思路，引导教师研究教育教学中的实际问题，做好课题申报和结题工作。目前，45周岁以下的教师人人都参与课题研究，全校已形成浓厚的教科研氛围。

（三）为了孩子的未来，积极推进多元评价

《浙江省关于深化义务教育课程改革的指导意见》明确指出要深化评价改

革，要规范考试评价。因此，我校结合智慧校园建设，改革学业评价模式，实行分段式弹性评价，在评价中体现学生个体差异，追踪学生个体成长。目前，学校已被确定为金华市第一批中小学教育质量综合评价改革试点学校。

目标分段，等级呈现：根据学科课程标准、学校实际与学段差异来确定学习目标，客观评价学生在情感与态度、知识与技能、过程与方法上的发展状况，多维呈现学生在了解、理解、应用和综合上的能力水平。语文、数学、英语、科学、体育与健康等学科学业表现和品德表现、运动健康、艺术素养、劳动实践等，采用等级加评语的方式进行评价。

弹性评价，动态跟踪：为了让评价成为激励学生成长的内生力，一方面，教师整合包含多种素养的、情景化的真实任务，培养学生螺旋上升的能力素养。比如，在一月一评的"计算小达人""小小书法家""歌唱小百灵""运动小健将"中，有学生已经有能力参加考评，就可以先到教师那里进行考核过关，考完自动进入下一阶段的考评；也有学生觉得过关暂时有难度，可以申请延时评价。另一方面，教师对学生在课堂上的各种表现进行观察，通过"师生通"及时将课堂评价反馈到家长的手机端以便家长随时关注，并利用校园智慧系统将学生的动态表现生成"电子档案袋"，以便家长掌握孩子的学习过程。

最终，我们对学生的评价以"综合素质报告单＋电子成长档案袋"的方式呈现。综合评价内容包括品德表现、学业水平、运动健康、艺术素养、劳动实践五个方面。通过"分段式弹性评价"模式，我校让学业评价突破"唯分"困局，从单一变多样，从平面变立体，从静态变动态，从无声变有声，从无形变有形，让考试走向阳光、走向快乐。

（作者单位：浙江省金华市东苑小学）

让教育看得见

陈荣仁

一、为什么要让教育看得见

2009年6月底,我从县实验小学工会主席、教务处主任一职被派到双溪乡中心小学任书记、校长。由于该学校地处东阳市、磐安县交界处,交通不便,经济落后,外出务工人员逐年增多,学校生源流失现象非常严重。我刚到学校时,全校只剩110余名学生。再加上学校规模的日益缩小,教育投入也相应减少,多年来学校的办学条件几乎没有发生改变,导致教师、学生和家长都对学校发展失去了信心,从而形成了一个恶性循环。

"学校要发展,首先要留得住学生,让家长看到学校实实在在的变化。"在我上任之前,学校发生了一个偶然事件,加剧了家长对学校的信任危机。本着"功利"的目的,一上任,我就给自己明确了方向。一方面,我编拟了"花最少的钱,享受和城区一样的教育"的招生宣传单,亲自带领教师走村入户进行宣传,让家长了解学校即将发生的变化;另一方面,我凭借在城区工作多年的优势,积极向教育局和兄弟学校领导寻求帮助。功夫不负有心人,经过一个暑假的努力,家长们真切地感受到了学校的变化:校长的办学理念先进了,年轻教师多起来了,每个教室都装上了多媒体设备,寝室变舒适了,厕所变整洁了,幼儿园搬到校园里来了……9月1日开学时,学生数迅速回升至150名,改变了学生数逐年减少的趋势。

在接下来的两年里,我们紧紧围绕"七彩童话,精彩童年"的办学目标,重点做好两件事:一是抓校园环境提升,对学校的门房、寝室、围墙、外墙、花坛等进行了改造和美化，新建了学生阅览室等功能教室，添置了大型室外玩具等设施设备，学校由此成为全县首批省标准化学校；二是抓校园活动，把童话引入校园，结合学科教学，全面开展读童话、讲童话、画童话、写童话、唱童话、演童话、玩童话等系列活动，让孩子们真切感受到校园生活的丰富多彩，学校也因此被评为县首批特色学校——童话教育特色学校。

办学条件的改善和教育水平的提升，让家长们看到了学校发展的希望，他们纷纷把孩子送回到本校就读。正如有个家长说的："既然家门口学校的教育已经让我们放心，何必跑那么远、费那么大劲儿、花那么多钱把孩子送到城里读呢。"到2012年我离开双溪乡中心小学时，学生人数已经超过了200人。

通过担任双溪乡中心小学3年校长的经历，我深刻认识到，对于乡村小规模学校来说，把"无声"的教育转化为"有形"的教育，让身处校园的每一个人都能享受到教育的幸福，让家长、社会直观地感受到校园和教育的变化，是一条扭转办学局面、提升学校公信力的有效途径。

于是，"让教育看得见"的办学主张在我心中悄然萌发并不断得到发展。2015年，我被调到深泽小学任书记和校长。深泽小学是一所全国模范希望小学，依托磐安县墅安希望小学而闻名，接待了众多领导和来宾，承办了各类活动，学校的各种荣誉挂满墙头。理论上说，学校已经很好地实现了"让教育看得见"的理念，自己可以轻松地当校长了。但是当我走进校园，深入地了解学校后发现：学校的办学只是让教育披上了比较华丽的外衣，追求的是教育的短期效益，与有内涵的现代化学校相差甚远，家长和教师对学校办学的认可度还是比较低。在这种情况下，如何实现学校的内涵式发展，让真正的"教育"看得见？我开始了不懈地探索……

二、什么是让教育看得见

经过在深泽小学5年的实践和探索，我对"让教育看得见"有了新的认识和理解，并逐步形成了比较清晰的办学主张。

"让教育看得见"就是要善于把"无声"的教育转化为"有形"的影响，

通过和谐校园环境的打造、科学校园生活的安排、多样成长平台的搭建，让身在校园的每一个人享受教育的幸福，让教育教学活动为孩子的生命奠基。

要让良好的环境看得见。苏霍姆林斯基指出："教育艺术在于，不仅要使人的关系、成人的榜样和言语以及集体里精心保持的种种传统能教育人，而且也要使器物——物质和精神财富——能起到教育作用。依我们看，用环境、用学生自己创造的周围情景、用丰富集体精神生活的一切东西进行教育，这是教育过程中最微妙的领域之一。"打造良好的校园景观和育人环境，想方设法让校中有景，给师生留景，我想应该成为每位校长的重要职责。就如北京大学的未名湖、武汉大学的樱花大道、厦门大学的芙蓉隧道，给无数学子和游客留下了难以磨灭的印象，也留下了许多脍炙人口的美丽诗篇。

要让学校的文化看得见。虽然文化的影响过程是无形的，但我认为，一所好的现代化学校，必定要实现文化育人，在师生心中留下学校文化的烙印。所以，我们就有必要去思考如何让文"显现"出来。大到办学理念的提炼、文化体系的顶层设计，小至校徽、校服的设计，都可以让师生参与到学校文化的建设中来，切身感受学校文化的存在和价值。也许，那校服，多年之后同学聚会还会再穿；那活动，有了孩子之后还会经常提起；那校歌，等你老了还能哼出来……我想，这就是学校文化的魅力所在。

要让乡土的气息看得见。"学校教育要扎根本土文化土壤！"我十分赞同教育专家、宁波滨海教育集团校长李庆明的观点。只有扎根乡土，教育才能持久，才具有生命力。因为只有本土的教育资源才能取之不尽，取之即可用。比如，在初到深泽小学之时，我发现深泽乡是中国民间文化艺术之乡，文化氛围浓厚，有许多民间非遗传承人。于是，我大胆提出了以"非遗传承教学和艺术教育为特色，深行润泽教育，让文化、艺术和爱心深植于师生心中，让每一个生命个体都绽放光泽"的办学思路，构建了以"非遗"为特色的课程体系，建设了十多个非遗探究体验馆。几年来，非遗给师生留下了深深的文化印记，培养了一大批"非遗小传人"，"小寿龟"们登上了中央电视台，学校也成为全国中小学中华优秀传统文化传承学校。我想，这种立足于乡土的教育是温馨的、厚重的，它彰显的是一方水土、一份人情、一种文化的传承，一种精神的开掘与延续。

要让教育的影响看得见。都说"润物细无声",但我认为教育很多时候要把"看不见"转化为"看得见"。正如夸美纽斯所说:"一切知识都是从感官开始的。"我们要通过校园礼、仪、节、典的开展,借助美的教育形式,使内隐的教育外显化并产生持久的影响力。举一个小例子:如何让爱国主义在孩子心中生根发芽?我认为要从具体的行动入手,如"作为中国人,当中华人民共和国国歌奏响的时候,心中一定会升起自豪感,并且马上能够面向声源处或国旗的方向肃立",这应该是爱国主义思想的最基本体现。于是,除了每周一的集中升旗仪式之外,我们学校每天早上都会在固定时间奏响国歌,而此刻,不管什么人,不管在什么地方,都必须停下脚步或手中的活儿,起立、面向有国旗的方向行注目礼或队礼。长时间的熏陶和训练在孩子心中埋下了"心中有国"的种子,现在经常可以见到孩子在校外时听到国歌自觉伫立行队礼的画面。

要让学生的成长看得见。教育的最终目的是让学生成长。而要让学生成长,根据马斯洛需要理论,展示、评价、激励等是必不可少的。因此,我们在校园中要想方设法建立系统的评价体系,搭建各种展示学生风采的平台,让表现看得见,让优秀看得见,让进步看得见。记得一位校长曾风趣地形容:"不给学生发奖就像不给老师发工资。"的确如此,建立一课一记、一日一结、一周一评、一月一表彰机制,颁发证书、奖状、奖品、徽章,实施参与活动、照片上墙、享受"特权"等精神奖励,不仅能够激励学生本人,更能激发起其他学生的斗志。

三、如何让教育看得见

在11年的校长任职生涯、3所学校的办学实践中,我始终秉持"让教育看得见"的办学主张,也因此收获了诸多动人的学校故事。

(一)杂草地变身文化园

走进深泽小学,你定会被校园内三棵高大挺拔的百年古树所吸引,它们就像校园的守护神,见证着学校的百年发展史。然而,由于它们生长在靠近山脚的斜坡中,又位于校园边角,一直没被重视,周围杂草丛生。一到夏天,还经常有虫蛇出没，师生们都避而远之。这么一处有着历史文化印记的地方如此荒废，实在是太可惜了！"把它好好改造，让它成为校园一道亮丽的风景。"在教师大会上，我发出了改造设计"征集令"。教师们的积极性迅速被调动起来，不到一周的时间，我就收到了10多个"改造方案"。通过多次讨论、修改和征求意见，改造方案逐渐完善。在这过程中，全校师生的主动性和创造性被唤醒。最终，大家一致同意将这个地方改造成一个有亭有台、有墙有门、有水有桥、有石有路、有诗有画、有树有草的文化园，并取名为"润泽园"。2017年11月，设想变成了现实，润泽园迅速成为师生、家长"打卡"的场所：行走"非遗路"，你可领略二十四节气的变化；跨上"通慧桥"，你可欣赏金龟池中的美景；漫步"吟诗道"，你可感受中国古诗的魅力；静坐"怡然亭"，你可沉浸于书海之中……校园环境的改变带来的不仅仅是视觉的美感，更重要的是改变了许多学生的行为，发挥了育人功能：那些原本在校园中肆无忌惮地乱跑乱踩的学生放慢了脚步，竟然在园中吟诗赏花；那些在校园里闲逛吵闹的学生开始在园中读书、下棋……

自2020年起，我担任安文小学校长一职。安文小学是一所异地搬迁新建的学校，学校布局合理，环境幽雅，新中式的建筑风格让它成为很多人的"打卡"之地。然而，置身校园，我总感觉缺少点生机和活力。特别是两幢教学楼中间的两个庭院，一个是花岗岩铺的棋艺广场，另一个是中间只有一块大草坪，显得单一和沉闷。"如果把边上原有的一条天然排水沟中的水引进庭院，把中间的大草坪改造为有假山流水、小桥亭榭的景观池，不仅会让校园充满灵动，更会给孩子们一个亲近自然的好去处"，我的想法在2022年机缘凑巧地成了现实。学校被县生态环境局列为生物多样性友好试点学校，有一笔专项资金可以被用于生物多样性环境改造提升。通过全校师生的群策群力，经过一个暑假的施工，景观池的设想变成了现实。现在，此处不仅成为校园最亮丽的风景，更成了学生与生物友好相处之地。

在学校环境改造和文化建设中，我深切地感受到：

必须有学生的参与。学生作为学校生活的主体，理应成为学校环境和文化建设的主人公，并在参与建设的过程中体验学校文化价值的形成过程以及感悟文化符号、环境和活动的意义。不能简单地凭校长或者管理者的意志来越俎代庖，甚至直接交给文化设计公司操刀，这样的学校文化不可能对学生的内在产生触动，也不可能真正融入学生的真实生活中。特别是班级文化布置，更需要发动全体学生动手动脑，共同来打造，并且做到展示内容及时更新，从而充分发挥文化的育人功能。

学校文化元素的提炼和表现必须符合学生的特点。学生对与自己生活比较接近的东西感兴趣，更容易接受符合自己审美特点的东西。小学生可能更喜欢直观、色彩鲜艳的文化标识，我们就把具有地方文化元素的水娃娃和小寿龟作为学校的卡通形象大使，果然这两个卡通人物深受学生喜欢。所以，学校文化建设从环境美化和符号表现到活动安排和制度设计，都要从学生的角度来构思，也就是要从学生视角出发，不能把太多成人的价值观和审美强加给学生。符合学生特点的文化元素会自然地与学生产生互动乃至心灵上的沟通，他们才能感悟文化元素的意义和价值。

要重视学生的需要和感受。文化活动是学校文化的重要载体，但是不管设计什么样的文化活动，都必须关注学生所体验到的心理感受。规模的大与小、花样的多与少都不应是学校文化活动追求的目标，最重要的是这些文化活动是否符合学生的需要，学生在参与这些活动的过程中能否获得一种愉悦的心理感受和富有启发的心灵触动，这才是学校文化活动乃至文化要素设计需要考虑的基本问题。只有符合学生需要、重视学生感受的文化建设，才能让学生获得真正有价值的文化体验。比如，学校在确定把扭秧歌、腰鼓舞等传统舞蹈作为年级舞蹈学习项目前，就专门听取了男生的意见，结果发现他们对学习传统舞蹈十分感兴趣，并且十分乐意学习，学校才决定全面开展传统舞蹈的学习和展示。

（二）"错误"变身"美丽"

在润泽园建设的过程中，一天，总务主任在巡查工地时，发现路上铺好的花岗岩上的古诗题目刻错了，将"赋得古原草送别"刻成了"赋得古草原送别"。这首诗是新课标要求的《小学生必背古诗80首》中的一首，当时我们设想将

80首古诗刻在花岗岩上,然后将它们当台阶铺在润泽园的小道上,并取名为"吟诗道",这种设计可以使学生在走路的同时进行古诗背诵,通过这种新颖的方式促成考核"达标"。发现错误后,总务主任立即向我报告,并说准备马上安排更换。按照常理,我应该马上支持重新更换,因为不能把错误呈现给学生。但我是一个比较"抠"的校长,遇事常常要考虑一下施工成本。于是我边走边想:有没有更好的办法解决?虽然只是一块花岗岩的成本,但要赶很远的路让人重新刻字,还是比较麻烦的。忽然,灵光闪现:建"吟诗道"的目的不就是要让学生背诵古诗吗?只是边走边背还显得有些枯燥,学生还不一定感兴趣呢!若能利用这处错误,让学生来找错误,他们的兴致不是会很高吗?于是,润泽园的两个出入口多了两块牌子,除了写明"入园须知",下面还多了一句话:"特别任务:园中吟诗道上的一首古诗出现了差错,你能找出来吗?"正如我所料,学生的兴趣顿时被激发起来,"吟诗道"迅速成为学生的流连之地。竖起牌子的第二天,就有学生向我来报告找到了错误。

看来,只要我们做个有心人,就常常可以化腐朽为神奇。对教育来说,有时,错误的同时伴随着美丽。于是,我就往往做着这样的事:

厕所里的门坏了,贴上"你狠狠地拍打,把我震得心都碎了一地——门的哭诉";墙壁脏了,写上"我也想每天干净、轻松地和你们玩耍——墙壁的自述";积木墙旁,放上"我的生命是在您的手上灿烂,还是被您无情地摔打、丢弃?——玩具"提示语;被践踏的草坪上,竖上一块"是谁夺走了我的绿,是谁让我不再遍地——我想好好生长,享受阳光,让大家共赏!——小草的独白"的牌子;在破损的动物雕塑上悬挂"我是一只鹿,原本健康快乐,有宝宝依偎在身旁,可现在我不再有能力陪伴,因为我的腿,我的角……"的牌子。

(三)红领巾变身小主人

由于是新学校,来校的领导和客人很多,接待和介绍的工作成为我比较重的"负担"。我想:能否在不影响学习的情况下让学生来当小导游?既培养他们的能力又能减轻自己的负担。于是,学校里又多了一道风景:每当有客人来校时，都会有几个小导游主动上前，带领来宾参观校园、介绍学校；每逢学校举行重大活动，都由学生来当主持人或礼仪队员……记得有位分管教育的副县长来校指导工作，听了小导游的精彩介绍，主动提出要与小导游合影留念。受此启发，我想，让教育看得见必须"让学生站在中间"，把学校的诸多管理权和话语权还给学生，让他们成为学校的主人、学习的主人。因为只有学生有目标追求和体验成功的快乐，他们的内驱力才能不断被激发。因此，校园里的五个"人人"应运而生：

人人都是小主人。桌椅摆放员、扫帚整理员、护门员、风扇管理员、仪容督查员……一听到这些名字，你或许会感到新奇。其实，这是我们每个班级里或固定或轮流担任的"小主人"。"人人有事做，事事有人做"，这是我们对班级管理和学校管理进行的一项改革，学校详细罗列各项事务性工作，构建"小型社会"，让每位教师、每个学生都能参与其中，体验当主人、当管理者的滋味。通过做事、管事，不仅增强了全体师生的责任感，还使他们学会了相互体谅、相互支持。为了推进表达教育、提升孩子的表达能力，学校还提出了"人人都是小导游"的目标，要求全校每个师生了解学校、介绍学校。

人人都是小能手。我们的学校教育应根据每个人的兴趣、情感和意志来引导和教育学生，因材施教，通过主体参与活动，把外因和内因联结起来，朝社会发展的方向去塑造，从而达到发展个性与培育共性的统一。所以，我们制订了《"正雅少年"评价标准》，明确只要学生努力，就能达到各类先进达标如"五好学生"的标准；编制了《"童·彩"成长手册》，促进学生不断努力；建立了特长奖、进步奖申报机制，通过"自主申报——现场展示——达标奖励"的方式，为每个学生敞开走向成功的大门。

人人都是小主角。在课堂上，我们取消了教师点名发言的制度，只要学生想发言，就随时可以站起来，从而逐步建立起了"自由聊天式"的课堂交流机制。学校设置"闪闪亮舞台"，引导每个学生登台亮相；每年的元旦、六一，我们组织全校性的汇报演出活动，让更多的学生走向舞台、走向自信。我清楚地记得一个学生参加演出后写在作文中的一段话："今天老师相信我，让我参加班级舞蹈演出，我心里总像揣着一只活蹦乱跳的小兔子，又紧张又高兴。刚开始时，我的脸红得像关公，表情很不自在。但后来我看到老师鼓励的目光、同学信任的表情时，渐渐地，我的心跳平和了、表情自然了……这是一次多么难忘的经历啊！"这样的实践磨炼，使得学生的能力和心理素质都得到了很大的提高。这些"看得见"的体验活动，在增强学生存在感、获得感的同时，更在他们心中留下了难以磨灭的印象。

人人都是小助教。我在小学时读的是复式班，为了合理安排每个年级的教学，老师常常请我当小助教带大家学习，这不仅让我终身难忘，更给我今后的成长奠定了坚实的基础。受此启发，也为了引领师生"走好每一步，成长每一天"，我也在安文小学提出了"日·进"课堂建设目标，引导教师们尝试"小助教四学法"——试学、领学、互学、助学。试学，指的是通过对教师的培训、学习和研究来开发单科单元或主题的试学作业单，让学生自学，教师以学生的试学作业单完成情况为起点设计教学内容；领学，是指一堂课中某一个或几个教学环节、教学内容由学生作为小助教来领着同学们一起学习；互学，指的是在课上学生相互学习、交流，一起讨论、辩论、争论；助学，是指由教师带领大家一起学习、答疑解惑。这"四学"除了试学必须放在最前面，其余三步没有必然的先后顺序，需要根据学习内容的需要而进行。不管是学还是教，学生都要成为课堂的主角，因此我们要让课堂学习变得主动起来。

人人都能亮风采。在校园中能够留影、留痕，是最能够激励学生的。所以我想方设法地提供能够展示师生风采的场所和阵地：利用现代媒介手段如公众号、电子屏幕、微信群、短视频展示校园活动和师生风采；学校文化和环境布置减少广告制作，尽可能多地使用师生的作品；设立荣誉墙、风采展等主题文化墙、廊，展示校园小达人的成绩；开展"每日红榜"点评，组织隆重的颁奖仪式，树立校园榜样；制作毕业纪念册，请毕业生签名留念，请优秀者题写校名；建立成长档案袋，编辑优秀作品集……

（四）下象棋变身下大棋

安文小学是浙江省象棋特色学校，自2008年开始全面开展象棋普及教学，形成了比较浓厚的象棋文化和下棋氛围。2021年搬入新校区后，象棋文化得到了进一步提升：棋艺广场、棋廉园、棋道馆等相继建成。但由于象棋棋盘小，又是属于"静"的运动项目，所以很难像篮球、足球等运动那样形成全面参与的氛围。如何让下棋看得见？我动了一番脑筋。除了增加室外棋台棋桌，方便学生课间对弈之外，我想到了"下大棋"：在两幢教学楼中间的集会广场上画上一个大棋盘，命名为"棋艺广场"，购置轻巧的玻璃钢棋子，选两个学生或是多个学生在两边教室外的走廊上用话筒下"盲棋"，指挥广场上的同学移动棋子，而全校师生可以在走廊上观看、讨论、参谋⋯⋯这样的下大棋活动不仅营造了浓厚的象棋氛围，更能够开展普及性学习。在下棋过程中，棋手或战队是经过层层选拔产生的，从而激励小棋手不断争先；移动棋子的学生是经过专业学习的，他们需要听得懂"棋语"；旁观的学生在观看过程中对每一步棋展开讨论或评论，逐渐提高了棋艺。现在，下大棋活动已经成为学校一项固定的特色活动。

  我认为，这种校园活动不仅给校园带来了生机和活力，更是打破了学校相对密闭的传统，让学校的空间变得更开放、更自由。这样的尝试屡见不鲜。"午间活动时能不能把学校所有功能教室的门都打开？"在校务会议上，大家分歧很大。大多数同志认为一旦打开了大门，学生可以随意进出，财产可就很难管理了。但我认为，如果功能教室的大门常常紧锁着，就失去了"功能"，对于学生而言，功能教室应该是常规教室之外的第二大学习空间。所以，学校应该想方设法开放功能教室。"只要管理方法得当，培养学生自主管理的能力，我相信开放学校能够开放的所有空间应该都不是问题。"实践证明，我的决策是正确的：学校打开了阅读室、器乐室、卡拉OK室、乒乓球室、舞蹈房、书画室、纸媒坊、报告厅、体育器材室、象棋室等功能教室的大门，安排学生当"管理员"和"指导师"，让全校学生根据爱好选择各项活动，值周教师只当巡视员。结果学生们组织有序，学有所长，学有所乐。此外，学校还通过校园广播、电子班牌和大屏、闪闪亮舞台等阵地开设"天天故事汇""每日一字""今天我登台"等每日课程，有意识地引导学生形成相对固定的兴趣。这些"看得见"

的举措，不仅让学生的兴趣浓厚了、能力提高了，还让他们越来越向往学校生活，越来越喜欢学习。

（五）小校园变身大家庭

来到安文小学，你会发现校园里有大型玩具，走廊上有积木墙，地面上有大棋盘……学校把"会玩"当作培养目标，正是体现了一种富有生活味的教育氛围。的确，"会玩"也应该是现代人一种非常重要的素质，"办一所有生活味的学校，让孩子过一种完整而幸福的童年生活"正是我们所追求的。因为生活和教育有太多的相似之处：首先，生活和教育关注的都是人；其次，生活和教育都是过日子，小学教育就是教师陪伴孩子们把校园里的日子过好；最后，生活和教育都要更注重精神的追求，教育就是建构孩子健康的心智模式，让他们成长为最美丽的自己。所以，我们的"雅行"实践课程，就安排了许多基于生活方式和生活趣味的内容，涵盖衣、食、住、行、财等方面。拿"食"来说，我们让孩子走进食堂，教他们学做美食；展示传统节日的一样食品，如米花糖、清明麻糍、粽子、月饼等，让学生去搜索信息，了解制作过程，感受这种食品背后的文化，学生学着去做，与同学、老师分享；设立传统美食制作房，供学生体验；组织美食分享会，交流美食制作过程。又如与流动少年宫、杭州嘟嘟城等合作，在校园里给学生创设体验的岗位：小交警、小消防员、小邮递员、小护士、银行小柜员、超市售货员、电视台小主持、小记者、小导游等；组织校园跳蚤市场、淘书乐等交流活动。通过这些体验式活动，提升了学生的公民素养和职业精神，激发了他们对生活的热爱。到了双休日和寒暑假，我们还布置"今天我当家""小小理财员"等综合实践作业，让学生参与家庭的日常事务，养成健康的生活方式。

（六）考核变身留痕

"痕迹管理"是近年来新兴的一种党政机关绩效考核手段，每个单位、每位干部平时都做了哪些工作，又是如何开展工作的，都可以通过具体的文字和图片材料展现出来。虽然教师的工作没法也没必要做非常细致的"痕迹管理",但从助力教师专业成长的角度来看,必要的"痕迹管理"还是十分有用的。有三件事给我留下了特别深刻的印象:一是"日记爸爸"吴小军的故事。从2000年女儿降生的第一天起,他就坚持写有关于女儿的日记,记录了她无数个"第一次"和成长中的喜怒哀乐,在成就女儿的同时也成就了他自己。受此启发,我对备课制度进行了改革,倡导教师备课要贯穿教学全过程,课前整资源,课中记学生,课后做改进,提出了"四多四少"要求:多思考学习过程,少写教的过程;多设计习题任务,少抄写题目答案;多记录学生学习状况,少写教学反思套话;多整合教学资源,少套用教学课件。并且要求教师日常做到"四多":多跟孩子在一起,多观察孩子的言行,多写教育日记,多写学生成长故事。学校每学期都会组织教育故事(日记)评选,并择优汇编成册。二是"教师素质报告单"的故事。为了让教师直观地看到自己的教育教学成绩和专业成长,学校要求教师制订三年或五年个人发展规划,详细罗列出每个学期的专业成长目标,并在办公室张贴行动计划表,以便接受大家的监督。每个学期末学校会组织教师专业成长考核,帮助每位教师给自己"画像"。最后,校长室会综合考核结果,给每位教师发放"素质报告单"。由于目标可见、行动可查、考核跟进,处处留痕,教师素质报告单在很大程度上促进了教师专业的成长。三是"我的好课"展示。学校组建了以"共创、共享、共研、共生"为理念的教育教学"行·思"共研团。每个团队选择某一领域或某一堂课,且行且思,且思且行,并且安排专人把共研过程全程记录下来。通过"共研","磨"出一堂好课。

(作者单位:浙江省磐安县安文小学)

红梅花儿开，朵朵放光彩

杨秋林

"独坐野棠春寂寂，幽香寒雨正东梅。"红梅寒中释幽香，这份冬日里的坚忍，令人敬仰并为之心动。红梅如风雨里的明灯，激励我在教育之路上乘风破浪，不忘初心。

2018年8月，我来到遂昌县梅溪小学担任校长一职。这是一所成立刚满6年的县城学校。这里的教师年轻而有活力，但经验不足。他们有的教龄刚满3年，有的之前在乡村教的都是10人左右的小班……如何让这样一群梅溪教育新人快速成长起来，适应新时代的教育教学呢？此外，这里的学生，有学区内的孩子，有县城周边乡村的孩子，他们大多数来自父母进城务工的家庭……如何让这样一群差异性明显的孩子在梅溪小学收获更好的成长呢？

静下心来，仔细回顾梅溪小学6年来的点点滴滴和发展历程。我们秉承创建与弘扬"梅花文化"的理念，选择以"红梅精神"为核心，建设奋勇争先、自强不息、积极奋进的校园文化。我们的教师只有像红梅一样坚贞高雅、团结创新，才能在困难中尽展芬芳。我们的学生只有像红梅一样自强不息、自信绽放，才能将"朵朵放光彩"的愿景变为现实。

一、红梅花儿开，朵朵放光彩——办学思想

（一）植红梅于心，践红梅精神于行——思想来源

1. 源于地域——梅溪乃植梅盛地

遂昌县梅溪小学位于遂昌县县城西北部。据清光绪《遂昌县志（卷之二·山

水篇》)记载:"在邑北梅山之阳,二水环汇,植梅尤盛。"可见梅溪以遂昌县城北郊山植"梅"盛多而得名,至今仍沿袭使用。梅溪附近多有地名以"梅"字取名,如东梅岭、梅溪路、东梅村、梅溪庵等。现在学校和周边种植着许多梅花,在严寒中,梅开百花之先,独天下而春,梅以它的高洁、坚强、谦虚的品格,给人以立志奋发的激励,梅花也成为学校和当地的地域特色风景和文化。

2. 源于文化——文人墨客赞红梅

从古至今,众多的诗词名家留下了许多赞颂梅花的优秀诗篇,赋予了"梅花"深刻而丰富的精神内涵,凝聚了中国人的文化内涵和精神追求:坚贞高雅、奋勇当先、自强不息,这都为我们提供了丰厚的教育资源。"红梅精神"那铁骨冰心的崇高品质和纯洁坚贞的豪迈气节,更是一直盛开在中国人的精神世界里。"宝剑锋从磨砺出,梅花香自苦寒来""三九严寒何所惧,一片丹心向阳开"的吃苦耐劳、愈挫愈勇正是当代小学生急需培养的精神品质。"坚忍不拔、红心向党"的爱国情怀更关乎民族的未来。中华民族一直以来所拥有的坚忍不拔的气节、自强不息的毅力、谦虚高洁的品格、奋勇当先的斗志,都在红梅身上体现,这正是我们要大力弘扬的红梅精神。

3. 源于教育——尊重个性放光彩

"红梅花儿开,朵朵放光彩"也体现了我们"因材施教""尊重个性发展""挖掘学生潜能"的育人理念。

南宋教育家朱熹在总结孔子教学经验时曾说过:"孔子施教,各因其材。"从此"因材施教"作为重要的教学传统久传不衰。这个成语指的是我们要尊重学生的差异性,更要把学生的个体差异作为教育教学的前提,适应学生的个体差异,有针对性地进行教育,不拘一格地促进学生潜能的充分发展。加德纳的多元智能理论也阐述了个性培养的理念以及尊重差异、各尽其能的学生观,主张在尊重学生智能的差异性和特殊性的基础上,使教育适应学生,采取最大程度的差异化教育,增益学生的智能强项,弥补其智能弱项,使学生因此获得个人的最优化发展。因此,我们在让学生平等享受高质量教育的同时,必须尊重每一个学生个性发展的完整性、独立性、具体性和特殊性,让每一个学生的个性都获得充分的发展，让每一朵小梅花绽放出属于自己的光彩。

立足新时代，思考当下的教育，我总会想到傲雪的梅花，这一朵朵小梅花就像是我们梅溪小学的一个个学生。我们着眼于校名"遂昌县梅溪小学"中的"梅"字，全力推进以"梅花"为主题的文化建设，凸显红梅精神，践行"梅花香自苦寒来"的价值观，以"红梅花儿开，朵朵放光彩"为办学理念，在浓郁的"梅花"文化浸润下，引领每个学生德智体美劳全面发展，培育"雅正学芳，敏行尚美"的"小梅花"。我们希望每个学生都能像红梅一样，在自强不息的红梅精神感染下、在学校的精心培育下健康成长，尽情绽放与众不同的光彩，成就最好的自己。

（二）品红梅精神，育梅溪少年——核心理念

1. 雅正学芳，敏行尚美——育人目标

我们学校的育人目标是"雅正学芳，敏行尚美"。其中，"雅"指的是"梅花"坚贞高雅的气韵，"正"指品行方正，讲文明，有礼貌。在"知"和"行"两方面对学生提出"雅正"的目标，即志存高远，道德高尚，品行方正，自强不息。"学芳"指学识芬芳，有见解，有思想，就像傲雪而放的梅花，阵阵芳香，沁人心脾。我们希望学生怀有学习热情，拥有创新意识和自主探究能力，成为有活力、有学养、有潜力的梅溪学子。"敏行"指敏于行动，出自《论语·里仁》"君子欲讷于言而敏于行"。学生要做行动的巨人，学之以恒，勤于践行，积极参与各类实践活动，在实践中探索真知，从实践中检验真理，实现精彩人生。"尚美"指追求过程真实和成就成长完美，学生心怀真善，美在言行，不断追求健康美、行为美、修养美和心灵美，美善存心，内外兼修。

2. 俏也不争春，只把春来报——学校发展

"梅花香自苦寒来"，珍贵的品质和博古通今的才华是需要不断努力、修炼和攻坚克难才能培养的。遂昌县梅溪小学紧扣"梅"字，进一步挖掘核心文化——红梅文化，开展一系列以"梅"为主题的精品活动，成就"梅花香自苦寒来"的梅溪精神价值观，确立"质量立校、文化润校、特色扬校"的发展战略，逐渐丰富和优化学校管理和发展的策略，拓展育人内涵，促进教育

提质，努力实现"校容悦目环境美、质量一流品质美、师生幸福身心美、社会满意和谐美"的"美丽学校"的发展愿景，打造具有文化自信力和未来生长力的成长家园，为学生的健康成长奠基，恰如红梅般迎风绽放，不为争春，只把春来报。

3.经得寒彻骨，方得扑鼻香——学生发展

"不经一番寒彻骨，怎得梅花扑鼻香？"梅溪少年入校后便开始晨诵红梅古诗，学习红梅精神。关于梅花的古诗遍布校园的角落，学生耳濡目染，红梅精神润泽了心灵。学校以红梅精神为引领，推进五育融合，促进学生德智体美劳全面发展，培育"雅正学芳，敏行尚美"的梅溪少年，在行为规范上做"学之以恒，勤于践行"的梅溪少年；在学习能力上做"学识芬芳，有见解，有思想"的梅溪少年；在品质信仰上做"高雅方正"的梅溪少年；在个性发展上做"追求真实　成就完美"的梅溪少年。让每一个梅溪少年如红梅般朵朵开，更让梅溪少年的每一个方面也如红梅般朵朵放光彩。

4.冰雪林中修己身，惟愿桃李放光彩——教师发展

梅溪小学中的教师都是来自县城各校的年轻教师，正处于教学思想逐步形成、教学能力待以发展的时期。这是一个亟待学习的团队。学校针对这样的教师队伍结构，创新培养机制，关注使命传承、远景规划，关注课堂教学改革和课题研究，促进教师队伍专业发展，努力培养爱岗敬业、自强不息的实干型教师，廉洁从教、爱生如子的自律型教师，善于创新、心境良好的魅力型教师，团结协作、擅长研究的研究型教师。

二、风霜雪中著此身，不负红梅不负春——办学实践

（一）弘扬梅花文化，"红梅精神"处处显

目标：奋勇争先，自强不息——"宝剑锋从磨砺出，梅花香自苦寒来"。

学校文化是学校发展的灵魂，也是学校可持续发展的永久动力。学校积极开展以"梅花"为主题的文化建设，培育和践行"梅花香自苦寒来"的梅溪价值观，积极推进"清韵"梅溪建设，营造奋勇争先、自强不息、积极向上、

风清气正的教育环境,唱响"梅因洁而雅、人因品而优"的乐章。

1. 以育人工程为重心,聚焦雅致协调的梅花文化

学校全力推进以"梅花"为主题的学校文化建设,这儿有种植基地、有梅园(如图10-1),学生在这里可以种梅、赏梅、画梅、品梅,体会"梅花香自苦寒来"的精神内涵。这儿有"踏雪寻梅"精品课程馆,有大型室内艺术馆(如图10-2),学生可以在这展示自己的梅花系列活动作品等学习成果,体会梅花高洁坚强的精神品质。这儿有连廊和走廊室外画展,有学生梅花古诗词学习园地,学生作品被展示在校园里的角角落落,美不胜收,成为校园中最明亮的颜色。同时校园梅花文化不断精致化和序列化,学校在校园主题景观和各点位的环境布置上努力体现学校办学理念和育人目标,师生优秀作品展示在走廊和食堂,让整个校园绽放出梅花光彩,让枝头的梅花盛开在我们的文化里。

图10-1 梅园一角　　　　　图10-2 室内艺术馆

2. 以"红梅精神"为核心,建设积极奋进的精神文化

学校开展一系列以"梅"为主题的精品活动,成就"宝剑锋从磨砺出,梅花香自苦寒来"的梅溪精神核心价值观,切实感受"出彩靠奋斗,幸福要争取"的氛围:编著《我爱梅诗三十首》读本,开展丰富的阅读活动,通过全班共读、亲子阅读和读书交流会等活动引导学生读梅花诗词,品红梅精神;开展读梅诗晋级赛、擂台赛来评选红梅教师、小梅花、梅花家庭,让活动丰富精神世界;编写学校文化宣传册,制作宣传视频,结合梅花精神对学校建筑物和道路开展命名活动,赋予校园景观以新的实质内涵,深入挖掘梅花精神的价值。同时健全梅溪文化内涵的形象标志,体现了学校的办学理念和育人目标,彰显了"清韵梅溪"的梅花精神。

3. 以学校章程为基准，构建精致自觉的治理文化

学校贯彻执行《梅溪小学学校章程》，完善《梅溪小学质量管理手册》，建立健全章程统领下的学校规章制度体系，推进依法治校；强化忠诚担当，打造"红梅"好队伍；抓党建强基础，抓班子带队伍，完善岗位责任制和项目负责制，建立岗位（项目）职责考核制度，通过任务驱动来提升队伍水平。学校积极抓管理促改革，实施"清单革命"，重塑组织，实现"高效、清晰、精准、有序"的管理目标；借助"策划设计—跟进指导—及时反馈—复盘提升"的闭环管理流程，聚焦问题，分类施策，形成正向、良性、高效的治理体系。

（二）坚持德才兼备，"红梅精神"代代传

目标：德才兼备，润物无声——"不要人夸好颜色，只流清气满乾坤"。

1. 以规划促发展，尽显红梅之使命传承

学校注重激发事业的荣誉感和使命感，让每一位教师用爱心、责任、能力来支撑自己的事业，努力打造一支爱岗敬业、师德高尚、有责任感和使命感的红梅好教师队伍。

学校组织每一位教师制订一学年和长期的自我发展规划，制订生活、学习和工作的目标，明确通往目标的路径和措施。如参加学历进修，阅读教育书籍，磨好公开课，总结教学经验，提炼教学主张，撰写教学论文，开展课题研究，记录每天锻炼的时间和项目，习得几项生活小技巧，并能以打卡或量化的形式来督促自己。在这种感召之下，每一位教师都能把学习和成长作为一种生活方式，做一个有思想的人，去思考职业担当，思考价值实现，思考远景规划。每一位教师都能够牢记职业责任感，积极主动谋划自我发展，追求卓越，提升执教能力。

2. 以教研促提升，彰显红梅之开拓创新

学校积极开展聚焦课，实施改进实践的深度教研，让教研全方位支持课堂教学改革的进程，支持教师的专业发展。重点是按照"理念—设计—实践—反思"的思路，设计相互映照、相互启发的整体性研究方式。一是围绕真问题开展主题式校本培训，主要是根据六大着力点：大单元教学、知识结构化、

学习方式变革、学习力提升、差异化教学、教学评一体化，积极构建"深度学习"的课堂教学模式，实践落实素养目标的新教学方式。二是利用"半天教研"，探索素养立意的高质量作业设计与反馈形式，统筹实施作业管理，加强作业设计研究，合理控制作业总量，强化作业批改与反馈，利用分析提升作业的针对性和有效性，撬动教学练评一体化实施，进而有效促进新课程方案落地。三是开展微论坛、微课堂、微报告等"三微"行动，通过一点点改变，逐步产生质的变化，积极开展"深度学习"论坛、"深度学习"论文征集、"深度学习"教学设计、"深度学习"课题研究和"深度学习"知识和能力提升方面的培训，同时要将教研活动内容和成果制作成交流材料，让学生因教师的用心培育而不断成长。

3. 以活动促成长，凸显红梅之团结协作

学校通过"姹紫嫣红"名师工程和青蓝工程，大力构建学习型团队。一是以"姹紫嫣红"名师工程为统领，组建分层次的"雁群式"教师发展团队。每个团队定期开展集体研修活动，做到定形式、定内容、定目标，形成学校教师专业发展的浓厚氛围。二是青蓝工程推行导师制、师徒结对制度，发挥骨干教师引领、示范作用，明目标，定要求，使骨干教师与入校新教师在教育教学实践中教学相长，共同提高。三是把学习作为一种职业责任、一种精神追求、一种生活方式，利用教育叙事、教学案例、读书体会交流、外出培训汇报交流和"梅溪大讲堂"等形式，加强青年教师的系统培养，为"姹紫嫣红"名师工程和青蓝工程增光添彩。四是加强专业写作和反思。教师纷纷撰写自己的教育教学心得体会并发表在《踏雪寻梅》教师月刊上，逐步把《踏雪寻梅》教师月刊做实做精，做出特色，从而不断提高教师的专业水准。

（三）培育梅溪少年，满园"红梅"朵朵开

目标：善思好学，自主生长——"不经一番寒彻骨，怎得梅花扑鼻香"。

1. "小梅花"课程，引领学生全面发展

学校积极加强学校基础性课程和拓展性课程的开发与整合，完善课后服务课程体系建设，系统构建以"争做'小梅花'"为中心的课程体系，开展"崇

梅""逸梅""倚梅""尚梅""品梅"五大课程群建设，促进学生全面有个性的发展。校内主导和校外参与相结合，丰富拓展性课程内容，开设适合学生个性发展的课程，使学校成为学生特长磨炼的场所；举办"六节三会"等主题实践活动，使之成为学生个性展示的平台；结合"小梅花"奖的评比和"五彩梅花卡"的活动，创建激励学生成长的舞台。学校为不同层次的学生提供不同的学习空间、材料和机会，满足每一个学生的不同发展需求。在拓展性课程实施上，精品与特色相结合，普及与提高相结合，关注学生的个性化发展和可持续发展，把学校打造成学生健康成长的乐园、幸福生活的家园。

2. 育人为本的"深度学习"课堂，培育核心素养

"核心素养"是2022年义务教育新课标的重点。以核心素养为导向的义务教育新课标关注的是人的内在品格和能力，其本质就是把知识转化为素养，真正实现从学科到人、从知识到素养的转型。我们积极推进"学为中心、习为核心、思为关键"的课堂教学改革行动，从变革教与学的关系入手，构建学习中心型的课堂；以学科实践为抓手，构建实践型的学科育人方式。落实"情境，问题，探究，评价"的制度：基于"深度学习"的小学课堂教学模式研究与实践，从以学生为中心转向以学习为中心，力求从新的视角重组教学内容，创新教学设计，落实课程目标。一是制订清晰的学习目标，让学生在课堂上有明确的学习方向，激发学生学习动力；二是创设真实的学习情境，寓教学内容于具体真实的情境之中，激发学生学习兴趣；三是设计优质的课堂问题，让学生思维在问题链的引领下层层深入，让深度理解真正产生；四是为学生学习搭建探究平台，为学习的重难点搭建学习支架，清晰呈现学习进阶，为学习搭建"扶梯"；五是基于核心素养发展进行总结反思，在回顾与归纳中实现由量变到质变、由知识到能力、由能力到思维、由思维到智慧的转化；六是将作业纳入课堂教学评价的重要组成部分，教师引导学生掌握知识，组织学生运用知识，帮助学生提高处理实际问题的能力，从课堂学习实际出发，设计有梯度的作业，让学生的作业具有选择性。学校力求转变教师教学行为与学生学习方式，将核心素养落到实处，让所有学生享受高质量的教育。

3. "项目化"学习改革，改变教与学的方式

我们基于学生的学情，从学校、教研组、班级和教师多个层面，以资源建设、教研活动、课堂教学、作业设计等不同角度推进"项目化"学习，改变教与学的方式。通过开展项目化学习和校本化探索性实施，在课程实施和学科建设中融入学习素养的多样化教育生态和项目化学习要素，逐步构建基于学科核心素养、聚焦课程本身、以创造性问题解决能力为导向的项目化学习框架，基本形成学校项目化学习行动指南和推进策略，探索形成项目化学习的评价体系，真正将项目化学习作为学生学习素养提升的载体，实现通过项目化学习赋能学科建设，改变学习方式，使学习能够真正促进学生个体的健康成长。

（四）坚持五育融合，"红梅"朵朵放光彩

目标：雅正学芳，敏行尚美——"红梅花儿开，朵朵放光彩"。

1. 以大思政的格局落实立德树人，筑牢学生思想政治底色

学校坚定以党建为统领，形成合力，强化思政工作队伍建设，构建和完善育人体系，致力于"体验式""渗透式"的德育实践活动提升学生的思想品德素养，为学生的终身发展擦亮精神底色，涵养社会主义核心价值观。落实"梅溪少年"评价，完善德育始业和塑业课程，强化过程性评价。从行为规范、学习能力、个性特长和品质信仰等方面提出具体要求，有效结合学校评价体系和班级评价，用好"梅溪少年"成长手册和"班级优化大师"，完善评价过程和评价结果，将评价标准量化，表扬具体化，结合新生入学仪式、新队员入队仪式、10岁成长仪式和毕业生毕业典礼等具体活动开展，使学生对自己的行为有准确的判断，使德育工作更具真实性、启发性，培养有理想、有本领、有担当的"红梅"好少年，创建以促进学校发展为最终目的的学校"梅花文化"。

学校将思政课程和课程思政相融合，力争跑好思政教育接力赛。将道德与法治、主题班会作为学生思政教育的主要课程，开展有规划、有目标的思政教育；同时也不断尝试推进各学科的德育渗透，力求构建学校的思政体系，发挥每门课程、每个教室和每个课堂的育人职责，把思想引导和价值观塑造融入每一门课程的教学之中，形成以思想政治理论课程和课程思政同向同力、思想政治和学科教育有机统一的教育教学体系。"内化于心、外化于行"，努

力为学生扣好人生第一粒扣子，跑好思政教育接力赛。

2. 坚持五育融合，"红梅"少年放光彩

我们凸显学校"一身健康才艺，一生阳光幸福"的活动理念，积极打造体艺"2+1"品牌，通过体艺课程、大课间和课外活动等丰富多彩的体艺活动，落实"梅溪之乐"大课间跑操、跳绳、口风琴、写字等体艺活动；组建"梅溪之韵"艺术团和"梅溪之韵"社团活动，开展丰富多彩的课外活动及比赛，完善学校活动体系，丰富学生的课余生活，让孩子在课外玩起来、玩得好、玩出特色，培养学生的审美情趣和健康意识，展示学生的个性特长（如图10-3）。

图10-3　学生作品展示

统筹谋划学校的劳动教育实践活动，建立完善"资源丰富、模式多样、家校联动、机制健全"的劳动教育体系。开展形式多样的校内劳动，在年级、班级层面合理设计班级劳动岗位，做到"人人有事做，事事有人做"；合理利用劳动课，学习劳动技能，普及学生劳动。建立创客教室、专用美术劳动教室，开展项目化学习，培养学生的动手实践能力，激发学生的创造力，使他们感受劳动之美。开辟"开心农场"，开辟劳动基地，开展特色劳动，让学生们体验劳动的辛苦，感受收获的乐趣，感知生命的成长，从而爱上劳动。举行"劳动教育周"活动，培养学生的动手、动脑和生活实践能力，帮助学生建立"自己的事情自己做"的自主意识，同时也丰富学生的课余生活，让学生在劳逸结合中取得健康、全面发展。

在实施"五个一"阅读建设工程的基础上，我们推进"整本书"阅读系列活动，各年级撰写项目策划书，确定阅读书目，明确核心任务:制订读书计划、绘制阅读手抄报、讲自制绘本故事、创编故事和设计台本及编排舞台情景剧等，激励学生积极参与阅读,让学生充分展示读书成果,不断努力实现全科阅读、全员阅读、全程阅读、全景阅读,让学生在阅读中不断成长。

3.综合性评价改革,引领学生全面而有个性地发展

学业质量标准明确了学业质量的学段要求是"整体刻画不同学段学生学业成就的具体表现""关注学生真实发生的进步",重视学生的差异和差异化评价,"因时因事因人选择评价方式和手段,增强评价的适宜性、有效性"。因此差异化还体现在课程评价中,主要是要关注学生的学习评价差异化。

我校积极开展综合评价改革,把学科素养、项目化测评与学校"梅花文化"特色结合,围绕品德表现、学业水平、运动健康、艺术素养和劳动实践等五个方面,构建"踏雪寻梅,五育融合"的实践性多元评价体系。(如图10-4)学校成立五大评价内容的专项研究小组,专门负责各评价内容和评价维度的确定、评价指标的制订和评价操作的实施,实现基于数据的实时性、过程性、发展性、精准化的五育融合综合评价体系。实施班主任、科任教师、值周教师、家长等参与的协同评价,突出班主任的统筹协调作用。用好"梅溪少年"成长手册、"班级优化大师"和以等级为特征的、五育融合的学生成长报告单,完善评价过程和评价结果,将评价标准量化,表扬具体化。(如图10-5)通过学生综合评价,促进学生养成良好的习惯,坚持五育并举融合发展,提升学生的核心素养,培育"雅正学芳,敏行尚美"的梅溪少年,引领学生全面有个性地健康发展。

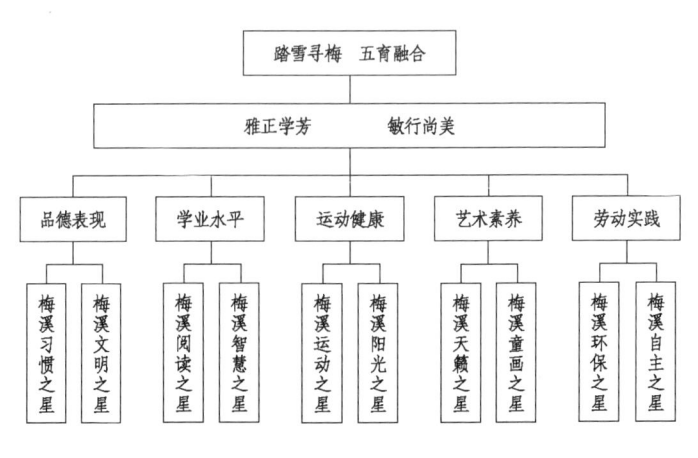

图10-4 实践性多元评价体系

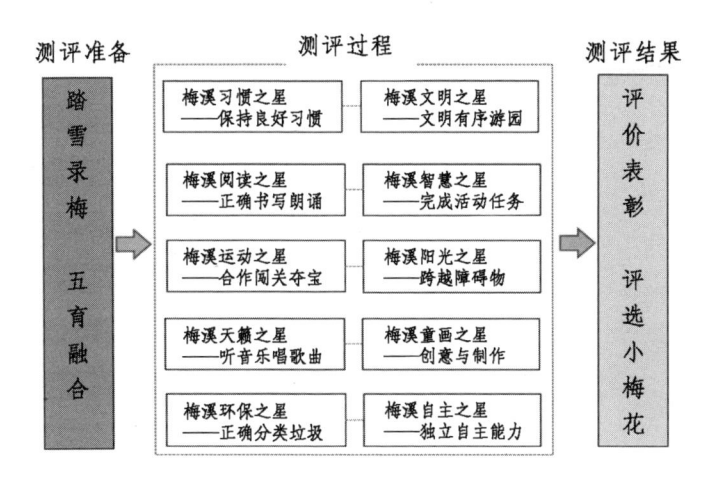

图 10-5 评价实施过程

　　唯有奋斗方能创造无限可能，唯有实干才能成就美好未来。回眸过往，我校弘扬"梅花香自苦寒来"核心价值观，践行"红梅花儿开，朵朵放光彩"办学思想，奋勇争先、自强不息，先后成为省现代化学校、省标准化学校、省绿色学校、省健康促进金牌学校、省公共节约型示范单位、省节水标杆先进单位、省课外阅读先进集体、省科技体育特色学校，先后获得"全国民族非遗与课程融合创建工程示范基地""全国青少年校园足球特色学校""全国诗教先进单位和丽水市基层党组织先进单位"等荣誉称号。展望未来，有梦想，有机会，也有奋斗。梅溪教育人，将踔厉奋发、笃行不息，不忘初心、与梦同行，与校相守，与生相伴，保持热爱，不断培育弘扬梅溪教育的正能量，为学生的健康成长奠基。

（作者单位：浙江省丽水市遂昌县梅溪小学）

编经纬之本，织未来人生

林 群

一、我的办学经历

我历任两所学校的校长，2004年任宁波市鄞州区华泰小学（以下简称"华泰"）校长。华泰是一所新城区小学，我是第一任校长。华泰就像一张白纸，任我信手擘画蓝图，虽然也经历了筚路蓝缕、开疆辟土的艰辛，但是毕竟学校地理位置好，新教师多，高知家庭多，所以我们只用了短短7年就初步实现了办学理想，使华泰成为区域名校。2011年，我调任宁波市海曙区古林镇中心小学（以下简称"古小"）校长。古小是一所有着近200年办学历史的乡村小学，在办学初期，其校名为"崇本义学祠"，体现了先贤对礼义仁智信的坚守。学校曾培育过好几代古林人，出过好多乡贤，但是在当代却渐渐走向平庸乃至衰微。在华泰，我们白手起家，比较纯粹，大家甩开膀子加油干就好，但是在古小，就像是走进了一所分明是古木结构却又被水泥修缮了门面的老宅，不舍得全部推倒重来，又感觉修修补补不伦不类。但是历史不能背叛，文脉不能割裂，在2014年年底新校舍落成之际，我努力遵循先贤培育崇本学子的心愿，大胆结合古林草席之乡的地域文化特色，谨慎寻找适合新时代乡镇学生发展的办学方向，认真思考未来古林建设者必需的核心素养，逐渐提炼了适合古林小学生发展的办学思想。

二、我的办学思想

"编经纬之本,织未来人生"就是我的办学思想。这一办学思想的提出,源自古林草席文化,既是对因草席致富而办学的先贤的追念,也是对培育具有综合能力的未来社会建设者的目标追求。草席是古林的名片,享誉国内外。乡民们以白麻筋为经、以蔺草为纬,编织成一张张方正板直、温润密实的草席。由此我想到,教育的某些特质跟草席有异曲同工之妙,教育也应该是温润细密的。草席的编织手法恰似教育的育人手段——不疾不徐,循序渐进;草席的经纬工艺恰似教育的培养目标——德才兼备,志存高远。校长的使命就是努力编织教育的经纬,以此去培育具有经纬能力的学子,让他们品正学芳,心怀乡镇,放眼世界。

经纬,取自草席编织工艺,横竖对齐,经纬分明,引申为有条理、有秩序,寓意我们培养的是有礼有序、堂堂正正的人,这是办学的"本"之所在。

经纬,也解读为经天纬地,希望古小每个学子的未来"穷则独善其身,达则兼济天下",这是办学的"心"之所在。

经纬,也可以解释为学科之间相互交叉与融合,培养的是有文化基础、能自主发展、能积极参与的时代新人,这是办学的"路"之所在。

"未来"源自现代化办学立场,源自"未来是我,我是未来"阳光自信的培养目标,是对未来学校、未来教育的不懈探索和实践。

作为一所乡镇学校,就应该努力编织教育的经纬,以此去培育既心怀乡镇又放眼世界的学子,为未来社会培养能够自洽又能够自愈的建设者。就像不同的草做不同的席子一样,长草做宽席子,短草做窄席子,粗草做帽子,细草做扇子,不同的学生能够在不同的位置上自洽又自愈,舒心学习,乐观生活。

三、我的办学实践

(一)编织文化经纬,形成价值共识

初到古小时,校舍破旧,设施落后,办学条件简陋,师资薄弱,目标缺乏,

动力系统故障频发。所幸经过多方协调，4个月后新校园建设工程顺利启动，并于两年半后交付使用。鉴此，我们潜心编织校园文化体系，通过环境建设，致力于构建一个可以让师生自由呼吸的美学世界。

一是创设可以充分吸引人的美丽硬环境。什么是美丽硬环境？是绿树成荫、鲜花缤纷？还是小桥流水、亭台楼榭？一切环境因为能够吸引人所以才美丽。一摊沙子在成人眼里是单调的，但是在幼儿心里是有趣的；华宇高屋在成人心里是珍贵的，在幼儿眼里或许是无趣的。只有像制造商揣摩客户需求一样去研究学生心理，创设出让不同学段学生有情可抒、有矩可循、有域可拓的硬环境，吸引他们投入，启发他们思考，促进他们成长，学校教育的硬件底色才算描绘成功。美好的童年在兴趣盎然的玩乐中得以成为现实。

首先，我们致力于创建一所"乐园"。除了体育课、社团课必需的各类球场、体育技能训练设施之外，我们还在操场设置了滑梯、沙坑、独木桥等游乐园里常见的游戏设施，以尊重低段学生玩的天性，吸引他们热爱校园，从而热爱上学、热爱学习。高段学生的游乐园主要集中在蘑菇栽培基地、机器人活动室、乐高建模室、风筝活动室等。我们希望学生在玩乐中感受到人工智能时代的到来，寄学于玩，寓思于乐。

其次，我们努力创建一所"花园"。学校的主体建筑群相互独立又互为依托，功能分明，色泽温暖；校园绿植丰富，多达108种，春有花、夏有荫、秋有果、冬有绿，每一种植物都被赋予了使命，都在讲述着故事。譬如校园中庭前方就是6棵桂树，寓意为"进校即折桂"，是对学生前程的美好祝福。校园北面的樱花林，谐音为"荫泽"，寓意"先人福泽深厚"，是对先贤的感恩，引导师生不忘先人，砥砺前行。每种花、每棵树的位置都饱含匠心，因此学校被评为"园林式"校园。

再次，我们协力创建一所"书园"。根据一到六年级成长主题，我们选取"遇见、萌芽、分享、梦想、自我、感恩、约束、担当、创造"9个关键词来设计楼道文化，围绕关键词，推荐相应的诗歌、名言及绘本。譬如"梦想"，源自绘本《犟龟》，希望学生心怀梦想，行有坚持；校园7条主道分别择取7位典型的书籍主人公来命名，这些主人公身上有学生需要学习的品质，从而将书香与德育完美融合,在无声中教育学生身正、品正;古代"琴、棋、书、画、礼、乐、射"七艺就如同现代的德智体美劳,为传承中国文化,学校把西面围墙打造成"七艺墙",介绍"七艺"的来历和内容。此七艺,均有规有则,有章有法,引导师生做有礼有序、知书达理之人,也意寓着我校"坚持立德树人,贯彻五育并举"的初心和使命。

最后,我们尽力创建一所"创造园"。学校大力开启新时代劳动教育的积极实践,引导学生在劳动中突破单一思维方式与习惯,形成多角度思考、多途径解决问题的创意思维。如校园微景观,基于"我的校园我做主"的理念,师生共同打造校园微景观,开展多个项目的综合研究,从方案的设计到建筑的搭建、后期的维护全程都由学生作为主角参与其中,学生也在这个过程中初步学会了用电钻打孔,用锯子锯木头,用各种胶水粘合板材。在表现性评价的促进中,想象变成了现实,使学生的创造思维和创造能力在劳动过程中得到了培养。在浙江省农业厅"农业丰收奖"、科学技术进步奖获得者刘家进的指导下,学生们不断升级校内蘑菇房,将"传统农业蘑菇房"升级成"智能蘑菇房",增加了通风、换气、杀菌、加湿、降温、远程控制、数据采集等设备原件,实现了蘑菇栽培技术的更新换代,使得家养蘑菇的栽培成为可能。

二是创设可以完美舒展心灵的美好软环境。什么是美好软环境?就是沟通渠道是畅通的,交流平台是多样的;消极情绪是能被看见的,屡败屡战是被接纳的;优秀是被激励的,落后也是被鼓励的,不同个性是被多元评价的;"关注每一个、发展每一个、成就每一个"的理念是深入人心的;人与人之间是互相成就,美美与共的。若干年后,每个人的生命底色打上了公正、诚信、兼容、勤奋、有爱、坚韧、豁达等学校文化的烙印。

首先,学校通过向师生、家长和社会征集最受教益的教师语言,整理出最受学生喜欢的教学口头语言、书面反馈语言、教师体态语言三大系列,形成"鼓励为主、指令明确、具象评价、亲切和蔼"的教师语言体系。教师对不同的学生启动不同的语言体系,积极鼓励,具体评价,为学生指明前进方向,让每一个学生自在地在课堂中学习、交流、成长,没有不安全感,没有三六九等的分类,让生命以最自然的形态恣意绽放。

其次，我们创设自在的人际交流环境。学校倡导清水般的人际关系，学生和教师、教师和教师、教师和领导之间，地位平等，关系和谐，绿色往来。一周一启的"校长信箱"、一周一约的"校长有约"让学生与校长、教师与校长的沟通渠道畅通，让教师自在地在学校教学，有倾诉的渠道，有共情的同事，有强烈的归属感。每个人都会有自己的担心、渴望、问题、主张、争论、希望和梦想，只要将这些内容处理得当，就可以成为激发内心激情的关键要素。

再次，我们构建校园核心价值体系。学校崇尚身先士卒、踔厉奋进的头雁精神，培育与集体共进退、共襄教育盛举的红杉精神，形成挖掘自身教学优势、实现个体突破的红叶精神，弘扬信念坚定、百折不挠的犟龟精神，提倡志存高远、自信豪迈的飞鸟精神。"五大精神"让师生向心而生，形成价值共识。我们创建"三维七创四合"的党建工作模式，通过党建赋能，使教师产生从温水中跳出来的信念，增长教师才干。我们这个党建工作模式后来成为区域品牌，从中提炼的工作经验在省级平台中交流。2015年，我们再遇挑战：蓓蕾小学因机场拆迁，其500多名师生撤并到我校。在此背景下，除了开展团队破冰行动之外，我们用拆迁后的旧砖瓦塑造校园景观——戴家记忆，用历史与文化的经纬传承打造共同愿景，实现两校融合。

从次，我们深入拓展自主教育。学校充分发挥师生生命个体的发展性和主体性，开启"我的领地我做主""我的目标我设定""我的成绩我评价"的自主习惯养成模式。班级文化创建由各班做主，功能室装修由各责任教师自主设计，蘑菇房、蔬菜基地等学生实践基地由师生共同建设。每学期初，学生、教师、班级、社团自主设定目标，期末自主评价，详细分析目标达成情况，总结经验，吸取教训，据此设定下学期的新目标。

最后，我们用成功打造自信的内核。学校对所有学生和教师有合适的期许，目标由他们自己制订，成绩由他们自己总结，教训由他们自己吸取，学校要做的是及时追踪目标达成状况，形成书面分析材料作为师生成长档案。大部分师生能够达到自己制订的目标并由此获得成就感。对于没有达到目标的师生，学校真诚地接纳他们，帮助他们分析原因，帮助他们制订合适的新目标，鼓励他们重新起航。我们通过"同学，你真棒！""老师，我为您点赞！"等活动，充分挖掘师生的闪光点,由衷赞美在教学过程中出现的善良、智慧、团结、奋进、文明等品质,从而最大程度地激发师生的自信心与自豪感。

三是创设可以有效形成合力的美满大环境。什么是教育的美满大环境?教育从来不是学校关起门来单打独斗的事。它需要政府支持、社会关注、家庭配合。在国际局势风云变幻、价值观念更加多元、网络信息量浩大、各种诱惑扑面而来的今天,只有健全社会教育网络、优化社会育人环境、构建立体教育大环境,才能使学校教育形成良好的闭环。因此,社会、学校和家庭的整个教育结构的培养目标需要高度一致,政府各部门为教育基建、师生安全保驾护航;学校创建适合学生发展的课程体系、德育体系和美育体系,为学生终身发展奠基;家庭形成良好家风,确保孩子身心健康,保证家庭教育的及时性、科学性和连续性,充分理解学校教育,与学校保持有效的沟通。

首先,我们坚持校务公开,坚持制度与人文共行,把大事、要事、敏感事放在阳光下、桌面上操作,有问题解决问题,有事情直面事情,营造"风清气正"的教育环境;拓展办学空间,建立"膳食管理委员会""家长委员会""家长义工""校外辅导员"等组织机构,组织"校长有约""家长助教""家长论坛"等活动,构建以学校为主体、教师家长联通、社会积极参与的新型办学体制。

其次,我们建立"微智校园",构建丰富开放的互通平台,营造学校、家庭和社会和谐发展、相互融合的生态场。学校有公众号,班级也有公众号,有许多教师还有个人公众号。公众号有留言功能,欢迎家长和社会人士为学校各项工作建言献策。学校坚持办学过程透明化,家校互动频繁,共商协作,以期形成白天以学校为教育主体,晚上以家庭教育为主场的全天候教学新样态。

最后,我们多渠道争取政府支持。通过项目争优、创新争投,人大代表和家委会呼吁等方式,争取项目经费,改善办学条件。近年来,学校周边拆违1000多平方米,建停车场和绿地,并建设学生专属通行桥一座以确保学生上学安全,通过打造最美上学路来优化上学和放学的环境。

我们一直致力于打造绿色森林般可以自由吐纳的学校生态系统。森林容纳不同品种的树木,学校接纳不同个性的学生,森林释放的氧气让树木更好地生长,学校形成的自在和谐的氛围让师生自由呼吸、自主成长。教育从来不是拒绝与控制，而是唤醒与激发、打开与拥抱、对话与互动。学校空间的改造，不仅是美丽的风景的打造，更是对精神的挖掘和归引。我们努力以物质文化为经线、以精神文化为纬线，编织文化经纬，打造学校核心精神坐标，使全体师生焕发精气神，形成积极向上的集体人格。

（二）编织发展经纬，激发成长自觉

我们以教师的个体发展为经线、以教师的团体发展为纬线，挖掘教师个体潜能，促成教师团体合力，构建教师专业发展坐标系，通过打造卓越训练营活动来分层、分类培养教师，实现乡镇教师的跨越式发展。

1. 精神引领，在"提境界"中树立自信

践行学校"五大"精神，以头雁精神为例，作为校长，我坚持"多放光少放火"，身先士卒，做好务实担当的头雁。我把3年发展规划、年度计划和学期关键词分解成步点，进行目标讲解；把教师会议打造成校长公开课，进行价值引领；把教师培训打造成"镜面式研修"，每一个优秀个体就是一个镜面，以他为焦点，对同学科、同类别教师进行范式引领，通过手把手指导的方式缩短教师的成长周期。

2. 分类分层，在"真需求"中获得成长

以入门教师、新秀教师、骨干名优教师为三条横向的纬线，以他们的"真需求"为经线，构建教师成长步点坐标，让教师在寻求自我最近发展区的过程中确定发展需求，构建实施战略，从而培养教师们的长期主义、内驱动力、引领意识、与共精神和成功愿望。

3. 双导培育，在"手把手"中逐渐独立

学校为入门教师设置了"双导师"的培育模式。"双导师制"指的是每个新教师会有两个导师，一个是班级工作的导师，另一个是业务成长的导师。两位导师分别担负不同的职责与任务，对新教师进行指导与培育。从一开始"扶着上架"——镜面培训，导师做，徒弟学，到"赶着上架"——定期过关基本功、分析工作案例，测评反馈，再到一年后的"自觉上架"——导师幕后观测，徒弟独挡、实践。经历上述三个阶段，入门教师在班务管理和课堂教学等方

面的能力得到了很大提升,他们迅速成长为学校的生力军。

我校数学组的叶老师、孙老师和褚老师3位新教师,就是在这样的"双导培育"模式下成长起来的。作为新教师的他们不仅在征文比赛中崭露头角,还在区小学数学命题比赛中荣获团体一等奖,成为新教师群体的"镜面"。

4. 抱团进取,在"肩并肩"中共同进步

对于新秀教师,我们有一个校本视角的界定,即"工作满3年以上,教学实践能力强,教育教学、科研等实绩突出,在教学岗位上脱颖而出的优秀青年教师"。这部分教师更侧重于在红杉精神的感召下"抱团发展",抱团方式主要有两种——抱团学习和抱团研讨。

组建红叶子读书会,抱团学习。理论学习永远是教师专业成长的第一步。这部分教师已经有了一定的实践经验,需要理论的再深入,但烦琐的教学工作往往使人沉不下心来。读书会的成立使这一群人互为镜面,抱团学习,相互督促,使阅读成为一种生活方式。

成立新秀工作坊,抱团研讨。一个人可能走得快,但只有一个团队才能走得远。工作坊的成立,给了教师满满的安全感,使他们告别单打独斗的局面。有什么比赛或活动,我们只要有三分条件,就会去申报、去参加。我们的目标是在申报参评的过程中边学习边改进,把三分完善到十分。个人成绩已不重要,重要的是整个团队的共同经历与成长。因此,我们经常会出现几个教师参加同一项比赛的情景,也经常会出现一个教师参赛全组教师陪练的画面。

在肩并肩的共同进取中,我们取得了丰硕的成果。在宁波市首届骨干班主任评选中,我校有2位教师上榜,全市只此一家;在海曙区班主任基本功的比赛中,我校有4位教师同时获奖,全区只此一家。可见这种模式是颇有成效的。

5. 多元发展,在"非专业"中取得成就

我们通过因材设岗、多元赋能等策略帮助教师点燃自信,增强才干,并惠及学生。有1位教龄10年的数学教师转任书法教师后,成为浙江省书法家协会的会员,培养了一批热爱书法的学生,并带领学校成为浙江省书法实验学校;语文教师转任美术教师后,积极性被点燃,开发创意草编课程,传承席乡文化;科学教师不仅可以成为市科技追梦人,也可以成长为马云乡村教师、浙江省优秀志愿者。我们学校的每一位教师都在突破舒适区、寻找自我的过程中实现了自身的突破，金牌教练、草根书法家、草根发明家、喜马拉雅主播、摄影达人等新的身份层出不穷。

6.科研赋能，在"真研究"中走向卓越

学校中很多优秀教师课堂教学有模有样，学科辅导有章有法，但似乎出现了"高原期"，找不到持续发展的动力和路径，我们观察后发现出现此种状况是因为疏于总结、怠于改进。于是，我们从"问题"到"专题"，再到"课题"，三层引领，带领教师们走出教研与课题"两张皮"的误区，引导教师从教学问题或困惑出发，及时暮醒反思，形成有序列的专题进行探讨，进而运用科学的研究方法开展真实有效的课题研究。

校长头雁引领，基于乡镇学校实况出发，针对"乡村孩子乡土情缺失""乡村教育离农倾向日益严重"等实际问题，主持学校劳动课题的研究，力图审视现行教育对学生的培养方式、情感导向的合理性，力求培育识乡土味、有乡土情的新农村建设的后备人才。经过实践研究，学生的变化可观可感，教师在全员参与、全程参与中充分感受到"真研究"带来的成长与荣耀。

副校长人人领衔，骨干、名优教师带头思考，新秀积极探索，入门教师的问题意识也纷纷加强，学校接连被评为市、区教科研先进集体。

通过科研赋能，教师在探索和梳理中逐渐发现自己的潜能，从平凡走向优秀，教学业绩进阶很快，处于"二次成长"临界点的教师们专业热情被唤醒，成长密匙被激活。2022年6月，2名原本徘徊在"高原期"的教研组长同获区级骨干教师荣誉称号。

如今，学校学科名优骨干、教坛新秀占比40%；副高占比超10%，市、区骨干和新秀占比也逐年提升，学校体育教研组还被评为浙江省先进教研组。这个比例对于城区学校来说可能并不高，但是对于一所原本走向衰微的乡镇学校来说，这见证了大部分教师跨越式成长的实现。

（三）编织课程经纬，培塑核心素养

我们始终坚持"把学生立在学校中央"的课程理念，遵从教育慢和实的本性，以国家课程为经线，地方课程和校本课程为纬线，采用"适性扬才"的方式进行课程创新，提高课程供给侧能力，让每一个学生都能选择到自己喜欢的课程，让每一个学生都有释放天性、张扬个性的机会。我们围绕"一个核心、六大目标、三大类型"，以拓展基础课程的宽度和深度为抓手，采用必修与选修的模式，动态和静态、长课和短课有机安排，重点开发男生与女生课程，形成共性与个性、乡土味与现代风兼具的课程经纬体系。

一是德育活动课程化。为了让每一个学生在不同阶段体验到不同的活动内容，我们精心打造每一个活动，形成了以"四礼四节五争当"为基本构架的德育活动体系。"四礼"指的是一年级启智明理入学礼，一、二年级心有所向入队礼，四年级感恩励志成长礼，六年级扬帆远航毕业礼。"四节"即读书节、体育节、艺术节、科技节。"五争当"是指人人争当爱国小先锋，通过"清明祭英烈""国庆节徒步行古林，集福送祖国""听爷爷奶奶讲红色故事"等具有红色印记的活动，让学生们在传承红色基因的同时孕育家国情怀；人人争当文化传承者，开展春节、元宵、清明、端午、中秋和重阳等传统节日活动，让学生们在体验传统文化的同时接受中华文明的熏陶；人人争当暖心小使者，通过"美丽三月关爱微行动""夏日送凉""冬日送暖""爱心募捐"等暖心活动，让学生们成为拥有感恩之心的有爱之人；人人争当劳动小能手，通过春耕、夏耘、秋收、冬藏等农时农事活动，让学生们在躬身劳动实践中提升劳动能力，孕育乡土情怀；人人争当责任担当者，在学校推出的小义工活动中，学生们与父母协商设定自己要承担的家庭小义工岗位，自我推荐争当班级小义工，积极应聘校园义工岗位，累计积分争取社会小义工岗位，使他们在志愿服务中增强责任意识和担当精神。

二是国家课程校本化。以体育学科为例，一年级开设棋类课程（国际象棋、围棋），二年级开设形体课程，三到五年级实施男孩女孩课程（男孩足球课程、女孩健美操课程）；班班成立足球队、健美操队，并在期末举行班级对抗赛，从而让全体学生都能掌握两项体育技能。

学校开设经线成列、纬线成层的52门拓展性课程，并建成52个课程教室，涉及家乡草席文化、米文化、服装文化、非遗文化和书城文化等，通过师生双向选课、定期调整、学生评教等举措，不断提高课程供给侧质量，让所有学生学会一门拓展技能。其中，烘焙课程、越剧课程和草席编织课程很接地气，很受学生的欢迎。

学校还铺设棋类、网球、书法、铜管乐和健美操等课程的12年连贯学习网络，以期让学生的爱好变成专长。至今，已有8个学生因网球特长被211高校录取，其中1个学生成为世界亚军，2个学生被输送到省队进行训练。

三是特色课程项目化。希望课程：借助中央音乐学院的资源优势，开设打击乐课程，为乡镇学生播下一颗音乐的种子。在课程推进中，根据学生的音乐素养、学习兴趣打破二年级的行政班，进行重新编班，分别安排不同的学习内容来提升学生的音乐素养。A、B班的学生学习打击乐课程和音乐综合课程，C班的学生开展常规的音乐课，让不同的学生学习不同的内容，激发兴趣，提高效益，培植特长，为学校艺体的发展做好储备。

乡土课程：基于乡镇学校独特的地域资源，开发"五园"乡土课程，把劳动教育作为重要的实施路径，采用"四式"机制，在"深耕"中让学生亲近乡土，发展创新思维，培育劳动品质。

如"杨梅课程"，在杨梅成熟季，通过问题"高枝杨梅怎么摘"来驱动创造思维，引导学生查阅相关资料，设计劳动活动前预案，随后进行预案交流。学生将思维用图示、文字等方式展现，互相切磋，完善设计方案，最后进行杨梅采摘器的制作。制作完成后，学校请地方上市企业总裁来现场点评学生们制作的杨梅采摘器，并且请他带来一堂科技革命的现场讲座，让学生体会创造思维对提升生产力的重要意义。

如"桂花课程"，在金秋时节，校园里的桂花树多达60棵。那么多桂花一夜风雨尽凋零实在可惜，而通过"藏桂花"项目能够让学生在经历"摇桂花、筛桂花"的传统劳动后，发散思维，妙"藏桂花"。

此类课程都是基于一个最朴素的理念：引导学生懂得家乡的价值，懂得自我的价值，懂得劳动的价值，学会感恩。当他们发现土地和身边的一切都是有价值的，他们也就能进一步发现，在这片土地上生长的自己也是有价值的。

四是传统课程现代化。如"鱼菜共生"课程针对如今乡村田地资源越来越少的实际问题,结合新乡村发展走向产业化、智能化趋势,引导学生设计、制作、安装鱼菜共生系统,感受农村劳动产业化趋势。在这个过程中,以评促改,从1.0的吸管版本到2.0的PVC(聚氯乙烯塑料)版本,在不断解决问题中进行升级迭代,目前已迈向5.0版本,学生思维从多样化走向进阶发展。

我们把"传统风筝课程"发展为"现代风筝课程",建设风筝创新实验室,把风筝作为贯通传统、叩开未来的样板课程。学校特地配置了3D打印机、激光裁剪机、喷绘写真机、自动缝纫机和电脑CAD(计算机辅助设计)平面设计制版,让学生们学会使用"智慧型设备设施",突破传统风筝的轧制、裱糊和绘画的难点,凸显"设计"的理念。

学校在项目的选择上注重与乡土资源的结合,让乡镇学生可亲、可触,继续孕育"怀乡惠土"的情怀,同时注重与时代发展接轨以及创新思维的培育,让乡镇学生有期、有盼,收获面向未来的自信。

四、我的办学业绩

12年蓄力,编织学生成长经纬。我们的学生茁壮成长,学生代表队在2017年8月登上中央电视台,对决来自全国的31支城市团队,最终获得中央电视台首届创意大赛总冠军,这份荣耀已经成为全校师生的精神图腾。为此,我们还专门创作了校诗《未来是我》。

12年蓄力,编织教师奋斗经纬。我们的教师完成了从缺乏主动性到踔厉奋进的转变,缔结了师生休戚与共的价值体系以及各得其所的生命成长理念。这12年来,名师骨干、教坛新秀增幅达200%。2021年年底,有4位教师获评高级职称,2位教师荣获宁波市第二届"骨干班主任"的称号,像这样的获奖规模全市独此一家。2022年,又有3位教师获评高级职称。

12年蓄力,编织学校发展经纬。学校由一所校舍破旧、教学设施落后的乡镇小学校蜕变成为一所集花园、书园、乐园和创造园"四园一体"的现代化大学校,形成了人性化、扁平化、同心圆式的现代民主管理模式,先后荣获"浙江省首批现代化学校""浙江省特色学校""浙江省红旗大队""浙江省先进教研组""浙江省健康促进金牌学校""浙江省成绩突出少先队集体""浙江省清廉学校建设示范校""浙江省劳动实验学校"等荣誉称号。我们的办学目标已经从"办一所家门口的好学校"进阶为"办一所区内一流、市内前列、省内知名的乡镇标杆学校"。

12年光阴，我始终践行培养"心怀乡村，放眼世界"的新时代建设者的育人使命，在弗棘弗迟的经纬编织中，努力打造一所融合草席文化精髓的乡镇特色学校，使乡村教育"传承传统，链接现在，面向未来"，托举起每一个乡镇孩子的美好童年。

（作者单位：浙江省宁波市海曙区古林镇中心小学）

让每一个孩子精彩起来

陶晓迪

康德认为:"人是目的,而不是工具。"1972年,联合国教科文组织发布的《学会生存》指出:"人类发展的目的在于使人日臻完善;使他的人格丰富多彩,表达方式复杂多样;使他作为一个人,作为一个家庭和社会的成员,作为一个公民和生产者、技术发明者和有创造性的理想家,来承担各种不同的责任。"学校教育是通向智慧的道路,通过教育,每一个儿童将学会建立爱的关系,增长个人才干,享受自己所从事的职业,以及与其他生命和地球保持一种有意义的连接。

然而现实教育的情况却常是学校更注重学生的学业发展,学生被灌输统一的课程内容,不得不接受标准化考试的衡量。再加上学生的智力水平并非完全相同,个体情况千差万别,因此注重全面发展和个性成长的教育自然很容易"说起来重要,忙起来忘掉"。但是,我始终认为学校必须关注每一个孩子的独特天赋、能力和兴趣,为之提供发展的机会。教师必须相信每一个孩子都是一个完整的个体,关心他们,呵护他们,全心全意地帮助他们成为能干而又自信的人、能够自如应对未来发展变化的人。这才是真正有意义的学校教育。

一、我的那些教育往事

本人生于1976年,天秤座,善良温和,积极上进,对美好的事物有着特别的追求与欣赏。1996年,我毕业于温州师范学院(现为温州大学)政教系,后进入温州市第十七中学担任思政教师,1999年开始从事学校行政工作,担任过校团委书记、政教处副主任和主任等职。2003年,我通过全区教育系统后备干部的选拔考试，成为鹿城区校级后备干部。2007年，在鹿城区教育局"派遣中学中层干部到小学担任校级领导"的创新性政策影响下，我走上小学校长的岗位，成为鹿城区当时最年轻的正职校长。

我任职校长的第一所学校是温州市仰义第一小学，这是一所农村小学，拥有24个班级，48位教师。作为曾经的仰义乡中心小学，当时面临被4所村小合并而成的仰义第二小学全面超越、优秀生源不断减少的尴尬境遇。在我担任校长的两年零十个月的时间里，团队通过"规范管理、强化师资、改进教学、愿景领导"等举措，将仰义第一小学打造成温州市示范学校，并获得温州市行规达标学校、温州市农村小学教学规范示范校等荣誉。此外，校本课程"把根留住"还获得了鹿城区优秀校本课程的荣誉。

2009年11月，我调任温州市少年游泳学校，这是城区的一所独立学校，也是鹿城区最早实施特色化办学的学校之一。学校有24个班级，50位教师，然而因为教学质量、特色品牌建设等方面难以有突破性的发展，仍处于发展中学校的行列。发展中学校是相对于优质学校和薄弱学校而言的，特指在办学过程中由于面临持续发展的压力、经费投入不稳定、制度建设待完善以及管理不太规范等问题，且尚未形成长期稳定的运行机制，尚未获得较高的社会声誉，因此在管理效度、社会认可度、名优师生培养等方面发展程度较低的学校。为此，在该校任职的4年时间里，我和团队紧扣"游泳"项目的特色，从打造游泳社团开始，研发游泳特色课程、建设高品质游泳教师队伍、打造校园特色环境，进而提炼"智·勇·强"的"泳"文化，并以"泳"文化覆盖学校工作的方方面面，使学校走上了特色办学、文化立校的品牌发展之路。在我们的努力之下，温州市少年游泳学校成为全省义务教育学校中唯一一所获得浙江省单项人才后备基地荣誉的学校。

2013年8月，我有幸成为鹿城区百年名校——城南小学的校长。这是一所优质学校，也是鹿城区最早实施集团化办学的学校之一，拥有3个校区，2670个学生，142个教师。作为浙江省第一批艺术特色学校（民乐），这所学校已经拿遍各级教育行政部门举办的器乐合奏比赛一等奖，但其艺术教育特色却仅限于拥有近200人的民乐团和每两年举办一场的民乐演奏会。当我入职时，适逢城南小学紧锣密鼓地筹备百年校庆活动。为此，我和团队借助百年校庆之契机，创造性地提出了"校庆年"活动。"校庆年"意为用一年的时间，采取系统思维的方法，建构基于教育教学常态、丰富学校内涵建设的系列庆祝项目，以"展示百年课堂、玩转百年游戏、开设百家讲坛、举办百年论坛、举行百年庆典"的"五个一百"主题活动，来开展指向理念重构、课程建设、课堂变革、德育创新、队伍提升、特色凝练等方面的教育改革。历经一年多的实践，学校最终通过民乐课程的研发，实现了艺术教育特色从面向少数学生的"精英教育"蜕变为面向全体学生的"普惠教育"；通过"让每一个孩子精彩起来"的办学理念的凝练，民乐教育实现了从特色项目到特色文化的飞跃；"善行天下，美在城南"成为全校师生的行动口号，并成为贯穿学校治理全过程的文化脊柱。

2022年8月，我再度履新，成为城区另一所集团学校——温州市建设小学的校长。建设小学有4个校区和3个在建校区，学生3872人，教师205人，是鹿城区拥有校区（分校）数量最多的集团校。在这一年的时间里，我和团队坚持以"欣赏型探究"理论为指引，秉承"调研先行、问题导向、课题研究、高质量发展"的工作方针，举办了16场大型调研活动，与205位教师、107名家长、512名学生进行面对面的互动交流，最终经过梳理和合并，得到了121条有效建议，从而为学校新的发展规划提供了有效的建议和有力的依据。与此同时，团队还对学校办学理念体系进行系统梳理，明确将"有家国情怀的新时代建设者"作为培养学生的目标，重新擦亮代表着"智·仁·毅"的水木石文化品牌，"轻负担高质量"的特色品牌重塑之旅也随之全面启动。

纵观27年的教育生涯，不管是身处薄弱的农村学校，或是相对落后的发展中学校，还是优质的中学、集团学校，我都时刻牢记教育的使命——教育不仅是"上施下效"的以身示范或是"引导唤醒"的文化启蒙，更是一种武装人们的行动方式，它对人负有一种不可推诿、无可替代的责任，它须使人能够适应时代的生存法则，而不至于被排除在人生的最终伟大目标之外；它将开启世界的钥匙——独立和仁爱——授之于人，赋予他作为一个自由人只身跋涉而步履轻捷的力量。

二、我的那点办学理念

办学理念是多种价值观的综合体,要指向学校的本质与特质、目的与功能、职能与使命以及学校管理原则和依据在内的一系列问题。

它是对"学校是什么""办什么样的学校""怎样办好学校"等基本问题进行深层次思考所形成的理性认识和系统化的观点。通俗言之,办学理念就是办学主张。一个学校的办学理念,或者说办学主张,体现了一个团队对科学办学的诗意表达。

(一)国家儿童观是办学理念形成的政策依据

1989年联合国大会通过的《儿童权利公约》提出了四大原则:第一,儿童最佳利益原则;第二,尊重儿童尊严的原则;第三,尊重儿童观点与意见的原则;第四,无歧视原则。

我国国家层面儿童观的形成既有借鉴《儿童权利公约》的部分,更包含了国家改革开放40多年来对儿童观进行的现代化建构与完善。国家先后颁布的《中华人民共和国未成年人保护法》《中国儿童发展纲要》《中华人民共和国家庭教育指导法》,以及历次全国教育工作会议与历次课程改革的主干性政策文件,都明确体现了我国国家儿童观现代化建构的基本脉络:强调"儿童本位"或"儿童发展本位";强调教学中的儿童是"主动发展的人";强调儿童的学习内容应为"生活体系"。这些都从国家层面明确了儿童应该在与生存环境和生活情境的互动中开展学习、自主体验、发展理解、自主建构,进而成为有责任感、有创新精神和实践能力的全面发展的人。

(二)学校校情是办学理念形成的现实基础

办学理念是对自身办学特色的现实思考,也是对时代内涵和教育思想的准确把握与深邃挖掘,更彰显其个体诗意表达的审美追求。学校校情是办学理念重要的现实基础。

以温州市城南小学为例。它是浙江省第一批艺术特色学校,早在20世纪

40年代，学校的雨伞操、拍手操就名噪一时。20世纪80年代，温州市少年艺术学校曾借用城南小学的场地办学，因此两校之间有着密切的艺术交流活动，且艺术教育水平一直不相伯仲。1990年起，学校大力兴办第二课堂，先后成立国画、西洋画、书法、篆刻、舞蹈、合唱等26个艺术小组，艺术氛围更加浓郁。2003年，学校又率先成立温州市第一个小学生民乐团。此后，学校连续20年获得温州市中小学生器乐合奏一等奖，连续五届获得省教育厅举办的器乐合奏比赛一等奖，并获得全国器乐合奏比赛一等奖的好成绩，还多次受邀参加国内外艺术大赛并获奖，艺术教育特色享誉省内外。历经几十年的艺术教育洗礼，此刻，我和团队也形成一个办学共识：教育应该助力每一个儿童的健康成长、全面发展和个性发展，让每一个儿童都能拥有其精彩世界。学校的民乐教育不仅要让台上的孩子精彩，也要让台下的孩子精彩；不仅要让孩子们在舞台上精彩，更要让他们在学习中、生活中出彩。经过教师、学生、家长和社会人士的多方碰撞和论证，学校最终拟定"让每一个孩子精彩起来"的办学理念，它具有以下三个方面的意义：

第一，符合学校的校情与现实发展需要。城南小学的艺术教育成就是有目共睹的，这也让广大师生和家长树立了极大的自信心和成就感。作为办学主体，我们不仅要让学生在舞台上拥有精彩的瞬间，更重要的是把这种精彩进一步迁移到生活、学习和工作中去，让每一个学生、教师乃至家长的生活更加精彩，进而拥有精彩人生。

第二，符合孩子的身心特点与认知规律。美国心理学家加德纳提出多元智能理论，认为每一个孩子的智能结构都是不同的，这种差异构成世间生命个体的多样性，也为每一个孩子获得个性发展提供生物学遗传基础。

第三，体现中国民族乐器的表演特点。中国的传统乐器有着特殊的表现力，即不确定性。如古筝、二胡、琵琶、唢呐等的发音会因为演奏者技巧、情感的不同表现出鲜明的个性。同一个音可以有许多种不同的表现方式。如果学校教育也能像演奏中国乐器一样充分把握和展现每个学生的鲜明个性，让每一个音发出最美的旋律，而且在不同的排列组合中发出更美妙的声音，那将成就更多的精彩乐章。

经过多番论证与意见征询，城南小学"让每一个孩子精彩起来"的办学理念最终确定。如今，该理念已经深入人心。

温州市城南小学办学理念提炼与形成的基本程序：学校校情分析—拟定办学理念—论证与意见征询—确定办学理念并宣传。

（三）校长经历让办学理念具有强烈个性色彩

27年的教育生涯，我在不同类型的学校任职过，有城市学校，也有农村学校；有中学，也有小学；有发展中学校，也有优质学校；有单体学校，也有集团学校……多类型学校的工作经历，特别是农村以及薄弱学校的工作历练，让我的教育生涯多了一份悲悯与同情的人文色彩，那就是：尊重儿童，尽我所能、极尽资源帮助每一个儿童联接世界与未来，帮助每一个儿童实现最大程度的发展。这也成为我办学理念中最具特色的部分。

1. 我们能办个电视台吗

"今天又为什么破坏课堂纪律？"看着被班主任"扔进"政教处的徐某，我柔声问道。我也记不清楚他这是第几次被送到政教处了。

"我没有，我只是觉得老师上课的内容有问题，想跟老师讨论一下。"他一脸委屈地看着我，然后低声说道："老师说宋朝的人口已经超过一亿了，我觉得这不对。然后老师就大声呵斥我，还说我破坏纪律。"一番交流之后，他意识到自己上课随意打断老师讲课确实不应该，但还是嘴犟地说："你们不都说课堂是平等交流的地方吗？为什么学生就不能发表自己的见解呢？"末了，他又补上一句："如果每一个老师都像您一样，愿意听听我们的内心话，愿意与我们平等交流，那就好了！"

随后，他又很郑重地向我提建议："我觉得咱们学校只有广播站是不够的，如果还能办个电视台就更好啦！"我颇为诧异，但我答应他一定会好好研究这个问题。

半年后，温州市中小学第一个校园电视台在温州市第十七中学应运而生，他也在异常激烈的竞争脱颖而出，成为首届电视台台长。之后的他，发生了一系列可喜的变化……

那一刻，"平等对话，倾听儿童的声音，理性采纳儿童的意见"的理念深深地烙刻在我的心间。

2. 我们的娃儿上北京啦

2009年7月22日，一辆满载着仰义第一小学42名学生、6位教师的大客车缓缓驶出校园。学校大门口密密麻麻地站满了人，有爷爷奶奶相搀扶的，有年轻爸妈抱着二娃的，有哥哥姐姐来相送的……他们的目光及身体都不自觉地随着车子在移动，手却不由自主挥舞着，我知道那是送行的家长。车子继续前行。我居然看到村长也在送行的人群之列，而他并非学生的家长。

大巴车载着学生们去机场，他们将要飞到北京参加全国新农村少儿舞蹈比赛。随车的总务主任激动不已："我们的娃儿居然能上北京，这可是想都不敢想的事情！"听到这，同行教师的眼角都有些湿润。仰义第一小学虽然是温州市鹿城区的一所农村学校，但事实上很多村民的生活半径并未超过温州，新居民子女的父辈更是忙着为生计奔波。

3个月前偶然的一次机会，我得知全国有专门面向农村儿童的舞蹈比赛，但全省就只有一个名额。我觉得这是一次极好的机会，但区里的教研员和学校教师都不看好。几番努力，我们终于说服了教研员，说通了教师，但仅靠他们还是不够的。我们又几经周折请来鹿城区舞协主席助阵……

经过3个月的努力，我们的孩子不仅冲出了鹿城区，还拿到浙江省的唯一入场券。为期一周的北京之行，我们与来自全国各地的农村学校相互交流，孩子们交到了很多好朋友，免费北京旅游，大大开拓了视野……14年后的今天，当年舞蹈队的一个孩子激动地告诉我，他也成为音乐教师，他也想通过艺术让更多的孩子获得不一样的人生！

那一刻，我认识到教育可以为孩子打开更多认识世界的门窗。平台有多大，孩子们成长得就有多精彩；心有多大，舞台就有多大。

3. 我可以上台表演吗

那天中午，我在办公室小憩。一个小朋友敲开了办公室门。他一进门就向我展示他最近刚刚获得的武术比赛的金牌，还跟我说，他会很多武术招术，可以表演给我看，说着就真亮起了拳脚。

"你怎么会想到给陶老师表演武术?"我笑着问道。二年级小朋友就敢跑到校长办公室专门表演打拳,委实不多。

"爸爸妈妈都夸我打得好,班级小朋友也夸我打得好。"小家伙继续说,"我也想上台打给更多的人看。"

"哦,那你也可以上台展示呀?"

"但是上台的都是表演唱歌、跳舞的!校长,我能上去表演武术吗?"

我顿时愣住了。

后来学校的周三上午就多了5分钟的学生秀场活动……

那一刻,"教育公平"的思想深深烙刻在我的心间。

长期的教育教学实践,一个个鲜活的教育案例,让我深刻感受到办学者必须自觉建立"愿意倾听儿童声音,能与儿童平等对话,自觉维护儿童权利,保护儿童及其成长,承认大人的不完美并愿意向儿童学习"的教育教学生态系统,并建立一整套包括但不限于管理制度与空间设计的支持系统,助力儿童成为更好的自己。这是我的朴素儿童观,也是我的办学理念——"让每一个孩子精彩起来"形成的实践基础。

"每一个"指教育要面向全体学生,关注每一个儿童,关注每一个儿童的成长;"孩子"指教育对象是富有生命活力的儿童,而不仅仅是获取知识的个体;"精彩起来"指每一个儿童都具有不同的潜能和发展空间,可以通过教育更趋完美,教育者要积极引导儿童科学认识自我、主动发展自我,成为更加精彩的个体。

那么怎样的儿童生命样态才算是"精彩"?

我们可以从词源出发进行剖析。"精",本义为"纯净的米",后引申为"精细、机灵、完美;动物雄性生殖细胞(精子);精神与动力"。"彩":在《现代汉语词典(第7版)》中有8种解释,分别为:"①颜色。②彩色的丝绸。③表示赞赏的欢呼声。④花样;精彩的部分。⑤赌博或某种游戏中给得胜者的东西。⑥戏曲里表示特殊情景时所用的技术;魔术里用的手法。⑦指负伤流的血。⑧姓。"本文中的"彩"取其第4种释义。"精彩"是一个固定词语,有两个词义,分别指"①(表演、展览、言论、文章等)优美;出色;②神采;

精神。"本文主要是采用第一种释义。基于词语的意思以及我的办学实践和进一步的思考，我主张的"精彩"应具备如下两种特质：

第一，从"精"的角度来讲，儿童应具备精气、精能与精神。

"精气"：是生命之本。中医学认为精（气）是生命的本原物质，正所谓"夫精者，身之本也"（《素问·金匮真言论》）。从育人的角度来看，儿童首先必须具备健康的身体和良好的心理。

"精能"：是生命之彰。指儿童必须具备为应对未来不确定因素的价值观、必备知识与基本技能，这需要智慧与德性来濡养。

"精神"：生命之魂。指儿童应该有创造美好生活需要的创新力与美学鉴赏力，这需要通过劳动创作与艺术体验来培养。

第二，从"彩"的角度来看，儿童能逐步实现从"有彩"—"多彩"—"出彩"的蜕变。

"有彩"：是指儿童的某一方面发展得比较好。

"多彩"：是指儿童的多个方面都发展得比较好，或者说儿童具有多方面的才能与技艺，最终实现全面发展。

"出彩"：是指儿童的某一方面或者多个方面表现出精彩来。

"有彩"和"多彩"侧重儿童的自我成长，"出彩"则强调儿童的技能、才艺或特长等社会属性，通过儿童自主建构的内部质的变化，从而改变个体与他人、社会、环境、自然、生活与学习的关系，进而改变着他的生活和生活世界。

"让每一个孩子精彩起来"的办学理念，是将儿童置于整个人生长河之中，不仅关注他们今天的发展，更关注他们未来的生活；不仅关注孩子未来的意义，更关注孩子当前成长的幸福。它体现了我和团队在长期教育教学实践中对"学校应然"的事实判断，彰显了我和团队的价值取向，引领着学校将这种应然转变为实然。

三、我们开展的教育实践

为培养兼具"精气""精能""精神"的精彩少年，让每一个儿童有彩、多彩，进而实现人生出彩,我们秉承"为党育才、为国育人"的原则,开展了系列教育实践。

(一)深化"三课"改革,让每一个儿童学会自主学习

"三课"是指课程、课堂和课业(作业)。课程是落实办学理念、培育核心素养、实现育人目标的重要抓手,而课堂则是课程落地最重要、最直接的实现路径。作业融汇在学习的全过程中,是连接课堂内外的另一具有独立意义的学习活动,是实现育人目标的又一重要载体。

1. 课程改革:让每一项活动课程化

以城南小学为例,学校的目标是培养"有家国情怀的现代中国人与美的小使者",其内核精神是"诚信、仁爱、合作、担当",外显特征为"健体、乐学、好思、善创、厚德、尚美",分别对应核心素养中提到的三大维度六个方面:文化基础中的"人文底蕴""科学精神",自主发展中的"学会学习""健康生活",以及社会参与中的"责任担当""实践创新"。(如图 12-1)

图 12-1 中国学生发展核心素养

基于这样的"培养目标 DNA",学校积极开发与实施了"新六艺课程",包括"射""书""数""御""礼""乐"等六大领域。每一领域分别对应相关学科与相应课程。"新六艺"课程体系呈塔锥式辐射到每一项课程,而所有的"基础课程"和"拓展课程"都能被纳入其中,从而形成有效的课程向心力和

有机的课程群落，如图12-2所示。以民乐课程为例，我们不仅有基础课程中的民乐赏析内容，有普惠型的拓展课程（笛子），有选择性的拓展课程（如阮咸、民族打击乐等），有面向"精英学生"开设的社团课程，还有系列的综合艺术拓展活动，也包括引导家庭参与的"艺路同行"音乐会课程等，以提升学生对生活、对美的鉴赏力、感知力与创造力。以"礼课程"为例，学校以"四品八德"为德育工作纲要，立足校园生活，结合不同年级行规训练主题开发了年级课程，具体包含一年级的适应课程、二年级的自理课程、三年级的成长课程、四年级的交流课程、五年级的感恩课程、六年级的毕业课程。与此同时，学校又根据不同时段的教育主题，开发了横向主题教育课程，如入学课程、秋游课程、校庆日课程、爱心课程、传统节日课程、童心（六一）课程，形成了六纵六横的精彩德育"礼"课程，更好地助推学生良好德性与德行的形成。

在建设小学，团队在重新梳理、完善课程总体架构的同时，还不断丰富和完善各课程群落建设。以劳动教育课程为例，学校基于温州本地资源和学校文化特质，形成"瓯艺·融创"劳动教育课程框架，既有效落实省编劳动课程标准，更凸显校区文化特色，形成了包括五马"瓯韵·家艺"、大南"瓯创·农科"、小南"瓯遗·百工"和小高桥"瓯义·志愿"在内的四大特色劳动教育方案，编织学校、家庭、社会三位一体的劳动教育网络。2023年4月，学校被评为浙江省中小学劳动教育实验学校。

2.课堂变革：注重学生新观念诞生

"新观念"指的是儿童在接受和探索新知识和经验时，通过独立思考、理解和创新思维所产生的新观念和新理解。这些观念可能是独特的、有价值的，甚至可能是改变世界的创新思想。

课堂是实现育人的主阵地，学校课堂变革的核心就是促进学生将所学的知识融入自身原有的知识体系，甚至是改造他们从而产生自己的"新认知"或"新知识"，帮助他们运用该认知或知识去认识世界、解决问题进而提升自我的审美智慧。其文化特质包括自主、互动、倾听和创生。

以自主学习为例，城南小学明确提出各学段不同的学习要求：低段学会自主整理文具和学具，中段学会自主整理问题，高段则需要具备自主学习和主动建构的能力。学校将要求纳入学生学习常规，并编配朗朗上口的童谣，使学生在吟诵中熟记、在熟记中内化，进而形成自觉的学习行为。建设小学则开展课堂"三单"教学，致力于打造推动儿童自主学习的"自主课堂"行动研究。"三单"指的是课前预学单、课堂导学单、课后自主活动单，分别对应独立学习进行课前独立预学活动的设计单、合作学习进行课堂学习活动的设计单和拓展学习进行课后自主学习活动的设计单。通过"三单"教学，学校把学习的主动权交还给学生，让儿童成为学习的主人，积极引导儿童有序建构新知识与原有知识体系，进而生成新观念。

3. 课（作）业革新：让儿童学会自主学习

建设小学是全省较早推进作业革新的学校。2022—2023学年伊始，学校团队就提出"自主作业赋能未来学生培育"的新思考，主张采取"1+3"策略。"1"是指以数据为支撑，提高数据表达能力、强化数据管理能力、实现数据解读能力，为自主作业深度改进提供技术保障，更为未来学生的有效培育提供科学依据。"3"是指学校、学生、教师三个层面同步展开实施路径，形成纵横互补的维度，以学生综合素养提升为最终目标。

学校层面将作业设计作为校本教研的重点，系统化选编、改编、创编符合学习规律、体现素质教育导向的基础性作业，并通过数据循序采集，了解当前学生发展的具体指标动态，如品德行为、学习动力、学习策略、兴趣爱好、运动健康、同伴关系、自我认知、成长环境、亲子关系、学业负担等指数，从而确定学生发展的提升点和增长点。

学生层面，首先，借助数据统整，成立校级自主作业训练营，对不同学科、不同年级的学生进行针对性跟踪指导，梳理个案策略，引导个性发展，培养创新能力；其次，依据数据管理，将同类同项学生组成自主作业项目学习小组，以合作为手段，学生通过项目化学习的方式提升自我认识、提出自身发展要求、展示自主学习成果，以自主学习为平台，延伸至学习品质、思辨习惯、实践能力和探究精神等综合素养的全面发展；最后，以"个性作业站""自主宣讲团"等形式定期组织开展优秀作业评选与展示交流活动，加强优质作业资源共建共享。

教师层面,提高自主设计作业能力,针对学生的不同情况精准地设计作业,根据实际学情精选作业内容,合理确定作业数量,精准把握作业难度。一方面通过自主作业项目,倒逼教师更新教学理念,变革课堂教学方式,系统整合作业改革与课堂教学改革,使作业改革与核心素养培育深度融合,促进全校上下更趋系统化地形成以育人为导向的教育价值观;另一方面利用数据分析,组建学科大单元命题小组,从"关键问题"出发,针对教学目标和校情、学情,以学生认知为起点,触动教的观念转化,撬动学的方式转型,帮助学生在任务驱动学习中达成知识方法的融会以及学习情境、学习方式的贯通,探究靶向改进具体策略。

(二)注重"三维"评价,让每一个儿童登上成功奖台

在较长的时间里,我国一直沿用"三好学生"的评价方式,中国学生发展核心素养指出,全面发展包括自主发展、文化基础和社会参与三个维度,正好契合了办学理念中提到的"精气""精能""精神"三个方面。

1. 重构评价体系,让儿童"动"起来

在城南小学,我们发动全校师生、家长和社会各界代表人士,共同探讨与重构学生的评价体系,让学生不再是被动的待评价者,而是评价体系的制定者,让评价成为助力儿童可持续发展的发动机,以评价连接儿童的成长路线,以网格化排布覆盖全方位全过程的成长。经过充分的论证与意见征询,学校形成了六维四层的评价体系。(如图 12-2 与图 12-3)

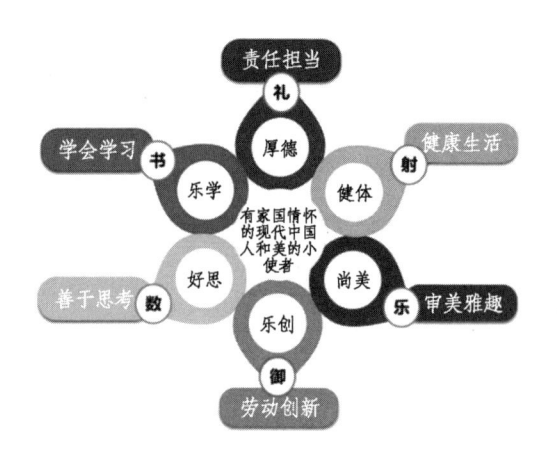

图 12-2　城南小学"新六艺"好少年学子特质

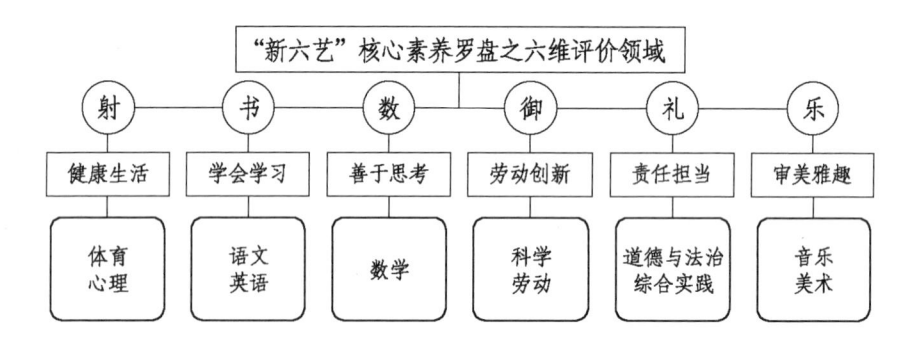

图 12-3　城南小学"新六艺"好少年六维评价领域

2.改进评价内容，让儿童"站"起来

学生评价体系充分尊重儿童立场，坚持"我的评价我做主"的协商式评价原则，由师生和家长共同设定评价内容。评价内容的设定坚持三大原则：坚持素养导向，从关注学业转向全面发展；坚持成长原则，从关注结果转向关注过程；坚持价值追求，从关注评定转向诊断反馈。我们立足城南小学学生的特质，设置了六维四层的核心素养罗盘暨评价内容，通过评价内容的改进，让每一个儿童都有机会展露头角。（如图 12-4 与图 12-5）

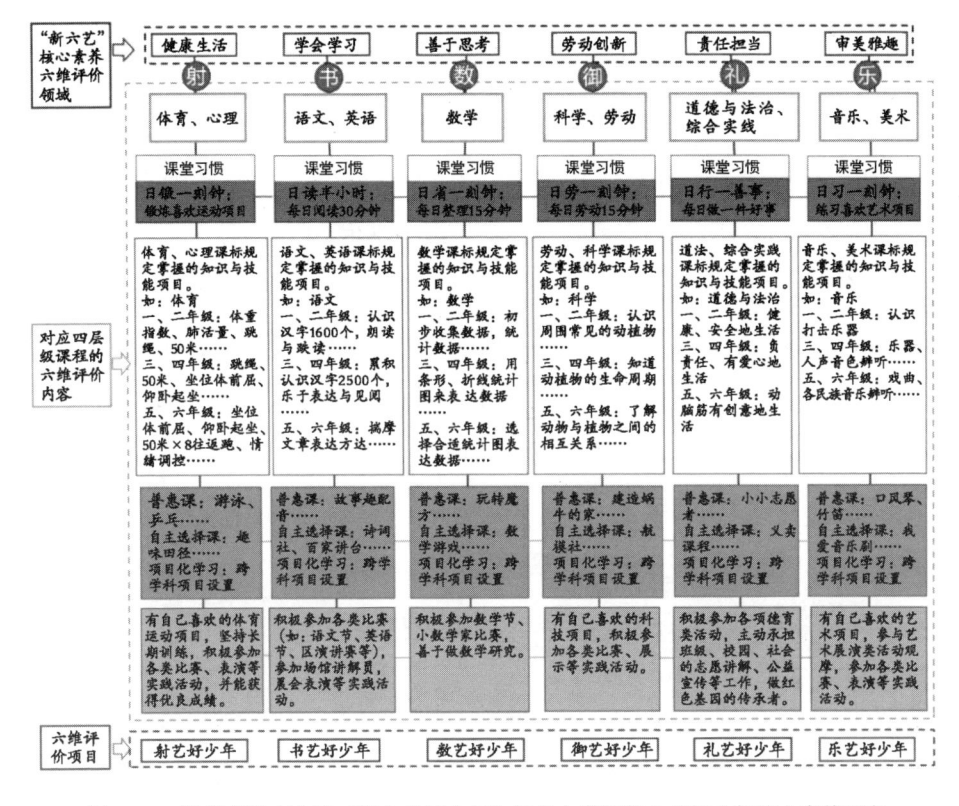

图 12-4　温州市城南小学"新六艺好少年"评价内容暨新六艺好少年核心素养罗盘

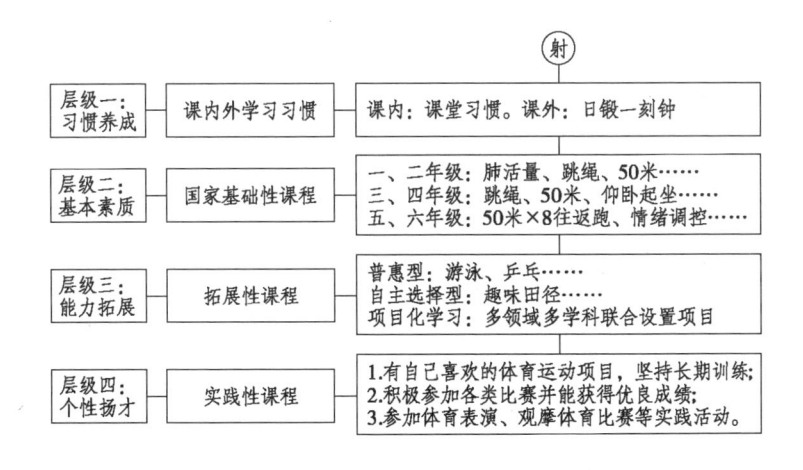

图 12-5　"新六艺好少年"核心素养罗盘四层评价示意图（以射艺领域为例）

3. 优化评价方式，让儿童"彩"起来

每一学期，每个学生可以自主申报一个维度的"××少年"，除完成学校

指定的任务指标，还自主定标设置评价任务，每学期末根据三方（自己、同伴和师长）考核确定评价结果，成功者获取"××少年"的奖章。学生集齐三个维度的奖章，即可申报"沐砚少年"奖章。这种自主定标、自主申报、自我努力、多维评定、表彰奖励等策略，有利于引导每一个孩子围绕一个既定目标有所行动、有所进步，既肯定了全面发展的学生，也为在任一维度做到"极致"或有所进步的学生点赞，从而鼓励了儿童的全面发展与个性成长。

在评价策略上，我们探索了"习惯养成的层级化评价""基本素质的项目化评价""能力拓展的多样化评价""个性扬长的自主化评价"四大策略，实现课程与评价协调共生，让每一个儿童拥有出彩的机会。（如图12-6）

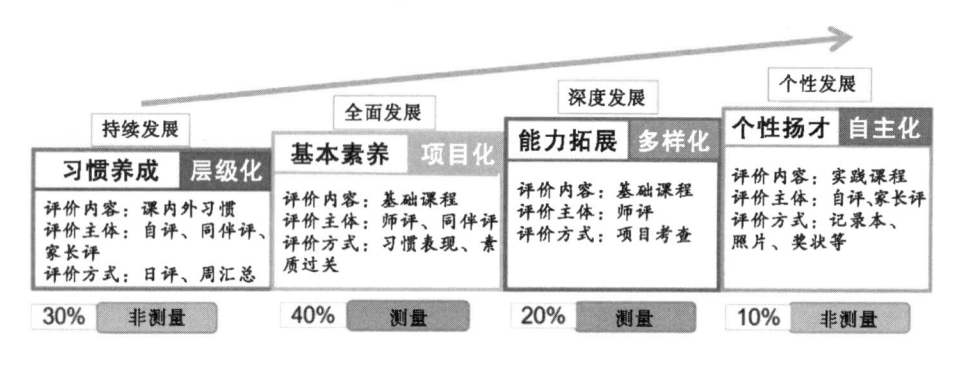

图12-6 城南小学"新六艺好少年"四层评价策略

（三）打造"三共"空间，为每一个儿童成长变革赋能

米歇尔·福柯提出"基地"概念。所谓的"基地"，就是被两点或两元素间的近似关系所界定，从形式上来看，我们可将这种关系区分成系列的、树状的与格子的关系。这也就意味着，空间不再是静态的物理场所，人不仅仅在空间中，还会与教育空间共同存在、共同生长，教育空间中的每一个人也会因共在而彼此共生。这就是空间的"三共"特质，即空间的"共在性""共时性""共生性"。我和团队积极推动空间重构，打造"三共"空间，驱动学校教育变革进而为学生成长赋能。

1. 以空间的"共在性"驱动教学的深度变革，为儿童学习赋能

教学是学校教育的主体内容，是师生共在的精神生活过程，也是认知、

交往与审美交互作用、相互生成的过程。教育活动也因为生命的"在场"而具有意义。在移动互联网高度发达的今天,"教育与学习将不再是围墙内的专利,而是走向互动的空间对话……教育的场所意识将会逐渐衰弱,存在教与学的空间便是教育发生的现场"。如城南小学的午间音乐秀场、建设小学的数学小讲坛和童沁·巴比伦园、少泳校的书虫俱乐部等,都是将校园的某一区域打造为开放、个性化、灵活多变、共享交流的学习空间,让学生在此进行自主探究、科学实验、知识共享与创造,这种基于学生自主学习的自适应学习社区、线上线下融合的混合式学习和闲暇时间的网络辅助教学等空间样态,都无时无刻不在为儿童学习赋能。

2. 以空间的"共时性"深化道德的具身教育,为儿童德性赋能

让每一面墙说话,是当前各个学校道德教育的重要手段,然而这容易落入生活"旁落"的集体规训。空间的共时性强调"两种或两种以上的事件意味深长的巧合,其中包含着某种并非意外的或然性的东西"。由此,空间驱动的道德教育将人的德性发展置于一种"共时性"的多维空间,让一切德育资源主动、从容地介入,从而帮助学生成为自己学习与生活空间的主人,在自我实现的过程中,过一种有意义的、自主的"有道德的生活"。以城南小学的爱心义卖课程为例,该课程历时一周,每年有不同的"卖点",6年6大主题。义卖筹得的经费全部用于社区服务或者访寒慰贫活动。以"民族风·贸易情"义卖活动为例,各班自行选择与某个少数民族有关的东西作为展示主线,从设计海报、设计摊位、布置摊位、采购义卖产品、现场推销等各个环节对学生的民族视野、实践能力和沟通能力等进行培养,集财商教育与爱心教育等多种教育于一体,提升学生的综合能力。这样的道德教育有机整合校园与社会,有效融合道德规范与情感、意志,巧妙连接教师经验、家长经验与学生生活,使学生在自然、自觉和经验相协调的过程中,获得潜能激发、能力培养与情感教育,最终实现整个人的成长。

3. 以空间的"共生性"驱动管理的迭代升级,为儿童参与治理赋能

空间的"共生性"意味着师生都只是平行空间中的重要一员,两者保持"共生"的状态。学校也将从由一人(校长)或者某些人(行政队伍)掌控的管

理走向众人（包括学生在内）共谋的治理，追求的是把学校作为公共空间的权力重置。以城南小学的"黄金眼"为例，在这个管理体系中，学校的每一个师生都有机会参与学校事务，都可以对学校中的"美"与"丑"提出褒贬，发表自己的个性主张，而这些好的建议或意见都有机会呈现在学校的管理之窗、每周的工作总结甚至师生的发展性评价中。学校都会在教代会、少代会上面向全体师生征求发展建议，经过梳理和投票，最终选出十大教师和十大学生优秀建议（提案），公示在校园平台上。由学校工会、大队部对建议的实施情况进行动态监测，而校长（大队辅导员）要在来年的教代会（少代会）上做建议执行情况的答复。这就将过去的管理权只掌握在部分师生（班子成员、大队干部）中的状况，改变为新的"全民治理"方式。通过搭建平台和优化机制，把更多的声音传入空间，让声音留下更长、更持久的印迹，久而久之，个体的自觉和教育追求便能联合成为一种全新的看待学校、理解教育、成就师生的方式，进而为学校空间内的人所共享，并成为学校这一公共空间的新样态，进而实现人与空间的持续再生产。

任职校长的 17 年间，因为团队的共同努力，我所在的学校获得百余项区级以上综合荣誉：仰义第一小学成为鹿城农村教育的窗口单位，成功打造"乡土教育"特色品牌；少年泳校成为全省唯——所获评"省单项体育后备人才基地"称号的小学，"每天上游一点点"的文化特质深入人心；城南小学通过成功举办百年校庆实现新的内涵发展，学校的知名度和美誉度进一步提升，"善美文化"引领一方文化建设；建设小学的校区特色品牌日益凸显，集团校"轻负高质"的教育品牌重焕新颜。

我也由此实现了自身专业素养和职业境界的提升，获得"温州市名校长""温州市新闻奖教金优秀校长奖""鹿城区十大杰出青年"等十多项综合荣誉，四十多篇论文、案例或课题研究成果得以发表或在市、区级比赛中获奖，教育科研成果丰硕。

（作者单位：浙江省温州市建设小学）

观澜童年，美好未来

孙其英

一、我的办学思想

我的办学思想：观澜童年，美好未来。

1. 基本内涵

"观"，本义指有目的地仔细察看，引申为对事物的认识、看法和态度。"观"所见到的通常是值得人们欣赏的景物，"观"是带有更深入、仔细、理性的认识，是一种为人处世的态度、积极的行为方式。"澜"本义是指大波浪，引申为教育行为产生的师生成长成果，以及古今中外的历史和五彩缤纷的现实，也可借其谐音，作蓝图解，对接儿童色彩斑斓的梦想和祖国宏伟远大的蓝图。"观澜"即教育者以儿童的需要、兴趣、爱好、发展规律等客观心理特征，引导儿童用童眼观古今中外、万千世界，用童心绘自己梦想和祖国蓝图，用积极的人生态度创造成果、获得成长，呵护、守望、期冀儿童走向五彩斑斓的美好未来世界。

2. 具体目标

按照儿童生命发展的逻辑和立德树人的要求，站在儿童的立场，遵循儿童身心成长的规律，为儿童创建具有童真、童趣、童味的教育环境，为儿童提供具有童真、童趣、童味的学习过程，让童年味道滋养和润泽儿童成长，引导儿童身在观澜、心怀梦想、胸怀祖国，眼观古今中外、万千世界，获得如"澜"般成长。观澜教育者期待将学校办成学生喜欢、家长放心、同行认可、社会满意、区域领先的学习乐园，期待学生能够快乐成长、全面发展。

3. 理论依据

（1）儿童是一切教育行为的基础。《礼记·学记》说："君子既知教之所由兴，又知教之所由废，然后可以为人师也。""观澜童年，美好未来"的办学理念要求所有教师以积极的办学心态，深入了解儿童的年龄特点、成长规律等，了解儿童的兴趣爱好、情感需要等个性特征，只有这样才能有的放矢创设情境、提供帮助，引导儿童健康快乐成长。

（2）让儿童站在学校中央。美国实用主义哲学家、教育家杜威强调，学校科目联系的真正中心不是科学，不是文学，而是儿童本身的社会活动……我们所要求的是使儿童带着整个的身体和整个的心智来到学校，又带着更圆满发展的心情和甚至更健康的身体离开学校。"观澜童年，美好未来"的办学理念始终将儿童视为学校的主角、让学生站在学校中央，学校一切教育场景、教育内容和教育活动都按照儿童发展规律设计、实施和评价。

（3）让儿童成为儿童。法国思想家卢梭说："大自然希望儿童在成人以前，就要像儿童的样子。如果打乱了这个次序，就会造成一些果实早熟，它们长得既不丰满也不甜美，而且很多就会腐烂。""观澜童年，美好未来"的办学理念始终坚持将儿童看作儿童，贴着儿童的脉搏设计学校场景、布置走廊、建设班级文化，在儿童的童年阶段为其存储"幸福"，以泽其一生。

二、我的办学实践

(一) 学校概况

观澜小学建校于2019年9月，校区占地面积27235平方米，建筑面积32681平方米。2023年，办学规模49个班，学生2060人；在校教师114人，其中本科学历84人，硕士研究生学历27人，高级教师3人，特级教师1人，市级及以上名师骨干8人，区级名师骨干19人。

经过四年的创业，学校荣获浙江省健康促进学校（银牌）、杭州市健康促进近视防控特色学校、杭州市学校食堂安全示范店、杭州市餐饮服务食品安全监督量化A级单位、杭州市智力运动共建学校、区级绿色学校、浙江省心理辅导标准校合格站、语言文字规范化学校、区第二届课堂教学改革示范校、区 2020 届新教师培训实践基地、2020—2022 年浙江省数字家长学校暨钱塘区家庭教育指导站优秀站和第三届全国校园排舞大赛特等奖、最佳人气奖、优秀推广奖。

（二）办学理念演变

观澜小学是一所集团分校，2013 年集团总校——江湾小学创立，集团提出"半天学校，童年味道"的办学理念。2019 年，观澜小学开办，加入江湾教育集团。至今，观澜小学的办学思想从传承到创新，经历了以下三个阶段：

第一阶段：半天学校，童年味道。"半天学校"是一种课程架构，上午主要开设国家课程规定的语文、数学、英语、科学等学科，下午开设综合学习类和社团课程。"童年味道"是基于儿童视角，从儿童出发，打造具有儿童生命气息的场所，让每一个儿童浸润自己的童年，绽放自己的色彩，书写自己别样的童年。

第二阶段：浪漫童年。2021 年，集团下辖的三所学校开始打造各自专属的童年味道，观澜小学将特有的童年味道定位为"浪漫童年"。浪漫童年理念是基于英国数学家、哲学家、教育家怀特海的过程哲学理论提出的，怀特海强调人的智力的整体发展和局部知识的学习均要经过"浪漫—精确—综合"三个阶段理论，小学阶段作为学习的第一阶段是直接认识事物并开始领悟的阶段，是无拘束、富有幻想、浪漫的阶段。浪漫童年强调遵循儿童心灵和精神成长的规律，致力于为儿童创设一个激发兴趣、完善过程、优化质量、指向未来的教育全景，积极构建能全方位容纳儿童本真的校园学习氛围，让儿童充满诗意、富有幻想、无拘无束地生活，在浪漫阶段为人生打好底色，让童年味道滋养润泽孩子的一生。

第三阶段：观澜童年，美好未来。2022 年开始，学校聚焦校名进一步凝练学校办学思想，形成了当前"观澜童年，美好未来"的办学思想。"观"，指向儿童的学习态度、方法和价值观引导，也是对教育者办学态度的引领。"澜"，指师生努力的成果和成长，也指儿童的梦想、丰富的现实和祖国的蓝图，即一切美好的未来世界。

（三）"观澜童年，美好未来"的办学实践

1. 基于对教育现实的思考

ChatGPT 来了，对教育的冲击很大，教师传统意义上的传道授业解惑受到了很大的挑战。有专家评价教师职能的 90% 会因为这些新型 AI（人工智能）技术的出现而弱化，学校的功能也将随之弱化，但是传道的功能却会越来越强化，教师和学校对学生的三观影响和教化是一直在的。所以，在办学实践中，学校始终秉持"观澜童年，美好未来"的信念，守护、陪伴、影响儿童，把儿童看作儿童，让儿童成为儿童，让儿童站在学校的中央。

传承办学，守住自我，坚定童年味道。读书被"苦"化了，所谓"今天必须吃苦，明天才有幸福"的观念，让家长焦虑、孩子厌烦、教师疲惫。事实上，没有一个阶段应该为另外一个阶段做牺牲，童年不该成为幸福的牺牲品，童年不是为了成年做准备，更不是成年的"垫脚石"。童年应该有它自己的价值，应该有它自己的幸福。学校是拿来装童年的幸福，让童年的幸福滋润孩子一生，观澜小学就想成为这样的一个幸福"容器"。

2. 学校的办学实践

"观澜童年，美好未来"的办学思想从观遐管理、观童课程、观创课堂、塑澜教师、秀澜学生、安澜环境六个方面去实践，"观"为学校管理、课程、课堂三要素的方法和态度，"澜"为学校教师、学生、环境三要素的成果和荣誉，六个办学元素相互作用，形成一体化学校理念实践路径，产出观澜故事。（如图 13-1）

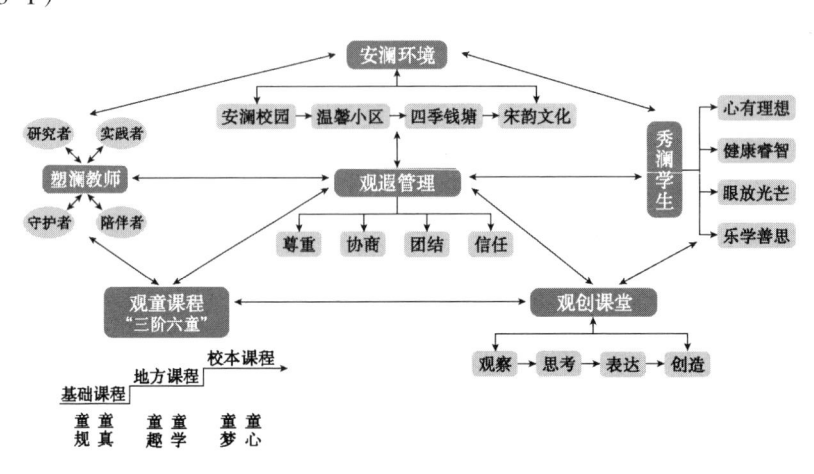

图 13-1 "观澜童年，美好未来"办学思想结构

第一个方面是观遐管理。

以眼为观，以心为遐，是一种宽广、包容、信任的管理模式。观遐管理强调尊重、协商、团结、信任，尊重儿童、尊重教师、尊重教育规律，团结和信任师生，与师生协商共同进行学校管理，大家一起共同努力携手前行。观遐管理体现尊重儿童，以儿童为中心，信任儿童是学校管理的重要力量，让儿童参与到学校管理中；观遐管理体现尊重教师，承认教师是学校管理中的关键因素，与教师共同协商，在相互信任、团结的氛围中共同管理、一起进步；观遐管理体现尊重教育规律，教育是慢的艺术，"十年树木、百年树人"，学校充分遵循儿童身心发展规律、教师成长规律和学校发展规律，进行科学高效的学校管理。

故事一："揭榜挂帅"——学校管理项目化。

每个学期学校将工作用项目化思维方式进行分解，让教师进行申报和认领，聚众智，合力管理学校工作的方方面面。2022学年第二学期，学校将一些常规和创新工作分为9个类别、33个项目，组织教师进行申报管理。榜单挂出后，教师们非常踊跃，有148人次教师、12个学校基层组别申请，这种全员卷入式管理，体现了尊重、协商、团结和信任的观遐管理模式，发挥教师力量，让教师在学校有"小有成就"的归属感。

故事二：节能小卫士——王某某同学的项目总结汇报。

"各位评委，大家好！我是403班王某某，这个学期我们四年级争取到的学校管理项目是：节能小卫士——楼层灯管理。通过前期的分析，发现楼层灯经常白天都亮着，四年级'抢'到了这个项目。在老师和同学的策划下，每个班都进行了班级微项目竞选，我被选做节能小卫士。我是负责一号楼二楼的楼层灯，每节课间都去管理，发现很多时候楼层灯都亮着，原因是低年级的同学觉得开关好玩，开了没有关掉。一开始我一下课就去关灯，后来观察哪些同学在玩，被我'抓'到几个'教育'过后,情况有了很大的好转。到了冬天，我发现一个'奇怪'现象，晚托结束，走廊上一片黑暗，大家摸索着前行，老师打开手机灯照明。于是，我给自己设置'闹钟'去开灯，为晚托放学服务，这个举动受到了'校长妈妈'的表扬。参与学校管理，不仅让我更加有责任心，还学到了事情要灵活处理的本领。"

第二个方面是观童课程。

学校按照国家课程方案要求，从儿童出发，遵循儿童身心发展规律，以基础性课程、地方课程和校本课程为三个阶梯，以童规、童真、童趣、童学、童梦、童心六个维度规划学校校本课程，形成"三阶六童"观童课程。

基础性课程旨在达成国家及地方的育人要求，其内容包括：道德与法治、语文、数学、外语、科学、体育、艺术、劳动、信息技术、综合实践活动。地方课程包括我与杭州、英语地方课程、中医药与健康。校本课程即六童课程，主要体现学校办学特色和为学生提供个性化成长服务，其内容包括童规课程、童真课程、童趣课程、童学课程、童梦课程、童心课程，每一个课程中都有具体的小课程（见表13-1）。

表13-1 观童课程体系

观童课程	基础课程	道德与法治、语文、数学、外语、科学、体育、艺术、劳动、信息技术、综合实践活动
	地方课程	我与杭州、英语地方课程、中医药与健康
	校本课程	童规课程：三位一体、四季钱塘、五个学会、观澜六条
		童真课程：运动会、科技节、课堂节、戏剧节
		童趣课程：浪漫周三、体能专项（游泳、网球、羽毛球）、艺美校本课程专项、家务课程
		童学课程：空间站学习、榜样学习、校园戏剧、观澜故事
		童梦课程：成长童年礼、毕业启航礼、观名人课程、梦想舞台
		童心课程：温馨时刻、家长课堂、节庆课程

故事三：不游泳，非观澜——德育主任的一次经验介绍。

"不游泳非观澜——体能专项游泳"课程，德育处从课程目标、课程实施、课程成果等方面制订了课程方案，经过一个年级的组织尝试后，全面推开。同时进行"我是浪漫小青蛙"项目式跨学科学习。语文组进行"我眼中的游泳健将"项目，学生通过演讲介绍他们眼中的游泳健将，感受榜样的力量；数学组开展"争做优秀小青蛙"项目，记录和比较每周憋气比赛，亲历数据收集与整理，学会绘制统计图，发展统计意识；美术组进行"观澜浪漫小池塘"活动，从习性、外形等方面总结出青蛙生动的形象，运用游泳小技巧画小青蛙；劳动收纳课程，游泳前后进行整理、清洗和收纳。还举行第一届锦标赛——"倾听水之语"，全国游泳冠军楼俊毅和区教育局、社会发展局多位领导莅临活动现场，大冠军跟小冠军同台献艺，让锦标赛达到高潮，这也为我们在区游泳比赛中获得总分第一奠定了基础。钱塘江畔，观澜学子传承沙地文化自信，勇敢、坚韧、自信，传递健康理念。

故事四：浪漫周三课程。

浪漫周三是一个时间标签，以周三一天为轴，展开观澜童年味道的画卷，诗意、纯真、浪漫的人、事、物汇聚在一起，给儿童恣意童年的深刻烙印。浪漫的雨中开学典礼、国际化午餐牛排意面、英语小广播故事会、免作业日、学科浪漫活动。课程活动丰富多彩，小诗人穿越，古装古韵庭院诵诗；邂逅魔幻数学，老师摆摊魔方、七巧板、九连环、魔尺，引来挑战者一群群；话剧表演生动逼真，要观赏请到观澜剧院凭票入场；外教凑热闹的英语单词大较量，观澜学子掀起单词热潮；开学典礼可以在雨中进行，还能和一群兔子合影，这是兔年的福利；运动游戏如火如荼，常规的大小球，还有古今中外的射箭摸高，数不胜数，只为博你一开心。

第三个方面是观创课堂。

观澜小学的课堂坚持素养导向，强化学科实践和关注综合学习，课堂模式以"观察—思考—表达—创造"为基本模型展开，称为观创课堂。观澜小学的观创课堂历经两个发展阶段，不断迭代更新、丰富完善。

第一阶段，观澜观创课堂1.0版本——以"三单"为载体，做足"12348"工程。

"三单"是指学情单、探究单和练习单，是观澜课堂教学的重要载体；"12348"工程是观澜课堂教学的具体规范，包括："一个主体——儿童为本"，研究儿童的年龄特征、认知规律、学习方式方法，研究儿童的学习情绪与价值追求。"两1—8——课堂导入总结探究练习有规定"，1分钟课堂导入，1

分钟课堂总结,课中8分钟学生独立探究或练习时间。"三张单子"(如图13-2):学情单、探究单、练习单,三单可以生发出九单、十八单,推进教学活动。"四步自主"(如图13-3):观察、思考、探讨、表达,看一看、想一想、议一议、说一说,四步进阶学习方式。"三环八课"(如图13-4):品课、析课、备课、说课、上课、观课、评课、省课,多人说课、抽人上课、大家观课、相互评课、全员省课。"三单"和"12348"工程整体实现了观澜小学对课堂规范的要求。

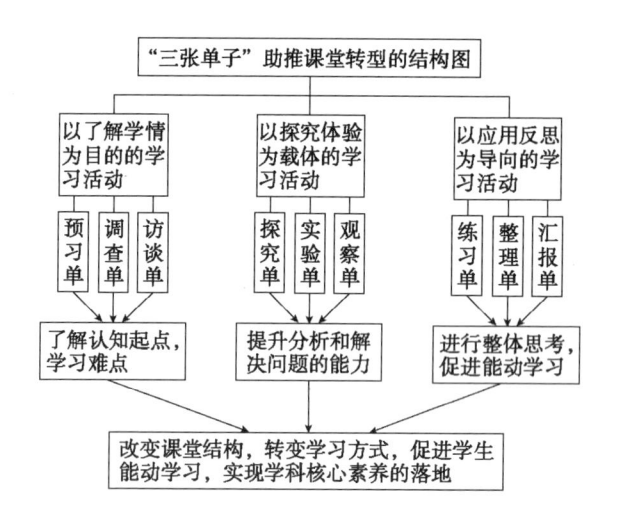

图13-2 "三张单子"

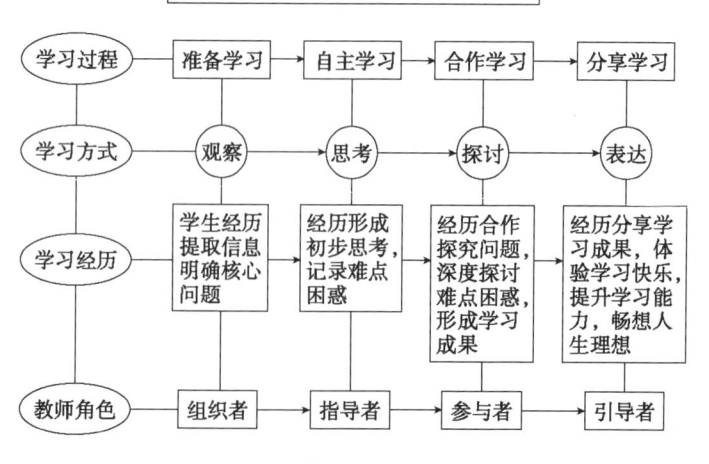

图13-3 "四步自主"

```
观澜"三环八课"教师成长研修模式
                  ┌ 品课──品名家课例 ┐
            课前──┤ 析课──析教材学生 ├─三课自修
                  └ 备课──备教学导案 ┘
                  ┌ 说课──多人说课   ┐
            课中──┤ 上课──抽人上课   │
                  │ 观课──大家观课   ├─五课团修
            课后──┤ 评课──相互评课   │
                  └ 省课──全员省课   ┘
```

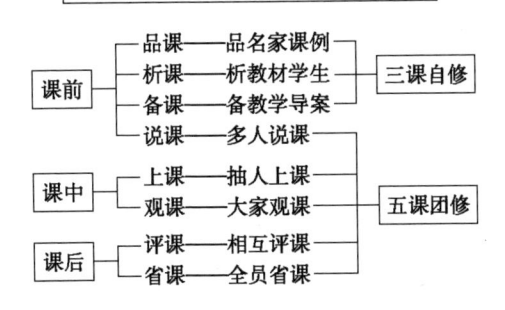

图 13-4 "三环八课"

第二个阶段，观澜观，创课堂 2.0 版本——一课一项目（如图 13-5）：深度学习理念下观澜课堂的设计与实施。

一课一项目是指在教学中，利用一节课或几节课的时间、一个内容或者一个单元内容，设计一个研究项目，以此项目为载体，让学生在独立探究、合作交流、自我反思中进行综合学习。它具有三大特点：第一，短小灵活，因选题小，所以研究难度相对小；第二，解决学习中的真实问题，联系生活，关联学科，快速引发学生的学习兴趣；第三，适用不同学科，实现学生思维能力的全面提升，让学习真正发生。观澜观，创课堂以项目为工具，尝试采用指向未来的综合学习，关注知识与技能、情感态度与价值观高度整合的学习方式，让课堂充满童味，创新而实效。

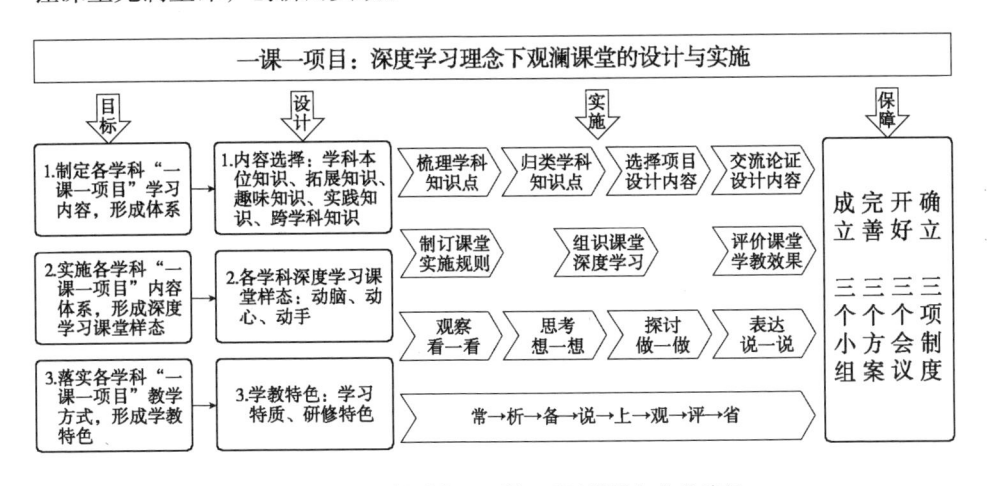

图 13-5 "观创课堂"一课一项目设计与实施路径

故事五：周老师的课堂故事。

教育部办公厅公布了《关于 2022 年"基础教育精品课"遴选工作"部级"精品课名单的公示》，观澜小学青年教师周诺狄执教的人音版小学音乐三年级上册《草原上》一课，通过层层筛选，从全国众多参评课例中脱颖而出，最终荣获"部级精品课"。这一消息让三年教龄的周诺狄有点"蒙"，也让学校感到"受宠若惊"。学校请他分享经验，他说：本课秉承学校"观创课堂"的理念，通过"声·轻柔""律·悠扬""歌·动听""乐·欢唱"四个板块，以蒙古族音乐风格感知及"mi、sol、la"三音识读为重难点展开教学，在拓展环节以项目化学习的方式，引导学生结合课中所学对歌曲进行二度创作，培养学生创编意识及能力。我一直是备课组长，经历了学校两次课改，我的课堂以儿童为中心，以项目化的方式进行设计，让学生亲历知识的产生和运用，把重点放在音乐知识的传授上，更应突破学科壁垒，深挖学科融通的育人性，落实在核心素养上，为孩子们的成长赋能。

第四个方面是塑澜教师。

教书育人是教师的天职。学校提倡教师成为"塑澜"教师，寓意教师努力塑造优秀的学生，让学生获得优秀的成果，成为秀澜学生。塑澜教师是观澜教育的研究者、实施者、守护者和陪伴者。塑澜教师是观澜教育的研究者。学校要求教师要深入研究学习的本质，研究儿童的特点，研究如何将普适性的教材内容"有童味"地落实。塑澜教师是观澜教育的实践者。学校强调教师要根据真实情境和学生特点进行课程设计和实施，开发有适应性的课程，在实践中调整，再实践再完善。塑澜教师是儿童心灵世界的守护者。学校倡导教师要守护每一个儿童的尊严和丰富的内心世界，对儿童的成长有影响和指导，深入儿童的内心世界。塑澜教师是儿童成长的陪伴者。高质量的陪伴会给人以力量，获得不断前行的动力，学校鼓励教师要从时间、活动、评价等维度去陪伴儿童成长，以儿童成长的节点设计有效的活动，用精准的评价进行鼓励式引导。

故事六：第一年班主任的感言。

在期末观澜童年味道的班级管理论坛上，新教师、新班主任的孙迎桐的发言让我们眼前一亮。她说:"我在班里有三个人设,我依靠这三个人设建设我们106班的团魂。第一个人设:不好'惹'的大家长。孩子们对稍强硬一点的老师会天然抱有敬畏之心,板起来的脸和没得商量的态度帮助我在一年级初迅速地拿捏住班级的纪律。第二个人设:爱与正义的使者。只有爱才能换来爱,用小爱温暖学生,帮学生拉一拉衣服,摸摸他们的小脸蛋儿,随机牵个小朋友的手,等等,用'小动作'告诉学生我爱他们,他们就会有好心情投入到学习中去。第三个人设:柔弱不能自理的女教师。我发现,他们对我有一点'小误会',认为我很弱,他们就在'老师需要我们'的理念下,开始迅速地独立懂事。带一年级时我没拿过一次拖把,班里进来了虫子,我表现得比他们还害怕,他们会在保护老师、爱老师的成就感中获得巨大的成长。不包揽,适当放手,当守护者、陪伴者,既能给学生更多机会,也能在忙碌的工作中获得一些温暖和自由。"

故事七:高分享欲,双向奔赴孩子成长。

在期末观澜童年味道的教师论坛上,严欣钰老师的高分享欲,一下子把家长拉进共同守护孩子的阵营。严老师说:"和家长的分享其实是一件难事,记得刚入职时候的我比较急躁,有问题总想着第一时间反馈给家长,因此刚开学的时候我们班一个问题孩子的家长就在电话那头直接说,他从来没见过这么刻薄的老师。这句话深深印在了我的心里。后来,这个孩子的问题越来越多,他的家长比较敏感又有点自卑,因此我开始正向反馈,注意反馈问题的语言。记得一次家长会,他的父母留到了最后,我本以为会是一次指责,但是他们却向我求助,问我有没有好的办法可以帮助孩子。"在班级群里,严老师会把孩子成长的点滴,平时发生的趣事都进行分享,会将重要节点和活动郑重地以专题形式进行分享。例如观成长礼、新年返校典礼活动等,并坚持每人一张照片,让家长时刻掌握孩子在校的动态,这种高分享欲,让严老师和家长的距离很近。高频率分享就能获得高度认同,就能双向奔赴,共同守护孩子的成长。

第五个方面是秀澜学生。

《梁书·刘遵传》中写道:"其孝友淳深,立身贞固,内含玉润,外表澜清。"学校坚持以儿童为中心,遵循儿童身心发展规律,以五育视角促儿童成长为秀澜学生。秀澜学生心有理想、眼放光芒，学校通过榜样课程，让孩子们心中有榜样，沉稳淡定，成为自己和别人的一束光。秀澜学生健康睿智、乐学善思，学校倡导学生爱运动、乐运动，不断精进至少一项运动，为每一名学生谋划一项终身运动的体育项目；学校积极鼓励学生在课堂上敢于尝试、敢于提问，做睿智的学者；学校坚持对艺术、劳动等学科的重视，促进学生对美的感受，对学习的深入思考，从而更加热爱学习。

故事八：徐语甜，学校风云人物。

在全国第三届排舞大赛中，徐语甜是灵魂级人物，舞蹈动作、面部表情、身体表现力都深深地感染着观众，为学校获得全国唯一的特等奖出了大力。她是一个全面发展的学生，学生榜样人物公众号推送中这样描述：她不光成绩好，对体育也是坚持不懈，校第一届田径运动会三年级垒球比赛中，荣获第四名，区级三跳比赛"双飞"荣获第三名。她还爱劳动，她说劳动使人快乐，有成就感，和小队成员一起打扫卫生，不嫌脏、不嫌累，脏活累活抢着干。她综合实力强，被评为区"火炬银奖"少年，获区向善少年，中国舞和声乐都是8级水平，曾获得2021第一季"小荷花"全国校园优秀舞蹈浙江省区复决赛群舞特金奖、2020年"浙舞风华"少儿群舞最具潜力奖。

故事九：纪田鑫，琴棋书画样样精通。

在2021年举行的钱塘区中小学、幼儿园三棋比赛中，观澜学子纪田鑫以七连胜的优异成绩，获得国际象棋小学女子乙组第一名的好成绩。她除了学好文化课之外，还积极参加学校举办的各种社团活动，是观澜小学的宝藏女孩，琴棋书画样样精通。古筝十级，独奏以及合奏金奖，国际象棋四级组冠军，等级赛女子三级组第三名、女子五级组冠军，"棋协二级棋士"称号，4星校园棋类等级，省级比赛硬笔书法一等奖，区七巧板比赛获奖，区绘画比赛获奖，区讲故事比赛获一等奖。

第六个方面是安澜环境。

《文选·王褒〈四子讲德论〉》中强调："天下安澜，比屋可封。"安全优美的环境，舒适良好的关系，让师生身心愉悦，利于学习和创新。为此，学校努力打造安澜环境，促进师生的身心健康发展。一方面，为打造安澜校园环境，学校提出教室空间沉浸童心，要让每一间教室充满童趣；走廊空间滋养童心，创设观澜童味廊道空间，连接 24 个观澜书房；室外空间润泽童心，打造舒适的室外空间，让学生体会童年味道是五彩斑斓的、充满乐趣的。另一方面，学校积极构建舒适良好的校外学习空间，学校坚持"每一个家长都是学校的朋友，每一个社区都是校外学习空间"的理念，明确家校责任边界统一共育理念，实现社区、学校、家庭共育；同时学校主张学生进入社会体验学习，通过学校课程社会化、教师培训高端化、社会资源合理进校等方式，享钱塘四季，更享宋韵文化，为观澜学生奠定文化自信气质，架起学校—家庭—社区—社会的桥梁，为学生营造安澜环境。

故事十：浪漫澜园，校园安澜时时萦绕。

2022 年 5 月，学校全力争取钱塘区重金投入的"钱塘印记"项目，自主开发了学校童味环境的文化样本：浪漫澜园，为了那一朵"浪花"，漫步澜园中，触摸这种呼应，让童年味道时时萦绕心中。浪漫澜园是三个景，连接室外、走廊和教室：浪漫之眼、观澜书房、浪漫纪源。浪漫之眼是观澜小学玉兔园和 logo 镶嵌的一个小景；浪漫纪源是一堵三代人的孩童时期记忆墙；观澜书房是"学校建在图书馆里"理念下的各楼层主题阅读空间的总称。

浪漫纪源，走近看是一堵有浪漫记忆、浪漫惊喜的墙，墙上有爷爷、爸爸和我三代人浪漫童年的时代烙印。墙划分了很多的格子，每个格子里分别存放童年的物件、图片，还有三个惊喜框，每天有不同的礼物等着孩子们的光临，用惊喜镌刻童年的记忆。

观澜书房共有 24 个，是"学校建在图书馆里"理念的现实演绎，学校就是一个大书房，每一层楼、每一个闲置的地方、每一个大型空间都用学校的存书去填充，让学生在喝水的时候、在课间、在午饭后、晚托时间可以去那里或躺或站或坐或窝着看书，让书房成为童年里一片插在记忆之间的书签。以皮亚杰提出的孩子心理成长四个运动阶段和认知成长四种认同为出发点，从浪漫的初识、感知、探求、收获四个维度进行设计，共计面积 1470 平方米，打造人均 1 平方米校园读书角，营造宽松、无拘束的读书氛围。

有深耕的教育思想，才有丰硕的办学实践。"观澜童年，美好未来"的办学思想是基于校情、基于师生、基于时代提出的，同时一定是生长型的，是一任一任校长前赴后继，一群一群教师共同努力，一代一代学生成长其中，是"脑洞"大开、"心容"拓展、"手脚"耕耘的产物，也是福泽观澜一方老百姓的教育信念。

（作者单位：浙江省杭州市钱塘区观澜小学）

办一所有教育梦想的学校

翁昌舟

好校长可以成就一所好学校，好学校可以培养一批好老师，好老师可以培育一群好孩子，好孩子自然可以成就一名好校长。这，就是我的教育梦想。

一、我的办学经历

我的工作生涯在南海实验小学起步，我更在南海实验小学成长。20多年来，从一名教师成长为一名校长，实现教育的梦想一直是我前进的动力和目标。南海实验小学地处舟山新城，创办于2001年，办学初期为国有民办寄宿制运作模式。当年舟山的各个新闻媒体在宣传学校招生工作时，"梦想从南海启航"是最显著的标题。南海让怀揣梦想的师生聚集在一起，共同追求教育的理想。在南海实验学校十五年一贯制，从幼儿园到高中四学段培养的育人方略中，我见证了许多学生从稚嫩的幼儿成长为自信、有能力的年轻人，许多教师从刚开始的教学新手成长为经验丰富、教学技能娴熟的专业人士，这也更加坚定了我对教育梦想的追求。

随着时代的变化，2006年学校被纳入新城区域义务教育序列，承担部分义务教育任务，2009年秋，根据市政府要求，学校启动改制，开始实施义务教育服务区域招生，至2016学年南海实验小学全部学生为全日制走读义教生。这段时间的改革和发展对南海实验小学来说无疑是一个重要的转折点。从寄宿制到全日制走读，学校的办学模式和服务对象发生了很大的变化，这意味着学校要更好地满足社会、生源及家庭的变化需求，为学生提供更全面的教育服务。在这期间，立足时代背景下的改革和发展让我们更加明确了教育的使命和目标，即让每一个学生都要心中有梦想，并去努力实现自己的梦想。"修身强学，弘毅致远"的校训也进一步赋予了"梦想教育"的内涵：有梦想就会有远方，就会有为目标奋斗的勇气和毅力。

自我担任南海实验小学校长以来，学校的办学规模仍在不断扩大。南海实验小学（原南海实验学校小学部）从设计规模的30个班级扩展到如今的50个班级，在校师生总数近2500人。同时，随着新城地区义务教育优质均衡推进，学校骨干教师、管理力量不断地向区域内兄弟学校输送，专任教师的平均年龄逐年趋向年轻化。目前，学校集团化办学又走向新趋势，四学部、三校区、多法人的组织结构要破解许多优质均衡发展的问题。学校正在经历着阵痛与蜕变。面对困难和问题，我们在"逐梦而行"20年的基础上，始终坚持把"办一所有教育梦想的学校"作为办学思想与实践路径。"我们的梦想是让每一个学生都能实现自己的梦想"这一核心办学思想也成为南海实验小学每一名师生都能铭记的格言，产生巨大的鼓舞力量，助推全体南海人凝心聚力，爬坡过坎。

20多年来，我的成长和办学经历镌刻着时代的烙印，南海实验小学的改革和转型也是时代的一个缩影。时代赋予我们南海教育人责任和使命：坚持"梦想教育"，为实现理想的中国教育梦而努力。

二、我的办学思想

回顾南海实验小学20年的办学历程，学校经历国有民办、义务制公办、集团化办学三个阶段，在不断的改革、挑战中发展和跨越，已积累比较丰富的办学资源，拥有较为稳固的发展基础和良好的办学声誉。教师们立足"中国梦"的时代背景，一直以"梦想教育"引领自己追求教育理想，用智慧与行动，靠努力与付出，通过实现自己的梦想让每一个学生去实现他们的梦想。因此，"我们的梦想是让每一个学生都能实现自己的梦想"就成了南海实验小学办学思想的核心，我们凝炼概括为"梦想教育"。

"梦想教育"包括三个重要内涵：

（一）没有梦想就没有教育，没有梦想就没有成长

"梦想是最好的动力，如果你想造一艘船，不要召集一群人来捡木头，而是要教他们向往大海。"每个学生都是一个独立的个体，在成长过程中，他们会有自己的"梦想"。作为一名校长或是一名教师，我们是在积极的教书育人过程中帮助学生去逐步实现自己的梦想，还是让学生的梦想在时间的河流中慢慢消失殆尽？这是教育者必须认真对待的问题。学生为了实现"梦想"的学习应该是快乐的，学校为了成就学生"梦想"的教育也应该是快乐的。有梦想的校长和教师才会去呵护学生的梦想，才能帮助和引导学生去实现梦想。

办一所有教育梦想的学校，"文化"是学校不断成长的根脉，使师生心中有"梦"；"管理"是学校持续发展的动力，使师生眼中有"人"；"细节"是学校追求卓越的脚印，使师生爱中润"心"；"坚持"是学校实现成功的基石，使师生育中铸"魂"。这就是体现以立德树人为教育根本任务的梦想教育价值观。

（二）插上梦想的翅膀，成就幸福的教育

法国哲学家加斯东·巴什拉认为，梦想是一种通达真理和自由的方法。梦想不是虚无缥缈的东西，它存在于人的内心，是情怀，是能力，是方法，是通达生命的通道。因此，我们结合校训"修身强学，弘毅致远"对梦想教育有了更深的解读。

求实求新求真，为梦想插上翅膀。"梦想教育"强调每个学生都有自己的梦想和潜力，教育的目标是帮助学生实现他们的梦想，发挥他们的潜力。"求实"是以立德树人为核心，立足梦想真实地面对学生的优点和不足，注重学生道德品质和人格魅力的培养。学校要引导学生通过修身，从小做一个讲文明、守秩序、彬彬有礼的南海好少年，长大后成为有道德操守、有责任感、有担当的人。"求新"是以创新为途径，立足梦想鼓励实践和创造，注重学生创造力、创新精神和实践能力的培养。学校要鼓励学生通过强学，不断追求新的知识、新的技能和新的思维方式，不断提升自己的能力和素养，实现个体和学校的

长期发展。"求真"是实现梦想的成长过程，强调为每一个人插上梦想的翅膀，让每个人都能看见未来。通过求真，让每一个人都始终保持对梦想的坚持和执着，成为"求实求新求真的追梦人"。

筑梦追梦圆梦，使教育成就幸福。"梦想教育"通过诱发梦想、体验梦想、验证梦想为孩子的成长插上梦想的翅膀。诱发梦想，是打好梦想教育的"底子"，让每个孩子的梦想悄悄滋生起来；体验梦想，是点亮梦想教育的"种子"，多途径延长、拓宽孩子们体验梦想教育的时间和空间；验证梦想，是绽放梦想教育的"花蕾"，助力师生不断地去追求和实现梦想，获得成就感和幸福感。

（三）梦想从南海启航

南海实验小学成就"教师梦"，助力"学生梦"，促飞"学校梦"。学校将教师放在第一的位置，因为只有这样，才有可能培养出最好的教师；教师把孩子推到第一高度，因为只有这样，才有可能培育出最好的孩子。办一所有教育梦想的学校，我们以学生发展为引擎，将教师发展与学校发展融为一体，使学校成为教师发展的沃土，学生成长的乐园，师生奋飞的天空。

走进南海实验小学的孩子，浸润在梦想发芽生长的教育氛围中，逐渐成长为"有梦想、会自主、善学习、乐探究"的少年；走进南海实验小学的教师，奋斗在擘画梦想蓝图的教育事业中，更好地蜕变成具有"激情、专业、品质、影响力"的教育人。由梦想领航，我们扬帆远航，誓将为中国特色社会主义教育事业和实现中国梦贡献自己的智慧和力量。

三、我的办学实践

（一）用"梦想教育"达成教育理想

1.厚植"梦想教育"学校文化

"我们的梦想是让每个学生都能实现自己的梦想"，我们的教师一直这样想、一直这样做，而且南海实验小学的校风、学风、教风都融合在这一美好的梦想中。我们秉持"修身强学，弘毅致远"的校训，弘扬"求真知，做真人"

的校风，形成了广受同行和家长赞誉的、具有"激情、专业、品质、影响力"的教风和"有梦想、会自主、善学习、乐探究"的学风。逐梦而行20年，学校已形成了鲜明而富有个性的学校文化。教师们认同并坚持"不过多计较得失、坚定执着、不弃不舍的爱校精神；守望目标、甘于寂寞、百折不挠的理想主义精神；互为支撑、相互取暖、共同发展的团队精神；善于自省、敢于担当、精益求精的自我超越精神"等一系列南海精神；认同并追求"我们的梦想是让每一个学生都能实现自己的梦想"这一核心价值；认同并落实"优质教育、自主学习、充分发展""知行合一、适性发展"等办学理念；努力把每一个孩子培养成"有梦想、会自主、善学习、乐探究""讲文明、守秩序、彬彬有礼的南海梦想好少年"。

这些文化传承就是南海实验小学20多年办学的精神成长史。它既来自南海人的教育情怀和对教育内涵的深入理解，也源自南海人对教育品质的执着追求与丰富实践。因为信仰"梦想、责任、包容、专业、超越"，不管环境如何复杂多变，不管体制机制如何转换，一代代南海人"逐梦"前行，始终保持着昂扬的斗志和忘我的奉献精神，以优异的教育业绩确立了南海优质教育的品牌，拥有了驾驭一所多学段、多校区并存的庞大学校的能力。可以这样说，"梦想教育"引领下的南海文化已潜移默化地流淌进教师们的血液中，这将是学校未来发展中永不枯竭的动力源泉。

2.打造"梦想教育"治理文化

为了保证学校教育教学的正常秩序，保证良好的师资水平，保证良好的教学质量，学校往往会制定许多内部管理制度，包括岗位责任制度、内部分配制度等。没有规矩不成方圆，没有制度就没有成效。教师除了有教学质量的负担，还有各种内部制度的约束。我们通过"梦想教育"，努力突破这一层学校管理的瓶颈，提出了"追逐梦想，超越规范"的管理理念，并凝炼成学校的治理文化，即通过"梦想教育"的引领，加强对教师个体的身心自由、职业操守的自觉自励，个性智慧的尊重发扬，团队合作的沟通交流，教育乱象的是非辨别等个体素质的关心和培养，让教师更为自觉地把握好实现教育理想的前行方向。

作为教书育人的教师必须自觉，必须快乐。让教师从被管理的"束缚"中走向自觉自励的"自由"中，这样的话，教师就会让学生自觉、让学生快乐，也会让学生从"枷锁"走向"梦想"。"超越规范"的管理是我们的管理思想，也是有效的实践，其核心理念是强调教师要有教育梦想，从而在工作中自觉自励，比管理制度约定的做得更好。多年以来，"不待扬鞭自奋蹄"成为学校中流行的一句通俗格言，也成为所有教师自觉自励的共识。

"梦想教育"的治理文化有号召力，更有凝聚力。现代学校治理理念，就是以"依法治校"为重点，从理念、制度以及方法层面来增强教师、学生、家长以及学校、家庭、社会协同办学的凝聚力。近年来，学校通过修改完善学校章程，启动以法律和章程为依据的学校制度"废改立析"工作，来不断提升和巩固"超越规范"管理的底线思维和治理逻辑。拟定了《南海实验学校深化精细化管理实施意见》及相关7项配套制度，完善了精细化管理的制度设计和管理架构搭建，通过精细化要求来刻画更为具体的"梦想"和"目标"。我们在实践中发现，"梦想"越具象，"目标"越明晰，教师的道德情操、学识水平、敬业精神等人文素养的提升就更加自觉。只有努力提升教师的内在素质，才能使教师具备良好的敬业精神，从而时时落实高尚的行为准则，做到"不待扬鞭自奋蹄"。在每学期的教师测评中，我们深切感受到"梦想教育"引领下"超越规范"的学校治理文化对广大教师内在素养的提升所产生的深远影响，尤其是教育教学效果好的教师对别人工作的评价一般都异常宽容，他们热情、友善、负责、有条理、有组织，想象力丰富，作风民主，具有鼓舞力量。这样的教师已是南海实验小学教师群体的基础，教师们在人际交往中能够坦诚与合作，在工作中又积极做到勤奋与自励，而在利益面前更是显得理智与淡泊。我们还要继续去影响南海实验小学教师队伍中的更多人，引导全体教师不断为之努力。

（二）用"逐梦述评"助力教师发展

教师的发展和进步离不开学校和谐氛围的营造，而营造和谐氛围不能停留在口头上，也不能停留在理念上，特别需要我们在学校管理的方式方法中得以落实,需要形成良好的机制和氛围。我们把教师评价作为"提高教师素质,促进教师发展,从而改善学生学习状况"的切入点。但是在管理实践中,对教师工作进行科学、全面的评价,一直是中小学管理的瓶颈。学校内的教师评价实施得成功与否,会在很大程度上影响教师的工作积极性和意愿,并进而影响学生的学习和学校的发展。一方面,它要能准确衡量教师的工作努力程度、专业水平、工作质量等,给教师一个恰如其分的评价;另一方面,它也必须具有一定的激励功能,能够有效地激发教师的进一步发展意愿,并为教师发展提供支持。这两个方面缺一不可,只有同时满足这两个方面的教师评估方案,才是良好的有效方案。反之,有的评价不但不能有效促进教师专业成长,反而会成为教师的负担,让教师为了利益斤斤计较,出现为评价而评价的尴尬局面。

为了规避教师评价可能带来的弊端,更为了回归评价最初的功能——促进教师素质提高,南海实验小学以教师评价为契机,促进教师素质不断提升。经过多年的摸索,我们逐渐形成了教师"逐梦述评"理念:奖励先进但不惩罚落后,以不断追逐教育理想的先进典型为标杆,时刻对标我们的教育理想,激发教师的自我发展动机;凸显集体在教师评价中的权重,让教师通过评价不断提升学会合作、善于合作的素质;重视教师个人的自我评价,让教师通过自我评价,领悟学校对教师素质的要求,坚定进一步发展的方向。我们一直相信,教师评价不仅是为了保证教师的教学质量,还要通过评价提高教师素质,促进教师专业发展;教师评价不仅是为了发现杰出教师,更重要的是要让教师了解自己的强项和弱点,促进教师专业素质提高,从而提升整体教师队伍的建设与发展。

1. 奖励先进但不惩罚落后

我们在具体实施教师评价的时候,秉承了"只奖励先进,不惩罚落后"的原则,统一教师思想,共同来践行"干多干少不一样"的评价体系,在评价中特别突出对努力工作的教师的认可。学校通过各种举措让教师不断强化这样一种认识:我做得多,付出得多,学校是知道的,也就是说,我们通过考核、评优等活动将"干多干少不一样"体现出来。另外,我们同样相信教师对工作的热忱,相信大部分教师是可以胜任自己工作的,评价的目标是在帮助教师改进教学，评价的目的是诊断教学中存在的问题，总结经验，以利于进一步的改进。

于是，我们制订了"南海实验小学教师'逐梦述评'框架体系"和"积分制细则"，并在每学期不断征求教师意见和建议对其进行完善与改进。这些过程性的述评维度从最初的"师德修养""课堂教学""导师工作""学习交流"四个方面，逐步丰富到"师德修养""关爱学生""学习指导力""工作量""工作纪律""组织领导力""教学胜任力""专业成长""学生发展""团队建设"十个维度，并通过南海数字驾驶舱实现"逐梦述评"对教师实时的"智能画像"功能，给教师未来的每一步努力指明方向，激发教师的动力。实践证明，"只奖励不惩罚"的评价理念，让教师不再对评价畏首畏尾；不奖励作为一种变相的惩罚，让教师有所警醒，激发了教师的反思与追求。

2. 凸显集体在教师评价中的权重

我们在管理实践中发现，虽然"学会合作、善于合作"是教师必备的一项基本素质，但由于教师在课堂上往往独自面对学生、独自批改作业，在某种意义上，教师尽管生存在学校教师群体之中，但实际上很多教师过的是一种与其他教师不相往来的"孤岛式"的教育生活。这种生存方式的一大弊端就是不利于发挥教师集体的作用，消解了集体的力量，也看不到其他教师的有益经验，这是教师成长中面临的一个重要问题。

在"逐梦述评"框架体系中，我们尤其强调"团队建设"的权重，并在每学年开展南海实验小学优秀团队建设和表彰工作。在评价内容上，教师所处集体的工作优劣和教师个人息息相关；在奖项设计上，优秀团队的集体奖项已成为我们学校教师至高的荣誉，教师个体的奖项都强调在教师集体中的作用。这就强调了教师的教与学需要组成团队，教师的团队合作能力影响并决定个人的工作成效。教师可以在团队中向他人学得更多，发展其专业知识与能力；教师可以在团队中吸收百家之长；教师形成其教学的策略与风格，在更大程度上依赖于教师团队的"教学文化"或"教师文化"。如今，学校教师优秀团队建设已经从传统的备课组、教研组、年级组团队，拓展到因教师专业发展需要而组成的专业团队，如青年教师专业发展团队、班主任工作团队、青年干部发展团队、学校后勤服务团队、幼小衔接探究团队等。我们在每年的元旦之前举行隆重的优秀团队表彰仪式，以此强化"教师是集体中的一员"的意识，让教师学会合作、学会共赢，把自己个人理想的追求融入整个光辉的"南海梦"中。

3. 注重个性化特色化教师评价

"逐梦述评"框架体系是从"建立规范"到"超越规范"的管理，更深层的目的就是培养教师自主意识、创新意识，逐梦而行。创新和创造力会彰显出与众不同的个性，这样的个性富有魅力，会孵化梦想，孕育成功。学校教育要尊重学生的个性，培养富有创造力的学生，那么教师就必须有创造力。"逐梦述评"让教师成为引领学生创新的导师，让教师在富有个性的创造与成就中享受教书育人的快乐。我们鼓励教师展开个性的翅膀，挖掘并发挥自己的潜能，教师有多大的梦想，我们就为教师搭建多大的舞台。

在"逐梦述评"框架中，学校注重个性化、特色化教师评价，开展让"名师"登上"名师墙"活动。"名师墙"是南海实验小学校园环境布置的一个特色，位于学校走廊的重要位置。为了督促教师成长，也为了给更多教师展示的机会，"名师墙"上的教师每年都会根据"逐梦述评"结果进行更换。每次更换时，学校都会举行庄严的升旗仪式，向全校师生宣传这些教师的教育理念和师德故事。在大家眼中，这些教师个性鲜明，勤奋自律，喜爱孩子，喜欢做教师，尤其是对教育梦想有追求的教师，得到了学生和家长的一致认可。多次荣登"名师墙"的教师会成立名师工作室，名师的精神和经验得到学习和传扬，工作室团队还可以更好地发挥他们的优质资源，在全校树立榜样。如今，名师工作室已包含省、市、校各级的班主任名师工作室及各专业学科名师工作室，在学校梯级教师队伍成长体系建设中充分发挥了作用。"逐梦述评"还衍生了"'得一论坛'人文滋养""'四聚课堂'主体强化""'童梦课程'多元领航"等一系列教师发展成果。

（三）用"童梦课程"构筑学校特色

课程是学校教育的载体，国家课程与校本课程是学生梦想启航的"风帆"。课程建设是学校发展的重要内涵，需要适切的内容和有效的实施。根据时代发展要求，结合国家基础教育课程改革提出的学生培养目标，在传承学校文化底蕴的基础上，我们确定学校课程的总目标为"以学生发展为本，让每个学生都能实现自己的'梦想'，即'童梦课程'"。

学校"童梦课程"的具体目标包括：一是丰富童年生活。学校生活是童年生活的重要组成部分，学校课程应丰富学生童年生活，让他们的童年生活变得色彩斑斓，时时体验成长的快乐，处处充满成功的喜悦。二是激发学习兴趣。兴趣是最好的老师，学习兴趣可以促使学生全身心地投入到学习过程之中，获得积极的情感体验与良好的学习经历。学校课程应通过各种途径激发学生的学习兴趣，让学习兴趣伴随学生的终身发展。三是发展综合素养。学生的发展是学校教育的根本追求，学生未来的发展是丰富多彩的，是存在多种可能性的。学生的认知发展仅仅是其全面发展的组成部分之一，学生素质的发展则是其一生发展的根基。学校课程应承担发展学生综合素质的责任，为学生创造各种活动的机会，让学生在参与活动的过程中获得综合素质的发展。学校"童梦课程"目标的确定是南海实验小学全体师生共同追逐梦想、不断分析和讨论的结果。作为"办一所有教育梦想的学校"价值追求的体现，学校"童梦课程"目标从学校办学特色的现实出发，结合学校的办学思想，规划学校未来的整体发展。

学校"童梦课程"建设的探索实践围绕以下两个方面：一是国家课程的校本化实施，基于学科育人功能的课程整合，探索"四季梦"融合课程；二是校本特色课程的开发与不断完善，以"五彩梦"课程体系的建设，来体现学校办学特色，深化办学理念。

1. "四季梦"融合课程：基于学科育人功能的课程整合研究

国家课程体现国家对公民素质最基本的要求，是素质教育最基本的保证，它关注每个学生应该有的共同学习经历。对学校而言，最关键的问题就是国家课程的校本化实施。学者詹姆斯·比恩在《课程整合与知识的学科》中写道：课程整合的核心点是对自我意义和社会意义的探寻，是被课程更加置于生命本体之中。因此，我们把国家课程中的语文、数学、科学、美术、体育、音乐、道德与法治、信息等众多学科整合的核心点聚集到中国传统节日及节气文化当中，以"四季梦"融合课程来探究整合国家课程的校本化实施途径，打造项目化的，可观、可感、可触、可听的融合课程，使学生通过调查研究、合作学习、探究学习、综合实践等方式，在参与课程学习中最大程度地使综合素养得以发展和延伸，让国家课程融合有更新的研究意义与价值。（如图14-1）

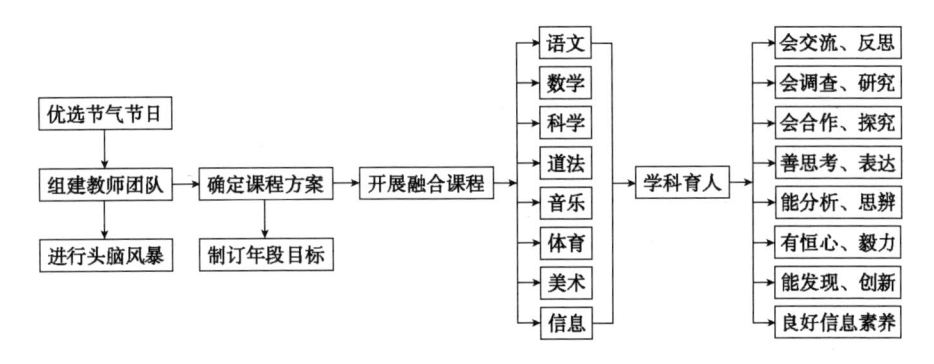

图14-1 "四季梦"融合课程路径设计与实施操作框架图

"四季梦"融合课程经过几年实践，遵循一年四季的重要节气变化及重要的传统节日文化，分为"春润心课程""夏闻香课程""秋思亲课程""冬转春课程"四大模块。我们从课程设计、教学案例、具体实施、目标进阶式评价等方面形成了一系列课程实施策略和课程资源，赋予"四季梦"融合课程可持续发展最强劲的动力和最丰富的内容，形成了富有特色的、开放的、便于传承与创新的一系列课程群，以及较为成熟的课程组织实施模式。（如图14-2）

课程设计："1"个主题统领多学科。每一个"四季梦"融合课程的子课程都采用"1"个节气或传统节日文化为一个主题，将多个相关学科整合在一个子课程的教学中，打破固定课程教学安排，并采用项目化推进方式，开发学用结合、注重过程探究的课程内容，使统整在一起的多个学科共同发挥育人功能。

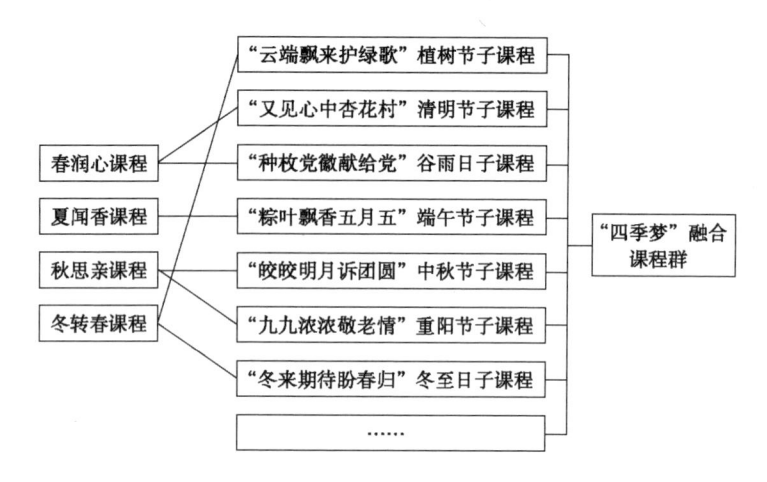

图 14-2 "四季梦"融合课程群框架体系图

教学组织：全方位多样态深耕教育范式。每一个"四季梦"融合课程子课程的实施，我们都采用"学校+家庭+社会"三方共融的方式，分课堂教学、家庭实践和调查研究三方面进行。课程围绕主题提出各个学科的目标要求，设计调查研究主题和内容。课程学习过程中，各学科教师对学生的学习从课程参与、课堂学习表现、研究报告撰写、问题探究成果、综合实践活动表现及成果呈现方式等方面进行科学、全面、综合性评价，评价中还结合同伴、家长和自我的评价，全方位调动学生自主探究、合作学习能力的培养。"四季梦"融合课程已成为学校落实立德树人理念、夯实学科育人功能的有效载体。

2."五彩梦"校本课程：学校办学特色的课程路径探索

"五彩梦"校本课程是南海实验小学对梦想教育的深切理解，是学校特色发展与办学理想追求得以实现的核心载体。为了实现"尊重人格，发展个性，创造条件，培养素质"等学生发展目标，"五彩梦"校本课程为学生的全面发展和个性发展奠基和服务。它指向综合实践学习领域，主要包括"五彩梦课堂""五彩梦主题活动周""五彩梦精品社团"等板块。

"五彩梦课堂"：让学生拥有更多的梦想选择权。学校把每周三设定为"无作业日"，在周三下午安排两节课的时间，以长短课组合等形式组织开展"五彩梦课堂"活动。"五彩梦课堂"涵盖德育、智力、体育、艺术、劳动创造五个领域的素质拓展活动课程，设计了"彬彬""睿睿""阳阳""美美""奇奇"五个校园吉祥物，指向学生德智体美劳的全面发展。南海实验小学早在2006年起就开始了"五彩梦课堂"学生走班模式，多年来我们对五育课程群不断进行调整和优化，构建"人格、品格、体格"培育体系，进一步完善了"三格五育"的课程体系，逐步实现"学会做人、学会生活、学会学习"的课程培养目标。

"五彩梦主题活动周"：学科拓展和实践能力提升。我们举办主题活动周的指导思想是扩大40分钟的课堂效益，把学科教学时间自然地延伸到更大的时间范围中去；提高学生学习探究的兴趣，扩大相应学科在学生心中的影响；增强相应学科教师的活动组织能力，用另一种途径来检验相应学科的教育教学质量。南海实验小学每个"主题活动周"都有指导思想和具体的活动安排；各个具体活动周的活动，集中在一周的时间内开展，营造了一种浓郁的学科学习氛围；因为活动时间长达一周，活动内容丰富，给学生自由选择留下了很大的空间，很大程度上满足了学生的学习兴趣需要。多年来，我们形成了"五彩梦主题活动周"的一些主要经验和活动模式：成立筹备组，认真准备形成设计方案；确定内容和活动方式，如设计和征集活动周海报、宣传画、周标、周名等，激发全校师生的参与热情；根据学生兴趣设计活动内容与安排；隆重推出开幕式和闭幕式；活动结束时进行学生问卷及时收集反馈意见。也正因为这样，"五彩梦主题活动周"逐渐成了学生们的"学科节日"。（见表14-1）

表14-1 "五彩梦主题活动周"时间安排表

主题活动周	语文周	科技周	劳动周	艺术周	礼仪周	数学周	体育周	英语周
安排时间	3月	4月	5月	6月	9月	10月	11月	12月

"五彩梦精品社团"：为孩子插上梦想的翅膀。每个孩子都有自己的梦想，有的孩子梦想当科学家，有的孩子梦想当医生、教师、军人，还有的孩子可能梦想成为歌唱家、舞蹈家、画家、主持人等。"五彩梦精品社团"就是让孩子们置身于这样的环境中，让他们耳濡目染，在潜移默化中受到熏陶，为学生的艺术积淀提供条件，为学生实现梦想奠定基础。通过学校的精心组织和管理，

一定规模的"五彩梦精品社团"逐步形成并日益壮大。学校先后培育了具有民俗文化气息的"五彩梦民乐社团""五彩梦鼓号队",充满海洋艺术气息的"海之星合唱社团""海之星舞蹈社团",蕴含学科高端品位的"五彩梦英语社团""南海少科院",充满激情活力的"海之星飞羽社团""五彩梦足球社团"等十多个校园精品社团,这些精品社团在学校数十个社团中脱颖而出。多年来,"五彩梦精品社团"已成为同学们健全心智、锻炼能力、发挥才能和培养艺术素质的最佳舞台,学生们在校内外的许多体艺科技类活动中得到了展示和锻炼,并获得了省、市乃至全国级的各种奖励,为自己和学校赢得了荣誉,也给自己的童年生活留下了美好回忆。每个一年级新生的入学典礼上,我们高年级的精品社团学生就要向一年级的小朋友展示他们的社团成绩和荣誉,并隆重介绍各自的精品社团,把追求梦想的力量传播到更多孩子的心中。

(四)用"圆梦活动"领航学生成长

孩子的成长是阶段性的,要经过幼儿园、小学、初中、高中、大学等多个阶段,每个阶段都有一些特点。孩子的成长也具有不可逆性,一个阶段走过了就不可能再返回去。作为小学阶段的教育工作者,我们应该把这个阶段的教育工作做好,多关注孩子们在这个年龄段的成长特点,帮助他们记录成长的轨迹,为他们的未来奠定良好的基础。为此,南海实验小学在多年"梦想教育"的发展和积淀中,探索形成了一些具有儿童年龄特点的阶段性的"圆梦活动",即"圆梦未来"四大主题节日——入学、入队、十岁和毕业,对应学生不同年龄段的成长特点诱发梦想,体验梦想,验证梦想。

1. 高兴的入学典礼:梦想从南海启航

小学时代是人生的一个重要阶段,是真正意义上学生生涯的开始。如何使孩子的小学生活有一个好的开始非常重要。为消除小孩子对学习的紧张感,以及对陌生环境和老师的恐惧感,我们从一年级新生第一次跨进校门的入学仪式开始做起,展示学校的文化、展示学校的生活,让学生去发现小学学习的丰富和有趣。每年的入学仪式都有一个同样的主题"我是一名小学生啦！我的梦想从南海启航"。"我是一名小学生啦"是一件快乐的事、高兴的事，每年从入学仪式开始，我们就抓住机会进行学校生活的展示，有《四叶草》校刊的赠送，有老师们的祝贺节目，有"五彩梦精品社团"的各种表演。"我的梦想从南海启航"是让社团里的高年级学生举着队标，向新同学热情介绍自己的社团，让一年级的新生觉得，原来小学生活这么丰富、这么有趣，有这么多东西可以学，还有这么多社团可以参与，以后可以实现很多的梦想。每年的入学仪式都以一年级的新生为主角。我们邀请学生家长参加，尽量让更多的孩子在上学第一天就有机会展示自我。升旗手都由一年级各班身高最高的小朋友担任，小主持人也从新生队伍中选出。我们还为一年级新生佩戴校徽，进行合影。成为一名小学生了，和以前不一样了，要庆祝一下。庆祝仪式充满了欢乐的气氛，小孩子和家长都很高兴。

2. 神圣的入队仪式：树立梦想意识

"从小有梦想，成长向未来！我们时刻准备着！"这是南海实验小学"红领巾"入队仪式的响亮口号。一年级的孩子在小学阶段进行了第一次过程性的综合评价以后，一批新队员达到了入队要求。他们在家长代表、教师代表、高年级少先队员代表的共同见证下光荣入队。入队仪式中，精神抖擞的护旗手迈着整齐的步伐进行出旗仪式；少先队员和辅导员老师共敬队礼，同唱队歌；在队旗下，每一名新队员都要说一说自己未来的理想。火红的队旗高高飘扬，庄严的队歌放飞理想，小小少先队员们注视队旗，进入自己人生的新阶段。入队仪式是成长的一个重要标志，成为少先队员，除了喜悦之外，更要为实现梦想多一份责任。

3. 幸福的十岁成长礼：体验梦想的嘉年华

每年的5月，三年级学生总是显得特别幸福，给他们过一个集体的生日，好好庆祝一番，让这一天在他们心中留下永生难忘的美好回忆。三年级十岁集体生日的主题是"我十岁啦！我的梦想在成长"。活动以"童梦课程"嘉年华的形式呈现，同时让孩子们邀请家长一起来设计亲子游戏，把"童梦课程"的内容设计成很多孩子跟爸爸妈妈和老师之间的互动游戏、班与班之间的互动活动，最后分吃蛋糕，互赠礼物。最令孩子们开心的是最后的"送大礼"。第一份大礼是来自爸爸妈妈的意外家书，由孩子们自愿跟大家一起分享父母的期望与祝福，回顾自己从小的梦想；第二份大礼是来自同学之间的友谊，小寿星们互相赠送生日礼物，传递同窗情谊，一起体验在梦想中成长的乐趣；第三份大礼是母校送给大家的生日蛋糕，鼓励孩子们不断地去创造和实现梦想。在音乐声中，由当天过生日的孩子和家长代表推出蛋糕餐车，其他孩子一边传递"生日（梦想）之光"，一边齐唱校歌《梦想之星闪闪亮》。当"生日（梦想）之光"在舞台中央点燃的时候，大家一起吹灭手中的小蜡烛，许下各自的心愿。随着生日礼炮的响起，小寿星们便开始和同学、家长、老师分吃自己人生中第一个十岁的生日蛋糕，庆祝自己步入了一个新的成长阶段。整个活动气氛热烈，孩子们在体验梦想的幸福仪式中认识到自己的成长，并自觉地规范自己的行为，用幸福去浇灌自己心中的梦想。

4. 炫丽灿烂的毕业典礼：实实在在地感受梦想的魅力

毕业典礼是学生在母校生活的最后一天。无论过去的六年学业成绩如何，小学阶段都是孩子们人生中最富有绚丽色彩的时光。小学的最后一天与第一天同等重要，甚至更为重要，因为这一天意味着他们都将告别童年而踏上更为艰辛的求学旅途，他们对未来、对学校生活充满幻想和希望。为了让学生尽情享受并记住这重要的一天，学校为他们准备了一场以"成长，飞翔"为主题的毕业典礼。"成长，飞翔"毕业典礼的特别之处主要表现在三个方面：一是活动人物。邀请从南海实验小学走出去的学生，有的是已毕业的历届优秀校友，有的是还在初中部或高中部学习的学长学姐，由他们进行"我因梦想而改变"主题演讲，讲述梦想对他们成长和人生发展的影响，让一个个真实成长的故事验证"梦想教育"的无穷力量。二是活动时间。一般的毕业典礼都安排在白天，而我们的毕业典礼却要等到夜幕降临时。我们会组织小学中最后一次"梦想之星"观星露营活动及颁奖典礼，随后在"梦想心愿瓶"中放入自己的梦想小星星，期待十年后再次回到母校聚会并参加开启心愿瓶的仪式。三是活动形式。常见的毕业典礼一般是公布毕业名单，表彰先进，最后宣布毕业，而我们的毕业典礼从校友梦想故事、观星祝愿到后来更成了一场礼花四放的"梦想舞会"：在操场中间搭起"梦想飞翔舞台"，校园燃起篝火，教师们从学校操场四周的不同角度绽放礼花，孩子们穿上特别印制了自己最崇敬的明星照片的毕业礼服，在此刻人生舞台的中央尽情欢跳，礼花的光芒映在着每个孩子灿烂的笑脸上，这是我们送给孩子们的美好祝福！

5. 文明生活细节教育活动：为"圆梦未来"奠基

我们在这些具有标志性意义的日子举行隆重而特别的活动，为学生"圆梦未来"留下终生难忘的美好回忆。在学生不断长大的同时，我们又无时无刻不在思考：我们想培养什么样的学生？我们给走进校园的一年级学生树立的未来六年的成长目标就是"有梦想、会自主、善学习、乐探究，做一个讲文明、守秩序、彬彬有礼的南海梦想好少年"，我们也通过各种方法与手段，尽自己最大的努力为学生"圆梦未来"奠基。

学校将文明生活细节教育作为学校的三大主干课程之一，根据学校及学生现状特点，从学生日常生活和学习生活两个方面罗列若干项文明教育内容，每一项内容由若干个生活细节组成，每一个细节制订明确的目标要求和操作规范，并以知行一致、积极鼓励、严慈相济为课程实施原则。针对不同学龄孩子的心理特点与行为习惯，学校分年级设立了南海实验小学德育培养目标，以习惯养成为目标，以自编读本《文明生活细节教育——生活在南海》与《学习生活好习惯》视频为教材，以集美卡的形式进行评价与点赞，同时与学校的五彩币兑换相对接，培养"讲文明、守秩序、彬彬有礼"的南海梦想好少年。

一是抓起始，重配合。开展"一年级新生入学教育月"活动，通过学军体验活动、一年级新生入学教育月成果展示等一系列活动促使一年级学生尽快适应小学生活，养成良好的学习生活习惯。二是创氛围，重指导。通过午间畅谈、国旗下讲话、班会课等多渠道开展"文明就餐""文明问候""文明行走"三大重点细节以及"升旗出操""上课习惯""劳动锻炼""文明课间""文明如厕""文明取水"等系列辅助细节的教育活动，逐步培育守秩序、讲规则、有担当、有责任心的现代公民意识和良好生活习惯。三是引合力，重延伸。根据"美丽行为好习惯"细节教育主题，开展了富有特色的每月家庭德育实践活动。合力构筑学生文明生活教育环境，使文明生活养成教育向家庭、社会不断延伸。四是抓评价，重激励。文明生活教育把学校教育看作学生的生活，让教育存在于新鲜丰富的生活中，从学生的真实生活出发，实施积极评价。建立定期评价与随机评价相结合、家长评价与学校评价相配合的多维度评价模式，探索"点赞卡"激励性评价和学生成长积分制的实施的有效性，以《美丽护照》连接学校与家庭，多角度评价促进学生文明生活习惯的养成。（如图14-3）

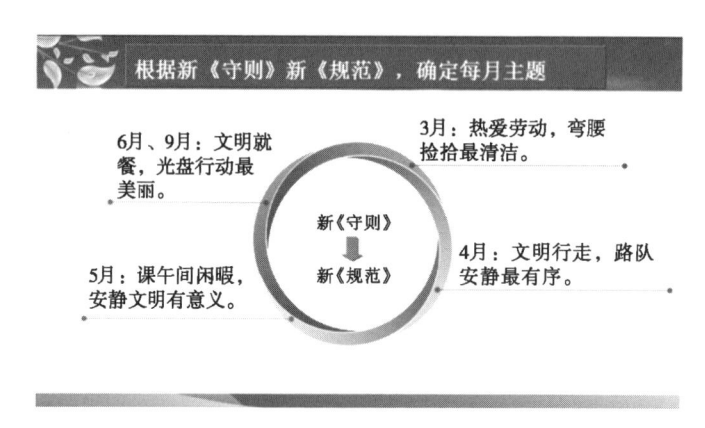

图 14-3 文明生活教育每月行规养成主题

文明生活细节教育一系列课程活动实施以来，我校学生的行为修养得到了良好的培育和发展，师生们在不同层次的活动中进行了经验分享与成果展示。2017年12月，我们的"校园集美品性培育"被评为舟山市十大德育品牌，同名教育视频获第十四届全国中小学校园影视校园新闻二等奖，这是对我们文明生活教育课程实施的莫大肯定与鼓舞。我们将一如既往地坚信：

生活即德育，生活即习惯，习惯即人生。通过文明生活教育，我们修炼学生优良的品性修养，逐步形成具有鲜明南海印记的师生行为文化，并为学生圆梦未来奠定最良好的人生基础。

南海实验小学自办学20多年来，先后荣获全国五一劳动奖状、全国科技教育优秀创新学校、全国未成年人思想道德建设工作先进单位、全国生态文明教育示范学校、全国STEM教育首批领航学校、中国少年科学院科普教育示范基地、浙江省模范集体、浙江省文明单位、浙江省先进基层党组织、浙江省清廉学校建设示范校、浙江省"三育人"先进集体、浙江省教科研先进集体等70余项国家级、省级荣誉以及舟山市社会满意学校等诸多市级荣誉。

坚持梦想，是办一所有教育梦想的学校的立足点；

坚持梦想，是办一所有教育梦想的学校的动力源；

坚持梦想，是办一所有教育梦想的学校的成长器。

我与老师、孩子们共勉：在一起，做自己，有梦想，去远方！

（作者单位：浙江省舟山市南海实验小学）

续写乡村教育的美丽"童话"

邵 瑞

2019年9月10日，习近平总书记在北京亲切会见全国教育系统先进集体和先进个人代表。这一年，绍兴市上虞区金近小学经过层层筛选，最终名列先进集体榜单学校。从一所濒临撤并的乡村小学蹒跚起步，金近小学用26年的时间，积蓄力量，破茧成蝶，书写了一个美丽的童话，提炼了"童话育人"的育人模式。作为这所学校的传承人和当家人，我用20年的倾情践行，助力学校荣膺2019年全国教育系统先进集体。

一、"童话育人"的实施背景

金近小学位于绍兴市上虞区崧厦街道，以我国著名儿童文学家金近先生名字命名。金近小学创办于1927年，几易其名，2000年启用现名。金近小学原名四埠小学，是一所镇属中心完全小学。学校办学过程中，有一段时间不重视研究教育对象，忽视儿童的认知特点；不重视研究教学方法，忽视教育教学的规律。教师苦教、蛮教，学生苦学、蛮学，造成了学生学习兴趣低下，甚至有个别学生出现了严重的厌学情绪。为扭转这一局面，1996年，何夏寿担任校长后，决定利用童话转换育人模式，开展"童话滋养童心"教育实践。理由有以下三点：

一是儿童喜欢童话。心理学研究表明，幻想是儿童的天赋和本能。童话因其丰富的想象性、精彩的故事性深受儿童的喜爱。小学教育是儿童教育，用童话滋养儿童，开展儿童教育，是对儿童生命的尊重，也是对因材施教最好的诠释。

二是童话蕴含了丰富的教育资源。童话对儿童认知的增长、想象的开启、审美的提升、心性的陶冶乃至文化的理解和传承，具有十分丰富和积极的价值。

三是学校有得天独厚的资源。学校地处我国著名儿童文学家金近先生的故乡，开展童话教育可谓因地制宜。学校有一批喜欢儿童文学、热爱儿童文学教学的教师，如何夏寿校长喜欢童话，具有童话创作特长。用童话开展教育，正是扬其所长，水到渠成。

运用童话开展教育可以育德、增智、促思、益乐，充分体现了儿童教育的趣味性、发展性和针对性。具体来讲，它有四大作用：一是有助于激发学生的兴趣，愉悦身心；二是有助于陶冶学生的性情，丰富生活；三是有助于学生感知生活，开阔视野；四是有助于激发学生的想象，增长智慧。学校因地制宜，挖掘金近先生的人文资源，集聚办学资源，形成办学合力……正是基于学校发展现实和童话的这些功用，学校自1996年至今，开展了长达28年的"童话育人"教育实践，经历了四个发展阶段：

童话教学阶段。1996年至2000年，是我们"童话育人"教育实践的起步阶段，确切地讲是童话写作教学阶段。在何夏寿校长的带领下，学校成立了小鲤鱼文学社，孩子们在知名刊物上发表了500多篇童话作品。

童话教育阶段。2001年至2005年，在第八次课程改革的大环境下，我们不满足于仅仅将童话作为写作的单一目标，而是将童话作为开展素质教育的载体。2001年年底，我们明确提出了"童话育人"口号，各学科自觉地、合理地运用童话开展教学。

童话课程的建构阶段。2006年至2011年，我们重点研究如何从童话中汲取教育资源，用整合和跨界的思想开发各门课程。学校先后开展了"我们爱童话""童话在小学各门学科中的实践"等研究，编写了《童话》教材。

儿童文化经营阶段。2012年至今，我们站在儿童的角度，进一步深化和拓展童话内涵。对童话从内容到形式、从精神到价值进行了全面的开发，形成了集智、趣、情、美为一体的童话文化。

二、"童话育人"的思想内涵

卢梭说："大自然希望儿童在成人以前就要像儿童的样子。如果我们打乱了这个次序，就会造成一些早熟的果实，既不丰满也不甜美，而且很快就会腐烂……"综观当前，我们的不少儿童在成人的预设和期盼中早早远离童心，我们的教育教学也随之成人化、功利化、程式化。所有这些都在告诫我们：教育，尤其是小学教育，需要"童心哲学"思想的观照，让儿童站在教育的正中央。

人生的每个阶段都有着独特的价值，童年的意义绝不仅仅为了长大成人。教育不仅是让学生学得知识，而且要关照他们的情感，丰富他们的童年，愉悦他们的精神；教育不仅是为了学生未来的发展，而且要让他们享受今天的幸福、当下的快乐。

周作人先生曾说："儿童既不是缩小的成人，也不是成人的预备，而是内外都区别于成人的拥有独特生命的人，他的代名词叫童心。"那么童心是什么呢？童心是诗意的、游戏的、梦想的、好奇的、探索的，是从天性的无意识逐步迈向有意识，是历史沉积，是转变，是生长。而童话蕴含着人类童年的精神气质，带着人类童年特有的思维印记。让童话滋养童心，用童话开展教育，是真正意义上的儿童教育、生本教育。

育人理念说——"童话滋养童心"意在"激趣"。立足学生所喜爱的童话故事，跳出童话的文本范畴，沟通童话与儿童教育之间的联系，建构具有鲜明"童话"风味的育人模式。这里的"童话"，已经不是纯文学意义上的童话，它代表着童心、童真、童趣的儿童主张，象征着诗性、自由、超然的童话精神。

育人方法说——"童话滋养童心"贵在"滋养"。滋养追求的是无痕，是润物无声。它没有空洞的说教，它更不需要枯燥的训练。学生在童话所搭建的各种教育活动中，真切地感受生活的温暖、人性的高贵。

育人目标说——"童话滋养童心"旨在"童心"。无论是老子的"复归于婴儿"，还是华兹华斯的"儿童是成人之父"等，中外无数教育家把儿童视作精神生命的最高境界，都以儿童喜欢、乐意接受为重要依据。这也昭示着教育首要的意义是聆听儿童，张扬儿童生命，开启儿童智慧，培植儿童想象，让教育像"童话"般地呵护童心，护卫童年。

三、"童话育人"的实施路径

（一）把童话融入精神里：让校园更生动形象

学校精神是校园文化中的深层文化，是学校的本质个性和精神面貌的集中反映。因此，我们始终倡导把建设活泼自信、团结合作、开拓进取、乐善好美的校园精神作为办学特色的内核。

用什么样的形式使抽象的、理性的学校精神，成为具体的、物化的，足以激励、教育儿童的形象物，使学校精神群体化、具象化？为此，我们进行了一系列"面向本校、来自本校、服务本校"的"校品"研究和开发。

童话校训。我们从童话中提炼了"我真、我善、我美、我新"这一校训，与金近先生的童话《小鲤鱼跳龙门》连环画一一对应。"真善美"是童话的代名词，更是和谐教育、人本教育的前提，是培养一代新人的目标。而"新"，体现了人类生活和生存的与时俱进性。我们认为，金近先生的童话《小鲤鱼跳龙门》中的小鲤鱼，就是凭着率真的想法、友善的关爱、纯美的行为、创新的实践，跳过了高高的龙门。对于这个故事，孩子们耳熟能详，百读不厌。我们将抽象的校训、育人目标和有趣的连环画放在一起，相互并存，情趣盎然，使校训、育人目标的实效性得到了极大的提升。

童话校使。我们选择了《小鲤鱼跳龙门》中的小鲤鱼作为学校形象大使，请学校教师和学生一起设计了"小鲤鱼"的卡通形象，在校园的各类建筑物上挂起各种造型的小鲤鱼，有读书的小鲤鱼，有唱歌的小鲤鱼，有跳舞的小鲤鱼等。学生胸前佩戴的是小鲤鱼造型的校徽，班级开展的是"小鲤鱼跳龙门"活动，学校颁发给学生的是小鲤鱼奖章——小鲤鱼成了金近小学特有的文化符号。

童话校标。校园标语最容易为学生课余饭后所诵读。我们坚持校园标语能让学生愿意读、能读懂、喜欢读这一基本观点，创作了一批极具儿童化的标语口号。如：迎着晨风说，今天，我会努力；踏着夕阳说，今天，我有长进。

风也文明，雨也文明，风雨伴我跳龙门……

童话校歌。童话化的校园文化，催生了童话化的校歌。"彩虹桥闪灯火，太阳帆挂云朵，跳龙门的小鲤鱼来带路，我们一起走进金近小学，走进童话王国。小猫钓鱼的故事很美很美，公鸡上天的传说越讲越多。小鸭子学会了游水，带着我们游向那欢乐的银河，金近小学，今天的童话走进你和我，金近小学，明天的童话更美也更多！"歌词文字显浅，好记易懂，与其说是一首校歌，不如说是一个生动活泼的童话故事。

（二）把童话种在环境里：让学生更喜欢校园

马克思说："人创造环境，同样，环境也创造人。"环境育人历来是教育的重要形式。学校充分利用校园环境，考虑儿童、知识、社会三个维度，以童话为主线，借鉴公园布景的规划，利用草坪、长廊、小路、地面等空间建构"童话＋N"环境课程，形成了"三园三馆三十室"的办学氛围，把"童话育人"的理念体现在学校的每一个空间中。

童话＋广场。根据《小鲤鱼跳龙门》的主要情节，学校对广场进行童话化的布置。广场正中间是"童话爷爷"金近，两侧是跳跃的小鲤鱼，地上是童话作家串起的世界地图，使学生一进校门就能呼吸到率真、超然、诗性的童话气息。

童话＋长廊。学校在校内道路建起多个长廊，长廊顶棚有"美德故事"宝葫芦，两侧有"生日故事"转转桶，地上有"想象故事"七彩凳；还有榜样故事长廊，长廊边建有应景的主题小屋。

童话＋厅堂。学校的门柱、门厅、小剧场、图书馆、纪念馆等都以童话为基调，围绕"小鲤鱼、浪花、水泡泡"等校本元素，进行了童趣十足的布置。如学校的门柱上，安装了两条用红色大理石雕刻而成的小鲤鱼，既向人们展示了小鲤鱼这一金近小学形象大使积极进取、快乐生活的精神风貌，更寄寓全校师生学习小鲤鱼，敢跳大龙门，实现了"此时无声胜有声"的教育意义。

童话＋教室。教室是一个建筑空间，但它同时又是师生教学互动、达成育人目标的重要场所。对于教室布置，我们要求各班必须树立"童心、童趣、童真"这一儿童教育思想，在标语口号、板报编写、墙面布置等各个方面，尽显童话特色。每个学期初，我们对各班的班容布置从内容是否具有特色、设计是否活泼、张贴是否富有童趣、布置是否体现自主等方面进行专项评比。如各班纷纷推出了"看我龙门跳得高"文明小鲤鱼评比栏、"我是勤劳小蜜蜂"阅读园、"黑猫警长在线"值日窗等班容布置内容，形式生动有趣，处处彰显童心。

童话+草坪。学校将校园里的4个草坪，布置成4个充满童趣的景区。"金近童话作品园"中的所有植物被修剪成栩栩如生的动物造型，或大或小，或动或静。人与人、人与自然的相处是那样亲密无间，情愫相通。"世界童话园"，学校从山里运来了大石块，请学校绘画社的孩子们根据石块造型，将其组合后，在石块上绘制了10个经典童话故事。

童话+墙面。学校对校园内的白墙进行了儿童化的布置，如校园围墙民间故事墙、纪念馆后的历史民俗墙、西操场的小鲤鱼健身文化墙，在白墙上淋漓尽致地展现了童话的认知功能、教化功能、审美功能。

童话+地面。学校在草地上开辟了"小鲤鱼走长征"路，用大理石刻制了长征中的几个著名地名，镶嵌在园中的小路上，配以书体造型的事迹介绍，让学生直观地了解长征这一举世闻名的壮举。同样，纪念馆北面的"小鲤鱼游中国"路，让学生在唱游中领略了祖国5000年的文明发展史。童话上天入地、穿时越空的表现手法，与孩子的思维达成了天然的一致。

童话+楼梯。教学楼就是一个中国文化博览馆，是一个爱家、爱乡、爱国等主题活动的重要阵地。学生们一起唱游中国，了解中国文学、中国戏曲、中国粮食、中国省会、中国民俗等许多知识。

此外，我们还创设了"童话+池塘""童话+花坛""童话+厕所"等"童话+N"环境课程建设，就连学校操场边的垃圾箱，在师生们的集思广益下，根据垃圾的分类，也被做成了童话故事"三只小猪"的三个房子。可以这么说，校园已是一本全天候敞开的大书，到处跳荡着灿烂的童心，弥漫着儿童文化的芳香。在这里，自然与人文，游戏与认知，诗性与现实，得到了极为和谐的统一。

（三）把童话乐在德育里：让活动更有趣味性

多年来，我们所追寻的德育思想是"德化"。学校应当把向学生传递的道德知识、道德价值等，做成糖一样的好东西，然后分送给学生，让他们在品尝的过程中，提升道德素养，从而学会做人，同时提升童年生活的甜度。

创设童话德育载体。我带领师生们走出传统德育只重课堂的狭隘模式，将整个校园童话场景作为鲜活的德育大课堂。几个树桩、几条长凳，搭起了故事演讲的舞台；自己设计头饰、服装参加"走进童话王国"表演；阅读喜爱的童话书，跟着小鲤鱼畅游书海；小山坡变舞台，绿草地作看台，一起和布谷来赛歌；征集课间童话小游戏，举办童话游戏节；浓缩书本内容，画成图，制作成一本本创意图画书。运用童话，将诸多德育内容（目标）建在广场中、放在水塘里、画在墙壁上、种在草坪里、刻在地面上、嵌在小路旁、挂在长廊下，这里的一馆一厅、一树一草、一路一道、一池一塘、一墙一壁，处处皆是德育，极具儿童心。

建构童话德育体系。为改变传统德育重知识传授、轻实践锻炼的现状，我根据学校办学特色，制订了"小鲤鱼跳龙门"童话德育体系。根据不同年级德育目标的不同要求，分解成6个德育学段；并开设了"读的童话、讲的童话、写的童话、唱的童话、画的童话、演的童话"等菜单式的童话德育课程。我们根据学生的年龄特点和心理特征，从挖掘童话内容、借助童话形式、深化童话想象特性等不同的层次上开发童话，增添主题活动的趣味性、实效性。通过聆听"桌椅哭泣了"的故事，使学生从小养成爱护公共财物的习惯；举行"粮食家族大聚会"活动，让学生懂得粮食来之不易的道理；开展"我给小树当保姆"实践，让学生和花木交朋友；创设"小鲤鱼重返故里"情境，让学生学习小鲤鱼的品质，改正自己的不良行为，充分发挥了学生的创造性，提高其自我教育的能力。以此，学校将德育目标寄寓于童话，开展童话化的德育活动，实施童话化的德育评价，充分体现了童话对儿童个性的尊重，对儿童生命的关照。同时，还大大调动和激发了学生参与德育活动的兴趣，提高了德育的实效性。

创新童话德育评价。在浓郁的童话氛围中，巧用童话评价机制，激励学生不断挑战自己，使评价具有童趣性、激励性、实效性。德育评价是新时期培养青少年良好行为自觉性的基础，也是学生认识自我、发展自我、展示自我的潜力所在。我们注重评价过程，强调评价主体的多元化、评价内容的综合性和全面性、评价标准的合理性以及评价方法与手段的多样性，让学生们享受收获的喜悦、享受进步的甜蜜、享受成长的快乐，使每一个学生的身心都充满生机、喜结硕果。如学校为及时评价学生的一切行为细节、点滴进步，将中外著名童话作家的生平简介制作成书签，由班主任或任课教师用于学生个体在各方面美德实践表现的评价。学生集齐10张书签就可得到1枚"银色小鲤鱼"，集齐3枚"银色小鲤鱼"就可得到1枚"金色小鲤鱼"，并将其与学生期末评优工作挂钩。在校园传统的"美德宝葫芦"实践活动中，学校设计推出了一套校园美德币，以葫芦为造型，绿、蓝、红、黄等五种颜色的葫芦分别为1—5美德币。学生通过兑换获得书签、奖章，参加月美德小鲤鱼评选，开展捐赠在家闲置的玩具书籍等爱心活动获取美德币。这些评价举措，有利于促进学生们养成良好品行，激励学生养成勤奋、节俭、善良等美德。校园里开通"美德热线"，开设"葫芦信箱"，开展精彩纷呈的"美德夸一夸""美德学一学"活动，让大家一起重温一个个美德小故事，让越来越多的学生成为收集美德信息的有心人、传播美德的热心人。

（四）把童话写在课堂里：让教学闪烁着"童心"

儿童是什么？儿童需要什么？儿童喜欢什么？这是我们在"童心哲学"思想指引下的"童心课堂"首先要解决的问题，利用童话与儿童天然的联系，展现童话的品格和魅力，发挥其文化养料作用，滋养学生的精神世界。这要求我们在开展教学时，不仅要充分考虑知识的形成过程，更要考虑学生的个性、兴趣和潜能，同时要详细分析学生的知识基础、学习态度、习惯与能力、生活经验与学习环境等要素。它要求我们，以儿童的发展为中心，顺应儿童天性，关注儿童心灵和精神的成长。一句话总结就是：让儿童站在课堂的正中央。

聚焦"童心课堂"的深层意蕴。我们深知童心教育是真爱的教育、个性的教育，又是智慧的教育。我们将关爱与呵护、善意与宽容、尊重与成全尽量给予每一个生命，让学校真正成为"爱的学校"；童心哲学让我们明白必须尊重生命的自然状态，尊重儿童生命的自主、自由和独特，相信儿童潜力无限，人人都会创造，并执着地用我们的教育智慧去点化、润泽、开启每一个纯真心灵，让学校成为师生同构的充满教育智慧的"精神家园"。在实践过程中，教师围绕"进一步清晰内涵定义""对接关键信息的前后逻辑""梳理语义表述中的内在逻辑层次""调整课堂探索的实践路线"等问题进行思维碰撞，制订出台了"童心课堂"实施指南。各教研组遵循指南要点，分学科制订教学建议，把握行动理念，为构筑学科"童心课堂"把准方向，及时修正在实施过程中的教学理念和教学行为，进一步明晰了三大特点：一是将课堂建设与学校的办学哲学、童话育人的文化特色相对接，使课堂教学真正融入学校文化建设，成为学校特色文化建设的一个重要组成部分；二是课堂建设指向"立德树人"的根本任务，站在学科育人的立场探索学科教学，真正发挥学科育人的价值导向；三是将课堂建设建立在"中国学生核心素养的框架"下，合乎时代发展的需要。

教育是关爱生命发展的行为，所以说童心课堂是生命化的课堂，这是"童心课堂"的基本特征。童心课堂是生活化的课堂，教育即生活，课堂就是儿童生活的场域，童心课堂要依归儿童的世界，要让课堂教学贴近儿童生活、贴近社会生活，构建丰富多彩的多元课堂文化。童心课堂是活动化的课堂，我们顺应儿童亲近大自然，好奇、好动等生命特征，构建以多维互动与动态生成为特征的课堂活动，引发课堂的动态生成，把关注学生知识、情感、能力、智慧的形成置于多维互动学习的活动中。童心课堂也是思辨化课堂、现代化课堂，运用线下与线上教学方式，充分发展思考力，发掘思想方法论的价值。我们注重多种教育资源的整合，让儿童走出课堂，走向大自然，走向社会，经风雨、见世面。通过观察思考、调查访问、动手动口、团队合作，在实践中开阔视野，增长才干，把儿童从过严的规训中解放出来，使课堂成为真正的"儿童之家"。

深化"童心课堂"的研究行动。从文化的角度来看，童心课堂的文化属性更多地体现在"游戏文化"。童心课堂因为游戏而有趣，因为新奇而生动，因为未知而好奇。在具体的实践过程中正视这些先验的教学资源，提升童心课堂的教学实效。

拓展儿童化的教学资源。教师充分认识到同样一件事、同样一个景，在成人和儿童眼里，是存在着巨大差异的。儿童不是缩小的成人，而是异于成人独特生命的存在。在日常教学中，我们守护童心，以童心为逻辑起点，在各门课程标准的指导下，理性、合理、灵活地开展教学，使用教材，提升教学的性价比。

形成儿童化的教学语言。"童心课堂"中教师的教学语言应当贴近儿童，符合儿童的心理特点、语言习惯和接受水平。儿童化教学语言的最大特点：一是言语显浅。只要能将意思表达清楚，越简短越口语化越好，一、二年级的教师少用成语等比较深奥、概括性的语言。二是言语有动感。教师在表达过程中，选用拟人、比喻、夸张等手法，施展绘声绘色的描述技巧，来激发学生对新知识学习的兴趣。三是言语富于画面，有形象感。言中有画、言中有意，尽可能让学生感到言语中有色彩，把枯燥乏味的概念、定理，通过转化而成为生动、有趣的形象。

创设儿童化的教学情境。"童心课堂"需要创设一个儿童喜欢、熟悉的教学情境。在情境的创设上，努力体现童趣。教师在备课过程中充分理解教材，并根据教学内容，精心设计教学情境。常有的儿童化教学情境如故事法、问题法、展示法、小品法、抢答法等。另外还根据教学的需要，在学生座位上摆放一些必要的学具，供学生动手操作，使教学更富情境味。

开展儿童化的教学评价。好孩子都是夸出来的，积极正面的评价对儿童的成长有着巨大的影响，爱的教育是无数中外教育家的成功体会。"童心课堂"的评价秉承其精髓，坚持以肯定性、表扬性评价为主，体现对儿童的赏识和激励。教学评价既追求知识与技能、过程与方法、情感态度与价值观等方面的多元性，又拓展自评、生评、师评相结合的多向性。评价具体，有一定的指向性，合理选用即时评价与延时评价。评价时根据儿童在某一阶段的心理需求，有针对性地开展评价，不断激发其学习热情。

设计儿童化的课堂作业。根据儿童的心理特征和发展需求，合理选择作业的内容和形式，注重作业设计的针对性和层次性，提倡探究性、开放性和生活化的作业设计。根据需要布置调查、游戏、设计制作、数学日记等实践性作业，根据不同作业样式给出不同的时间要求。发挥作业的激励功能，除了运用一些约定俗成的符号进行批改之外，还通过生动有趣的故事，让学生乐于接受。

探究"童心课堂"的教学方略。"童心课堂"的推进目的在于实现从教师的"教"走向学生的"学"，让学习从被动的"学答"走向能动的"学问"，我们用心建构"童心课堂"的教学体系、精心创建"童心课堂"的范式，并尝试开发适合各学科的操作系统。根据教学方略的特点，相应产生了一些适合儿童心理的学习模式。主要如下：

以问题探究为主的探究式教学。问题探究是学习的一种基本方式，人们求知的目标总是指向未知领域，从未知开始，利用已有知识和经验"疑问—探究—试错—再探究—感通"，最后达成已知。儿童天生具有探索外在世界的强烈需求，以自主探究为主要形态的课堂则满足了儿童的这种需求。

以自主学习为主的学导式教学。学导式教学是童心课堂的主要方式，意在发挥生命教学中的主体作用，强调主体间的多维互动，彰显学习者内在学习动力。学导式教学模式是一种开放的、互动的教学结构，并注重以生为本、以学定教。教师教学开放的结果必然带来"互动"，引发相互影响、启发、激励与推动。这种开放、互动的教学结构既使课堂教学氛围生动活泼，又使学生能体验到成功的喜悦，让学生成为学习的真正生命主体。

以情境体验为主的情境式教学。体验是儿童生命成长不可缺少的独特感受，通过心灵体验达到主体和对象的融合，达到认知与情感的和谐统一。但是体验需要有一定的情境诱发和支持，方能成为"情境体验"。探索情境体验式教学流程，顺应儿童富于想象，乐于表达、表现的心理特征。通过创设情境，让学生参与其中，进行角色体验，寓教于乐，在角色活动和游戏之中体验、感悟、整合知识、调节情感。

当然，这只是几种主要的教学方略，其他如分组讨论为主的互助式教学，以学习实践为主的综合式教学，以任务研究为主的课题式教学，以云上学习为主的在线式教学，等等，都是适合童心、富有吸引力的教学方略。

（五）把童话化在乡村里：让文化真正活起来

合作皆因美而共生。学校是教育的，但最终是社会的。早在2000年，我们就对办学目标进行了定位：乡村儿童幸福生活、健康成长的童话公园；乡村百姓感受教育、享受文化的精神家园。牢固树立"社会即学校"的理念，用开放的姿态，带着童话进乡村，让童话深度参与施教区9个村的乡村文明建设。

营建校园文化，助推美好乡风。环境育人是教育的重要形式。浓郁的校园环境文化在一定程度上影响着乡风文明的提升，通过学生带动家庭、辐射乡村，促进乡村文明的提升。学校倡导运用广为学生所喜闻乐见的童话，充分挖掘童话中的认知、娱乐、教化、游戏、艺术等多种功能，通过这"土家菜"般的校园环境文化的熏陶、濡染，让学生们走出校园、走进乡村、走进家庭，向村民们介绍新时代的乡村文明，引领村民们改变生活陋习，杜绝不文明行为，真正做到学在学校，美在乡村。

学校立足乡村，挖掘乡贤资源，借助童话形式，让师生置身于团结友善、生动活泼、文明向上的集体当中，感受乡村魅力，走进乡村名流，激发建村动力。学校开展了很多爱乡教育活动：每周一的升旗仪式中开辟特色栏目，如"农事讲坛"，学生用拟人化的口吻，讲好四季变化对农事和农作物的生长的影响，在乡村孩子心里从小建立对乡村家事农作物的感情；学校开辟一堵"童眼看家乡"文化墙，采用图文并茂的方式，介绍本校学生所在地的行政村的地理位置、经济情况、特色产业和农副产品；学校还邀请新农村建设的领头人、专业种田能手、身边优秀共产党员作为学校的客座老师，指导开展学校各项教育活动，邀请他们上新学期的"开学第一课"，开展榜样学习故事演讲赛、动漫画设计比赛等。

开放教育内容，濡染乡土文化。乡土文化注入教育的功能，通过对乡土文化的挖掘利用，学生得到文化的滋润，在传承文明的过程中促进自身的全面发展，将农业的文明发扬光大。学校每学期举办一次乡村童话文化节，内容包括24场农事种植、生长知识讲演、编麦秆扇、搓草绳、包粽子、打年糕等，在这些传统活动的开展过程中,我们融入了童话元素。如学生将麦秆扇组合做成孙悟空三借芭蕉扇,将年糕做成小鲤鱼跳龙门的故事场景,等等。寒暑假,学校开展"童话故事进乡村"活动,让学生给村民讲演童话故事、唱童话歌曲、画童话想象画……这样既能丰富学生们的童年生活,又能激发学生知农、爱农、兴农的情怀,懂得了从现在开始,从小事做起,感恩乡村,热爱乡村,长大立志弘扬乡村文明。

民间文化是一个极为广阔、深邃的空间,是课程资源开发和利用的极好场所。学校通过不断拓展和深化儿童文学教育的内涵外延,开展民间文学教育活动。我发动全校师生、村民广泛搜集民间童谣、民间童话、民间谚语、民间笑话等,编辑成册,积极引导学生参与村里的庙会、中秋晚会、清明包艾饺、家乡方言比赛等民俗活动。在此基础上,语文教师巧妙、灵活地利用民间文化资源,开设民间童话教学课;音乐教师利用熟悉的旋律教学生编唱起了地方童谣;体育教师在课间组织学生们玩起了跳房子、跳大绳等民间小游戏……这些带着泥土芳香的民间文化资源在现代课堂、乡村校园大放异彩,启迪了学生萌发爱家恋乡的情怀,让学生对民间文化产生了深厚的情感。

开放教育服务,创新"春泥模式"。"春泥计划"是学校教育和家庭教育的延伸和扩展,从而较好地形成了"学校、家庭、社会"三结合的素质教育网络,我们以丰富乡村学生精神文化生活为切入点,精心设计丰富多彩的文体活动载体,让学生在娱乐中得到教育,积极传承乡土文化。相约美丽乡村,共话学生成长。我们通过"童话故事进村""童话活动下村""童话形象立村"等措施细化服务,优化活动载体,实现资源共享、联创共赢,积极进行未成年人思想道德建设工作。每一个寒假、暑假前,我在征求各村"春泥计划"实施负责人意见的基础上,要求相关处室制订好社区活动方案,确定好主题教育和常规教育。活动中,我们紧扣学生身心特质,以童话为载体,开辟道德讲堂、农家书屋、开心农场等活动阵地;开设手工制作、棋类辅导、民俗文化、趣味英语、名人轶事、安全知识、生活科学等多元化"春泥"套餐,安排学生参观生态农业基地和高新技术企业,开展情景体验、模拟练习、知识小竞答、实例观摩、娱乐表演等一系列主题活动,以此激发学生们参与"春泥活动"的兴趣,着眼于培养学生爱家爱乡情感，努力满足他们求知、求新、求乐、求美的需要，并以此把"春泥计划"实施工作引向深入，不断扩大影响。

我们按照特色浓、参与广、重延续原则，充分挖掘童话在内容、形式、精神上的各种元素，注重设计有特色、有亮点的"春泥"活动项目，以此促使共建村文明乡风、和美民风的转变，凸显"春泥"活动一村一品牌的亮点。学校正视这一点，利用当地前庄村的金近先生故居，组织学生开展"金近故居童话游"活动；利用雀嘴村水产经销旺的特点，开展"家乡的海特产"活动；祝温村结合文化创意村及乡风文明建设，开展"相约美丽乡村"乡村服务体验活动等，如从2011年起祝温村每年开展"十佳好少年"评选，至今已是第12届，积极引导村里的学生们从身边小事做起，陪伴于伙伴身边、活跃于校园活动、服务于家庭社区，用自己的实际行动争做真善美的社区好少年。同时，学校积极投身参与美丽乡村建设，与施教区各村建立起文化共建合作：我们帮助施教区各村设计了村徽、创作了村歌、撰写了村联、设立了村史陈列室、布置了村文化长廊、改造了村农事体验园，把一个个文化沙漠打造成新农村文化样板村，助推施教村成为全国先进基层党组织。

四、"童话育人"的实践成果

金近，创作了无数优秀的童话。而金近小学，正沐浴着新时代的春风，续写着一个又一个美的教育童话。浸润在童话芬芳中，金近的孩子变得那样活泼、自信；沐浴在童话的雨露里，金近的孩子心灵放飞，文思如涌。2000年至今，学生在省级以上报刊上发表童话作品3000余篇。以学校童话教育为原型，特级教师何夏寿创作了《天天玩童话》《天天当助理》《天天种太阳》系列儿童小说，受到了全国各地师生的喜爱。

童话教育，极大地促进了学校的发展。金近小学已从28年前破旧不堪的乡村完小发展成为集乐园、花园、公园于一体的名校。学校先后荣获浙江省童话教育特色学校、浙江省作文教学协作学校、浙江省示范小学、浙江省名师培养基地、全国示范书香校园先进集体等40余项国家、省、市级荣誉。学校现为浙江师范大学教学实践基地、浙江教育报刊总社"名师成长实践基地"。2011年起，学校还积极助推绍兴市上虞区人民政府和文化部中国儿童文学研究会、团中央中国少年儿童新闻出版中心签订了面向全国的儿童文学金近奖。每两年举办一届，已成功举办了六届。

"我要以童话的真善美来开展教育，以满腔的热情，牵着学生们的手，把学生带进美丽的童话世界，把他们培养成为求真、求善、求美的人，让他们中的每个人每一天都能感受到童话的美好，去追求童话般美好的生活。"这是我一直想做，一直在做，也会一直做下去的事情。

（作者单位：浙江省绍兴市上虞区崧厦街道金近小学）

生长教育：让每一个学生自主生长

葛敏辉

东阳市吴宁第五小学（以下简称"吴宁五小"）始建于1994年，通过20多年的办学实践，学校培养了一大批优秀教师，也先后获得全国艺术教育先进学校、全国红旗大队、全国语言文字规范化示范学校、全国绿色教育先进学校、浙江省示范小学、浙江省教育科研先进集体、浙江省艺术特色学校等40多项省级荣誉。2018年2月，我担任吴宁五小校长。"吴宁五小应该办成一所怎样的学校？我们要把吴宁五小的孩子培养成什么样的人？吴宁五小需要我做什么？"这是我反复问自己的三个问题。儿童充满着生长潜能、探究欲望，学校一定要尊重学生的成长规律和发展需求，提升学校教育理念和改善办学路径。几经论证后，我们确立了"让每一个学生自主生长"的办学理念，一切以学生自主生长为导向，确定"师生们在学校里能获得更好的、主动的、个性化的发展，把学校打造成为师生留恋、共生共长的家园"的办学目标，形成了"生长教育"思想。

一、"生长教育"的内涵与价值

习近平总书记指出："培养什么人、怎样培养人、为谁培养人是教育的根本问题。贯彻党的教育方针，落实立德树人根本任务，培养德智体美劳全面发展的社会主义建设者和接班人是新的时代要求。""生长教育"是尊重生命、培养生命、成全生命的学校教育，关注的是学生独立生命自主而充分地生长，是立德树人的校本化实践。

（一）"生长教育"的内涵解读

"生长教育"，即用"生长"定义教育，将儿童的立场、体验、收获作为一切工作的出发点，将独立生命的自主生长作为教育美好愿景，将唤醒和促进儿童自由、自信、自主地生长作为教育的神圣使命。

卢梭早在18世纪就倡导教育要归于自然，产生了"教育是生长"的判断，他认为人的天赋本能是一种自然生长的过程，教育要服从自然的永恒法则，适应儿童的天性发展。杜威在《民主主义与教育》一书中提出了"教育即生长"，教育就是促进儿童本质生长的过程。我国著名教育家叶圣陶先生也曾说，教育是农业，学生跟种子一样，都是有生命的。所谓办教育，最主要的就是给学生提供充分的、合适的条件，让他们自主成长。华东师范大学袁振国教授在《生长：教育的另一种定义》一文中明确指出："生长是生命的共同追求，是教育的应有之意。求知是每个人灵魂里固有的能力，生长是教育的孕育。人与生俱来是一个丰富的生命体，具有各方面的才能和禀赋，教育有责任让这些禀赋茁壮成长。"吴宁五小提出"生长教育"，正是基于教育本真和时代需求的实践探索，也是把理论融入时代召唤和校本实际的具体化操作，把教育视为生命舒展、多元发展、自主成长的过程，以此重新定义"生长"的内涵和方法，让学校成为生命拔节的乐园。

"生长教育"包含着"生命、生态、生长"三个维度。其一是"生命之维"。学生是教育的主体，教育的根本目的是培养人。学校教育必须以学生为本，把学生的生命成长作为一切工作的基础和归宿。生长教育关照每一个学生的独特需求，欣赏每一点进步的付出和精彩，肯定每一个明天的希望和光明。其二是"生态之维"。学校通过创建促进学生生命成长的环境，提供推动学生自主发展的平台，营造激励学生主动上进的氛围，让生命成长在适宜的生态里自然发生。其三是"生长之维"。教育是一个慢过程，也是一个自我突破的过程，昭示着每个学生都能释放自己内在的潜质和表达独特的精彩，生长教育强调每一个学生都能持续超越自己，能各美其美，各放光彩。由此，我们把"生长教育"总结为生命在场、生态育人、生长不息。生命在场是前提，生态育人是途径，生长不息是目标。

（二）"生长教育"的价值追求

"生长教育"的核心理念是"让每一个学生自主生长"。"每一个学生"强调的是"尊重生命，因材施教"，教师的使命和责任就在于尊重不同并发展不同。"自主"强调的是"唤醒自觉，保持内生"，突出人的生长性和主动性，教育的重点在于培养学生内省内生的能力。"生长"强调的是"遵循自然，向阳而生"，每一个生命都蕴藏着独特的潜能和密码，教育就是要唤醒生命、激扬生命，让每个学生都能按照自己的节奏释放天性、绽放精彩。

"生长教育"不仅注重学生的知识与能力的自主生长，同时在明德修心、善学笃行上强调自我教育、自我发展；不仅培养学生的家国情怀和社会担当，也注重培养他们的国际视野和健康身心，以"现代公民"来突出"担当中华民族复兴大任的时代新人"的内涵。吴宁五小探索的"生长教育"强调的是儿童由内而外的突破和息息不断的拓展，强调了人的生命性、自主性、差异性。"让每一个学生自主生长"，不仅帮助学生健康其体魄、文明其精神，达到健康成长，而且因材施教、因势利导，引导学生按照适合自己的方式主动发展，全面生长。

二、"生长教育"的实践路径

我们以"努力办成办学条件高品位、教育内涵高品质、师生素养高品性的浙中名校"为办学愿景，以"培养懂感恩、善学习、保健康、会审美、爱劳动的现代公民"为目标，以"生长课程"为平台，孕育"生长文化"，培养"生长团队"，打造"生长课堂"，实施"生长评价"，助力"个性生长"。我们聚焦学生的生长质量，全面推进课程建设、教学变革、评价改革、教师培养、环境创设和家校社协同育人等方面的探索性实践，形成了校本化的"生长教育"实践体系。

（一）"生长课程"——优化高质量生长的活力源泉

要让学生拥有充足的生长活力和资源，需要对我们的课程建设进行梳理和设计。我们以"让每个学生拥有生长力和获得感"为目标,以课题研究为抓手开展课程建设。

1. 对标生长教育内涵,重构已有课程体系

根据生长教育的培养目标,我们以"5+N"的模型构建了生长教育课程体系。

(1)"5"个课程群。

聚焦培养学生核心素养,对国家课程进行校本化整合实施,将国家、地方、校本课程整合成阅读与表达、思维与探究、艺术与审美、体育与健康、礼仪与品格5个课程群。

阅读与表达是将国家课程的语文与英语整合成课程群。

思维与探究是将国家课程的数学与科学、信息技术整合成课程群。

艺术与审美是将国家课程的美术与音乐整合成课程群。

体育与健康是将国家课程的体育与地方特色游戏及体育团体活动整合成课程群。

礼仪与品格是将国家课程的道德与法治、综合实践活动及学校的仪式教育、大型教育活动、节日庆典等有机整合成课程群。

(2)"N"个体验项目。

我们以学习方式变革为指向,聚焦问题解决能力,将学生引向"做中学",让学生在自主建构中习得经验。围绕学科实践和跨学科主题学习,让学生带着问题走出校园,参与田园生活,然后再回到校园分享自己对问题的研究成果;在制作发明的过程中发现问题、解决问题;走进社区开展调查,把自己的发现和过程写成报告进行分享。在此路径下,学校开设了"诗歌吟诵""儿童文学""思维导图""STEAM创客""体育与游戏""舞蹈艺术""戏曲演唱""童声嘹亮""水墨童心""手工创艺""数学游戏"等体验项目,组织学生开展跨学科主题学习。

"生长课程"以"生长"为核心,五大课程模块分布在基础型课程和拓展型课程领域,形成"五纵两行"主体课程结构。全校现共有70多门拓展性课程,分解在周一至周五的下午进行,具体见表16-1。

表 16-1　吴宁五小"生长课程"汇总表

吴宁五小"生长课程"体系					
吴宁五小育人目标：懂感恩、善学习、保健康、会审美、爱劳动					
	礼仪与品格课程	阅读与表达课程	思维与探究课程	体育与健康课程	艺术与审美课程
基础型课程	道德与法治学科课程	语文、英语学科课程	数学、科学、信息技术课程	体育、健康、运动学、地方特色游戏及团队活动科课程	音乐、美术学科课程
拓展型课程	习惯养成课程、礼仪课程、节庆课程、始业课程、毕业课程……	吟诵、童谣、经典绘本、国学启蒙、诗海拾贝、品味经典、名著赏析、小小主持人、小小演说家、英语节、读书节、续画绘本……	数学游戏、数学实验、思维挑战、社会实践探究、科技文化节、创客机器人、智能小院士、快乐数学、玩转立方体、拼装王国、美妙数学、小小牛顿、知乎"折"也……	体育节、趣味体育运动会、绳彩飞扬、绿茵乐园、武术健身、田径健将、"棋"乐无穷……	民乐队、水墨童心、童画世界、墨香书韵、铜管乐、彩墨彩韵、天趣烙画、戏曲脸谱、舞蹈队、书法、声乐社团、佳韵婺剧社……

2.突出生长教育价值，打造精品化生长课程

为了更好地推进生长教育，优化课程实现高质量育人，近四年，我们以课题为牵引，集中力量开展了"六小六大"精品课程的打造。

（1）科学运动助生长——"小绳子大用处"。

以"基于体育存折的跳绳课程开发与实践的研究"课题为统领，学校开发了"小绳子大用处"课程。跳绳是一项易操作且有效的运动。教科室和体

育组集体编写校本教材，并在全校推广试用。同时设计"体育存折"，创建全员运动机制。开展跳绳打卡、存折兑分、跳绳达标测试、跳绳吉尼斯大赛等多种活动促进课程的落实。近三年，学生在全省的跳绳比赛中屡获佳绩，学生的每年体质健康测试成绩也在逐年提升，教师的相关论文和课题成果也多次获得全市一等奖。

（2）发现自然助生长——"小昆虫大世界"。

以"基于昆虫馆建设的STEAM教育课程开发的研究"课题为统领，我们开发了"小昆虫大世界"课程。昆虫是我们最常见的动物，学生天生喜欢昆虫。我们建造了一个昆虫馆，并以此为载体，开展认识昆虫和设计博物馆的课程开发，以及捕虫器的设计与制作、捕捉昆虫及制作标本、设计和制作昆虫旅馆、观察昆虫和课外阅读整合、博物馆装修设计、昆虫园设计与管理……由此进行项目化学习。《昆虫标本的制作》等多项研究课及论文获得全市一等奖。

（3）动手劳动助生长——"小纸张大乐趣"。

以"纸学问研究的课程开发与研究"课题为统领，我们开发了"小纸张大乐趣"课程。学生从小到大无处不和纸张打交道，在征求学生和教师的建议后，我们决定开展"小纸张大乐趣"课程开发，纸音乐、折纸、剪纸、撕纸画、纸建筑、纸雕、纸容器、纸动物……这些课程里融合了美学、工程学、科学、文学、数学等多学科的知识，锻炼了学生的创造力和动手能力。此外，我们成立了纸学问研究院，供学生和教师学习和开展活动。

（4）博闻精读助生长——"小阅读大智慧"。

以"'向阳阅读'1255管理体系的构建和实施"课题为统领，我们开发了"小阅读大智慧"课程。以往，我们的课外阅读要么是教师规定的，要么是学生随意形成的，没有形成一个比较系统和科学的体系。如何让学生爱读书？读哪些书？怎样让学生读书正心、读书雅行？怎么评估阅读效果？围绕这些问题，我们开展了阅读课程的开发与实施。我们从6个维度来架构阅读课程：①阅读内容体系：主题阅读＋群文阅读；②阅读指导课程：课堂引导＋分享创作；③阅读时空渠道：固定时空＋灵活时空；④阅读良好氛围：书香校园＋悦读家庭；⑤阅读展示平台：动静结合＋统筹安排；⑥阅读评价方法：低段存折＋高段考级。"小阅读大智慧"课程有效地提高了学生的阅读兴趣和阅读能力。

（5）学会学习助生长——"小技能大作为"。

以"小学生基本学习技能的培养方案设计与运用的实践研究"课题为统领，我们开发了"小技能大作为"课程。小学阶段是学生习得基本技能的黄金时间，我们发现很多学生并不是智力不好，而是缺少了系统而科学的学习技能培养。教师更多关注知识的传递和检测，对于学习技能的培养是比较随意、盲目的。基于"生长教育"的理念，我们开发了小学生基本学习技能的培养方案，以此来保障吴宁五小学子具备基本的学习技能，实现自主生长。通过三年的努力，我们编写了语文、数学、英语三门课程六个年级的学习技能培养方案，作为校本教材纳入每周的课程，点面结合，加强学习技能培养，有效地促进了学生基本学习技能的养成。

（6）培养良习助生长——"小习惯大人生"。

以"基于'小芽儿成长记'的习惯养成的策略研究"课题为统领，我们开发了"小习惯大人生"课程。我们整理了学生的20个关键习惯，以校本教材为基础，通过学习和活动来认识习惯，并通过过程记录和情境评估来反映学生的养成情况。每一项习惯我们都尽量在情境和游戏中学习，并明确其核心要素，以便掌握和评测。例如：离座习惯——物件归位、地面整洁、电器关闭；就餐习惯——餐前先洗手、餐中不喧哗、餐后要光盘、走路不奔跑、相遇要礼让等。我们希望从小就培养他们一些关键习惯，使他们学会尊重规则、学会管理自己、学会与人相处、学会动手劳动等。

（二）"生长文化"——环境创设打造自主生长的隐形课堂

以学生需求为导向的环境建设旨在打造"生长沃土"，营造自主生长的氛围，把校园的每一个角落都注入"生长"的元素。向阳而生雕塑，让学生一进校园就能感受到蓬勃向上、茁壮成长的气息；信仰之光火炬，传递着生命的热烈和绽放；明德池，泉涌清流，潺潺不息；梅兰竹松，苍劲挺秀；橙黄蓝绿，生动活泼……一景一色一世界，一物一事皆教育。

在校园环境更新过程中，食堂新建、变压器扩容、设备采购、餐桌椅订制……一切都以学生的需要为出发点，不怕困难、知难而进。当食堂投入使用后，我们将健康卫生、劳动教育、集体责任感等教育活动开展起来，把食堂开辟成促进学生独立自主、能干负责的隐形课堂。

之后，学校积极进行外立面改造、厕所改造、连廊新建、地面改造、景观改造、功能教室改造……当校园变得越来越美丽温馨，我们开始了感恩教育、劳动教育、责任教育、规则教育、环境教育等。在这样的环境里，学生知道了美好是用劳动换来的，整洁是大家的努力换来的，展区是呈现自己的成果的。每一处改变和拓展，都是基于学生成长的需要。环境育人，无声的教育力量在学生们的心间播种。正是有了自主生长的文化力量，学生才像自己当家一样，看到地上有纸屑，会主动弯腰捡起，努力让地面干净……像这样的画面，在校园里是常态。

（三）"生长团队"——"一专多能"锻造促进生长的坚强堡垒

教师是实施教育影响的主力军，为了满足学生多元发展、自主生长的需求，我们以"成长五钥匙"为抓手，加强教师的队伍建设，打造"生长团队"。

1. 主题教研

学校提出"转变学习方式、提倡少教多学、实现自主生长"的教学目标，这也成为学校主题教研的目标。在实践基础上，学校明确了推进主题教研的七个步骤（如图16-1），各学科每周都有半天的时间开展教研活动，学期结束，各教研组长向全校汇报自己团队的教研成果。

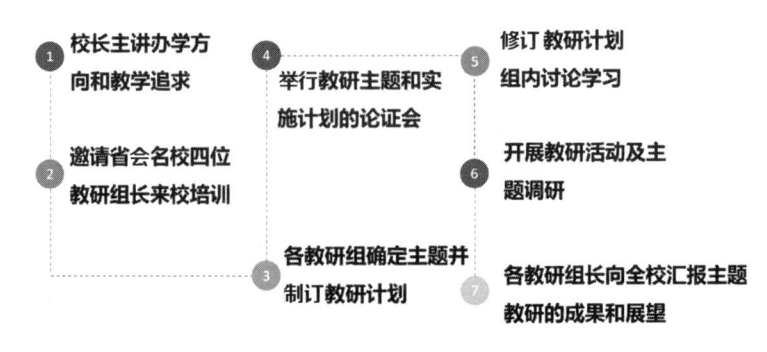

1. 校长主讲办学方向和教学追求
2. 邀请省会名校四位教研组长来校培训
3. 各教研组确定主题并制订教研计划
4. 举行教研主题和实施计划的论证会
5. 修订教研计划组内讨论学习
6. 开展教研活动及主题调研
7. 各教研组长向全校汇报主题教研的成果和展望

图16-1 吴宁五小主题教研"七步法"流程图

2. 文化讲坛

学校每周一晚上集中开展文化讲坛，以"班主任经验论坛""读书分享会""我的育人方法""特色课程建设""精英讲堂"等板块内容，邀请学校骨干教师、精英专家等为主讲人，以观点碰撞促认知提升、以经验分享促专业发展，有效促进教师专业成长，使每位教师真正成为"用自己的专业引领学生自主生长"的吴宁五小好教师。

3. 专题研讨

各学科自行确定专题，以各种形式开展研讨活动，有教学展示、教育论坛、课题研究课、教材分析会、教学开放日、送教研讨等，尽可能多地创造机会让教师展示和锻炼。专题研讨可以有效地带动教师深入钻研，同时在准备活动的过程中，可以很好地实现"打磨一节课，成长一群人"的效果。

4. 青年研修

为促进青年教师的快速成长，学校专门组建了青年教师研修班，由校长担任班主任，副校长担任副班主任，主要开展理念学习、基本功过关、教育经沙龙、课例研讨四个模块的研修活动，为他们指方向、树榜样、设平台、压担子。

5. 师徒结对

为充分发挥经验丰富教师的教育教学优势及示范引领作用，学校组织师徒结对活动，通过骨干教师的传、帮、带，以及骨干教师与青年教师的互研与合作，有效地促进青年教师的专业成长和骨干教师的持续发展，实现双赢，进而提高教师队伍的整体素质，打造一支阶梯型专业教师队伍。

（四）"生长课堂"——概念构图构筑素养生长的主阵地

课堂是学校教育的主阵地，也是实施素养提升的主渠道。我们一直坚持以概念构图教学来推进"轻负高质"，以课堂变革来促进素养生长。在十多年的研究基础上，我们以"指向理解力的概念构图教学实践研究""概念构图教学：指向核心素养落地的行动路径""可见的反馈：概念构图应用于学习过程评价的实践研究"三个省级教育科学规划课题为引领，持续推进学校课堂教学变革。

2021年，学校又立项了国家社科基金教育学一般课题"概念构图撬动教学深度变革的实践研究"，成为全国唯一立项小学。"生长课堂"秉承"以图促学、以学定教、人人生长"的理念，践行把抽象概念转化为直观结构的概念构图教学，探索出"初学构图—互学论图—合学正图—拓学用图"四环递进式学习路径，建构了"经验型理解—概要型理解—关联型理解—观念型理解"的理解模型和理解五层次标准，提炼了"发布任务—展开评议—合作构图—组织应用—再现拓展"的五段教学法，形成了集理念、范式、策略等为一体的教学指导手册。

"生长课堂"中的概念构图教学以思维显性化、知识结构化、理解深刻化的过程促使学生从"单一浅表的点状思维"向"整体深层的结构化思维"递进发展。我们从活动形式、学习目标、思维方式、思维模式四方面进行了总结提炼，努力使概念构图教学实现"四大转变"。活动形式从"单向型教学"向"多向型教学"转变，学习效果从"知识记忆型目标"向"思维素养型目标"转变，思维方式从"碎片化思维"向"结构化思维"转变，思维模式从"固定型思维模式"向"成长型思维模式"转变。

我们以"六步管理法"来推进"生长课堂"教学变革常态化实践，即"邀请专家会诊—集中培训—备课组设计与实施—学校主题调研—课题课研究—教学成果展示"；同时，学校以"1255管理制度"来推进教学变革的落实，"1"代表一个中心，即以学生的学为中心；"2"代表两种转变，即变"教后学"为"学后教"、变"知识传授"为"思维提升"；"5"代表五种形式，即构图显认知、展图理结构、论图悟本质、正图明自知、用图促思维；"5"代表五个指标，即思维可视（从单一文字到图示表征）、网状知识（从点状知识形成网状知识）、结构思维（从平面思维到结构化思维）、深层理解（从浅层表面到深层本质）、自主建构（从被动听讲到主动建构）。"1255管理制度"也是学校课堂时间上的构架，"1"为课堂前10分钟，课堂引入，呈现认知或矛盾；"2"为课堂最主要的20分钟展开探究、深入学习，形成更高水平的认知；"5"为用5分钟左右的时间对学习做回报总结，提升方法，重构理解；"5"为课尾5分钟，留给学生独立拓展应用，进行知识和方法的巩固。

同时，我们以"辐射引领，擦亮品牌促发展""承办活动，搭建平台促突破""提炼成果，提升影响促推广"三个维度来助力教学研究往纵深发展。近些年，我们围绕"生长课堂"，在教学研究方面也取得了巨大的成绩，语文、数学教研组均被评为浙江省先进教研组；学校相关教研成果屡获佳绩，2021年获浙江省基础教育教学成果奖一等奖、2022年获基础教育国家教学成果奖二等奖等，还获得了多个省级教科研成果一等奖、二等奖。

（五）"生长评价"——"一本五色"描画多元生长的行动指南

评价是教学实施的关键环节，起到导向作用。过去我们的评价只能表现为一张薄薄的成绩单，这显然不符合当下的发展要求，也不符合我们"生长教育"的办学理念。评价要跳出结果反馈、成绩排名的"死胡同"。我们在"生长教育"理念指导下，以突出过程评价和多元发展为重点，开启评价改革以发挥评价的激励、改进功能，构建了"一本五色"校本评价体系，形成了吴宁五小"生长评价"。一本，既指以学生为本，又指基于一本《综合素养评价手册》。五色，分别是学生喜爱的黄、蓝、绿、紫、橙五种颜色，用这五色的葵花章分别表示尚礼、善学、健康、博艺、勤劳这五育目标。我们通过边实践边提炼，总结出了"四大五多"机制来保障评价的有效落实。

1."四大"——四大平台

（1）学生对自我生长的评价：以"五彩葵花章"为载体开展"每日评价"。

学生把自己比作葵花种子，不断确定新的努力目标，发现潜能和不足，在葵花章里看到自己的进步、享受成功的喜悦。"五彩葵花章"与平日的教育生活相结合，把学生的成长目标分解为具体要求，学生、同伴、教师、家长都参与到记录和反馈中，由班主任教师负责组织。它是每日开展评价的主要载体，观察学生的表现和进步，方便适时指导；它也是反映学生发展提高的重要资料，是对学生成长过程的展示、反思和评估。

（2）家长对学生生长的评价：以"家校联系单"为载体开展"平日评价"。

学生的表现不仅需要学校的观察和评估，也需要家庭成员的参与和关注。为此，我们以"家校联系单"为载体开展"平日评价"。"家校联系单"以月为单元，每学期前三个月的联系单主要由教师、学生、家长三方进行评价，第四个月的联系单主要是每学期10项重要习惯养成评估，以学生和家长评价为主。教师的评估主要是反映日常教育教学中学生的表现，以《中国少年先锋队章程》《中小学生守则》为参照，做出评析，提供建议。学生的自我评估的主要内容是每个月要努力做到的德智体美劳五育中的关键能力（"五彩葵花章"内容的分解）或学期内要养成的主要习惯，以此落实争章管理和习惯养成。家长的评估主要以学生的家庭表现和标准对照来反馈，以定量评定与定性描述相结合进行鼓励和评估。

（3）教师对学生学科生长的评价：以"学科学习发展性评价手册"为载体开展"阶段性评价"。

教师对学生学科学习的评价由平时表现、期末测评和学期总评三部分组成。各科教师根据每门学科自身的特点分解出学科的关键目标和达成标准，并与学生商定具体的操作规则。平时表现评价由学生和教师一同完成，各科教师在平时要留意观察、收集学生的表现；学期总评由教师在征求班级同学意见的同时，根据学生平时表现和期末测评进行综合评估。评价结果不以"优、良、及格、不及格"的方式定级，而是以"A、B、C、D"的方式来反映，主要是淡化定性，突出发展。最后由学生本人总结自己这一学期的学业学习情况，分析长处和短处，给自己提出改进意见和下一阶段努力的方向。教师和家长对学生进行个性评估，在回应和指导中给出建议。

（4）教师对学生综合实践生长的评价：以"综合实践活动记录"为载体开展"表现性评价"。

以"综合实践活动记录"为载体的"表现性评价"主要是在开展研究性学习或实践探索中展开的。学校积极组织综合实践活动，每学期至少有一个需要全员参与的综合实践活动。学生需要围绕主题自己设计活动方案、记录活动过程、呈现活动效果，突出技能、态度和情感等表现情况，在分享交流、展示汇报的过程中，由班主任教师和班级评定小组进行点评和评定。

2."五多"——多维度、多途径、多主体、多方式、多时段

"生长教育"的"五色葵花"评价体系以"五育并举"为纲，以学生全面

发展为本，参考各学科《义务教育课程标准》、教育部《中小学德育工作指南》等7个课程标准和政策文件，结合学校教育教学的全过程，梳理提炼出能够反映学生五育发展的指标共944项。根据评价方式对指标进行分类，分为考核测试、教师观察、家长评定、同伴评价、自我分析五类。评价体系注重系统化架构、过程性实施，坚持定性定量相结合，其特点可以归纳为"五多"：多维度、多途径、多主体、多方式、多时段。

（1）多维度。"生长评价"强调注重德智体美劳及习惯养成的全面呈现，包括综合实践活动、家校联系、习惯养成、五育争章、学业水平、身体成长、获奖记录等，重在培养人的多元性。特别需要指出的是，我们十分关注学生思维品质的提升，引导学生发现问题、梳理知识、分享理解，用坚持10多年的概念构图教学来培养学生运用图示表征进行内在理解的能力，培养学生结构化思维和成长型思维等优秀品质。

（2）多途径。"生长评价"坚持立足课内课外、校内校外、家庭、社会等多场域，基于课堂、活动、社团、社会服务等多种通道，应用各评价工具（如评价手册、"之江汇"、"钉钉"、"微信"等）中的视频、照片来记录成长过程，并进行评价，激发学生兴趣。

（3）多主体。"生长评价"的评价主体有学生、教师、家长，全程参与。多主体的评价能从不同角度为学生提供有关的成长信息，促进学生全面发展，建立自信，不断进步，有效地保护学生的"天性"，完善他们的"个性"。

（4）多方式。"生长评价"坚持自评和互评相结合，个人评和集体评相结合，过程性评价和终结性评价相结合，定量评价和定性评价相结合，采用多方式的评价可以更客观地反映学生的特质。如我们利用假期开展丰富多彩的综合实践活动，让学生参与科学实验和科创活动，培养学生的创新精神和实践能力。学生在全国青少年科技创新比赛中成绩喜人，有近百人获得科技创新比赛或科学探究案例评比一等奖。学校也多次获得了全国青少年科技创新大赛先进集体。我们的书画、歌唱、舞蹈、演讲等艺术表现也在多场合、多赛事中获得好成绩，这也见证了"五色葵花"评价的指引下学生全面素养的提升。

（5）多时段。"生长评价"提倡每天评、每周评、每月评、每学期评、每学年评，多时段评价相结合，不断总结反思，及时修正改进。在评价的过程中，让学生学会自我教育、自我监管。

"生长评价"不再使学业成绩成为唯一的评价标准，而是真正发挥了学生的主体性，促进每一个学生成为更好的自己。我们坚持育人为本、五育并举、促进生长，使每一个学生都向着明亮的方向拔节生长。

（六）家校合作——协同育人滋养个性生长的有机肥料

推进生长教育、实现高质量育人，建立以协同育人为样态的家校合作非常重要。我们利用四大阵地，构建以协同育人为样态的家校合作方式，为学生的个性生长提供有机肥料。

1.家长会——构建生长教育的合伙人

家长会为家长和学校建立了一个沟通交流的平台，使家长在了解自己孩子更多的在校信息的同时，也让他们了解到学校各项工作的开展及相关规定背后的出发点。家长会前，我们一般会做家长问卷，根据家长的刚性需求和学校工作的实际情况设计家长会，包括主题报告、四方陪读、专题培训、分班交流、家委会工作例会等丰富多元的形式。两年间，学校召开了10次家长会、3次家委会。通过这些活动，家长开始理解学校，学校生长教育的理念和做法也走入他们心里，与学校形成了相互理解支持的协同关系。现在，我们的家长很支持学校，有很多家长自发给学校送来关心和帮助，学校在建设方面有困难，家长也会理解并提供支持，还会积极参与义工助学、班级布置等活动。

2.家长课堂——丰富生长教育的育人资源

为丰富学校的育人资源，我们开设了家长课堂，让家长走进课堂，指导和帮助学生拓宽认识的边界，让他们更好地了解世界、肯定自己。各行各业的家长都有百般武艺，通过家长课堂，他们会把自己的特长和经历带到孩子面前，让孩子有别样的学习和体验，丰富学生的认知，从而丰富学校的育人资源。同时，家长也获得了价值感，同时又能理解教师的不容易，从而更好地支持学校的教育教学工作，为学生的健康成长提供支持。

3."百师进千家"家访——拉动生长教育的积极引擎

我们所有的教师每学期都要进行两次全员家访,即"百师进千家"家访活动,每次都会有不同的主题和任务。上门家访的形式不仅建立了家校之间的信任关系,更重要的是让教师了解到了孩子的成长环境,根据学生的实际情况和个别需求,教师和学校在后续的教育教学工作中可以及时规划统筹,以便扬长补短,有效指导家庭教育。

4.亲子活动——形成生长教育的有效纽带

我们每年都会组织亲子活动,有科技节亲子活动、亲子阅读活动、亲子运动会、亲子研学等,让学生和家长有一个相同的时空来关注成长。这样的活动会让学生体验到学习的快乐和童年的美好,也让家长理解学校的用心,培养对孩子的耐心。让家长走进学校,参与孩子的学校教育,本身就是在培育教育环境和育人氛围。家校互动能有效促进学生的生命绽放和精神舒展。

三、思考与展望

生长教育,我们已经走在路上。五年来的生长教育实践,让我有了很多收获和成长。同时,也让我对教育有了更深切的理解。教育是一个贴近灵魂、畅想未来的工作,为了让每个学生都能自觉发现自我优势,努力使其优势变得更出彩,成为一个更好的自己以适应未来,我们还需不断完善和发展基于学生生长的校园生态。吴宁五小将继续秉持儿童立场,实施生长教育,敬畏生命、呵护童心、开掘渠道,努力创造适合儿童生命生长的教育生态。

向真、向善、向美,为人生奠基。

生德、生智、生慧,让生命精彩。

朝气蓬勃的吴宁五小,让每一颗童心都在阳光里,让每一株小苗都在自由中生长!

(作者单位:浙江省东阳市吴宁第五小学)

日新教育

陈小红

作为一名校长，我深知办学思想是旗帜，是发动机，是学校发展的灵魂。多年来，我一直在思考：要培养什么样的学生，办什么样的学校，如何进行学校管理，如何追求好教育、建设好学校、成就好教师、培养好学生……随着办学思考的逐渐深入以及办学实践的不断丰富，"日新教育"渐渐清晰，进而成了我的办学思想。

一、"日新教育"理论建构

（一）"日新教育"的思想背景

"日新教育"的办学思想源于三个方面。第一，教育是第一基础，它是科技的基础，人才的基础，是整个国家经济社会发展的大基础。学校站在时代变化、社会进步的高度，确定教育改革的方向与学校发展的目标，基于中国式现代化、共同富裕、教育强国、创新人才培养等理念，滋生了"日新教育"的办学思想。第二，日新思想源自《礼记·大学》中"苟日新，日日新，又日新"这句古语，它代表着中国文化的基本精神，在新时代依然有着重要的意义与价值。第三，"新世纪学校"的校名。放眼当下，新世纪欣逢新时代，新追求实现新作为，扬帆万里，破浪前行，创造新业绩，实现新跨越，需要日新思想与日新教育。

（二）"日新教育"的理论基础

"日新教育"的理论基础来源于三个方面。第一，日新是中华优秀传统文化的重要思想，《周易》的"日新之谓盛德"，《礼记》的"苟日新，日日新，又日新"，北宋张载的"日新者，久而无穷"等日新思想，都是"日新教育"的重要理论依据。第二，古今中外的教育家对"日新教育"的许多观念，如程颢和程颐的"君子之学必日新，日新者日进也。不日新者必日退，未有不进而不退者"、康有为的"德贵日新"、梁启超的"惟进取也故日新"、杜威的"反省思维"等，对"日新教育"的办学思想具有重要的指导意义。第三，"日新教育"坚持以习近平新时代中国特色社会主义思想为指导，落实立德树人根本任务。对美好生活的向往、创新教育的践行，培养"有理想、有本领、有担当"的德智体美劳全面发展的社会主义建设者和接班人是"日新教育"的追求和使命。

（三）"日新教育"的基本内涵

日新即"日日更新，天天进步"。《周易·系辞》曰："日新之谓盛德。"日新是一种内在高尚的美德，具有永不停息的自我更新的动力。南宋宋度宗的《日新》诗云"日新其德"，日新是一种天天进步的能力，通过不断学习新知，提升自己，完善自己。北宋张载在《正蒙·大易》中写道："日新者，久而无穷。"日新是一种自我革命的精神，不断革新，生生不息。《礼记·大学》有古语："苟日新，日日新，又日新。"日新是积极进取的思想，是推动创新活动的动力，具有非凡的力量，能创造出惊人的成就。

当下，"日新教育"有着重要的现实意义和价值：对于个人而言，有"日新"意识，才能认识到自己的不足；有"日新"行为，有"日新"习惯，才能促使师生通过学习、实践获取知识，提高修养，完善自我。对于教育而言，培养拥有"日新"之盛德、"常新"之能力、"创新"之人才是时代赋予的责任。对于治校而言，"不日新者必日退"，学校只有解放思想，与时俱进，不断革新，追求高质量教育，才能满足人民对美好教育的向往。

"日新教育"倡导"日新又新我常新"的学校精神，以"能动"为纲，以

"善思"为本,以"积少成多"的渐进性、"持之以恒"的长程性,以"日新少年""日新教师""日新家长""日新文化""日新评价"为"五新"发展体系,以"六新成长""五好品质""四乐共育""三维文化""二重评价"为发展目标,引领师生从"新"出发,向"心"生长,成就美好未来。日新教育的思想体系如图17-1所示。

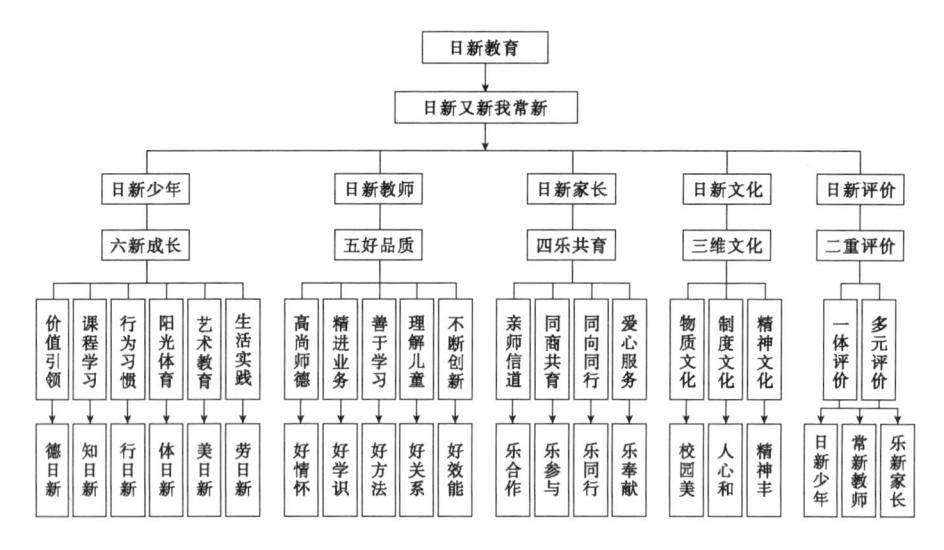

图17-1 日新教育思想体系图

二、"日新教育"实践

(一)培育"日新文化",推进"三美校园"建设

1. 以文化人,植入"新"基因

用新理念建设新空间。学校秉持"每个人都很重要"的理念,把校园建设的权力交给教师和学生,群策群力,共建共享,齐心建设美新校园。通过校园空间"拍卖"活动,各年级(班级)通过拍卖获得校园某一空间的专属权,从而拥有这个空间的设计权、建设权、维护权、介绍权等。五年级学生设计建设了"清廉园",园里的"清廉故事廊"成了大家争相阅读、学习的新资源,"清廉物语"成了种植梅兰竹菊的劳动基地,"清廉路"成了入队礼、成长礼、毕业礼的必走之路。六年级学生设计建设的"风俗园"则根据学校"中国人过

中国节"这一精品课程，把春节、元宵节、清明节、端午节、七夕节、中秋节、重阳节等传统节日的优秀文化、风俗民情、活动体验、作业作品等展示在园里，成了学生的网红打卡园。新之坛、笑脸墙、新科园……在共建共享的理念下，各新其新，各美其美。更让人欣喜的是，因为校园空间的建设凝聚了全体师生的智慧与心血，建设愈艰辛，珍惜之情则愈浓，爱护之行则益加。我想，这便是最好的劳育，也是最好的德育。

2. 以技助人，赋能"新"管理

用新技术助力新管理。首先，建设校园网络管理系统。学校信息化建设存在如教室一体机不良广告弹窗不断，"安防、网络中心、机器人学院、数字广播"四个系统独立建设、割裂使用、运维成本高且工作不兼容等问题，学校需开发建设学校智慧大脑，建立 DNS（域名）服务器，设置防火墙，多管齐下；培养一批一体机学生维护员，"一班一员"，定期维护与更新一体机，实现"零弹窗""无霸屏"等，营造教育教学媒体清朗环境。其次，建设校园物联网系统。实现对电灯、空调、一体机等进行远程控制，实现打印机、空调、联网的远程监控等，解放了不少人力；哪个设备能耗是多少，哪台打印机快没墨了，哪个教室的一体机快坏了，可以提前知道、提前维修，让能耗、供给等"一键可控""一屏可看"，倒逼学校精准管理、主动服务；实现在校园的每个角落，只要有需要，都可以打开手机数字广播操作系统，使用话筒精准地对操场、楼层、教室等区域点对点发出指令；打造简易的学校指挥中心，安全演练等，只要坐在指挥中心，通过话筒、屏幕等就能实现精准指挥，大大提高了速度与效度。再次，建设魅力直播系统，只要有监控就可以直播，实现校园直播全覆盖。每周一次的"空中论语"、每月一次的"校园急救课"、每学期一期的"机甲大师班班联赛"、每年一次的艺术节汇演等活动，全校师生、家长都可以通过校园直播，身临其境沉浸式学习观摩，真正实现线上线下的泛在教育。最后，建设数字化日新评价系统，构建指标仓、采集仓、评价仓、数据仓、管理仓，建立可记录可测评的日新少年评价指标体系，采集学生在校的体质健康、学习成长、活动参与、文明习惯等的轨迹与情况，从"德日新、知日新、行日新、体日新、美日新、劳日新"六个方面全要素、全过程评价学生，让学生的成长写实可见。与此同时，建立日新教师的考核体系，从师德、业绩、研训、贡献等方面记录、考核教师的发展情况，全面深入评价教师，促进日新教师成长。

3.以情动人，经营"新"关系

用新关系培育新氛围。以"新世纪欣逢新时代，新目标催生新成就"作为新动力，把"日新又新我常新"作为新精神，抓住教师们最在意的事情，做实事，办好事，培育人心和、精神丰的美好新关系。抓住师生的心，得先抓住师生的胃。形成"人人都是食堂管理员"的作风，精心做好膳食委员会工作，由"健康营养师＋教师＋学生"组成的膳食团队，每周对食堂开出的菜谱进行审核修改，让菜谱更健康、营养、可口。扎实做好询价委员会工作，由"教师＋家长＋食堂"组成的询价团队，每周轮流到超市、菜场询价，保证食堂配送食材的性价比，降低成本。节日、节气、生日等重要时节，食堂会以各种"小惊喜""小确幸"提升师生舌尖上的幸福感。搅动教师的情，得先助力其成长。学校把助力教师成长的重点放在学科建设上，以"人人有目标、个个有动力、事事有人干"作为追求，通过展示、分享、评比、表彰，培育先进教研组、优秀年级组，以集体行动带动大面积的教师成长。学校特别重视教师赛课，坚持"与你同行，和你同在""一人赛课，众人同行""一人获奖，众人成长"等信念，由学术委员会、同行磨课组一路陪同，一次次赛课，一个个奖项，成人成己、达人达己、渡人渡己的美好关系悄然生长，氤氲而起。

以文化人，以技赋能，以情动人，新空间新技术，新关系新文化，"日新文化"营造了校园美、人心和、精神丰的"三美校园"。

（二）构建"日新课程"，助力"日新少年"发展

1.科学设计"日新课程"

学校遵循教育规律和学生身心发展规律，正确理解和把握《义务教育课程方案（2022年版）》《浙江省义务教育课程实施办法（试行）》的内涵要义，通过对学校课程结构的思考，以国家课程为主渠道，建构核心素养导向的日新教育课程体系。"日新课程"从基础性课程和拓展性课程两个板块进行架构。基础性课程包括国家课程、地方课程、校本课程三个层级，特别重视每个学

科不少于10%的跨学科学习的整体架构与实施。在对2022年版的《义务教育课程方案》和各学科《义务教育课程标准》的细致研读基础上，结合教科书、当地资源、师生实际等多个因素，分学科架构了学年跨学科课程，一边实施一边完善，实现综合育人、实践育人。

拓展性课程下设"善小新养成""全科新读写""能动新健康""善真新审美""善能新劳育""善创新科技"六大课程群（如图17-2）。通过"日新课程"的引领，有效涵育学生的正确价值观、必备品格与关键能力，培养"有理想、有本领、有担当"的德智体美劳全面发展的时代新人。

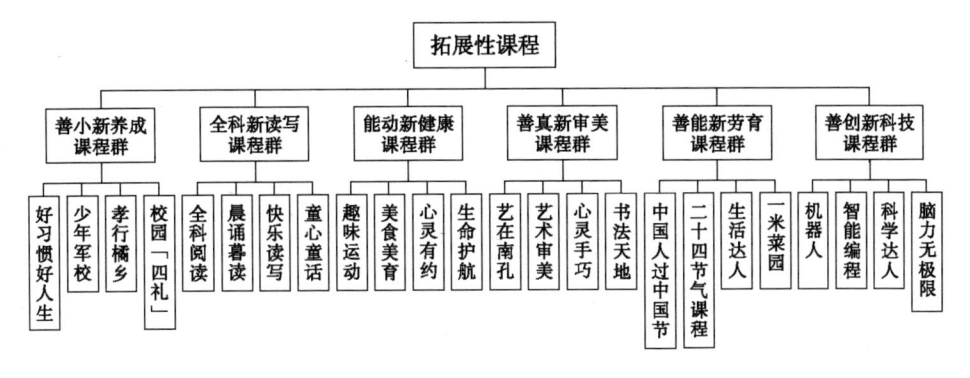

图17-2 "日新课程"之拓展性课程群

2. 巧教善导夯实基础性课程教学

打造"能动善思"课堂。"日新"含有"345"课堂元素，即以"三学"流程推动课堂、以"四动"课堂贯穿教学、以"五维"评价课堂学习。以"三学"流程推动课堂，"三学"指预学、共学、延学。"预学"，即低段学生在课堂中穿插预学，中高段以"预习单"作为预习支架既指导学生完成预习，又习得预习方法，更帮助养成预学习惯；"共学"，即落实"能动善思"要素，全面调动学生学习积极性，培养多方面能力；"延学"，即在原有知识的基础上，拓展知识，延伸其他学科，多学科融合。以"四动"课堂贯穿教学，即以"问题驱动"，一个大问题贯穿课堂；以"情境调动"，将生活情境、任务情境等融入课堂，激发学生学习的积极性；以"工具撬动"课堂，搭建学习支架，加强思维导图、阅读单、词语墙、知识树等学习工具在课堂上的使用，让思维可视，让学习可见；以"平台互动"实现多向互动，师生共创交流互动平台、资源获取平台、亲身实践平台、课堂体验平台，促进教学，努力实现从黑板世界走向实践世界的学习变革。以"五维"评价课堂学习，即从参与度、情绪状态、方法策略、实践体验、学习容量五个维度支撑教师来评价学生的课堂学习是否有效。

推进学校教学管理改革。常态化、扎实化教与学的常规，以常规促进课堂教学质量，是学校教学管理的"牛鼻子"。与此同时，在"双减"与"双新"理念下，学校重点从"作业设计""作业评价"等方面进行"作业管理"的实践与研究，推进学校教学管理改革，推进课堂教学变革。作业设计主要从研究优秀作业案例开始，从"学科＋基础""学科＋能力"等路径设计学科作业，从"学科＋体验""学科＋融合"等路径设计实践类作业。"作业评价"主要从纸笔作业和实践作业两个维度进行，学科作业评价主要通过作业印章、作业登记表等工具与量表进行每日批改、每周记录、每月展示、学期评价；实践作业则通过阶段评、学期展等方式进行。作业是教学改革的"最后一公里"，通过作业改革来助推教学改革，提升教学质量。

3.优化拓展性课程张扬个性特长

"善小新养成"课程群，通过"好习惯好人生""中国人过中国节""四礼成长"等课程，旨在引导学生在浸润式地参与课程、活动等学习过程中，养成良好的学习与生活习惯，传承中华优秀传统文化，让有仪式感的活动深深地烙印在学生的心中，让他们明白成长的意蕴与担当。此外，"好习惯好人生""中国人过中国节"课程皆被列入浙江省德育精品课程。

"全科新读写"课程群旨在通过所有学科教师共同参与指导，引导、陪伴学生借助不同学科领域的阅读材料，以不同学科的思维方式进行阅读，从而跳出语文学科的窠臼，把提升学生的阅读力置于多学科的阅读体系中，扩展学科视野，提升阅读素养，助力"全人成长"。我们从"全景阅读、全科阅读、全员阅读、全程阅读、全媒阅读、全息阅读、全激赏评价"七个方面，朝着培养独立而成熟的读写者而努力。《不"偏食"的阅读——柯城区新世纪学校构建全科阅读模式》一文在《浙江教育报》刊发，省级课题"小学生全科阅读的实践研究"正在研究中。

"能动新健康"课程群，主要从身体健康、心理健康两个维度来开发实施。

学校紧紧围绕"身心健康,能动善思,学有所长"培养目标,持续深耕健美操、羽毛球、足球等健体课程。多年来,健美操有15人次获世界级奖项,200多人次获全国冠军,近500人次获国家级和省级奖项,多人因健美操特长被清华大学、北京大学、上海交通大学等国内一流大学录取,学校也被评为国家青少年健美操培训中心、全国啦啦操实验学校。在强身健体的基础上,针对学校安全教育"意识强,技能弱"的现状,我们开发了小学生安全自护课程,一个学期一个年级学习并掌握一个必备安全小技能,六年级毕业至少掌握并能运用12个安全小技能,每年组织一次安全技能达标赛,没有达标的学生进行二次学习直到掌握为止,让安全技能护航学生的人生。学校一直重视心理健康教育,通过心理健康课、"520"阳光活动、"七个一"行动等,培养内心强大而积极的学生。

"善创新科技"课程群,重在基于探究实践的科学技术教育,通过学思结合、寓教于乐,引导学生在获取科学知识的基础上,培养科学精神、技术思维、工程概念,提升科学素质、增强科技自信自立、厚植家国情怀,努力在学生心中种下科学、技术、工程、创新的种子。"VEX机器人""机甲大师""地球家园"等项目化学习吸引了大批学生,其中"VEX机器人"社团先后获得VEX机器人世界锦标赛冠军1次、亚军1次、亚锦赛冠军3次、全国冠军3次,亚军多次。"机甲大师"参加浙江省竞赛蝉联三届冠军。"机器人""玩创机器人""智能'球童'成长记"先后获得省、市精品课程称号。

我们坚持以"日新课程"为统领,以"能动善思"课堂为阵地,以改进教学管理为推手,培育德智体美劳全面发展的"日新"少年。

(三)培养"日新教师",助推"五好教师"培育

1. 构建"五新教师"成长体系

对于学校而言,每一位教师的成长都关乎学校的发展;对于教师而言,最好的学校一定是能提供最好的专业成长的地方;对于校长而言,把学校打造成让教师持续发展的"生长场"是校长实力与素养的最强体现。教师要成长,学校除了营造专业成长的文化与生态,引导教师进行专业成长的设计与规划

同样重要。不难发现,教师成长一般会经历"第一次专业成长期""高原期""第二次专业成长期"三个阶段。学校组织教师根据"教师发展三个阶段期的主要特征",向内反观,深刻剖析,清晰自己目前的专业成长属于哪个成长阶段,明确哪些成长方式对自己的发展是有效的。在深刻剖析的基础上,教师形成专业成长三年规划、学年计划,由教科室组织进行论证。学校则在"日新教育"思想体系下,根据"第一次专业成长期""第二次专业成长期"两个教师专业成长阶段,设立"五新教师"成长目标,即分别针对"教学新手""教学新锐""教学新秀""教学新光""教学新慧"确定差异化的成长目标,并且提出不同成长阶段的有效成长方式与策略。第一成长阶段主要面向"教学新手""教学新锐""教学新秀",重在"师徒结对""听课评课""集体备课""上公开课"等,以帮助此阶段教师更快、更好地站稳讲台,熟悉教材,掌握基本教学步骤与方法,并且关注学生,得到学生、家长、学校的认可。第二成长阶段主要面向"教学新光""教学新慧",重在"专业阅读""课例研究""教学反思""专家报告""课程研究""培训学习"等,以帮助此阶段教师更好地形成自己的教学特色与风格,成为有区域影响力、有教育幸福力的卓越教师。日新教师发展体系如图 17-3 所示。

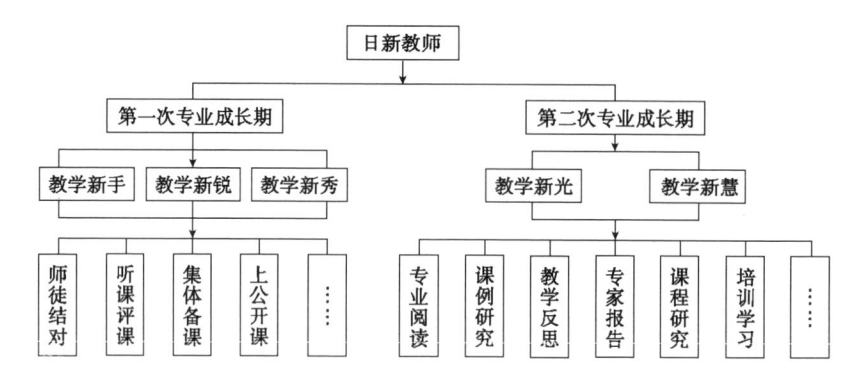

图 17-3 日新教师发展体系图

2. 推进教师校本集体研修

最好的教师成长在课堂，而成就大批量的教师的最好平台是一场集体行动。学校借助"小学语文开放式课程教学改革"这一项目的实践研究，由校长室牵头，项目组长负责，全体语文教师共同参与，进行"单元整体、课堂重构、团队协作"的集体奔赴。大家一起学习理论知识，通过骨干教师试水课，分年级分单元进行专题实践与研究，经过三年时间，研究提炼出"开放式课程"的教学内容及流程。"开放式课程"教学内容主要分"教材教学""拓展教学"两部分。教材教学部分，主要是立足单元整体进行整合教学，它包括"单元预习课"（1—2课时）、"聚焦探究课"（1—2课时）、"领悟表达课"（1—2课时）、"我说我写课"（3课时），一周左右完成教材的教学任务。拓展教学部分，则以教材的单元主题、体裁、语文能力等为核心，选择并吸纳各种资料，通过经典美文阅读、资讯阅读、整本书阅读、影视欣赏、综合实践活动等，最终以培养学生的语文自主学习能力为旨归，用一周左右的时间完成。"开放式课程"教学改革腾出了大量的时间让学生阅读，这就"逼"得教师不得不阅读；"开放式课程"每个单元都有美文配读，教师是选文的主力军，必须树立时时阅读美文、刻刻选择美文的意识；在"开放式课程"的探究实践过程中，教师自主自觉地开发了诸如影视课程等各类微课程……在这样的教学转型实践与探究中，每位语文教师既是学习者，又是实践者，更是反思者，其专业成长都清晰可见。小学语文"开放式课程"教学流程如图17-4所示。

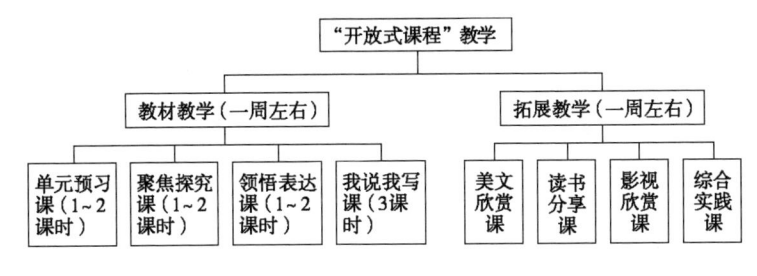

图17-4 小学语文"开放式课程"教学流程图

专业阅读是教师最好的修行。专业阅读是苦事、难事，需得一群人同行，方能致远。学校成立"新阅共读俱乐部"，选聘爱读、乐读教师担任部长，俱乐部会员则由教师自愿申请加入，一群人共同坚持专业共读。我们倡导带着问题，进行任务驱动式的专业阅读。开学初，俱乐部会广泛收集教师在教育教学中碰到的问题、困惑、瓶颈等，再组织教师对此进行梳理与归类。针对问题，面向教师征集共读书单，邀请专家推荐共读书单，俱乐部开出每月专业共读的书目，供教师选择阅读。比如，为了开展 PBL 教学，教师们提出了"驱动性问题从哪里来""怎样设计好的驱动性任务""项目化学习中支架怎么设计与搭建""项目化学习怎么组织，有哪些策略"等问题。经过教师提议和专家推荐，俱乐部开出的共读书目有《项目化学习（慕课研修手册）》《项目化学习工具：66 个工具的实践手册》《项目化学习设计：学习素养视角下的国际与本土实践》《项目化学习的实施：学习素养视角下的中国建构》《项目式学习指导手册》。教师自主选择书目，阅读相同书目的教师又组成共读小组，每天打卡坚持阅读，书读完了，先在共读小组中进行阅读分享，然后在俱乐部的组织下进行主题阅读交流分享。这样的专业共读，既有主题性，又有自主性。这种深度阅读，能有效助力教师专业成长。

教学比赛是教师成长过程中绕不开的行动。教育界有一个很有意思的现象，那就是所有名特优师的成长都绕不过各级各类比赛。以赛促成长是很好的专业成长路径。我们牢牢抓住教师参赛这一关键事件，成立学术委员会以及磨课团队作为引领者与同行者，助力教师成长。赛课教师全力以赴，磨课团队倾囊相授，青年教师全程参与。大到课的理念框架，小到一个字词的增删，一丝不苟，尽心尽力。备赛的过程中，赛课选手成长了，磨课教师也成长了，参与的青年教师更是学习了，在"备赛—赛课"过程中，教师之间的情谊更为深厚，美好关系也悄生渐长。更令人惊喜的是，经历过这样备赛的教师，在别人参赛时，会主动地接过接力棒，进入磨课团队贡献智慧与力量。教师发展历程中占据有黄金时间点的关键事件，教学比赛就是关键事件，重视了，抓住了，则事半功倍。

3.强化教师成长发展性评价

学校重视在"教师个人发展规划"基础上进行教师专业成长的发展性评价。我们的教师发展性评价分"学科教师"和"班主任"两大主体。学科教师评价，将教师专业发展的两个阶段和教师专业发展的"五维"（高尚师德、精进业务、善于学习、理解儿童、不断创新）内容体系进行整合，构建出"日新教师"专业发展评价模型，同时明确每个阶段的评价内容与要求。"日新教师"发展性评价模型如图 17-5 所示。

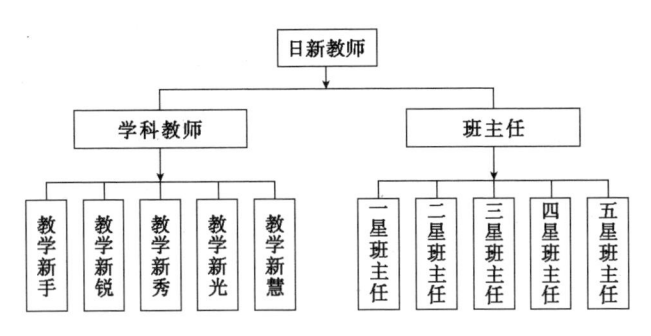

图 17-5　日新教师发展性评价模型

通过构建"五新教师"成长体系，开展教学改革、专业共读、以赛促成长等集体校本研修，强化教师成长发展性评价，培养"好情怀""好学识""好方法""好关系""好效能"的"五好"品质教师。

（四）实施"日新评价"，赋能"日新少年"成长

新课标，新评价，学校根据"有理想、有本领、有担当的时代新人"这一培养目标，牢固树立"学习即评价""评价促成长"的理念，以核心素养为导向，以培养"日新少年"为目标，从"学科评价""德育评价"两个维度分别建构儿童友好型学科评价体系和"日新少年"德育评价体系，形成"日新评价"，以此来评价"日新少年"的综合素养。

1. 确立"日新少年"评价体系整体框架

学校基于"日新少年"的培养目标，从"德日新""知日新""行日新""体日新""美日新""劳日新"六个维度，由学生个体、班级、年级、家庭多个评价主体进行综合评价，根据评价结果评选出"新苗少年""新芽少年""新蕾少年"，每学期进行隆重的表扬。每学年，根据"三新少年"评选结果，评选出校级"日新少年"。"日新少年"评价体系如图 17-6 所示。

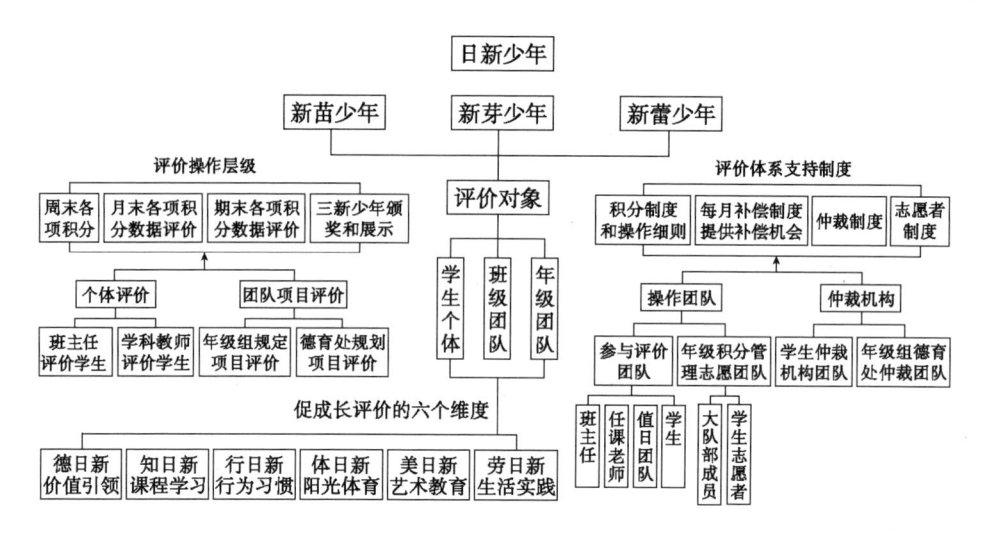

图 17-6　日新少年评价体系图

在评价性质上，我们把考试评价定性为素养导向的达标性测评，基于课程标准、教材学习内容等，严格控制试卷难度，体现教学评一致性；没有达标或者没有达到预期成绩的，可以申请二次测评。在评价类型上，我们强化过程性评价，适当淡化结果性评价，并且增加增值性评价，关注学生学习进步和发展情况；重要测评结束后，表扬学生时，我们要求因学业水平优秀而被表扬的学生占40%，因进步而被表扬的学生占60%，充分发挥增值性评价的激励性效应。在夯实过程评价、优化结果评价、探索增值评价过程中，让评价更关注育人的本质。

2. 架构儿童友好型学科评价模型

各学科均以儿童为中心，从评价性质、评价维度、评价时间、评价内容、评价方式、评价主体、评价结果、评价功能等多个方面，建构儿童友好型学科评价模型。以语文学科为例，以素养导向为核心的过关性测评主要包含过程性评价、学科期末考试和增值性评价。过程性评价主要以"作业（作品）评价+专项能力检测+学习行为规范"为内容，让一个学期的学习过程清晰可见，记录、见证自己的学习与进步；学科期末考试，一、二年级安排非纸笔测试，三至六年级以纸笔测试的方式对"识字写字能力""阅读与写作能力"等进行分项能力的检测。增值性评价的时间一般以"月""学期"为单位，主要从作业（作品）、学习行为和专项能力检测等方面对学生的识字与写字、背诵与积累、口语表达、梳理探究能力、学习品质、课堂表现、学习习惯、实践作业、纸笔作业等方面进行评价，明确学生学科学习的进步情况，以进行表扬与激励，促进学生持续努力学习。

在学科评价中，我们尤其重视专项能力检测的诊断、反馈和增值功能的体现。如二年级语文"识字与写字能力"评价，我们会根据教学进度，以读拼音写词语、词语听写等形式，来考查学生本学期的识字和写字能力。与此同时，教师还要观察并且记录学生的握笔姿势、书写姿势情况，对每个学生的书写行为与习惯作出诊断，并且反馈给其他任课教师以及家长，倡导任课教师和家长一起来关注、提醒、帮助学生纠正书写姿势，养成良好的书写习惯。每学年，我们会进行数学"计算能力专项检测"，检测分两次进行，第一次是过关检测，过关的学生将获得"棒棒星"，并且申请参加第二次"计算追星"活动，即经过7天的自我练习后，第二次参加计算能力检测，只要有进步，就能赢得"跳跳星"。而没有过关的学生，经过7天的自我练习后，第二次参加计算过关检测。"棒棒星"和"跳跳星"能让学生们以实际行动明白有努力才有进步，提升学习数学的自信心，以更大的热情投入数学学习。

3. 建构"日新少年"德育评价体系

五育并举，立德树人，是学校教育的根本任务，德育评价是学校德育的重要环节，以"日新"评价为体系，立足"人"的发展，通过学科过程性评价、德育向"新"走"心"评价，促进师生日日更新，天天进步。

思想之树常青，思想之花常盛。日新教育思想以"日新又新我常新"为精神，引领师生从"新"出发，向"心"而行，日日更新，天天进步，收获美好，获得幸福，实现学校高质量发展。

（作者单位：浙江省衢州市柯城区新世纪学校）

看见每一个，让教育带着温度落地

孟国荣

一、领悟教育

教育是什么？雅斯贝斯说，教育是人的灵魂的教育，而非理智知识和认知的堆积。苏霍姆林斯基说，教育是像对待荷叶上的露珠一样，小心翼翼地保护学生的心灵。蔡元培说，教育是为孩子的学习提供帮助。

的确，教育是唤醒，是解放，是保护，是服务。教育能改变人的命运，提高人的素质，解放人的灵魂。教育是"一棵树摇动另一棵树，一朵云推动另一朵云，一个灵魂唤醒另一个灵魂"。教育的过程应该是磨炼意志、陶冶性情、净化心灵的过程。如果一种教育未能触及人的灵魂，未能引起人的灵魂深处的变革，它就不能成为教育。教育要从解放孩子的手，解放孩子的嘴巴，解放孩子的眼睛做起，直至解放孩子的心灵和思想。教育是平等的对话和自由的交流，而不是指示和命令。教育是尊重和信任，所以教师应该像对待荷叶上的露珠一样小心翼翼地呵护孩子幼小的心灵，保护孩子的天性、潜能和好奇心，甚至那些"美丽的错误"。怀着一颗服务的心，为孩子的发展提供机会，让他们更多地体验自由探索的快乐，感受成功的自豪，享受人性的关爱，真正做到"一切为了孩子，为了一切孩子，为了孩子的一切"。

教育就是力量。良好的教育一定能给稚嫩的双手以力量，给迷茫的双眼以希望，给脆弱的心灵以自信，使人从无知走向睿智，从幼稚走向成熟，让社会从愚昧走向文明。但是，我们现今一些学校的教育却缺乏服务意识，缺乏人文关怀，缺乏特色，尤其是缺乏思想。要改变这些现象，必须加强服务意识。一个没有理想的人，是不可能走得很远的。同样，一所缺乏理想的学校，一种缺乏理想的教育，它也走不到成功的彼岸。把教书作为职业是有标准的，职业是谋生的手段，而事业是没有止境的。有的教师教了一辈子书，每年始终重复同样的讲稿，他们拿着教育的"旧船票"，不断重复昨天的故事，肯定登不上教育改革的"客船"。只有不断创新，才是永恒的出路。

基于对教育这样的理解，作为一名校长，在办学实践中，立志落实好"看见每一个，让教育带着温度落地"。"看见每一个"就是校长要做到心中有人；"让教育带着温度落地"就是校长要拥有"教育无非服务"的核心理念，换句话说，要坚持以"学生为本位"。作为校长，必须把有利于人的发展作为一切工作的基点，这是判断校长是否合格的第一标准。只有心里装着教师，装着学生，才能让教师成为最幸福的教师，让学生成为最好的人，让学校真正成为一个"促进人健康成长"的地方。

"心中有人"就是要关注"人的生长"。首先，要坚持以人为中心的办学理念。好的教育是关心备至、深思熟虑、小心翼翼地去触及年轻的心灵。教育就是培养人。培养什么人？怎样培养人？我们要有正确的人才观、科学的质量观。我们要考虑如何让我们的学生成长得更好，而更好的标准是身心健康、幸福成长，具有家国情怀、有担当有本领。其次，要敬畏教育规律，遵循学生成长的规律。小学生从幼儿逐渐成长为少先队员，是儿童向少年的成长阶段，是学生最重要的基础阶段，我们要重视、研究学生的需求，做好专业的育人服务供给。最后，要坚持核心素养导向的育人行动。核心素养的提出有两大功能：一是画像的功能，就是合格的社会主义建设者和接班人需要拥有适应未来生活正确的价值观念、必备品格和关键能力；二是导航的功能，从学生核心素养提升的角度出发，引导学校所有的工作，引导我们实现这个目标。通俗地表达，就是要"心中有人"，看见每一个孩子，基于"儿童立场"促使"人"的生长！

"心中有人"就是要学会"兼容并包"。在办学的践行中，一种制度乃至一所学校运行的好坏，仅仅依靠其本身是远远不够的，很大程度上要依赖于一种看不见但起着支撑作用的制度环境，即氛围或文化。校长就是这种文化的建构者。一名优秀的校长，能有效地建构别具一格的校园文化。学校文化建设应以人为本，形成一种以人为中心的管理方式，最终把学校经营成人人具有共同使命感和责任心的组织。学校文化的核心是校长和全体教师共同的价值和信仰。校长要学习蔡元培，要有"兼容并包"的气度。"学校就是一个团队，队员是不同特质的教师群体，个性是多样的，也是丰富的，只有校长走近每个教师、每个学生，校长才会融入师生"。好校长要有开放的意识，要从社会发展、教育发展的大环境来审视学校教育，要跳出教育看教育；要允许教师有不同的教育思想、教学方法或者教育手段，不要用一根尺子去衡量教师、考量教师……兼容并包不仅是一个好校长的气度，也是衡量一个校长具备开发创新理念的重要尺度，更是一个校长开放创新意识的体现。

　　作为一名校长，在自己的办学经历中，为什么要坚持"看见每一个"？换句话说，就是为什么要坚守"以人为本"的教育理念？一方面，基于政策指引。2020年，中共中央、国务院印发了新中国第一份关于教育评价系统改革的政策文件《深化新时代教育评价改革总体方案》(以下简称《总体方案》)。《总体方案》充分彰显了以人为本的人本主义教育价值观，体现了"五育并举"的实践导向。人本主义教育强调学习者在教育过程中的主体地位，认为教育应充分尊重个体的自由和个性发展，重视人的情感、兴趣和需求，因势利导，调动与发挥其学习主动性、求知欲和好奇心，让学习者在教育过程中不仅能获得全面发展，更能享受到学习和探究的快乐，获得人的尊严，获得生活的能力，进而实现自我的人生价值。可以说，人本主义是教育发展的更高级阶段，代表着教育发展的方向和趋势。只有全面发展的人，才能担当起民族复兴大任。评价是指挥棒，《总体方案》吹响了新时代我国教育改革的新号角，充分体现了"以人为本"的理念，进一步规范了我国整个教育体系，从价值、政策、实践等多方面阐释与回答了教育新的方向和路径。另一方面，基于对教育现状的审视。在现有的教育教学中，我们需要具备"看见每一个"的意识，懂得每一个学生都是独特的个体，他们有待于成长，期待发展。每一个人都值得尊重。但在实际过程中，学校往往用简单、狭隘的标准在培养人，用一把尺子在衡量，把教育当成一种工具，把学生视为"标准化"的成品。因此，在办学实践中，我们不仅要推动人的发展，更要推动人的个性化发展。不仅如此，还要将人视作"具体的人""能动的人"，并非"抽象的人"或者"被动的人"，将人定义为独一无二、带有个性化特征以及主观意识的对象，尊重每一个人的生命成长。

二、践行教育

校长心中要有教师和学生，还要有所为有所不为。满足师生幸福的事大胆为，推进课程改革的事积极为，助推学生成长的事放心为。眼中有人的校长是值得信赖的，眼中有人的学校是温暖的。因此，当校长以来，我坚守"服务、真诚、尊重"这三个关键词，努力践行"看见每一个，让教育带着温度落地"的办学思想。

（一）我们将"服务"提升，让教育带着温度落地

暨南小学是一所地处诸暨城郊接合部，长期被老百姓不看好的学校。论师资，比不过老城区学校名优教师云集；论环境，比不过窗口学校的优美；论文化，比不过老学校几代人的积淀。当时，生源问题是我们学校的最大问题——家长总是千方百计把孩子往老城区学校送。

记得 2015 年 7 月，我受命到暨阳街道暨南小学担任校长。当时我一到岗位，首先关心的是当年的招生情况，我清晰地记得当时教育局下发的名单里，我们学区内的一类生有 137 名，其中学校所在村三江新村有 39 人，但最终该村前来报名就读的学生数为"0"！这期间，能联系上的家长，我都通过电话与他们沟通，倾听他们的心声，也了解原因，同时也千方百计地说服家长，最后还是被家长直接或者委婉地拒绝了。有的家长表示，学校条件太差了，比不上城区其他学校；有的家长认为，你们学校都是"外地佬"就读的，我们不想读；也有的家长直言，大家都说你们学校教学质量不好，我们不会来读的……总而言之，就是"学校太差，不想读"！

如此尴尬的现状，难免有几分失落、有几分迷惘，但之后带给我们更多的是理性的思考、坚定的信念和奋斗的目标。没有一流生源，没有好的教学设施，能不能建成"老百姓满意的学校"？我的回答是肯定的。不同的生源

可以决定学校的管理风格和教师的教学风格，但不能决定教师的教育水平和研究能力的高低。显然，不管怎样的生源都不能成为教师成长的借口，教师的成长是可以建立在不同的生源之上的，与生源好坏无关。学校如何健康发展并获得家门口的老百姓认可？根本在人，关键在教师，看我们教师做了些什么事，培养了什么样的人。我们建设"老百姓家门口的优质学校"的征程不能等到有了"好生源"再开始，这一天靠等是等不来的，我们也没有等。我们从教育的本质出发形成这样统一的认识：只有能为每一个学生提供好的教育服务的学校才算是好学校，只有能为每一个孩子的梦想助力的老师才能算是好老师，总之，潜心服务学生成长是最现实的发展路径，关键在教师，焦点在课堂。

这几年，学校的教研活动实现了从无到有和从有到优。教师们分成语文组、数学组、英语组和综合组四个大组，一周进行课堂研讨，相互评课研课，一周进行业务学习，如上个学期各个教研组就围绕"如何命题"进行了系统学习。两项教研活动交替进行从不间断。在教师专业成长上，学校坚持"六个一"活动，给每一个教师成长的学习任务单：每周一次基本功训练，每月一次"我的教育教学故事"分享活动，每一学期"主题式"课堂研究推出公开课一堂或者观点报告一次，每学年至少有一篇教育教学论文公开发表或者获奖，等等。除此之外，每个年级的重点学科都有一名校级领导分管，对所分管学科，每一个月进行一次备课、作业批改情况的检查与反馈，平时还做好"随堂课""推门课"等常态课堂教学教研活动。

这个学期，我们开始尝试"揭短式评课"，这种评课方式虽然有违传统的人际交往方式，但能给教师带来不一样的专业成长。在抓课堂质量上，我们提出并制订了"五环节"课堂教学法：要求教师们备课要"精"，每周有一个精品教案；上课要"实"，向课堂上的35分钟要质量；作业要"选"，重视作业分层，防止机械重复训练；辅导要"深"，做好做实"培优辅差"工作；评价要"多"，学会用过程性评价和发展性评价，帮助学生们树立自信。这一系列抓实抓细的工作，让我们的教育教学质量稳步提升，让师生们有了更多的底气和自信，同时也让教师树立了"教育无非服务"的理念。

（二）我们将"真诚"传递，让教育带着温度落地

2015年7月，我选择从教育局返回学校。对这一选择，有人怀疑过，也有人不解过，但我自己喜欢。而今，如果有人问我："这五年你最大的收获是什么？"我无从回答。送走了一批学生又迎来了一批学生，周而复始，年复一年，"今年"是"去年"的继续，又通向"明年"。面对各式各样的学生和相同的学生不同的成长时空，教师的每一天都是新的，每一年都是重要的，所做的每一件事都是非常必要的。如果有人问我："这五年你有什么特别的收获？"我会毫不犹豫地说，与学生和同事间真诚交流，一起一次又一次让教育带着温度落地，并把这种真诚的温度传递给家长，传递给更多的社会人，这让我始终沉浸在精神的快乐之中。

坚持三年，我给50多位教职员工每年写上一封"情书"，字里行间的鼓励和鞭策，让他们感受到"被学校看见"的温度，感受到学校的真诚；为了让更多人倾听暨南故事，感受暨南教师真诚的付出，这三年来，暨南的教师每年讲一个暨南故事，并在学校公众号进行推送宣传，故事里有我们的梦想，有满满的爱意和温暖；坚持三年，我们从提前一分钟候课做起，从深入实施"五环节"课堂做起，努力让每一个孩子感受课堂的温度，感受到每一位教师的用心与真诚。

记得有一次，六年级2位老师开展同课异构的教学研讨，柴钧明老师写了一篇教后记放在活动宣传的推送里，我在公众号下面跟帖。我先谈了校长听课的意义："我认为，领导不见得就能上好课，学校领导听课，主要的作用和意义不在于'指导'，而在于'了解'，除了了解老师，还要了解学生、了解课堂。作为教师出身的校长，我对课堂有感情，我觉得课堂有意思。"在对他的课进行了一番细致评价后，我写了一段鼓励的话："你的功底非常好，我希望你能成为学生喜欢的老师，对学生的今天和未来都有重要帮助的老师，对学生的未来能产生影响的老师，能让学生终身铭记的老师！"有一个家长留言道："非常感谢柴老师、孟校长！一个语文老师深省自己的课堂，校长躬身课堂听课并真切引导教师。我突然觉得我和我的孩子是最大的受益者。是你们的用

心让我坚信这个学校的好，坚信孩子在这里学习会获得更好的成长。"我们明白，这位家长真切地感受到了我们学校的努力与真诚，我们也相信，他肯定会成为我们学校的口碑，在更多人面前宣传我们学校的"好"。

"一个好校长，就是一所好学校。"我表示认同，但我觉得，一个好团队，更能成就一所好学校。所以这几年，我们努力在做强这个团队，让团队里的每一个人潜心服务于学生的成长，让团队里的每一个人用心做最好的自己，成为学校文化的代言人，让团队里的每一个人用情做好细节，把真诚传递给家长。就这样，让我们的教育带着温度落地！

（三）我们将"尊重"看见，让教育带着温度落地

作为一名校长，我始终认为尊重是最好的教育，尊重是教育的真谛。虽然任职过程中的岗位换了，但校长的职责没变，自己的办学思想一如既往。

新世纪小学，通过15年的努力，已经成为一所优秀的学校。如要在这个基础上进一步提升发展，那近五年学校发展的目标该如何合理地确立呢？经过一番调研与思考，我们提出了"从优秀走向卓越"的五年发展规划。我觉得"卓越"一词所蕴含的"超出一般，杰出的，出色的"程度应该比"优秀"更深一层，在办学历程中我也可以理解为"人无我有，人有我精"，卓越教育应该是富有品质的、带有温度的教育。怎样的学校才是一所卓越的学校呢？教学质量的重要性当然无可非议，另外很重要的一点是，在办学中要坚守"尊重"，尊重学生的个性，尊重学生的差异，尊重成长的规律，尊重的力量就是教育的生命力。尊重意味着"心中有人"，看见每一个孩子，看见每一个教师，立足于"人"的生长！聚焦"从优秀走向卓越"的发展目标，作为校长，我的教育行动指南是基于"儿童立场"，培育与提升一流的教育服务品质，用合适的教育办学生喜欢、教师幸福的学校。

1.扬长文化，坚持看见每一个

校园文化的服务对象是人。这不难理解，但服务什么人需要明确。首先要服务于教育对象，要对学生的成长负责；其次要服务于教师，要对教师的成

长负责,要努力让师生感受到在这所学校的幸福感和归属感。心中明确了服务对象,校园文化建设就会事半功倍。并不是每一个写有警示语的标牌都必然成为文化,有些可能是伪文化,而有些看似"无文化"的事物之中可能包含"文化"。关键看文化建设中是否有"人"。基于这样的认识,我梳理了以"扬长文化"为核心的校园文化。

打造"扬长文化",旨在尊重每一个独特的个体,把学生看成发展的人,既考虑发展中的学生差异,又关注学生自身发展的阶段性特点,充分挖掘每一个人的潜能和特长,扬学生之长处,扬教师之长处,促进每一个生命成长。新世纪小学的"扬长文化"具体是弘扬"千帆竞秀"的学生文化,"百舸争流"的教师文化,"同舟共济"的家校文化。"千帆竞秀"代表千余名学生积极向上,秀出个性,秀出色彩的活力;"百舸争流"代表近百名教职工不甘落后,勇立潮头的精神;"同舟共济"代表家校联手,合力共赢的愿景。

办学愿景:扬长教育,幸福学校。

办学理念:秀出你的精彩。

育人目标:心怀梦想,独立长大。即培养"有梦想,会学习,能独立,扬特长"四个核心素养的新世纪学子。"心怀梦想"方能志存高远,"独立长大"方显健康人格。

校训:扬长致远。

教风:因材施教。

学风:知行合一。

校风:与时俱进。

根据学校的核心文化,我们设计了相应的文化识别系统。

校标:校标的设计创意是以"书本、风帆、海浪、星星"为元素组合而成,标志上方的几个色块形成一本翻开的书本,又是一艘海上扬帆前行的帆船,寓意新世纪小学拥有浓郁的书香气息,同时象征新世纪小学师生勇敢向上的气质,向着远方,向着未来,向着理想努力前进。下面飘动的两条曲线象征着海浪,象征着学校与时俱进的时代动感,标志中的星星,象征着每一个孩子都能够闪闪发光。三片绿、蓝、橙色的帆,绿色象征希望和生命,愿学生能健康快乐地成长；蓝色象征大海，意味着我们的老师拥有宽广的胸怀和博学的知识；橙色象征收获，体现了学校硕果累累的教育事业和辉煌的明天。

吉祥物：小海燕"新新"。海燕身上所具备的那种勇敢、坚韧、独立的特质与新小学子"心怀梦想，独立长大"的品格一脉相承。

校歌：《星海扬帆》围绕新世纪小学办学理念和培养目标而写，通过师生传唱，让新世纪小学文化在每一个师生心中生根发芽。

我们坚持"看见每一个"的理念构建了校园文化的顶层设计，落地的关键点在师生内心的认同感，所以我一直倡导"我"即校园文化。学校大的原则、制度不用说，必须认真严格执行做到位。除此之外，我们更加注重细节，从细微之处立规矩。比如我们自下而上形成了"办公室公约""教师微信群公约""空调使用公约"等一系列约定，让教师们明白在办公室该做什么，不该做什么，在学校群里该说什么，不该说什么。每一个教师必须提前候课，不浪费学生的宝贵时间；所有会议提前到场，不影响同事的工作；升旗仪式有指定的站位，自觉做到不随意聊天；大课间每一个教师同学生一起做操、跑步，不偷懒。这些看似小事但要经常做并能做好就不简单，我们将以榜样引领与严格督促并使，让这些规矩最终成为教师们的自觉，让每一个教师都体悟到自己是学校最好的代言人，是学校文化的折射。只要用心做，我们每一个人都可以成为学校文化的创造者，都可以为学校文化建设贡献一点力量。那些兢兢业业工作、认认真真学习的师生是在创造文化，那些在校园里跑步做操自觉锻炼的师生是在创造文化，那些看见地上一张纸屑主动弯腰捡起的师生是在创造文化，那些课余时间坐在"转角阅读吧"的学生、那些挂着红袖章的志愿者、默默无闻的校园清洁工，也是在创造文化。

2.扬长课程，坚持看见每一个

新世纪小学的课程建设重视已有的课程传统，关注学校已有的创新与改革，强调学校的愿景与使命。我们的办学理念是"扬长致远"，让每一个孩子都出彩，办一所孩子喜欢的学校。因此，课程致力于让学生在学校中能找到自己喜欢的课程，找到适合自己的课程，找到能提升自己的课程，找到能展示自己的课程。同时，课程建设致力于促进学生核心素养的形成，在确保学生核心素养可以得到发展的基础上，追求学生的个性发展。在建设课程的过程中，通过对教师、学生、家长、专家的问卷调查等各种途径，梳理、确定学生的核心素养培养方案，充分满足学生的个性化发展需求。

基于这样的课程理念，学校努力建构的"扬长课程"由基础性课程和拓展性课程组成，在课程实施中充分展现学生在智力水平、学习能力、学习准备等方面的个性化差异，有利于学生四方面核心素养的形成。基础性课程校本化实施，以国家课程为蓝本，结合教师自身教学实际，通过自主创新，形成自己的教学风格。为丰富基础性课程的内容，推进基础类课程校本化，构建了"课程群"，主要有"品德课程群""语文课程群""体育课程群"。拓展性课程包含两类：一类是"梦想吉尼斯"综合实践类课程。这类课程注重跨学科的整合，多以"项目、主题模块"的形式实施教学，分为侧重于"人格养成"的课程、侧重于"社会实践"的课程、侧重于"创意创造"的课程、侧重于"研究发现"的课程、侧重于"挑战自我"的课程。另一类是"小海燕社团"兴趣拓展类课程。这类课程充分利用教师特长、社区资源、家长资源等建设，分为艺术类兴趣课程、运动类兴趣课程、语言类兴趣课程、科技类兴趣课程。拓展性课程应突出课程的兴趣性、活动性、层次性和选择性，满足学生的个性化学习需求。

在"梦想吉尼斯"综合实践课程中，学生通过综合、实践、研究、体验性学习活动，充分满足了他们自己的个性化学习需要。学校对"综合实践"课的教学内容进行了梳理和整合，从"实践、研究、创造、挑战、人格培养"五个维度进行类型定位，将"综合实践课程"分为五个品牌板块。（见表18-1）

表 18-1　综合实践课程

定位	课程版块	课程名称	内容设计
社会实践	梦想人生	小小职场	学做小交警，金牌拍卖师，时装设计师……
		游品牌	博物馆、图书馆、汽车站、西施故里等12个实践基地的游学
		公益小达人	一米阳光公益活动，滴水公益活动，小海燕志愿社活动……
研究发现	小小科学家	挑战不可能	纸托杯中水，溢不出的水，乒乓球太空漫步……
		"屠呦呦"实验室	造纸桥，神奇的气球火箭，纸牌建筑……
创意创造	梦想工场	创意金点子	彩虹帽子，创意面具，百变绳子……
		变废为宝	蛋壳贴画，报纸服装，魔法塑料瓶……
		动漫梦工场	童话"迪士尼"，凯蒂猫乐园，我爱"中国风"……
挑战自我	冠军大擂台	创意运动	校园寻宝，一张报纸能站几人……
		团队拓展	车轮接力，搭桥过河……
		传统游戏	跳房子，滚铁环；踩高跷……
人格养成	小海燕成长季	知书达理	文明如厕，出入有序……

就这样，让每个孩子有一个自己喜欢的活动或学习项目，有一个小小的梦想，在追梦中得到快乐，在圆梦中得到成长。我们构建了"量身定制"的活动课程体系。采用"菜单式＋个性定制"的方式，让每个孩子确定好一个挑战项目。项目的确定方式采用两条腿走路，一条称为经典项目——通过问

卷调查，搜集孩子们普遍感兴趣的活动或项目，制订出项目菜单，让全校孩子在菜单中选择自己愿意长期学习和挑战的项目，在学校组织的各种挑战赛上一决高下；另一条称为自主项目——在学校提供的项目菜单之外，孩子们可以"异想天开"，可以自己确定任何一个只要有意义的项目，比如学会10个魔术、游遍绍兴市所有的景点等。传统社团课也引入了"吉尼斯扬长课程"，让有相同兴趣、爱好的学生在一起，在具有专长的"圆梦导师"的带领下，实现自己的艺术梦、科创梦、表演梦等。每一个阶段学习结束后，学校会提供各种舞台让学生进行展示。搭建了"秀出我的精彩"的多元展示评价平台，让有梦想、有特长的孩子走得远。当然还有最受孩子们喜欢的一个环节，期末的吉尼斯挑战赛。孩子们自主选择、自主申报参赛项目，然后冲刺备战，完成挑战，这是每一个孩子实现小小梦想的必备经历，也是一次成功完成梦想的经验积累，更是实现人生价值梦坚实的一步。

另外，我们坚持"看见每一个"的理念，深入开发并实施"61个独立的日子"。低段从自理、自立、自护、感恩的角度设立20项独立事，中段从尊重、欣赏、体谅、分享的角度设立20项独立事，高段从责任、公益、环保、宣传的角度设立20项独立事。最后的"1"是"私人定制"毕业课程中的"未来行动"，61又与"六一"吻合，寓意童年的乐趣与梦想。在执行时间的安排上，低段每月的5日为独立日，体现服务"我"；中段每月的2日，体现服务"你"（家）；高段每月的25日，体现服务"你我"（社会）。这是我们的校本教材，6本独立成长手册，每个年级一本，从设计到成稿，都是学校教师共同参与设计编写的，它集知识性、趣味性、可操作和可展示性于一体，是一套受教师、家长欢迎，学生喜爱的教材。

以"自理能力"培养为例，我们专门设置了"刷牙日"，共4个任务清单：①认识牙齿的构造；②学习如何正确刷牙；③今天正确地刷一次牙；④坚持"21天"行动计划，一次性养成习惯。开发"61个独立日"课程，意在提升学校德育的整体水平。近年来，我们不断拓展课程内容，外延课程内涵。比如这一学年，我们充分利用这个课程，一方面把劳动教育落到实处，巧妙解决了城区学校劳动场地有限但又要开展劳动教育的矛盾与困惑；另一方面作为"双减"

背景下课后服务的延伸,在学生作业不带回家的情况下多一些实践活动,培养学生的综合素养。就这样,从原有单一的生活自理能力培养走向融合国家课程、传统技艺等元素的综合实践课程,逐步培养"自己的事情自己做、家里的事情帮着做、社会的事情争着做"的综合素养。

3. 扬长师训,坚持看见每一个

教师队伍建设是一所学校内涵发展的灵魂,是学校教育教学质量提升的基石,也是一所学校可持续发展的生命线。基于学校教师队伍现状,为进一步提升教师专业发展水平,本着"成熟一个发展一个"的原则,追求的不是数量的达标,而是质量的提升。

学校根据每一位教师的教龄、资质和特长,有的放矢地改进教师培养模式,把全校教师分为领军教师、骨干教师、特长教师、新秀教师四支阶梯队伍,实施"阶梯式"校本培训。以问题为导向,以目标为引领,以评价为机制,从教师自我需求着手,促进教师的专业化发展。通过走出去、请进来的方式,丰富培训形式,精选培训内容,强化校本研修,精心培养各梯队教师群体,努力打造在省、市具有知名度和影响力的各学科的教师,致力于建设一支德才兼备的具备现代教育素养的专业化教师队伍。真正做到看见每一个,为每一个教师赋能,促进其专业成长,从而激活教师自身发展的内驱力,激发教师自我发展的热情、责任感和获得感,使教师将个人的发展与学生的发展、学校的发展相结合,在对理想与目标的不懈追求和努力实践中,创造业绩,体现价值。在具体的教研活动中,我们坚持目光向下,对准课堂,对准心灵,采用"卷入式"教研模式,让科研真实发生,让每一个教师在科研中成长。

我们以每月一主题开展学科教研,第一周由教学处明确各学科研讨内容,然后进行团队集体备课,人人参与;第二周教研现场抽签决定两位教师进行模拟上课(10~15分钟),各团队分组讨论,进行现场改课;第三周现场抽签决定一位教师进行模拟上课,集体评课议课,改进课堂效果;第四周再抽签决定一位教师进行改进后的课堂呈现,听课后每位教师撰写一篇反思心得。"卷入式"教研提倡的是全员无差别的参与,每位教师不论年龄大小、资历深浅,都必须参与其中,都有可能成为研讨的主角。这种全员无差别式的教研活动,大大提高教师解析教材、课例跟踪、反思评价的实效，促进教师教研能力的提升，力求校本教研看见每一个、发展每一个。具体而言，我们的主要举措有：

一是专家引领。充分发挥区内外名师专家的专业引领作用。近三年学校与绍兴文理学院开展教师专业发展专项合作，借力专家团队对学校教师队伍建设进行全方位指导。学校以学科课堂、校本课程为主线，点线面结合，以课题研究为依托，沉浸式研究，提高校本研修的质量，提升教师专业发展水平，助推教师向更高层次发展。

二是项目推进。学校以教学处、信息中心为主阵地，实施校园资源库建设项目。根据阶梯式校本研修规划内容，在各学科教研组活动时，有意识地积累整理有效的教师培训课程、有质量的教育教学研究案例、有价值的课堂实录以及精美实用的配套课件，同时汇编年度个人专业成长专辑，并凸显每一类教师的特质，从而推进教师培训资源库建设并不断丰富，为新一轮教师专业发展积累资源和经验。另外，学校根据阶梯式校本研修主旨，深入推进省内外培训项目。从"阶梯式"教师的需求出发，积极拓宽培训渠道，创设各种培训机会，组织教师考察、交流、展示等提高培训实效，成就一批具有国际视野、体现学校特色并具有知名度的名优教师。

三是研训一体。学校根据"阶梯式"校本培训的体系设置，从领军教师、骨干教师、特长教师、新秀教师不同层级教师的培养目标着眼，按照"成熟一个发展一个"的思路，以课堂教学为抓手，以课题研究为杠杆，以课程开发为核心，以行动研究为路径，以考评模式为手段，通过自下而上的研究带动和自上而下的引领培训，实现教学、学习、科研和培训的一体化。同时，学校搭建了平台，以新课程新课标理念为指引，以集体备课、模拟课堂、改进课堂、评议课堂为主线，围绕教学方式和教学的有效性开展"卷入式"的研训和评比，并以"规范"要求教师专业发展，以"竞赛"引领教师专业发展。通过"压担子，铺路子"促使各序列教师得到真正的磨炼，提升教师专业发展水平，成就更多名优教师。

四是评价激励。学校将根据"阶梯式"校本培训目标，遵循多元性、综合性、自主性的原则，重构行之有效的多样化评价激励机制，努力激发每一个教师自我发展的内驱力。根据领军教师、骨干教师等各类梯队培养的方向及内容，定期对其德、勤、绩、能等方面进行全面考核，充分利用精神激励、价值激励、物质激励、自我激励、互相激励、分层激励等方式，做细做实管理和考核工作。同时通过看基础、看实绩、看进步，营造浓厚的支持教师自主发展的氛围，促使每一位教师个体最大限度地实现自身价值。

三、结语

教育就是培养人。我们需要什么样的人，希望成为什么样的人，我们的教育就培养什么样的人。很难说教育就一定能培养"完人"，但教育一定要尽可能地回避造就有明显缺陷的人。因此教育的本质就是立德树人。而面向教育本质的学校教育就是要全面服务于人的成长。作为一名校长，要成就一所有灵魂的学校，需要拥有自己的办学思想。在校长岗位经历八载，我坚守"看见每一个，让教育带着温度落地"的办学思想，从一开始的模糊到渐渐变得清晰，并将一如既往地在办学行程中无痕践行。慢慢地，在我们的学校教育中，不仅仅是校长能看见每一个师生，我们的教师能看见每一个学生，每一个"我"都能看见自己，实现自我引导、自我教育，遇见更好的自己。

（作者单位：浙江省诸暨市暨南小学）

融美育人，引领儿童走向美好人生

毛芳芳

工作 24 年，我一直在衢州市实验学校就职。这所百年名校见证了我的青春年华，给予了我成长的力量。三任校长的信任和栽培，优秀团队的托举和成就，让我在使命接力中传承学校育人理念，投身于学校发展的各项建设。我是个简单的教育人，常常想，既然选择做一名教师，就注定是清贫的，守着初心做教育也是一种幸福的人生；要想努力成为一名好教师，在哪里不能体现教育的价值呢？于是，我安心扎根一所学校，热心做好一件事情——引领学生走向美好人生。

一、我的教育主张

（一）读懂儿童

1999 年，我从浙江师范大学毕业，回到家乡，入职于衢州师范第一附属小学。这所学校被当地老百姓简称为"一附小"，是衢州市本级的一所小学，一直以优质的教育教学质量、优质的师资赢得良好的口碑。学校处在市区的中心，虽其是弹丸之地，但师生素质出色。教师基本由衢州师范学校毕业生中的佼佼者组成，各个"身怀绝技"，教育教学本领过硬。

我是那个年代里本地第一批进小学任教的大学毕业生。与中师生相比，我的三笔字、简笔画等基本功不够扎实，这让我在第一年的工作中常有挫败感。认真反思并分析自己后，我决定从语音面貌的优势中寻求突破，寻找教学语言的独特点。我将课堂的师生互动、语言交流作为重点，打造属于自己的生动课堂。在我的课堂里，师生的交流默契，学生学习兴趣浓厚，语言能力提升快，老教师评价我的学生大胆、自信，我的课堂语言有些许"魔力"。

我第一次真正感受到教育的价值，是在一个叫乐乐的男孩身上。

工作第三年我新接班，又带一年级。坐在第三排的小男生乐乐虎头虎脑，爱表现，常发言，求知欲强。那天的课堂上孩子们互动积极，乐乐发言三次后仍高举小手。我微笑地看着他，暗示要给每一个同学发言的机会，几次走过他身边，都没有请他。他开始抓我衣角，把小手伸到我面前，仍未被请到。忽然他小脸涨得通红，用力一跺脚，一拍桌，站起来就冲我大喊："毛芳芳！"全班孩子瞬间震惊了，停顿几秒后大家哄堂大笑。太没面子了，我的脑袋嗡嗡作响，一时不知该怎么处理。而当我一回头，撞上乐乐那哀怨的小眼神和气呼呼的红脸蛋儿时，差点儿没笑出声儿来。这个可爱的孩子，用他的童真告诉我，他很在乎我，在乎课堂上老师对他的评价。"乐乐，"我上前拉住他的小手，笑着问，"你是不是很喜欢毛老师？"他看看我，轻轻地点点头。"那么，真正喜欢的话，就把毛老师的名字放在你的心里，可以吗？"乐乐笑开了花，同学们也纷纷为乐乐鼓起了掌。放学时，我照例整好队伍转过身开始向前走，手里突然伸进来一双温暖的小手，然后，一个童声在身后响起："我还要把毛老师放在手心里……"乐乐眨巴着亮晶晶的眼，笑眯眯地望着我。

多年来，这个故事已成为我坚持热爱的源泉。我把这份感动和启发，在当年的一次全市新课改演讲中娓娓讲述，给同行带去了不小的冲击。教育是关于美的艺术，是一场师生的双向奔赴，师生在心的交流和爱的场域中相互靠近，彼此信任，在共同成就中实现成长。教师要蹲下身子读懂学生，才能作为平等中的首席，以尊重、倾听、欣赏、帮助来引领儿童自主成长，成为那个独一无二的自己。

乘着新一轮课程改革的春风，我渐渐坚定了儿童立场的教育观念，积极实践以生为本的课堂，努力打造向上、向美的班集体。我为每一个班级做三年规划和分年具体规划，以发展的眼光看待每一个孩子，欣赏并捕捉每一个孩子的闪光点，不遗余力地为学生搭建展示平台，指导提升学生综合素养，推动班集体的正向发展，也赢得了家长和同事的好评。一切以读懂儿童、发展学生为目标的教育教学实践，形成了我育人的基本主张，成为铺就我今后教育理念的肥沃土壤。

（二）审美润心

2002年，学校创办九年一贯制学校，并改名为衢州市实验学校衢州学院附属学校，搬迁到了原衢州师范学校的校址。校园文物古迹众多，环境优美，教学楼旁有一段古城墙，是国家级历史文物，始建于汉代。与古城墙相邻是衢州城仅存的历史文化遗迹——菱湖。校内的一对石狮子和纪念牌，都和明朝嘉靖年间的衢州知府李遂有关，他是王阳明的弟子。李遂博学多智，长于用兵，是抗倭名将，曾招友讲学，治衢任内，盗贼敛迹，财赋充裕，百姓感戴。学校所在地就是李遂当年讲学的地方，这条街也被称为"讲舍街"。校园承载了菱湖厚重的文化底蕴，也传袭了衢州师范学校的书香之气，是一块育人的风水宝地。

美丽校园浸润师生成长。欣赏美，研究美，溯源美，从1988年起，学校就坚持美育办学特色，先后有三个重点课题聚焦"审美教育"的相关实践研究。其中"小学审美教育评估标准的研究与实践"曾被立为全国教育科学"十三五"规划教育部重点课题，并获浙江省基础教育教学成果一等奖。2018年以来，学校对审美教育提出新的思考——融美教育。这是新课程改革背景下的审美教育新进阶，愿景是让"美"融入学校所有师生的内在心灵与外在言行；让"美"融入学校教育的一切环节和一切方面。融美教育是让感性的审美精神灌注到德、智、体、美、劳等各门课程之中，把"美的形象性、情感性与活动性"的教学原则渗透到五育并举教学过程中，形成一个审美教育场，促进学生的全面发展。

2016年百年校庆之际，我作为校园文化组的策划人，重要任务之一就是凝练校歌。当时想过请知名校友或词曲作家来创作，但推进的过程中感受到，我们每一次的讨论、追忆，都是一种校园情感的唤醒，承载了几代教育人的希冀。这种对学校情感的朴素表达，就是校园繁衍生息的生命所在，不如原创。于是就有了教师作词作曲、学生诵唱的原创校歌，歌词如下：

（童声朗诵）菱湖柳色新，讲舍书声朗；同学正年少，努力莫彷徨；想我百年校，岁月已沧桑；盛世传星火，新校亦兴邦。

（歌词正文）古木苍苍，菱湖泱泱，讲舍宏开，弦歌悠扬。百年征程，笑傲沧桑，鼎新图强，铸就辉煌。少年心事，云上翱翔，不畏风，不畏雪，享雨露阳光；美丽实验，兰芷芬芳，你是弓我是箭，向未来向远方，向远方。

童声朗诵开启美好意境，歌词寥寥，却表达了师生对美丽校园的喜爱与向往。我相信，多年以后当学子们再相遇，"古木苍苍，菱湖泱泱"的旋律，"你是弓我是箭，向未来向远方"的含义，一定会成为菱湖校园独有的文化符号。让美流进学生心中，滋润学生心田，引领学生走向美好人生。

从审美教育到融美教育，"美"已经是学校历史积淀的、形成品牌的，同时又有时代性、开放性的核心育人目标，是学校办学的本体性支柱，美融教育也已成为学校办学的共同理想、师生家长的文化认同。审美润心，引导学生"以美之眼看万物"，将审美教育融入教育教学之中，是我坚守的教育初心与情怀。

（三）融通育人

2005年年底，我担任学校的少先队总辅导员，之后在中层岗位13年，做过学生管理处副主任、新湖校区校长助理等。带班教学的同时，中层以上的多岗位锻炼，让我充分熟悉中层各个部门的运转情况，感受九年一贯制学校的办学特点，学习协调校内外工作，凝聚各方力量策划、实施、服务好学校的教育教学，也开始思考一所优质学校应该有的发展目标和路径，对"育人"内涵有了更深的理解。2018年学校成立教育集团，我回到菱湖校区担任副校长，分管中小学德育，主抓小学部教育教学工作。2022年，集团第五校区开学，一校五区齐头并进。集团快速扩张，面临的师资压力、育人压力也不断增长。我们努力从"紧密型"办学走向"融合型"办学，在高位运行中寻求高质量发展路径。菱湖校区作为集团唯一一所中学、小学在同一校区的校园，管理难度更大，条块结合的管理模式让我们不断琢磨"有分有合"的管理艺术，追求高效合作。

九年一贯制学校需在一体化视域下寻求发展路径。从"为谁培养人，怎样培养人，培养什么样的人"的价值旨归出发，聚焦"德育"和"九年一贯"，结合学校办学历史和多年的一线实践，我将"融通育人"作为九年一贯制德育的核心思想，不断寻找学校育人工作的价值意蕴。

随着义务教育课程标准的实施，我们不难发现学科育人的导向更加鲜明，各学科凸显"为党育人、为国育才"的思政目标，促使各个学科达成"思政育人"的一致认识：要从学科教学走向学科育人；要从单科育人走向全科育人；要形成全员、全程、全科、全方位育人的"大思政"育人格局。因此，当下学校德育工作更应走向"学科融通"，要从"融通"的角度看育人，将学科融通、学段融通、生活融通、社会融通、家校融通等多维路径打通，提升整体育人水平。

基于此，我将学校德育的内涵与价值确立为：以"促进主体发展"为目标，以社会主义核心价值观为引领，以学科、学段、生活、社会、家校等多维融通为路径，发扬融美德育的校本特色，通过在育人过程中创设情境、创新活动、体验感悟、意义建构等，以具有教育性、实践性、创造性的学生主体活动，引导学生参与、感受、领悟、内省等，从而帮助学生实现自我完善、素养提升和价值认同。

教育是慢的艺术，应遵循自然，唤醒本性生长，待水到渠成，守望次第花开。从"育"的角度来看，教育更像是农民种植庄稼，时刻观察自然，依据土壤条件，让其充分吸收阳光雨露的滋润。播种耕耘，期待收获。无论是班级层面的教育教学，还是学校层面的管理育人，都要强调躬耕实践，充分展开育人的过程，才能收获美的结果。一路的德育实践，让我逐渐形成了以"审美、贯通、融合"为核心的融美德育主张：根据九年一贯制学校的学生特点和认知规律，以审美润心、审美创造为育人路径，以"贯通"式一体化设计为德育序列，将新课程改革的"融合"思路运用于德育整合，提升学校德育的整体实施效果。

二、我的教育实践

当下学校育人工作面临前所未有的挑战。随着社会变迁的加剧，新规则、新事物层出不穷。学生获取知识的广度、深度和途径在发生着变化。育人环境、对象的改变，呼唤学校育人思维和方式的改变。以"审美、贯通、融合"为核心，从儿童立场出发，走审美教育路径，做好新时代德育工作，我努力转变思维方式，达成团队共识；融入时代特点，创新德育路径；整合课程实施，凸显育人价值。

（一）聚力审美教育场，构建融美德育体系

1.融美德育的理论依据

"美育"即培养学生健康的审美观，发展学生鉴赏美和创造美的能力的教育，也称审美教育或美感教育。"融"是通往"美"的通达方式，是学校追求美、实现美的创造性的、符合教育规律的、体现先进教育的路径选择（达到美的手段）。高雅的目标需要高雅的手段去达成，"融"是过程、是艺术、是整合。"融"符合当下课改"整合"之意，但又不止于、不限于"学科整合"等技术方法层面，而更具有教育理想和教育思维层面的意义，可拓展到五育融合。融美教育就是将美育融入学校教育的全过程，它旨在把审美规律和艺术创造精神贯穿到教育教学中，培养学生健康的审美情趣和生活方式，拓宽学生的审美视野和审美空间，全面提高学生的审美素养。

融美德育，是学校融美教育下的德育主张，也有充分的理论依据支撑。蔡元培先生说，所以美育者，与智育相辅而行，以图德育之完成者也。蔡元培的"美育育德"思想，是一种将德育与美育相结合的教育思想。他认为，通过培养学生对美的感觉和发掘其内在美，可以激发学生对生命、人性、爱情等更深刻的体验和感悟，进而培养学生的人文素质和社会责任感。

在朱光潜前期美学思想中，美育与德育的关系是其中的核心问题之一。他认为要以审美与修身的关系为起点，论述美育与德育问题，以情为本，情是理的基础，"问心的道德"胜于"问理的道德"。要培养有道德的人，要先将其培养成有审美情怀的人，洗刷人心，净化人心。最高的人生境界是美育与德育的统一。

北京师范大学檀传宝教授认为，现代德育应当尽快建立"德育美学观"。"美学是未来的教育学，主张从现在开始，让审美、立美的教育在全部教育生活里成为教育工作者的自觉，让审美标准成为所有教育实践的基本标准与常识。"

关于德育美学观的理解，我特别赞同檀教授的表达："你可以说它是一种'美育'，因为德育的内容与形式在经过审美化改造之后，已经成为一种美的形态。不过，我既不是用艺术美，也不是用自然美，而是用教育美中的德育美去感染学生。用一种美去感染学生当然是美育！当然，我更可以说它是一种'德育'特色，一种具有审美气质的德育而已。我们对德育进行审美化改造的目的是实现德育形态的改造和德育水平的提升。"

可见，美育与德育的统一，是育人的高级路径。唤醒师生的审美能力，在校园形成一个审美教育场，将德育工作改造成美的形态，达到美的高度，形成美的能力，感染并培育美的学子，是融美德育的根本追求。

2. 融美德育的体系架构

学校在多年的德育实践中，逐渐形成了以审美化德育为形态的"融美德育"新主张。美融各育，各育融德，可以提升德育工作实效性，以美唤醒学生的德性生长。融美德育体系依据《中小学德育工作指南》，结合学校融美特色，围绕立德树人根本任务，整体规划了课程育人、文化育人、活动育人、实践育人、管理育人和协同育人在内的学校德育框架。这六大板块分别由三到四个学校德育项目支撑。多年来，"红色印记""探访南孔""两进五学""阳台劳动计划""家校360"等已成为学校德育的品牌项目，社会反响好。

3. 融美德育的评价导向

从融美德育学生立场出发，以儿童视角研究，引领儿童以美之眼看万物，以美之态努力生长，培养全面而有个性的"美少年"。

首先，以终为始，完善"菱湖美少年"评价体系。融美德育的最终目标，是培养五育并举的"菱湖美少年"——尚德、博学、乐艺、健体、慧劳的菱湖美少年。以终为始，建立"美少年"评价体系，通过班级单项菱湖美少年的评比和综合性评比，期末班级评出"菱湖五好美少年"，最后进阶为"菱湖十佳美少年"。

其次，发展内涵，明确"菱湖美少年"的核心素养。紧扣新课标核心素养，结合学校融美育人的目标，确定五类"菱湖美少年"的核心素养。尚德美少年——心有家园、胸有责任、身有修养；博学美少年——善于求知、勤于思辨、勇于探究；健体美少年——健康生活、强健体魄、珍爱生命；乐艺美少年——学会鉴赏、敢于表现、陶冶情操；慧劳美少年——热爱劳动、大胆实践、追求创新。

最后，搭建阶梯，落实评价实施的三层路径。如何让"菱湖美少年"成长自画像"丰富"而有"个性"呢？梳理现有的学生主体参与项目，分主题归类，从国家课程、校本课程、校外实践课程三个层面落实评价。每类菱湖美少年都有与之相应的校本课程，也有相应的校外延伸课程，学生通过参与、实践这些课程，展示自己的才能，获得成功的体验，使自己得到提升与发展。在实际操作中，我们通过研制不同年段评价单，对每一类美少年的德育目标提出明确标准，实现融美共育。（见表19-1）

表19-1 课程

"美少年"类别	国家课程	校本课程	实践课程
尚德美少年	道德与法治	仪式教育活动：入学礼、开蒙礼、成长礼、毕业礼	节日主题活动：传统节日活动、重大节日活动
博学美少年	语文、数学、英语、科学	学科素养能力提升课程：学科竞赛、拓展训练营、"研在菱湖"	南孔文化特色项目实践课程：探美菱湖、默写衢州
乐艺美少年	音乐、美术	缤纷艺术课程：乐器进课堂课程、陶纸绘课程、年级音乐展、校园艺术展	校外公益助演、艺术欣赏、才艺比赛
健体美少年	体育、健康	强身健体计划：每日一练（体能训练）、每月一关（体育月单项）、每年一赛（体育节）	我是运动小达人
慧劳美少年	信息、劳动、综合实践活动	校园劳创课程（一米菜园、班级劳动、科技节）	两进五学课程（家长进课堂，学生进社会，学军、学工、学农、学商、学医课程）

为了传承学校办学历史中的"美",营造校园审美教育场,构架融美德育体系,落实学生综合评价,我带领德育团队在"融美德育"的实践中不断学习,把德育管理作为课题研究,聚焦德育专业化成长,提升德育管理效能。

(二) 走向育人新时代,探索融通育人路径

1. 学科融通,加强课程指导

以跨学科项目化学习为方式,融通全学科,达成育人目标。如南孔文化的综合实践活动课程,作为国家课程的校本化实施项目,它引导教师在教材主题活动下,设计融入衢州南孔文化的活动项目,指导学生充分展开实践;引导学生通过探索南孔文化的相关项目,完成教材主题活动,培养文化自信、价值认同、责任担当、成果物化等能力,提升综合素养。

2. 学段融通,突出活动体验

大思政视域下,学校在主题活动中努力做到中小学整体设计且学段目标各有侧重,学段素养螺旋上升。活动参与是主体成长的主要路径。

一体化设计,融学段开展党史教育实践。

以"红色印记"党史主题教育为例,设计分年段、分项目的实践方案,优化顶层设计,有序推进实施。例如,分段分项设计中小学寒假实践活动。将党史教育实践活动设计成寒假作业,中小学分四个年段开展红色"故事会""朗诵台""云讲解""影视汇"等实践项目。

建党百年之际,设计中小学一体化的主题实践活动,分学段创新"大思政"的表达:"唱十首爱党歌""寻百样红物件""画百张宣传画""绘百张连环画""寻百名英雄人""创百首爱党诗""荐百部爱党作""拍百张党员照""记百部口述史"等系列活动,整合各部门工作、各学科教学,以"减法"思维整合党史拓展活动,凸显育人实效。

暑假实践活动,设计大中小学生"共富"研学实践:走遍衢州,小组合作完成一次"共同富裕"寻访。小学段以考察、调查、拍摄、汇报为主要方式;中学段以调研、采访、影视记录、撰写报告为主要方式,形成了一批学生成果,收到了良好的教育效果。

3. 生活融通，促进道德养成

一是将生活素材引入德育课堂，讲好中国故事。以"渐冻之躯"筑起抗疫铜墙铁壁的张定宇，带着山区女童梦想飞跃大山的张桂梅，一生教书育人、传播中华优秀传统文化的叶嘉莹……这些人物的人格力量、深厚情怀触动学生心灵。同时，讲好身边的榜样故事。比如最美衢州人故事，道德模范"早餐奶奶"毛诗花的故事，时代楷模万少华团队志愿治疗烂脚病老人的故事，党的二十大代表的故事，公交司机周国花的故事，等等。

二是将生活发现引入德育课堂，尝试解决问题。通过在思政课堂上还原生活场景，发现生活问题，引导学生代入思考，切己体察，德性成长，最终形成正确的价值观，学会以正确的方式解决生活问题。如红领巾提案发布会，就是通过生活观察，让学生参与民主生活，获得主体发展。将课堂认知与学生的真实生活融通，渗透民主意识、法治参与等思政教育元素。

4. 社会融通，感悟家国精神

一方面，紧扣时代脉搏，做好主题德育。我们生活的新时代藏着最鲜活的教育资源。如疫情时期，在基于教材链接整合的基础上，我们面向生活整体架构疫情德育课程。把疫情当成教材，从生活、生命、生存三个维度引领指导学生，初步培养学生正确的世界观、人生观、价值观。同时，为每个年段的学生搭配"套餐"，以六个目标、九节微课的方式呈现不同年段学生的拓展内容，由此展开项目化学习和实践评价。

另一方面，融通社会资源，落实法治教育。认真上好"道德与法治"学科的法治专册，设计全校法治教育活动。低段"童话讲法治故事"，故事取材符合学生年龄特征和心理特点，并尝试有创意的表演形式。中段"童眼看法治"演讲比赛，从身边的故事谈起，讲述自己对法的认识，普及宪法知识，鼓励大家遵法守法。高段小队参观宪法主题公园，邀请法官进课堂，举办法治小剧场，感受宪法权威。初中，我们利用法治第一课《法护未来，守望成长》，开展14周岁专题教育，让学生在模拟法庭中感受法律公正。

5. 家校融通，共育时代新人

一是"两进"活动：给学生体验搭建平台。以"生存能力展示周"活动为例。为了让学生的生存能力训练人人过关,构建既好玩又有意义的组织方式,我带领团队盘活家长资源,为学生设计"生存课程"。这也是学校"两进"品牌活动的一部分。学校请家长进课堂,带学生进社会,凝聚家校社合力,开展实践活动。结合劳动教育、大中小思政一体化实践、"一文一武"等重点工作,在学校社区、场馆、基地等,借助家校社合力,推进儿童"服务友好"的开展。如野外急救培训、红色研学、清廉实践活动等。学校充分挖掘社会资源,联动校内外各个部门,为儿童"服务友好"的开展搭建有利平台。如积极联动青少年宫、素质教育实践学校、知名企业等基地,实现师资共享,资源共通,设计适合不同年龄段儿童的实践,让学生走出校园、走向社会。

二是家校360项目:开创家庭教育新局面。360即相当于数学上的360°,代表一个圆,寓意完美,从始至终。围绕融美育人的目标,我带领团队设计"家校360"项目,推进家校社协同育人。通过家校360项目的实施,开创家庭教育新局面;组织家教沙龙,探索家庭教育新路径;推进实践活动,拓宽家校合作新视野。尤其是沙龙式的家校交流特别受欢迎。在聆听专家讲座后,学校管理团队成员邀请专家和家长代表上台围坐,进行互动访谈,台上台下的近距离交流使家庭教育深入推进,并同时为学校赢得良好的社会口碑。

(三)守护成长小美好,凸显融美教育价值

融美德育多年的实践经验,是在不断探索中形成的。从教育的初心出发,从一路遇到的问题出发,我想方设法地寻找解决办法,探索德育的审美路径,积累了典型德育案例,留下了育人的美好故事。这些故事常让我不断回味并思考教育的价值。

1. 红领巾提案发布会——看得见儿童的教育

在学校举行的红领巾提案发布会上,五(9)班中队的刘语歆说:"新时代的队员不能'两耳不闻窗外事,一心只读圣贤书'了,而应拥有放眼未来的气度,应具有关注周围事物的敏感度。"她的提案是:让时政新闻走进班级。她从听、说、写、读、论等5个方面提出了自己的建议。我对该提案大力赞扬,并逐条回复:同意开启新闻早班车,各班自行定时间讲新闻谈观点,每班开辟

"走进时事"宣传栏。学校将为三到八年级各班订阅《阳光少年报》,希望同学们做一名有社会责任、有家国情怀、有世界眼光的学生。在这一届发布会上,学校共收到52份提案。对于学生重点提出的"开展校园节能减碳文明行为建设""设立'昆虫驿站'——丰富中小学生课间活动的建议""致敬红领巾童心永向党——关于'有效处置破损、无主红领巾'建议"等提案,学校领导都一一做了回复,对可操作的建议都执行改进。

红领巾提案近年来是学校德育工作的常态内容。类似这样的平台给德育管理者提供了儿童视角,方便了解学生并根据学生喜好创意教育工作,是服务儿童成长的有效载体。学校管理人员要善于搭建学生交流表达的平台,发现并改进育人工作。

2. "默写衢州"项目——让儿童在文创中感受学习价值

如何把家乡衢州"默写"下来?这是五年级学生在大单元学习中提出的问题。

为此,五年级老师以学生视角设计了画衢州地图的实践作业。怎么画?学生纷纷发表意见。要有主题,可以是旅游地图、非遗地图,还可以是美食地图等。不久后,在衢州的街头巷尾和创意市集上,你不时能撞见学校五年级学生的"默写衢州"团队在出售文创产品。由学生原创的带有衢州辨识度的30多种文创产品受到了社会的关注,环保袋、帽子、文具、茶杯、创意灯……层出不穷的文创,都由学生团队自主研发、营销。

目前,"默写衢州"文创公司已经注册并申请到国家专利,文创收入全部用于公益。学校育人故事被《浙江教育报》专题报道,学生文创被《小学生世界》专题宣传,团队一路来的学习过程推进也被"学习强国"等媒体报道20次以上。团队将义卖收入帮助本地一位抗战老兵改建客厅和卧室的故事被《衢州晚报》专题报道……

在新课程改革的春风里,我感受到了这个项目的温度:在真实情境中遇到的问题,由学生提出,受老师指导,靠合作解决。我努力引导师生结合南孔城市品牌的推广,开展项目化学习,让学生在实践活动中体验到学习的价值。渐渐地,老师们开始课题研究,以"游山水名城""赏历史宝藏""品衢味美食""看家乡发展"四大主题完善"默写衢州"校本课程，这同时也成了学校综合实践项目群内容之一，得到了家长的高度支持。

作为学校的管理者，要善于发现师生中有意思的事情，看见学习价值并大力助推。这个项目最大的价值是让学生在实践中生成了对城市发展的积极情感，以及热爱家乡的朴素情感。我们惊喜地发现，项目改变了学生的人生。如吴同学，从一个基本不说话十分内向的女孩，到一个能画出灵感熟练解说的"首席设计师"，一路飞速成长。这样的例子还有很多，我想，这也是课程融合与融美德育的最大意义吧。

3. "花裙子节"——活动融合整体育人的管理改进

以"美"的艺术、"融"的思维做好管理改进，需要管理团队不断交流，提高站位，整合融合，才能提高整体育人效果。以2023年5月学校举办的"花裙子节"为例，我带领团队从一份方案的前后改变出发，进而改变管理思维，最终改进育人效果。

原方案的设计思路："花裙子节"是学校与杭州时代小学联动开展的活动。"花裙子"是儿童专属的元素，在这一天，全校师生、父母祖辈都穿上漂亮的花裙子（女生）、花衬衫（男生）参加活动，绽放自我。学生展现当下的童年精彩，老师、家长、祖辈唤醒童年记忆，读懂儿童，关爱儿童。

改进后的设计思路：减去常规低效活动，变出创意趣味活动，融出优质整体设计。改进后主题定为——关注心灵成长，绽放童年色彩，做好几个融入：以"花裙子"元素凸显儿童友好，设计"花裙子节"六一主题活动；融入项目化跨学科学习，成长故事写一写，透明雨伞画一画，时尚T台走一走，欢乐童年拍一拍；整合心理健康月活动，开展心理健康游园会，主题为——汇聚"心"光，"友"你真好；一年级入队、六年级换巾、八年级离队入团仪式教育整合；三年级十岁成长礼活动；"默写衢州"综合实践成果发布会；正脊行动韵律操展示活动；六一跳蚤市场课程；生存技能挑战周。以上9项内容，都结合花裙子元素，分年段设计成中小学一天的活动课程，赢得了家长、学生、老师的好评，"花裙子节"也被各级媒体争相报道。

通过管理改进，"花裙子节"主题活动将之前的常规活动、创新活动做了整合，在一个大主题下完成了9项子活动，每一项都精简方案，优化组织形式，从而达成一致的"儿童友好"目标。同时，因为儿童友好元素的融入，也提高了每一项子活动的质量，大大提高了整体育人效果，赢得了更多学生的热爱、家长的赞誉。

当下学校德育管理改进最大的难点有两个：一是对校长领导力和管理团队学习力挑战大；二是学校管理改革整体实施的路径探索难度大。"融美"管理首要的是转变管理思维，掀起学习革命，如优化管理团队的运行机制，加强学习型团队建设，整合优化方案计划的实施，等等。

我常常思考如何用减法思维做德育课程整合。目前学校的德育课程涵盖比较广，道德与法治、地方课程、综合实践活动、心理健康、少先队活动、劳动课程等，都需要相应的课时保障，再加上国家下发的《扣好人生第一粒扣子》《安全教育》等德育读本，分项落实存在实际困难。在分析教材时我们发现，以上大德育课程的教材内容有很多重合之处，重复用力不如进行整合优化。新一轮课改强调每个学科必须拿出10%的课时来开展跨学科主题学习，强调综合育人、整体育人。以"减法思维"改进，整合实施德育类课程。我的基本思路是以国家德育课程道德与法治学科为中心整合大德育课程。以小学为例，德育类课程每周共4—5个课时，学校扎实落实每周2节的道德与法治课程，并以这门学科的教材体系作为学校德育体系，用其他德育课程的教材内容和学生读本补充拓展2—3个课时，结合晨会午会灵活处理，有机融入，序列推进，整体提高。

融美德育的故事多，启发也多。我越来越感受到，教育之美在不断学习和实践中发现教育的本质，这是教育者在长期的教育实践中寻找初心的过程，也是在切身体验和躬行探索中明晰方向的过程，更是坚定教育主张的过程。行走在融美育人的路上，抬头有看得见的风景，脚下是去得到的远方。作为一名教育者，我用美的教育，引领学生走向美好人生，也成就自己的教育人生，我内心幸福且执着。

（作者单位：浙江省衢州市实验学校教育集团）

让每个孩子拥有阳光人生

方飞岳

一、"阳光教育"办学思想的内涵解读

"阳光教育"是以尊重、理解、赏识、激励为核心,用真爱和真知为学生的幸福人生奠基的教育。阳光教育是倡导教师顺从学生天性、注重学生差异、因材施教的教育,是引导学生相信自己、鼓励自己、超越自己的教育,是尊重每个学生的生命特质、挖掘每个学生的生命潜能的教育。

(一)"阳光教育"的理论基础

美国著名实用主义教育家杜威的"儿童中心论"是"阳光教育"的理论基础。"儿童中心论"的基本内涵有两点。

首先,儿童是教育的出发点,儿童中心是杜威教育观的基本原则。

杜威从生物进化论、心理学理论出发,提出了"教育即生长"的理念。"生长"是指身体、智力和道德的生长。儿童未成熟的状态和环境是生长的内部条件和外部条件。唯一的真正的教育是通过对儿童能力的刺激而来的,儿童的心理内容是以习惯、情绪、冲动、智慧等天生心理机能为核心的不断发展、生长的过程,教育就是促进本能的生长。所以在他看来,教育的过程就是生长的过程,即儿童生长的过程。他强调儿童是教育活动的出发点,强调教育要尊重儿童的天性,促进儿童发展,同时反对二元对立的思维方式。所以应从教育、社会、儿童的基本关系来理解杜威的"儿童中心论"。

杜威批评传统教育最大的弊端是脱离社会生活,脱离儿童的直接经验,

把学科看作是教育的中心。所以杜威提出学校应该成为一个初具雏形的社会，让儿童在他熟悉的生活中活动学习。杜威强调经验在教育中的作用，他认为经验是人与环境的"特殊复合体"，在教育过程中主要不是教给儿童既有的科学知识，而是让儿童在活动中自己去取得经验、形成能力、养成品德。只有以儿童为中心，教育才是真真正正地"生长""生活"和"经验的改造"。

其次，教育要尊重儿童的天性，依照儿童的兴趣组织各种活动，促进儿童发展。

杜威强调儿童具有自己的天性，儿童的世界是一个具有他们个人兴趣的人的世界，而不是一个事实和规律的世界。兴趣是探索各种事物的动力，儿童的兴趣很广泛，他们有交谈、探究、制作方面的兴趣和艺术表现的兴趣。教育必须尊重和利用儿童的兴趣，当儿童要满足一种冲动或兴趣，则必然要付出努力，而努力则会经历、克服困难，熟悉教材，运用创造力、耐心、坚持和机智的过程。所以兴趣满足的过程就是儿童主动学习的过程，也是教学的过程。当学习成为儿童生活的一部分时，他们就不再是消极地接受或静听，而是积极地汲取经验。

杜威的"儿童中心论"为"阳光教育"提供了理论支撑，教育应顺从孩子的天性，尊重个体差异，尊重每个孩子的生命特质，挖掘每个孩子的生命潜能。在教育过程中，把儿童放在校园的最中央是"阳光教育"最根本的主张，也是其在未来教育中最透彻的基本立场。

（二）"阳光教育"的办学理念体系

学校办学理念体系是学校文化的深层表现形式，是全体师生共同创造和遵循的精神成果与文化观念。学校全体师生在一次次研讨与实践中，确定了阳光教育文化的理念体系。阳光教育是一种光明的、温暖的教育，希望每个孩子都能生活在和煦的阳光里，人格获得尊重，个性受到重视，成为身心健康、各具才能的人。

办学理念：启迪梦想，拥抱阳光。

办学愿景：让每个孩子拥有阳光人生。

育人目标：培养强体魄、优品格、会学习、爱生活、有技能的新时代阳光儿童。

校风：向阳自信，和谐向上。

教风：创新融合，赏识激励。

学风：向学自新，向善自立。

校训：健体崇学，向善求新。

健体——积极锻炼、身体健康、心理阳光。

为践行阳光理念，全体师生要展示积极向上的人生态度和人生追求。学校大力倡导师生积极锻炼身体、强健自身的体魄，并在锻炼中培养坚强的意志力，树立信心与勇气，追求身体健康和心理阳光的和谐统一。

崇学——重学善思、崇文善智、提升境界。

崇尚学习、坚持学习、善于学习，是全体学子和教师发展进步的决定性因素。学校大力弘扬崇学善学、崇文善智的文化传统，让学习成为全体师生的一种生活态度、一种自觉习惯、一种精神追求，在全校形成崇学、善学、乐学的浓厚氛围。

向善——心地善良、积极进取、追求自我。

心中有爱、心地善良，是全体学子和教师做人做事的基本要求。要以积极、阳光的心态迎接人生中的未知，弘扬善，舒展善。坚持向善，让正能量相互传递，成为塘下实验小学的风尚。

求新——解放思想、敢于开拓、勇于超越。

求新是塘下实验小学与时俱进的时代要求，它体现了全体师生积极进取、追求进步的精神状态。全体师生要敢于打破陈规陋习、冲破惯性思维，要敢于开拓进取。咬定目标不动摇，抓住机遇不放松，先人一步，高人一筹，力求争先。

二、"阳光教育"办学思想的校本实践

"阳光教育"作为一种教育理念，在学校教育教学的实践过程中会关联到

阳光教师的培养、阳光学生的成长、阳光课程的建设、阳光管理的实施、阳光文化的打造以及阳光评价的开展。阳光教育是一个过程，一个多向互动、反馈和影响的教育过程，以下从三方面来阐述阳光教育理念在学校的实践。

（一）"四大策略"助推阳光课程迭代升级

我校创办于2013年，是一所年轻有活力的新学校，课程建设始终秉承"启迪梦想，拥抱阳光"的办学理念。2015年，学校借助省深化课程改革的东风，规划"七彩阳光"课程1.0版（如图20-1），着力开发特色项目。在实施过程中发现课程建设有诸多缺陷，比如课程与学校办学理念融合度不高、课程丰富性不足、课程个性化不够凸显。2017年，温州市启动第二轮"促进有效学习"课堂变革，我校坚持立德树人的根本任务，遵循"质量导向、学教并重、凸显素养、整体优化"的原则，逐步探索并形成了阳光课程体系2.0版。

	向体自强		向学自新			向善自立	
七大核心素养	身体素养	艺术素养	学习素养	创新素养	人文素养	公民素养	综合素养
阳光基础课程	体育	音乐美术	国家地方课程	数学科学	语文英语	道德与法治	综合实践活动
阳光资优课程	体育保健	课堂小乐器创意联想画	书写提升工程	七彩数学系列科学实验	太阳花系列英语阅读整理	好习惯德育课程	STEAM课程
阳光自主课程	球类运动国际象棋	舞蹈陶艺吧	影视赏析七彩文学	数学绘本酷创实验	悦读社英语读者剧场	学段德育	创客中心
阳光实践课程	健体素养节	艺术素养节	阳光少年研学活动	创新素养节	人文素养节	适应性教育安全体验活动	STEAM课程

培养目标：让每个孩子拥有阳光人生

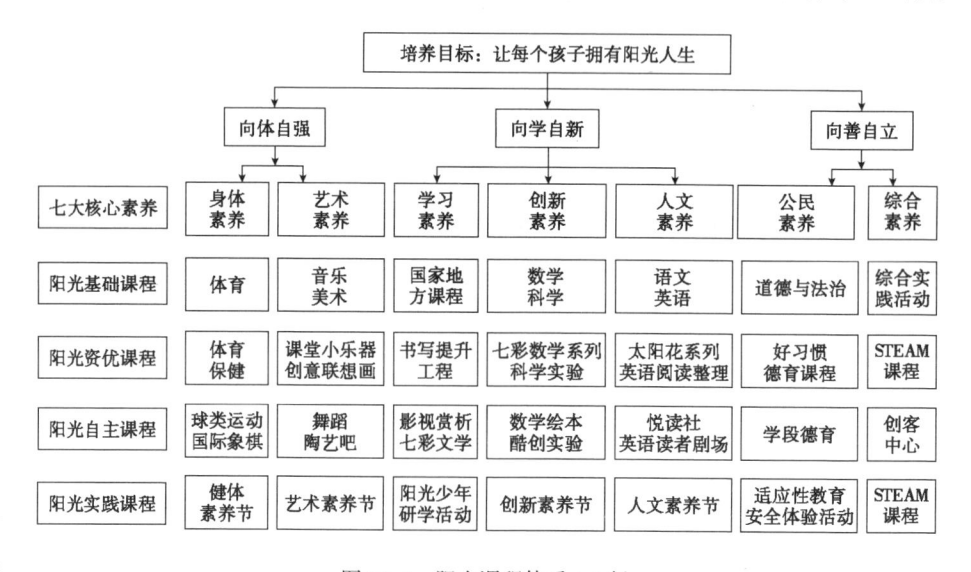

图20-1　阳光课程体系1.0版

阳光课程体系2.0版的探索融合了学校领导、全体教师、学生及家长的集体智慧，探索途中共体现了以下四大策略。

1.办学理念全面统领策略

学校在建校之初就以"让每个孩子拥有阳光人生"为办学愿景，在阳光理念的引领下，遵循"健体崇学，向善求新"的校训，坚持以"培养强体魄、优品格、会学习、爱生活、有技能的新时代阳光儿童"为育人目标,构建了"七彩阳光"的系列文化标识,如校标就是根据七色花表征来设计的。并且,为了使阳光课程更具辨识度,我们将校花和七彩元素融入课程图谱,从内而外依次为赤橙黄绿青蓝紫。红色为学校核心办学理念,即阳光;橙色为学校的育人目标,即培养强体魄、优品格、会学习、爱生活的阳光学子;黄色为课程的五大维度,即品德与社会、语言与人文、数学与科技、艺术与审美、体育与健康;绿色是阳光底色课程,即国家的基础性课程;青色是阳光亮色课程,即国家基础课程的校本优化课程;蓝色是阳光彩色课程,即丰富多彩的拓展性课程;紫色是阳光彩色课程,即学校的各类活动性、综合性课程。这些课程在"启迪梦想,拥抱阳光"的办学理念的核心统领下,围绕培养目标呈现圆形放射状,彰显办学理念全面统领学校课程的深刻寓意。

2.学生素养发展导向策略

根据学校"七大核心素养"的培育需要,结合2022年新课标的要求,阳光课程2.0由基础性课程和拓展性课程两部分构成,把知识技能的学习、创新精神的实践、体艺特长的培养有机结合起来,进一步完善了原有的课程体系。(如图20-2)

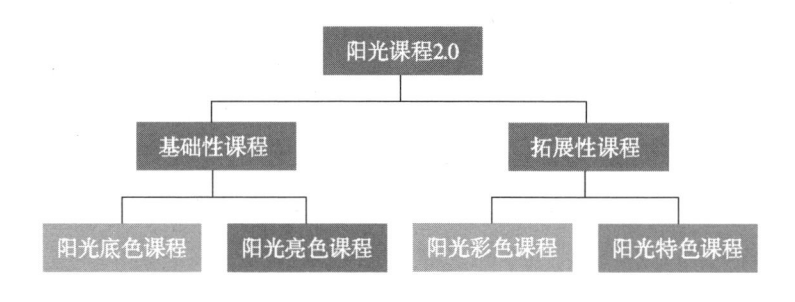

图20-2 阳光课程2.0框架结构

基础性课程是指面向全体学生开设的,包含由国家和地方课程标准规定的学习内容,它由道德与法治、语文、数学、英语、科学、音乐、体育、美术、劳动教育等课程组成,课时占阳光课程的88%。为了强化分层选择的教育思想,基础性课程又分为阳光底色课程和阳光亮色课程。阳光基础课程指国家规定的课程,其内容与课堂组织形式相对固定。阳光亮色课程指在国家统一的学习内容基础上,根据学生学习能力和素质差异而开设的侧重点不同的课程,是国家课程校本化实施探索的新样态。

拓展性课程是指为满足学生的个性化学习需求而设计的课程。分成两类：一是阳光彩色课程。课程从内容到形式遵循"以学生为中心"的原则，学生自主选择学习，教学组织形式较为灵活。具体包括身体素养课程、人文素养课程、艺术素养课程、学习素养课程和创新素养课程。二是阳光特色课程。阳光特色课程是以校园文化特色活动为基础的综合性课程，旨在引导学生探究自然、体验生活、了解社会、打开国际视野，着重培养学生动手实践、科学探究、团结协作、服务社会的能力。阳光特色课程细分为"学科实践活动课程群"和"主题实践活动课程群"。学科实践活动课程群围绕健体素养节、艺术素养节、科技素养节和人文素养节学校"四大节"展开；主题实践活动课程群包括阳光少年研学活动、适应性教育安全体验活动和STEAM课程。

我校努力把阳光学生七大核心素养的发展与四类课程进行适配。但素养是综合体，并非与某一课程一一对应，我校坚持课程内容有所侧重，并在实施过程中将其逐步完善。

3. 地域优质资源引入策略

俗话说："一方水土养一方人。"基于地域文化的校本课程开发，是回归学生生活、促进个体发展的需要。新课标指出，实践性课程要注重学生的实践能力，而且还要充分利用学校、家庭、社区等教育资源开展综合性学习活动，扩宽学生的学习空间。我校地处罗山之阳、塘河之畔，是南宋著名学者、永嘉学派创始人陈傅良的故乡。我们充分挖掘名人资源，打造九大清廉课程场域，编写校本教材《廉润童心》，以项目化方式开展小小讲解员、廉润童心、红迹先锋系列课程。我们依托塘下镇万米河滨步道，借力打造阳光生态园，开展"秘密花园"课程。该课程注重学生关键能力的培养，融合了"生态""工程""教育""经济"等元素，丰富了学校课程内涵。

4. 学校优势项目发展策略

要把学校的特色课程做成学校的特色，就要不断优化课程，做强做大优势项目，使其成为精品课程或精品课程群。树人先立德，经过十年的努力，在新课改进程中，学校依托雄厚的积淀底蕴，形成了"七彩"阳光德育体系。我校推行"我与阳光德育"系列活动，积极开展了在生活中感恩、在活动中内化、在锻炼中成熟的系列德育活动，如"国旗下的演讲"、心理健康周、适应性入学、特色主题班会等品德塑造类系列活动，实现了"活动系列化、德育课程化"，使我校学生真正地成为"心理健康、生活阳光"的"阳光学子"。再如我校的体育特色课程群建设也颇有成效。我校是全国国际象棋特色学校之一，并荣获浙江省啦啦操冠军、温州足球联赛季军，这些都有赖于我校体育课程的科学规划和对学生的有序培养策略。为了搭建好课程的顶层设计，我们结合加德纳的多元智能理论和21世纪学生发展核心素养标准的内涵，围绕身体素养、心理素养、精神素养、学习素养、艺术素养、劳动素养和创新素养七大素养，同时各个学科依据2022年新课标，明晰了阳光课程2.0版的目标，优化了阳光课程2.0版的内容，凝炼了阳光课程体系2.0版的教学模式，创新了阳光课程2.0版的评价机制。"阳光课程2.0"以发展学生核心素养为指向，以重点项目开发与实施为关键，以日常课堂教学改进为抓手，聚焦学生学习全过程，旨在创设良好的课程生态场域，进一步改善教与学的关系，提升学生学习品质，促进学生全面、个性化发展。

（二）"X+Y"模式促进阳光教师专业成长

阳光教师，面对教育，有阳光般平和的心态；面对教研，有阳光般积极的热情；面对孩子，有阳光般灿烂的笑脸；面对同事，有阳光般温暖的态度；面对发展，有阳光般不息的能量。这样的教师，才是将教育视为一种快乐的教师；这样的教师，才是学生们最爱的教师。我们以"X+Y"团队发展模式促进教师专业成长。"X"是指学校里经验丰富的骨干教师，承担指导教师工作，而"Y"是指年轻的、在教育教学方面存在困惑的教师，两者结对互相讨论学习，这样可以切实解决Y教师在新课程改革、课堂教学、教学管理、专业研究等方面的困惑及存在的问题，帮助Y教师更新教学观念、细化教学常规、优化课堂管理、提高专业技能，使Y教师的教学水平与教学质量得到快速提高。同时，X教师在指导的过程中也会促进自己的理念更新，加强课堂实践，做好示范和引领，在专业发展上也会得到进一步提升，这样双方共同提高，达到双赢。

1. 构建"X+Y"教师专业发展评价的"四段三维式"模型

我校在教师评价中基于阳光理念，将教师专业发展职初期、合格期、成熟期、稳定期"四阶段"理论以及教师专业品质、专业知识、专业能力发展"三维"内容体系进行整合，构建出"X+Y"教师专业发展评价的"四段三维式"模型。（如图 20-3）

图 20-3 教师专业发展评价"四段三维式"模型

有了"四段三维式"模型的指引，不管 X 教师还是 Y 教师，都可以清楚地判断自身专业发展所处阶段。在此基础上，教师可以反思自身发展，增强学习意识。同时，为了更好地体现不同教师群体的专业发展诉求，我们在制定评价标准前，可以针对各阶段的教师开展需求调研，力求将教师需求与学校需求相结合，实现教师发展与学校发展的同频共振。

2. 设计"X+Y"模式教师专业发展的评价标准

教师专业发展评价工作围绕个人和"X+Y"团队两个层面展开，其中个人评价依据"四段三维式"模型，重点从专业品质、专业知识、专业能力三个维度展开。在内化《小学教师专业发展标准》内容的基础上结合学校阳光评价理念，并将量化积分纳入教师专业发展评价记录表，以此引导教师在从正确认知自我到走向理想自我的过程中实现专业发展。

（1）专业品质评价：解决"为什么教"的问题。教师专业品质指向教师的职业道德与专业精神，是教师专业发展的动力源，在教师专业发展中处于基础性地位。我们认为，对教师专业品质进行评价的出发点不是鉴定，而是要让教师明白自己应该具有什么样的专业品质。因此在设计相关评价指标时，我们更加注重对教师思想的引导，关注评价的发展性功能。目前，我校的教师专业品质评价主要指标包含基础性指标、发展性指标和弹性指标三部分。其中基础性指标关注优质常态，指向教师专业品质中的底线，即每个阶段教师都应该遵循的职业道德和准则；发展性指标体现特色创新，以教师的团队融入情况为具体抓手；弹性指标凸显学术追求，根据学校不同阶段的工作目标和重点确定二级指标，力图将教师的个性化发展和学校特色工作有效整合，具有阶段性和动态性特点，如当前我们主要以荣誉表彰与综合改革项目为评价抓手，今后还会动态调整。（见表20-1）

表20-1 塘下实验小学教师专业品质评价标准

类别	一级指标	二级指标		评价主体
专业品质（30分）	优质常态（基础性指标20分）	思想先导（12分）	师德师风	学校教学部
		行动自为（8分）	满意度调查得分	学校教学部
	特色创新（发展性指标10分）	X+Y团队融入（10分）	开展活动互学互促	各教研组
	学术追求（弹性指标≤3分）	荣誉表彰 各项目研究情况		各教研组

（2）专业知识评价：解决"教什么"的问题。教师是科学知识的传播者，其知识文化素养的高低直接关系到学校教育质量和教育目标的达成与否。我们在对教师专业知识进行建构时，充分考虑了"读懂学生""读懂学校""读懂时代"的教师专业成长理念，并在其中纳入教师作为个体以及个体与情境进行交互时所需要的知识，最终构成包含基础性指标、发展性指标和弹性指标在内的教师专业知识评价指标内容。（见表20-2）

表 20-2　塘下实验小学教师专业知识评价标准

类别	一级指标	二级指标	评价主体
专业知识（30分）	优质常态（基础性指标20分）	学科内知识（10分）	各教研组
		学科内知识（10分）	学校教学部
	特色创新（发展性指标8分）	X+Y交流学习（8分）	各教研组
	品质追求（弹性指标≤2分）	教育叙事、微课、学历	学校教学部

（3）专业能力评价：解决"怎么教"的问题。教师不但要拥有丰富的专业知识，还要通过一定的教学技能、方法等将这些知识顺利转化，为学生所接受。依据《小学教师专业发展标准》以及学校已有经验，我们在教师专业能力评价中主要设计了教育与教学能力、激励与评价能力、研究与实践能力三个维度，每个维度的具体评价指标又体现了基础性指标与发展性指标的有效结合，同时还根据实际增设个性化的弹性指标，以凸显教师的学术追求。（见表20-3）

表 20-3　塘下实验小学教师专业能力评价标准

类别	一级指标	二级指标		评价主体
专业能力（50分）	优质常态（基础性指标35分）	教育教学能力（20分）	教学常规	学校教学部
			公开课	
		激励评价能力（15分）	对学生学力的评价	各教研组
			对学生活力的评价	
			对学生潜力的评价	
	特色创新（发展性指标15分）	研究与实践能力（10分）	教学反思	各教研组
			教研活动	
			课题研究	
		学术追求（弹性指标≤5分）	积极参加课改、教师项目、拓展课程开发等	学校教学部

3.完善"X+Y"模式教师专业发展的研修机制

（1）建构"X+Y"模式教师专业发展的研修体系。随着素质教育的深入，尤其是新课程改革的实施，教师由"教书匠"转变为"研究者"。我校全面推进"X+Y"模式的教师专业提升工程，经过前期的实践，中期的不断修改，最终我们确定"教研修一体化"体系，以课题为载体，以参与式、实战式的方式，尽量让每位教师发挥主体作用，做到真研究，实现"教研相融、研修结合"。我们借助校内科研及教师资源优势，发挥学科带头人、骨干教师的作用，抓好教师梯队建设，以提升教师团队的综合学科素养，促进"一题三维四式教研修一体化"的"X+Y"模式研修体系的建构。各教研组以课题研究为主题，基于教师的理念素养、教学能力和科研水平三个维度，通过自主学习、因材指导、校本教研、专家引领四种方式开展教师专业素养能力提升研修活动。

（2）提炼"X+Y"模式教师专业发展的研修方式。为促进教师专业发展，我们借助各大教研组平台，充分发挥X教师的优势，带动Y教师的进步。各大教研组在学校"X+Y"模式研修体系引领下，根据各学科教师的特长提炼了不同的研修方式。

语文组——5+5年级段互助式：语文组以年级段为单位开展"X+Y"教师专业提升活动，主要通过课堂指导、常规落实、专题学习、经验交流、阅读提升等形式展开，旨在提高青年教师的课堂教学能力、教科研能力等学科专业素养。

表 20-4　语文组 "X+Y" 教师专业发展名单

年级	名师引领	指导师 X（助学者）		被指导师 Y（学习者）	
		课堂常规指导	教学常规指导	学科专业发展提升	课堂教学常规落实
一年级	杨×× 朱××	钱××	戴××	陈×× 曾××	赵×× 李××
二年级		木××	戴××	韩××	徐× 郑× 郑×
三年级		林××	庄××	郭×× 薛××	戴×× 郑××
四年级		黄××	刘××	池× 高×	蔡×× 周××
五年级		周××	戴××	林× 张××	戴××
六年级		金××	陈××	戴××	杨× 戴××（大）

数学组——专家引领 X 辐射 Y 式：该模式基于课题研究成果应用的项目研修，将优秀的学科教学课题研究成果设计成校本项目研修，利用优秀教师 X 的课题研究成果的应用推广促进更多教师专业素养得到提高，由学校没有参与该课题研究的学科教师 Y 展开研修，从而缓解教师能力分层现象。该模式基于课题研究成果应用的项目研修，其实现路径为：专家与 X 成果知识分享——Y 自主应用尝试——X+Y 集体反思改进——Y 实践行为跟进。（如图 20-4）

专家与 X 成果知识分享 → Y 自主应用尝试 → X+Y 集体反思改进 → Y 实践行为跟进

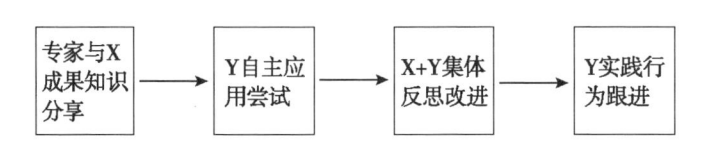

图 20-4　专家引领 X 辐射 Y 式的实现路经

板块一:"专家与 X 成果知识分享",专家与 X 将优秀的课题研究成果通过讲座、论坛、阅读等方式与教师 Y 进行知识分享。板块二:"Y 自主应用尝试",教师 Y 在理论学习的基础上应用课题研究成果开展实践尝试。板块三:"X+Y 集体反思改进",集中所有教师通过经验交流、头脑风暴等形式反思实践过程,讨论改进措施。板块四:"Y 实践行为跟进",根据提出的改进措施对 Y 的实践行为进行跟进,在进一步应用课题研究成果的实践中,提升教师 Y 的专业素养。

英语组——3+4 特长分工式:英语组的"3"为 3 位"80 后"X 教师,"4"为 4 位"90 后"Y 教师。只要"徒弟"有疑问,"师傅"有问必答,倾囊相授。英语组凸显和发挥了指导教师的特长,即 3 位指导教师有了具体的分工(见表 20-5)。指导师有了分工后,被指导教师如有疑问,就可以找相应的指导教师寻求帮助。这样的指导会更有针对性,效果更强,而指导教师不仅不用担负培养新教师的重压,还能在自己擅长的领域内做到精益求精。

表 20-5　师徒结对权责分配表

权责分配	第一个"3"(指导教师)	第二个"4"(被指导教师)
课堂教学、命题测试	戴××	黄××、谢×× 叶××、林××
论文撰写、阅读感悟	林××	
备课常规、改作常规	余××	

不管是中年教师还是青年教师,当他们在分享阅读感悟时,参与制作命题试卷时,或做专题发言经验交流时,每个人都不是单纯的"指导师"或"被指导教师"了,大家都是平等的参与者。这样"参与式""实战式"学习,不仅不会让中年教师懈怠,更能促进青年教师的专业成长。

科学组——3+3 滚动抱团式:科学组在学校顶层设计的挈领下,将团队进行人员重组,形成"X+Y"的科研模式。固定 3 名骨干教师 X,X 教师以三年为期专项研究落段,通过主题式研磨等方式成为课堂教学能力、课程建设能力和科技指导能力的"引领专家",对每学期的流动 Y 教师们进行校本培训,在案例的不断积累中,通过先成长"X"再辐射"Y"的形式最终实现抱团成长。

(3)探究"X+Y"模式教师专业发展的研修策略。从四大维度(师德、理念、实践、反思）入手，精修教师专业品质、专业知识、专业能力三大方面，促进其快步成长。师德为先，逐级推动教师的理论学习、课堂实践和教学反思，使他们在原有基础上继续发展。在逐级推动、不断循环的研修路径上，我们探究出促进教师专业发展的"四导"策略。

一导师德：建立合作制度，率导教师的师德师风建设。在人的道德素质中，最核心的一点就是要有奉献精神。作为一名阳光教师，必须修品练功。加强教师师德师风建设，最为有效的办法便是X教师（指导教师）要以身作则和将心比心，在执行每次任务时，全员分工合作，大家用自己的人格魅力、工作魅力和学术魅力感召和吸引Y教师（被指导教师），实现一朵云吹动另一朵云，一棵树撼动另一棵树，一个心灵感动另一个心灵。

例如，在头脑风暴中，36位语文教师分成6个小组自主研读教材，在X教师的示范带动下，大家纷纷表达看法，针对性地进行讨论，不管是X教师还是Y教师都参与其中，两人记录，两人绘制，两人准备汇报。大家分工合作，用心交流，用思想碰撞，处处皆景，发扬师德师风，最大限度地提高教研的效果。

二导理念：建立学习制度，引导教师学习专业知识。我校坚持结对帮学，树标引路。Y教师在备课、上课及撰写论文上都欠缺经验，传、帮、带、导、提、教等方式能切实加快他们的成长，提高他们的教育教学能力和教育教学研究水平。学校举办隆重的启动仪式，一张师徒协议、一张指导教师聘书、一份师徒礼物和一番师徒表态，为"X+Y"模式的教师专业发展搭建了学习的联系。

教研组利用集中培训和自由阅读两种形式来督促教师的理论学习。首先，教研组利用每学期的教研活动时间安排专题学习，如文件政策类（课程标准、学科建议、学科教学常规等）及教学理念与实践类（整册教材解读、阅读教学中的运用、教材插图资源的整合利用等），增进教师在短期内对学科某个领域的教育教学理念的了解。其次，教研组定期给X教师和Y教师提供多方阅读资源方便教师进行自由阅读和学习，如期刊《小学教学设计》、全国赛课教学视频、温州市优秀新常规教学设计和优秀公众号有关教材分析的文章，教师通过看优秀教师的设计、听名师的课例、读专家的点拨，可以互相交流，碰撞思维火花。

三导实践：建立实践制度，指导教师的教育教学实践。我校教师的课堂实践依托"磨课提升"丰富教学经验，依托"专家引领"拓宽教学视野，依托"课程开发"培养课程意识。（如图20-5）

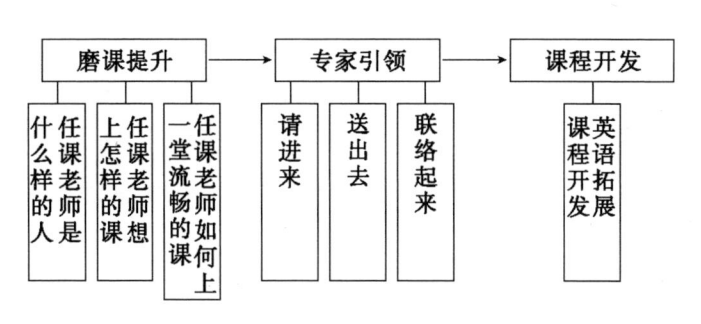

图20-5 实践制度

磨课是提高教师专业能力的一条捷径。磨课的过程是X教师和Y教师一起参与、不断创造、共同成长的过程；磨课的过程是一个学习、思辨、厚积薄发的过程。但是，平常的教研活动并不能有效地引导教师付出时间和精力来认真磨课。我们利用"X+Y"模式积极贯彻，例如，在课题实施过程中，科学组采用同课异构形式进行磨课提升，X教师和Y教师同时上一课，X教师亲自示范，Y教师亲身观摩学习，找到自己的课堂存在的问题，进行改进，最后在公开课中精彩亮相。

除了磨合之外，我校利用多方人脉资源来优化教师的教学设计和课堂教学。一是把专家"请进来"，给教师做专题讲座。我校通过承办温州市、瑞安市各学科的教研联盟活动，邀请各学科教研员从学科特点出发，对上课教师的教学设计和教师智慧提出更高的要求。二是把教师"送出去"。教师利用"瑞安市五年教师培训"和"90学时集中培训"，从而得到校外一线名师的理念引领和实践指导。三是把优质人脉"联络起来"。教研组的X教师利用自己的人脉资源，利用网络工具，打破时空限制，对Y教师进行远程指导与点拨。

此外，在深化课程改革的浪潮中，教师不仅仅是课程使用者，更应成为课程开发者。教师可以协助学校根据学校和学生的实际情况，量身定做校本课程。虽然Y教师缺乏教学经验，但是他们思想前卫，思维活跃，敢于创新，现代教育技术强且精力充沛，家庭负担较轻，乐于承担活动任务，是课程开发和实施的生力军和活力群。因此，提升Y教师的课程意识和培养开发能力，在"私人订制"时代势在必行。

学校在构建阳光课程体系的基础上，继续深化课程改革，积极拓展，形成核心课程素养群。如在三到六年级的英语拓展课程上，英语组的三位成熟的X教师对三位新的Y教师在拓展课程的设置、操作和实施上给予诸多指导。如五年级开设英文绘本阅读，同为五年级英语教师的教研组长X教师可以在阅读材料的选择、绘本阅读课的教学设计、课堂教学活动的设计、课后延伸阅读活动的操作等方面为Y教师提供诸多指导。

四导反思：建立反思制度，助力教师形成教育科研意识。教学反思是教师成长过程中一种非常重要且有效的方式。在不断的自我反思过程中，教师会逐渐有问题意识和研究意识，从而进一步形成教育科研意识。教育科研是适应基础教育课程改革的内在要求，同时也可以促进教师专业素质提升，使教师实现由经验型教师向专家型教师的转化。各教研组的X教师在实践中要启示与引导Y教师的科研意识与反思意识。反思意识是第一位的，鼓励教师坚持撰写教学随笔、教学日志、教后感、案例分析、教学设计等，及时记录课堂教学的得与失，并分析成因。这是教师进行科研活动的最便捷的切入口。我校在反思制度上分三步走：一是全员在日常教学中完成规定数量的教后感，学校定期选取优秀反思通过微信群让大家学习；二是开课教师必须提交每次的磨课日志和开课反思；三是要求Y教师每学期必须参加瑞安市小学学科新常规新设计比赛和瑞安市教育教学论文和案例评比。

（三）"七彩阳光"综合评价赋能学生成长

我校自2013年创办以来，一直致力于评价改革实践研究。"双减"政策出台之后，我校对现有综合评价体系重新进行梳理和诊断，发现以下几点不足。

其一，项目测评局限，素养导向性不足。项目评价主要考核识记、背诵、复述等低段能力，凸显知识本位，不利于对学生学科素养、关键能力与必备品格的考查。

其二，实施路径模糊，评价系统性不足。由于缺乏顶层设计，各个评价项目各自为政，缺乏系统的目标设定、操作程序和研究路径，无法达成"教学评一致性"。

其三，实施环境封闭，评价情境性不足。评价局限在封闭的教室空间和特定的时间，未能充分利用校内校外、线上线下等多元场域，实施全时空评价。

针对上述问题，我校重构评价体系（如图20-6），引进睿教育平台，支持数字化管理，从评价内容、评价平台、评价展示三个维度对综合评价体系实施智能优化，探索出了具有校本特色的"七彩阳光"综合评价实施路径。

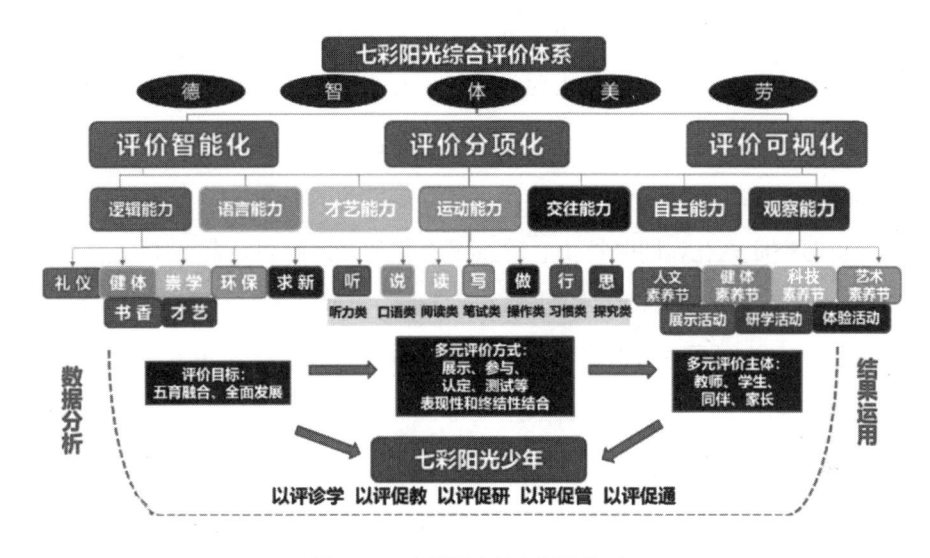

图 20-6　七彩阳光综合评价体系

1. 一体四链：评价内容分项化操作路径

实施综合评价，需要构建从评价指标体系到工具开发、过程操作再到反馈运用，指导优化评价体系的一体化实施路径。（如图20-7）

图 20-7　七彩阳光综合评价操作路径

（1）内容+标准：指向全面素养与能力。学校依托四色课程，构建"学习指标、潜能指标、活动指标、自主指标"四项评价内容，着眼学生"逻辑、语言、才艺、运动、交往、自主、观察"七大能力的发展，从"礼仪、健体、崇学、环保、求新、书香、才艺"七大方面对学生综合素养进行全面评价。每门课程都制订详细的量化评价标准，分别指向学生的学业质量、学习品质和学习习惯，实现评价内容的一体多维。

（2）工具+操作：回归诊断与激励功能。我们通过设计测评试题和测评方式，确定各学科命题的要点及模板，教师自主命题，专家指导把脉，组织学生试测，并建立网络资源库，实现资源迭代与共享。同时，我们搭建了七彩阳光综合评价操作模型，实现评价主体多元化，凸显学生主体性；评价方法多样化，定量评价和定性评价相结合；评价过程多维化，关注学习习惯、态度和品质；评价时空序列化，即时评价、阶段评价和延迟评价相结合。

（3）采集+反馈：驱动学教反思与改进。学校建立"一体三级"数据支持系统，所有数据通过睿教育智能平台实现融合，从学校、班级、学生层面进行纵向和横向比较，对各类评价数据进行收集、分析、诊断和应用，以便指导、调整教育教学工作。

2. 双线联动，评价平台智能化操作路径

学校探索了基于睿教育平台的评价操作路径，通过线上的睿教育App评价与线下的阳光少年成长册评价双线联动，凭借累计积分评选七彩阳光少年（如图20-8）

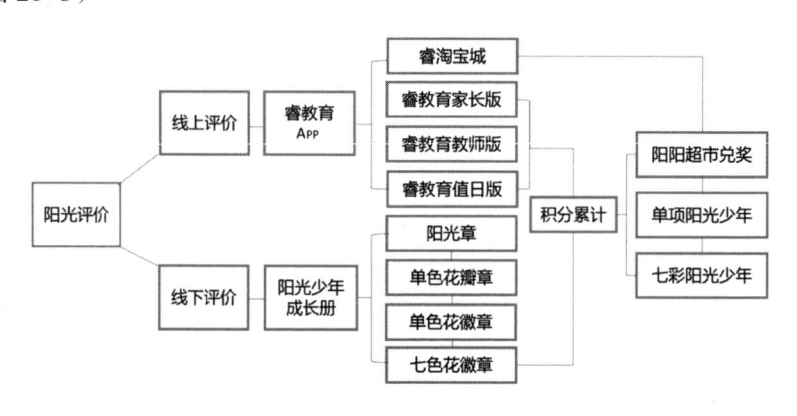

图20-8 App智能评价操作路径

（1）硬件+软件：评价平台一体化。在硬件方面，开发 App 终端，实现评价主体多元化。我校开发了教师版、值日版、家长版和睿淘宝城 4 个睿教育 App，实现一个系统不同终端，互联互通。教师版供任课教师、值日教师和班主任对班集体和学生个体进行加分表彰和扣分批评。值日版由校大队部干部通过专门的学生手机对班级和学生的礼仪、就餐、大课间活动、课间纪律等表现扣分，便于后续评选"阳光班级"。家长版供家长实时接收学生被表扬或处分信息，监测学生在校表现，同时家长也可以上传学生在家表现图片与视频，为学生赢取相应积分。睿淘宝城用于积分查询与兑换，学生可以根据自己的积分换取相应的奖品，线上下单，线下兑换。在软件方面，我们设置评价细则，智能化评价方式。智能平台每学期向班主任发放 60 套阳光花瓣卡，共计 12 600 积分，供日常班级管理。同时，平台上的每一项评价细则都设置了相应积分，教师只要点击相应的评价条目，后台就自动为该学生或班级加分或扣分，操作智能高效。

（2）过程+结果：评价操作双联动。原有的评价方式注重结果的呈现，通过学生是否获得阳光卡、是否被评为七彩阳光少年等结果判定学生的表现，但是学生因何事获得该荣誉无迹可寻。睿教育平台的线上线下联动机制，可以使学生的评价过程留痕。只要打开睿教育 App，对准学生扫一扫，输入项目后可即时生成评价，该数据将累计生成在该生本学期表现之中，并可以永久保存与调取。阳阳超市的建立，则让整个评价体系形成完美的闭环。学生只要达到相应的积分就可以通过自助柜台或手机端下单，学校则在期中、期末分两次安排"阳阳专递"进行奖品派送，这有效激发了学生的学习动力。

（3）校内+校外：评价范围全覆盖。由内向外，监控学习动态。睿教育平台实时跟踪学生在校一天的活动。从入校通过扫脸系统，到日常加分或扣分再到放学出校，所有信息都会同步发送到家长手机中，包括现场照片或视频，这有效加强了家校沟通，减轻了家长的焦虑。由外向内，延展学习空间。睿教育平台开辟"阳光展示厅""阳光阅读吧"等栏目，将学生在家庭、社会的表现纳入学校评价体系。家长可每日上传学生阅读、劳动等照片或视频，同学间可以互动点赞，平台自动发放相应积分。学校还会定期发布征集令，如重阳节、三八妇女节感恩词句征集令，形成主题化活动。

3. 立体呈像：评价全程可视化操作路径

睿教育智能平台对学生的发展起点、过程和结果进行全程评价，360°无死角靶向瞄准，让成长可视化。

（1）起点＋目标，发展方向可视。

焦点呈现——评价目标可视。学生对评价机制的认知和兴趣，是评价是否有效的前提，而焦点事件便是学生进一步探索的基点。以"七彩阳光少年"评选这一焦点事件为例，学校通过班队课、家长会、学校网站、公众号等多种途径向学生和家长宣传，引发学生和家长的高度关注并践行，让评价内容和评价标准内化为学生学习、生活的能力和品质。

动态分层——原有经验可视。学生个体存在差异，评价标准也应是分层、动态的，从每个学生的现实情形出发，扬长避短，使其发挥智能优势。比如"2022年英语假期作业"在基础性作业之上，又设置了英语单词王、英语故事大王、英语歌曲秀等拓展作业，学生可根据自己的兴趣和特长选择相应的作业完成并展示，让原有经验可视。

（2）过程＋展示，发展表现可视。

互赏展示——多元表现可视。我校利用静态展示与动态展示进行评价优化。静态展示学生的美劳、书写、建构、图表等作品，可重复看、聚焦看、详略分开看，具有持续性。学生在赏析与对比同伴表现方式的同时，也会重构自我的表现方式。动态展示作业成果，最大化体验收获。学校也拍摄各类比赛的优胜者并制作成视频，通过微信公众号、学校网站等平台循环播放，充分发挥榜样示范作用。

平台搭建——活动场域可视。学校为学生搭建了多维的立体展示平台。除线上展示平台之外，我们打造十大线下展示场域，静态展示区为创客空间、连廊空间、半书房，主要展示科学发明制作、优秀作业和阅读作品；动态展示区为晨会主席台、向阳报告厅、校门口大屏，主要展示艺术、表演类作品，综合展示区为梦想港湾、秘密花园、M＋工坊、红迹展厅，可以实现德育成果、艺术成果、劳动成果的综合展示。我们主张让校园的每一面墙壁都有学生的作品，每一个角落都有学生成长的故事。

（3）结果+数据，精准画像可视。

图文分析——人物画像精准可视。睿教育App对学生进行过程性评价的数据收集和终结性测试的数据赋分，自动生成学生电子个人档案、综合素质评价报告单，直观呈现学生的各学科各项目等级评价及期末总评，教师和家长可以扫二维码线上查看或导出打印。

延时跟踪——成长轨迹精准可视。延迟评价结果的呈现，给学生留下自由思考、自主实践的空间，引导学生自己去发现、探究、改进。如我校的健康体质监测就采用补考制度，并为不及格学生建立体质健康专项档案，每学年对不及格学生的体质进行跟踪监测，直到达标甚至优秀。

三、"阳光教育"的办学成效

塘下实验小学办学十年，从无到有，从有到优，学校以打造评价品牌为抓手撬动学校高质量发展，办学十年共获得了1项国家级荣誉、11项省级荣誉、30项温州市级荣誉的丰硕成果，各个方面都得到长足发展。

（一）转变管理思维，提升了学校的办学品质

评价研究作为品牌项目，助力学校成为温州市第一批评价改革试点单位、温州首批数据驱动教育教学示范校，引起教育同人的关注。浙江教育信息网、温州教育网给予专题报道，《温州都市报》《瑞安日报》两次对我校阳光评价做了专题报道并给予高度评价。近三年来，我校获得浙江省现代化学校、浙江省教师发展先行单位、浙江省促进健康银牌校等省级荣誉5项；获得温州市新常规示范校、数据驱动教育教学示范校等温州市级荣誉12项；获得瑞安市级荣誉13项。2021—2023年连续三年荣获瑞安市教育教学质量奖。

（二）改变教研方式，促进了教师的专业发展

近两年来，课题组确立了"价值思维""系统思维""变革思维"，切实发挥"研究、指导、服务"的教研职能，探索"学—教—评"一致性研究模式，以区域、

学校、师生的整体需求为导向构建教研新范式，促进教师序列化成长。（如图20-9）

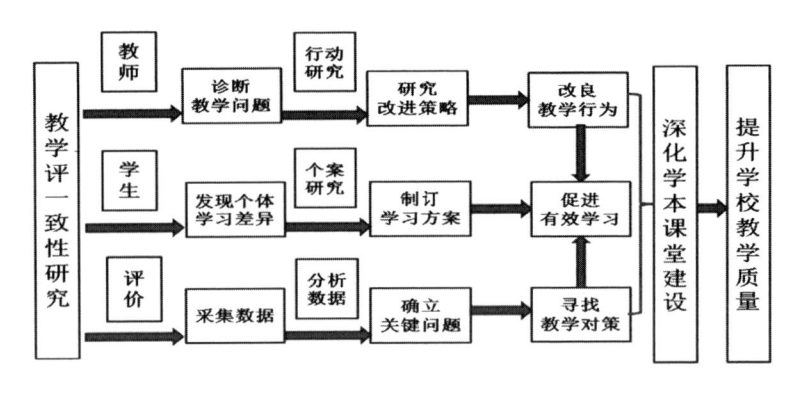

图 20-9 教学评一致性研究模式

近三年来，我校荣获各类荣誉称号，其中高级教师8人，温州市三坛教师5人，温州市骨干15人，瑞安市教坛新秀16人，瑞安市骨干9人。我校论文和案例在瑞安市级以上刊物发表与获奖共312篇。

（三）创新学习方式，提升学生的综合素养

多元的评价项目，立体记录了学生成长的过程。缤纷游园式分项测评让考核充满童趣和期待。丰富的课程活动高效地联结形成性评价与终结性评价，使学生的综合素养得到显著发展。近三年来，学生个人参赛国家级获奖73人次，省级获奖75人次，温州市获奖412人次，瑞安市获奖555人次；团体参赛获国家级3次，省级6次，温州市级30次，瑞安市级78次。

阳光是动力，阳光教育就是让生命充满希望，让人生拥有理想，让生命更加坚实。塘下实验小学全体师生将一直坚守"阳光教育"，努力创建一所洒满阳光的学校，让每个孩子拥有阳光人生。

（作者单位：浙江省瑞安市塘下实验小学）

看见儿童，让每个儿童都站在舞台中央

潘玲芳

一、对教育本质的思考

什么是教育？卢梭在《爱弥儿》中主张，教育的目的在培养自然人，顺应儿童的本性，让他们的身心自由发展。教育的英文单词 Education，是三个词根的拼写，前面那个"E"是向外的意思，"duca"是引导，"tion"是名词，意为引导出来。教育就是把一个人的内心真正引导出来，帮助他成长，成为他自己。教育的本质，就是帮助孩子更成功地寻求自己的幸福！

什么是好的教育？当然，这是一个常问常新的问题。

我想，好的教育一定是能让学生蓬勃生长的教育。学校是学生们喜欢、热爱、留恋甚至迷恋的地方，在这里，他们读书探究、放松运动、组织社团，潜能得到发掘，个性得到发展，人格得以健全，活泼的生命在向上生长、自由舒展；好的教育一定是有家国情怀、人类使命的教育，这种教育能将体现国家意志的育人目标、课程方案在校园里呈现出来，变成生动的教育场景，学生不是为了分数而"死揪"，为了升学而苦拼；好的教育一定是家长与社会认同、认可的教育，这就要求校长坚定教育自觉的价值追求，不被功利力量牵着走。我相信，好的教育一定是在向好、向善过程中不断改进、不断变革的教育，这个过程虽慢，却值得我们每个教育工作者期待、等待、静待。

自 2016 年走上校长这个岗位，我便深知肩上责任之重大。这些年来，在追寻教育高质量发展的过程中，我曾经无数次追问自己：什么样的学校才是好学校？好学校应有怎样的教育生态？如何回到教育的本质？如何帮助孩子更成功地寻求自己的幸福？我常常陷入这样的思考。

教育的本质是实现人的发展，立德树人是教育的根本任务。一所学校，如何达成教育实现人的发展的根本任务？让学生站在学校的中央，让学生站在舞台的中央，让学生成为学校的主人，让学生成为成长的主人，激发学生的积极性和学习意愿，使学生主动参与学习活动，才能更好地实现学生的发展。这才是学校在教书育人、立德树人的过程中不可替代的常态。

基于这样的思考和追问，我想我们应该从儿童立场、儿童视角出发，去看见儿童，让每一个儿童都站在舞台中央。

第一，"看见儿童，让每个儿童都站在舞台中央"，这是基于马斯洛需求层次理论的思考。美国人本主义心理学家马斯洛认为，人的需求从低到高分别分为五个层级。基于这样的理论，七到十二岁的小朋友，当他们开始在学校学习，有了更多的社会交往时，他们对于尊重的需求也开始觉醒。在安吉三小，我们也在努力地思考，教育场域当中的每一个行为是否充分地尊重了儿童呢？我们提出"相信相信的力量"，这是一种信念，是一种蕴藏在心中的永不熄灭的火焰。我们对儿童说，老师相信你可以更好，老师相信你一定能行。我们永远给予儿童积极的期待。

案例一：我们学校的××教师总是蹲下身来跟孩子交流，爱在平等中流淌。××教师坚持给每一个孩子写一封信，爱在纸短情长中流动。我们的校长每天都会走进午餐教室，与小朋友们亲切地交流，爱在共进午餐时融合。

第二，"看见儿童，让每个儿童都站在舞台中央"，这是基于儿童研究的理性思考。现代自我心理学之父阿德勒说：幸运的人一生都被童年治愈，而不幸的人一生都在治愈童年。教育专家成尚荣先生在他的《儿童立场》这本书当中也提到，儿童立场是教育的基本立场，立足于儿童的教育才是真教育，才是活教育。所以在策划每一项活动的时候，我们都在思考如何为有个性特长的孩子提供舞台，同时也要为每一个孩子搭建成长的平台。每周一我们都会雷打不动地召开主题中队会，每一个班级都需要轮流到学校的舞台上进行展示，一个孩子都不落下。在"五好班级"评比中，全校每个班级轮流作为检查的班级，并根据学校制定的一日常规的要求来进行检查与反馈。我们的课前精彩三分钟覆盖全学科，每一个孩子都要上讲台进行展示、分享。所以我想说，教育应该真正地让儿童"参与"，而不是"参加"；应该真正地让儿童"歌唱"，而不是"唱歌"；教育应该真正地让儿童"成长"，而不是"成功"。

第三，"看见儿童，让每个儿童都站在舞台中央"，这是基于新课程标准当中生活教育的深入思考。让每个儿童都站在舞台中央，这里的舞台除了温馨的教室和绚烂的多功能厅之外，还有阳光普照下的宽阔的操场，以及儿童丰富多彩的、真实的生活。所以在《义务教育语文课程标准(2022年版)》中，"生活"一词成了高频词，前后出现了一百余次。在科创高新智慧教育的理念指引下，在国家提出的数字化转型的当下，我们必须关注儿童真实的生活。我们三小的每一位教师，都在自己的课堂上努力地构建真实的学习情境。我们也带小朋友走出去，用脚步去丈量一千米到底有多远，带着他们走进学校的未来田园基地，去感受每一片绿叶和每一个瓜果。教育的智慧是什么呢？我想那就是关注每一个人。让每一个孩子都得到成长，让孩子多声部合唱，实现学校"让明天走得更好更远"的美好理想。

案例二：每次新生家长会我都会向家长传递学校的办学理念与愿景，有一次有一个家长说："我也赞成你的观点，要让每个儿童都站在舞台的中央。但是我孩子在班里40个孩子当中，成绩都是36名到40名，他既没有多少特长，也不爱说话。我就希望老师让我这孩子也能够站在舞台的中央去。"我当时是这么回答的："童年生活是否幸福，关系人的一生，但是五个手指不能够一样长，我们要告诉孩子，要接受自己的普通，但不要停止发现自己的不普通。"成绩不是衡量一切的标准。我工作将近二十年了，教过很多孩子，之后每次新生家长会上我都会将这个孩子的真实故事引入。家长们说："潘老师，能不能多帮帮我的孩子？"我告诉他们："你们的孩子都是棒棒的。我观察到了，这个小朋友能主动帮助同学拾起地上的掉落的书本，我在全班表扬他。我说，同学们，好多小朋友是不是没有注意到地上的书本，就从这边走过了？可是我们班的这一个小朋友，他却能主动地弯腰拾起，全班掌声送给他。"

有一颗爱心，他就站在了我们的舞台中央，我用最大的声音来鼓励他、表扬他，鼓励大家有爱心、善合作，做一个善良的人，对社会永葆感恩之心。

我想这是我们应该做的：让每一个孩子认识自己、接纳自己、肯定自己、相信自己。只有拥有自信，他才能够拥有应对未来无限挑战的力量，才能够找到自己未来的幸福所在。

二、破解成长密码，让每一个儿童都站到舞台中央

自2016年担任校长，我已有7年的校长任职生涯，不长也不短，其间经历过3所学校，一所是只有300名学生的农村小规模小学，一所是有2000余名学生的城乡接合部学校，现在是规模2300余人的县城第三小学。近年教育局实行集团化办学改革，我们也成立了第三小学教育集团，将城区另一所学校变成集团校区。因此，2300余人的县城小学变成拥有4500余名学生规模的集团校。虽然积累了一定的教育、教学和管理的经验，但面对集团化办学，我们也是一片茫然。

面对新的管理模式、新的办学改革，我们再次梳理对教育本质的思考，又有了新的启发——破解学校、教师、学生的成长密码。成长的密码是什么呢？可能每个人都有不同的解读。对于孩子的成长来说，就是身与心两个大的方面。正如马克思所说，人的全面发展无外乎就是身体和心灵的发展这两个大的方面。影响成长的因素有很多，自己的、家庭的、学校的、社会的……而影响成长的因素里，最被成长者自身以及家长们或者教育者们关注的，可能就是"学习"二字。其实备受大家关注的"学习"，在整个孩子的成长过程中只占了很小的一部分，但是由于种种因素却被我们放大了。书本学习的能力只是学生作为人所具备的众多能力中的一种，我们既不能说现在成绩好的将来就一定有出息，也不能反过来理解。所以学生不等于学习，不等于分数。学习是孩子成长的一部分，学习也是孩子生活和生命的一部分。我认为教育就一定要有学生立场和儿童立场，儿童立场这个提法可能比学生立场这个提法更指向学生作为人本身。我认为成长的密码就是从儿童立场、儿童视角出发，去看见儿童，让每一个儿童都站在舞台中央。

（一）看见儿童，让儿童站到学校的中央

安吉县第三小学是一所以地方"邮驿文化"为核心，旨在用驿站文化点亮幸福童年的特色学校。它以"让明天走得更好更远"为校训，以在"驿亮童年"新六艺特色课程体系下培养大气、文明、责任、力行的时代新人为育人目标，以"办一所美好的童年驿站"为愿景。

近年安吉县域内实行集团化办学改革，集团校的发展定位就是"两示范、一基地"的实验学校。成为湖州市教学改革实验示范校、湖州市优质均衡示范校以及安吉县青年教师培养种子基地，是我们的办学愿景，也是学校集团化办学的核心目标。为了让学生站到学校的中央，我们基于对教育本质的思考，有了以下观点和做法。生而不同，每个孩子都有独特的禀赋，而教育的意义在于"看见"，看见每一个孩子的个体需求，用更丰富的学习体验、更多样的课程内容，让每一个孩子的潜能得以释放，成就属于各自的精彩。在这样的教育理念的影响下，我们要打造怎样的学校给我们的孩子呢？第一，儿童友好型的学校，具体表现于服务孩子的成长、体现孩子的眼光与智慧、受到孩子的喜爱、记录孩子的成长过程。第二，花园式的学校，将学校打造成生态的、有自然气息的、和谐的、可持续发展的校园。这也与安吉"两山"理念的发源地的城市定位相呼应。第三，教室、廊道及区角文化，它们体现孩子们的意愿，服务于孩子们成长，而不是展示给家长、教师看的。

第一年，把愿景变成风景。

（1）与教师们一起共绘三小美好蓝图。每个学期初和学期末，我都会向教师们汇报、交流我在三小的收获以及遇到的瓶颈。

第一学期末：《2021，不止于"看见"》。第二学期初：《让我们一起向未来》。第二学期末：《融入·成长·收获》。第三学期初：《驿路策马，向着美好奔跑》。以看见儿童为立足点，给心目中的理想学校画像，为学校高质量发展立规。

（2）与孩子们一起共话三小美好明天，共谈新驿使担当。每学期和孩子们一起参与开学典礼、入学礼、入队礼、成长礼、毕业礼。

（3）与教师们一起设计精致的驿站文化小景。一本展开的书本雕塑景观、东广场电子大屏、配以仿古工艺三维镂空雕刻的校训文化栏、一个全新的永

远对学生开放的图书馆、教职工电瓶车驿靠站、教师笑脸墙、一年级平台驿章字体墙、书画长廊、耕莘园、悦读草堂、小书吧、少儿书画院……

（4）与孩子们一起设计精美的驿文化特色文创小品。"驿路阅读"封套、阅读提示语明信片、邮票里的书籍墙、"小邮小驿"阅读海报、"驿马奔腾"书立、邮票分类贴纸，每一个产品、每一处设计都和教师们、孩子们一起经过几十轮、几十次的反复商讨再定稿，做精做细，彰显校园驿文化特色的品位。邮票、邮筒、信封、信箱、驿马、驿站、读书驿角……从图形到文字到色调，无处不渗透浓浓的邮驿特色，如小邮小驿吉祥物、厕所标识、楼层标识、班牌、科室牌、围裙……校园内所有的布置都来自学生的作品，校名也是我们的孩子所题写的。

以儿童为本，彰显儿童的存在，表达儿童的视角，促进儿童的发展，是三小在学校校园文化建设中坚守的第一原则。

（二）看见儿童，让儿童站到课程的中央

第二年，把风景变成场景。

校园不仅要好看，更要有内涵。要把"好看"的风景变成"好学"的场景，让一草一木都变成课程资源。

基于社会环境发生的新变化、当代儿童呈现的新特质以及时代赋予当代儿童的新使命，学校围绕新驿使育人目标体系，设计规划五育融合理念下的新驿使教育课程体系，通过"驿亮童年"新时代六艺特色课程体系实现儿童教育生活的统整，提升五育融合品质内涵，探索新时代儿童成长新样态。

新驿使教育倡导新驿使使命担当——传承邮驿文化，点亮醇美童心，厚植家国情怀。做文明的传播者、接力的奋斗者，做社会主义的建设者和合格的接班人。新驿使教育致力培育"五育并举"新驿使形象——"大气、文明、责任、力行"。以邮驿文化为核心，守正创新，融通中外，把小学六年作为孩子人生发展中的一个停靠站——驿站——来打造，用驿站文化点亮童年，培养"大气、文明、责任、力行"的社会人。

根据《义务教育质量评价指南》提出的学生发展质量评价的五个方面——

品德表现、学业发展、身心发展、审美素养、劳动与社会实践，学校构建了新驿使教育育人目标体系。这是学校课程的顶层设计。一直以来我校努力构建属于自己的独特"课程图谱"。我们知道，如果课程仅限于书本，孩子可能会成为"书呆子"；如果把课程视为整个世界，孩子可能就会有驾驭整个世界的能力。"在三小，你可以成为你想成为的自己！"这是每个三小学子最值得骄傲的口号。

课程是育人的通道，好的课程是实现育人目标的保障。我校的课程开发基于儿童立场的绿色教育观，围绕学生的核心素养培育，通过"驿信""驿站""驿动"三条途径与课程体系彼此相连，互相交融整合，充分考虑到每个学生个体，为不同层次、不同类型的学生提供个性化、多样化的教育服务，促进学生主动学习、释放潜能和全面发展。

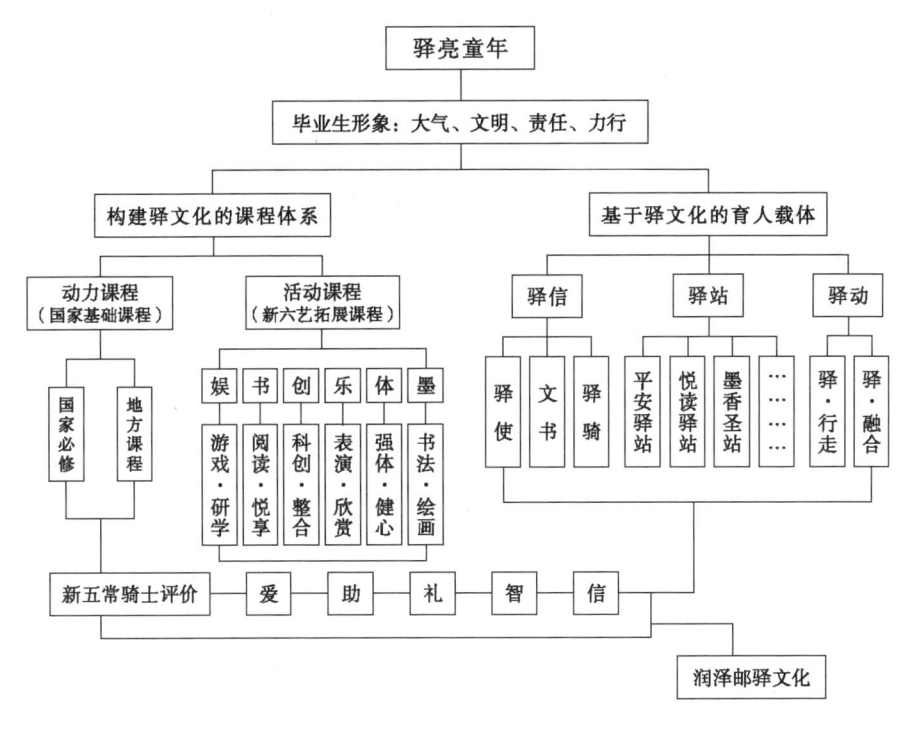

图 21-1　课程体系与驿文化交融整合

第三年，把场景变成背景。

如驿文化下的成长主题课程、家校联盟成长学院课程、全阅读微课程、清廉课程、书课程、创课程、体课程、墨课程……构建了一个既体现立德树人要求又满足学生个体差异化发展需要的、规定性与选择性相结合的丰富多彩的课程体系。

表21-1 "新六艺"课程体系

新六艺	内涵	具化分项	驿效
娱	游戏·研学	游戏、体验、实践……	驿彩纷呈
书	阅读·悦享	诵读、写作、演讲……	开卷有驿
创	科创·整合	SETAM、信技、手工……	驿想天开
乐	表演·欣赏	声乐、舞蹈、戏曲……	余音演驿
体	强体·健心	球类、竞技、心理……	闯驿健体
墨	书法·绘画	毛笔、国画、剪纸……	驿路墨香

"新六艺"课程从空间上、时间上再具化内容，每一个驿站设置都遵循"看见儿童，让儿童站到课程中央"的课程理念，分年度重点突破。我们积极打造重点精品课程，如《驿信》《国画》《剪纸》都已经成熟成形，《小篮球课程》《书法课程》已成为精品课程中的精品。我们将《书法课程》纳入校本课程中，每周设置一到两节课，拓展新"六艺"课程中的"书法"，我们的书法教室高端大气（设有传统书法室与现代书法室）。现场书画赛已举办了17届，我校学生经常获得国家级、省级奖项。在篮球课程的设置上，我们既有人人参与的篮球普及课，又有梯队的篮球优秀种子选手培养课，学生坚持每周锻炼，取得过的最好成绩是浙江省篮球联赛亚军。我认为竞技篮球并不值得炫耀，因为那只是个别学生的赛道，值得骄傲的是我们学校的孩子人人会玩篮球，班班开展篮球赛，天天练习篮球操，每学期举办篮球文化节……这个美好的童年驿站里有着不可替代的篮球童年印记。

图书馆是我校的重点项目。我校图书馆于2022年10月正式开放，开门见书，其中"信封书吧""邮票书墙""邮驿书筒"都极具邮驿特色，吸引很多师生前来阅读打卡。"悦读小剧场"学生读书会预约场次上百，教师阅读分享会、科研半月谈、与作家张婴音面对面交流等活动都在图书馆进行。这是一个集休闲、沙龙、讲座、娱乐为一体的现代化网红图书馆。

阅读区角无处不在：书柜、书角、书落、书格、书墙、书包……书香飘驿路。同时我校还特意布置"文化小景"的新样式展示阅读书籍，在报告厅门口显眼处设悦读草堂、现代化电子小屏，以图片、视频展示书籍，便于师生阅读。书本横向流动，阅读纵向比较，既有常规性的阅读区，又有高规格的精品展，提升校园的阅读文化品位。最有意思的是关于"读书驿角"的创设，学生可以自发寻找一个就近的读书角落，搬来舒适的座椅，装上窗帘，搭上书架，放上图书、报纸、益智类阅读卡，就地读书。孩子们还给读书角取了各种好听的名字——"除忧书屋""书笺小驿""栖息地"……吸引了更多的学生前来阅读。

以此为契机，我校进一步完善全阅读体系、阅读驿站体系、阅读共同体建设图、《驿信》课程架构图、阅读策略实施图，为阅读课程实施指明方向，让学生的阅读素养在日积月累中厚实积淀。

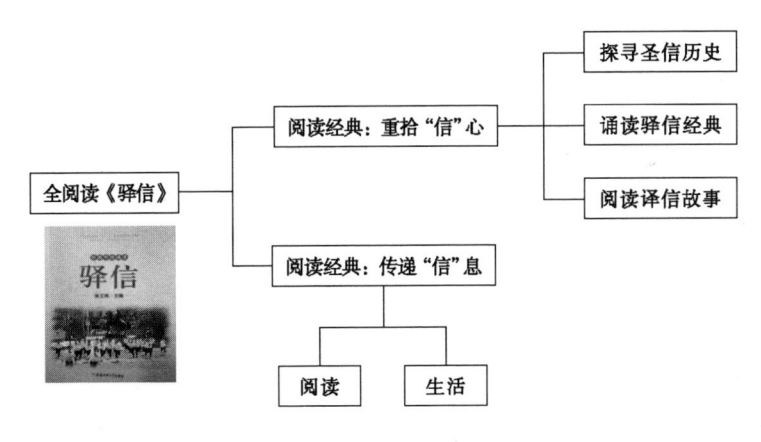

图 21-2　驿信课程架构

教育的价值就在于唤醒每一个孩子心中的潜能，帮助他们找到隐藏在体内的特殊使命。基于以上对于教育责任和使命的认识，我校构建了指向立德树人的新驿使德育课程。德育是学校教育之魂，对于人的发展、成长和培育非常重要，而学校教育和家庭教育一个很大的不同就在于学校德育。我们把我校德育课程的学生立场总结为三个特点：一是全员全纳，也就是说我们让每一个生命都有出彩的机会。二是生活情境，因为校园是孩子走出了家庭，但是又没有完全到社会上的一个家庭之外的空间。校园比家庭更丰富、更广阔，但是又没有社会那么丰富和广阔，而我们的孩子未来是要走向社会的，但他现在未成年，不能把他完全推向社会。因此，我们的德育课程尽量创设了一些生活情境，并使其尽量地符合这个年龄的真实，目的就是希望给学生成长提供更多的可能性，给学生提供更多观察人生的视角。三是育人为本，学校新驿使主题成长课程通过六个年级的主题描绘生命亮色（一年级快乐迎新季、二年级书香阅读季、三年级独立成长季、四年级志愿服务季、五年级职业体验季、六年级毕业梦想季），以"驿路心灯"心理健康教育课程和合作型家庭成长联盟课程为基础，形成三小儿童生命保护色。通过"智慧爸爸课堂""魅力妈妈成长营""祖辈课堂"等途径，提升家校课堂沟通质量，共同赋能孩子的成长。

案例三：我们学校的成长系列德育课程，一是以"邮驿文化"的载物——信件为交流点，拓展书信课程，挖掘书信的礼仪文化，弘扬家国情怀，用最古老最朴实的方式力行使命感，沟通人与人的情感。二是以"邮驿文化"的歇息地——驿站为立足点，挖掘驿站的文化意蕴，设立"少年邮局""驿声相伴"等学生实践岗位驿站，让学生走进驿站广场，踏入独松关古驿道，参观邮驿博物馆……同时结合时代特点，挖掘和设立符合孩子特点的时代驿站，如交通岗亭、气象局、敬老院、图书馆、户外实践基地，用生活体验的方式履行使命，培养学生的社会小主人意识。让学生参与课程管理的各个方面，既展示了自我，又提高了自主管理能力。三是以"驿文化"的精神为激发点，进行家校驿动、区域驿动，可以感化学生内心，让德育连起来。

我们的评价机制采用骑士争章活动进行，以"新五常"爱、助、礼、智、信为基础章，以章来兑换骑士奖牌。采用邮票样式制作成最基础的"奖励图"，再以邮票图兑换骑士章。通过月评价、学期评价、学年评价进行表彰，终极评价在六年级的毕业典礼上隆重举行，真正检验毕业生的形象——"大气文明，责任力行"。

以此为基础，我们简化流程，摒弃冗长的议程设置、繁复空洞的说教讲话环节，将主席台延伸至学生中央，将学生请到舞台中央。从仪式主题设定、仪式主持人确定、仪式活动设计等方面，充分体现儿童主体。

如驿亮童年成长主题系列活动之一：开学入学礼。以一封学校给学生的信为引子展开活动，在学生心田播下希望的种子，帮助学生扣好人生第一颗扣子。

如驿亮童年成长主题系列活动之二：成长礼。以一封给爸爸妈妈的信为引子展开活动，让学生感受生命、感受成长、学会感恩、学会担当，接受一次隆重的精神洗礼。

如驿亮童年成长主题系列活动之三：毕业礼。以一封写给未来自己的信为引子展开活动，让学生展示学习成果，感恩老师教诲，肩负使命，坚定步伐，自信奔赴新的征程。

教育就是激发与唤醒。创意无限的德育课程和综合实践活动，激发孩子的无限潜能，助力孩子成为有全球视野、中国胸怀，生命精彩，灵魂有趣的人。

（三）看见儿童，让儿童站到课堂的中央

有的人认为"双减"就是让孩子们"躺平"，其实"双减"减的是过重的、不必要的负担，而不该减也不能减的则是好奇心、求知欲、勤奋、上进的品质和精神。作为学校的老师你是否反观过自己的课堂？它是你的独角戏，还是以生为本充分地调动了儿童的积极性和参与度的课堂呢？作为学校的管理者，我们的活动是少数优秀学生的秀场，还是所有学生成长的舞台呢？很多时候，儿童在我们面前，我们却没有真正地看见他们。我常常在思考，生命该如何在场呢？——让学生站到课堂的中央。

关注每一个学生的需要，才能让学生站在课堂中央。"我想请这节课没举过手的孩子谈谈看法""我找一个思虑周全却躲开我眼光的学生"，这就是眼里装着课堂上每一个学生的老师。课堂上，老师应该更多地关注到那些平时几乎从来没有回答过问题的学生。相信，在老师不着痕迹的引导下，这些孩子会开始专注课堂，悄无声息地成长。让学生深度参与课堂，才能让学生站在课堂中央。只有在课堂上把学习时间和空间还给学生，让学生们深度体验与参与，学生才可能站在课堂的中央。他们用情地读，他们用心地写，深入地思，侃侃地说，任精彩瞬间肆意飞扬。这才是让学生站在课堂中央。让思维的火

花在课堂中碰撞,才能让学生站在课堂中央;关注学生学的起点,才能让学生站在课堂中央。老师要在学生知识能力的生长点、困惑点、需求点的基础上,提前确定目标、组织教学、因材施教、机智应对。只有当学生经过一次次的课堂实践,历经千淘万漉的辛苦之后,学生才能有所进步,才会真正螺旋式发展起来。这时,学生才算站在了课堂中央。让每个学生都"C位"出镜,长成美丽的模样,散发驿使少年独有的魅力。

  我校的做法是以作业改革来撬动课堂教学改革(如图21-3)。我校尝试整合书本作业、课堂作业和精编点练,打造"融合学力"课堂,积极探索作业融于课堂学习的教学新样态。

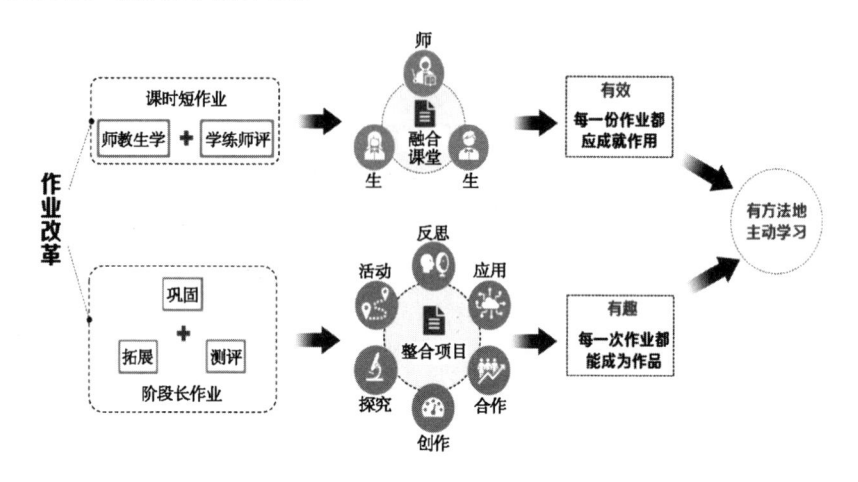

图21-3 安吉县第三小学作业改革思路

具体如下:

  一是完善学生融学作业体系。改变以往的"课时短作业"和"阶段长作业"模式,将作业融合进课堂学习中,作为学习载体,伴随学生学习的全过程,让作业真正有效起来。同时,将作业整合进项目学习,多些反思、应用、探究合作等项目,让作业变得有趣起来,让每一次的作业都能成为孩子们的作品。(如图21-4)

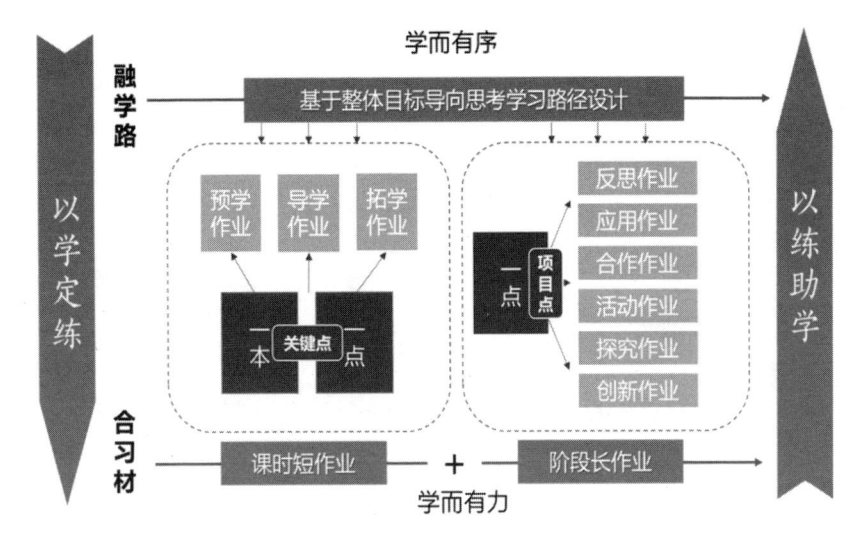

图 21-4　安吉县第三小学作业体系

二是以作业为着力点，形成作业融学课堂范式。以课本、课堂作业本为主要素材，整合两项作业材料，融入课堂学习，以驱动性的学习大任务，简化备课方式，以简约框架式的结构开展探究学习，保证必要的课堂练习时间，从而落实课堂教学效果。（如图 21-5）

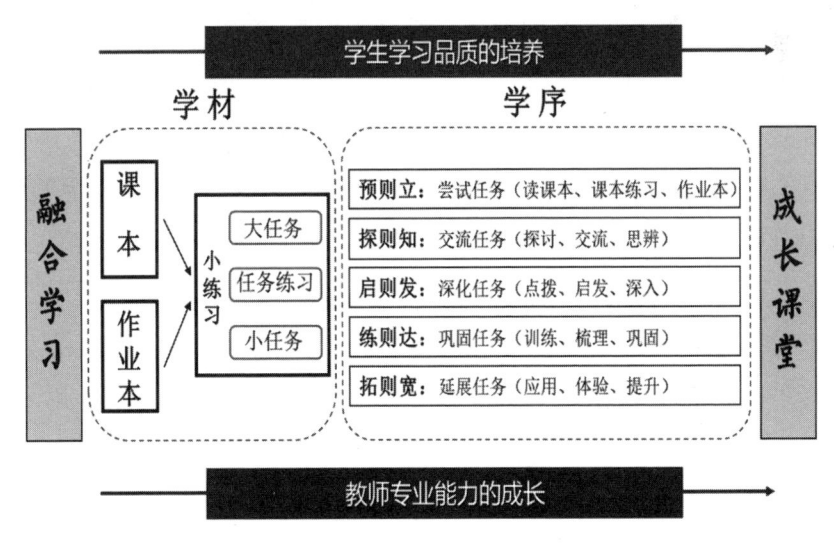

图 21-5　安吉县第三小学融合成长课堂基本结构图

三是以磨课为突破点，促进骨干教师快速成长。教师以各备课组为单位，通过共同磨好一节"减"课，打造简约高效的扎实课堂，并以点带面的方式带动全校性的课堂教学变革，逐步引领我校课堂新模式的进一步优化。由此，我校已逐步形成了由一批市级名师、一批县级带头教师和一批校级骨干教师组成的骨干教师梯队。（如图21-6）

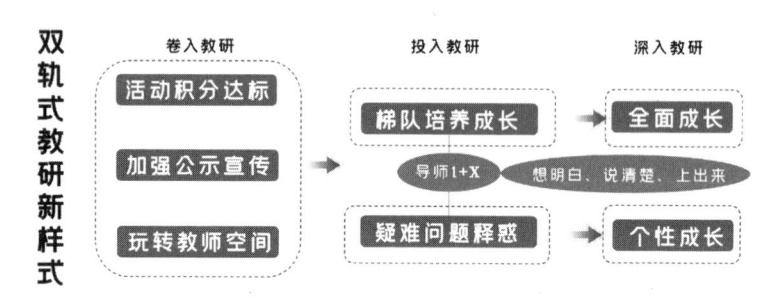

图21-6 安吉县第三小学教研样式

学校管理要眼中有人，让人站在学校中央。教师有什么样的体验，就会把这样的体验传递给学生。管理者希望教师对学生"好"，管理者就要对教师"好"。只有将教师推向前台，学生才可能站在中央。

若学生站在了课堂的中央，则教师的作业设计能力自然而然就成了关键。我们的做法是以"驿园行动"为载体，以学习者为中心，以教师可持续发展路径为实现方式。在传递互助中一起圆梦，在创新特色中打造一园名师，提出"四跨""四驱""四课""四品"的校本研修路径，重新建设结构动力系统，聚焦一线教育教学。经过两年的驿园行动校本研修，越来越多的教师参与到课堂教学研究、作业设计研究中来，越来越多的团队彰显出深度学习的状态，学校的书卷气更浓了，学校的学术味更浓了。（如图21-7）

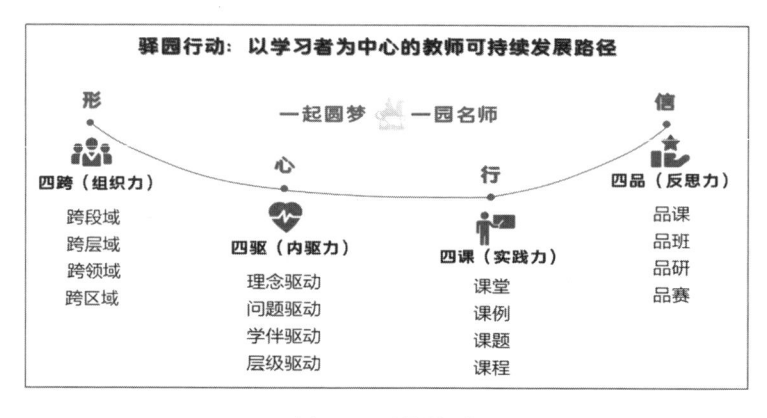

图21-7 驿园行动

例如，2022年暑假，语文备课组就以学生常见的"路"作为项目学习主题，开发阅读微项目课程，阅读路的故事，让学生在"驿路风景"中关注真实的世界。

《驿亮童年》——以邮票画的样式创作课文插图；班刊《我的飞鸟集》——不落下每一个孩子的阅读感受；"我与名人来相约"——《鲁迅传》《吴昌硕传》《梅西传》……将我们自己的书在阅读驿站借阅展示。最有意思的是这些阅读文创作品，"驿马奔腾"书立、"驿路阅读"封套、邮票分类贴纸、阅读提示语明信片、阅读书签等，又可以作为评价机制奖励学生。从过程中来、到评价中去，真正地让教育看见了儿童，让儿童站在了校园中央。

（四）看见儿童，让儿童站到生活的中央

教育的最终目的是培养学生成长为能够独立面对社会、稳健走向生活的合格公民。如何做一名合格的社会公民？怎样将核心素养融入学科体系里？如何让儿童站到生活的中央，真正为儿童打下优秀的精神底子、学习底子和生活底子？让任务驱动式的体验走进儿童的学习生活，儿童也就站在了自然成长舞台的中央。

"吃"对于学生说是头等大事，如何吃得放心、吃得安心也是家长们最为关心的事情。饮食问题关系到孩子身心的健康成长。青少年时期是养成学生良好饮食习惯的关键期，这个时期的饮食习惯会影响人的一生。因此，食育不仅仅是饮食教育，更是"以食养德"的教育，是一个贯穿儿童成长始终的长期工程。于是，我们积极寻求其中的基本点，将"以食养德"落到实处。我们的特色食育健康课程就是在儿童的生活理念上诞生的。基于学校提出的"健康、安全、自然、平衡"的食育新理念，我们从中餐食育课程、线上食育课程、食育实践活动三方面入手，通过线上与线下的结合、学校与家庭的融合等多种途径促进落地。并结合学生的身体发育需求，适时、及时地推出带量食谱，我们把它称为食育"康菜谱"。一是精心设计，落实中餐食育课程。精心布置餐厅环境，精心设计中餐流程，让用餐变得富有仪式感。二是紧扣时代，推出线上食育新招。在疫情背景下，线上食育以更加灵活、生动的形式走进每一

个家庭。三是家校携手，扩大食育实践外延。结合中国传统节日、二十四节气、主题教育月、主题教育日，创造性地开展实践活动，让学生在体验中学习食育知识，养成健康生活习惯。（如图21-8）

学校持续推进"以食育课程推进学校健康教育"的微改革，校园剧《零食"红绿灯"》参加了浙江省第一届食育大赛并获一等奖；学校获得"全国营养健康示范校"的荣誉；学校省教育科学规划课题《这样吃才营养：小学食育课程开发的实践与研究》获得了市一等奖、省三等奖。学校不断提升学生的健康水平，为学生的美好未来奠定良好基础。

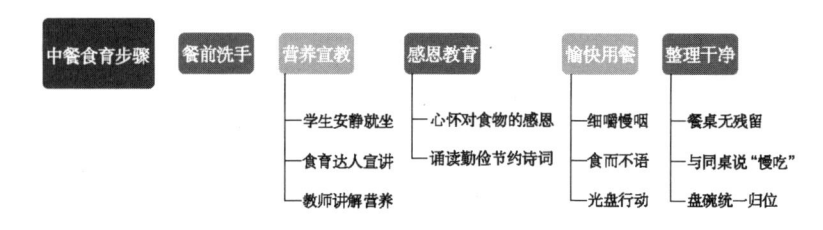

图21-8 中餐食育流程图

回头有一路的故事，低头有坚定的脚步，抬头有诗与远方。让儿童站到舞台中央，做儿童喜欢的教育，打造美好的童年驿站，办老百姓家门口的好学校是我们永远不懈的追求。让我们一起奔跑在教育理想的路上，循一束光，向着明亮那方前行，永不停步。

（作者单位：安吉县第三小学教育集团）

莲花莲韵，培养全人

李 文

一、我的办学思想

杭州市奥体实验小学是距离亚运会主场馆大莲花最近的一所学校，仅150米。每一所学校都要凸显出自己特有的文化特色，我校建有对标国际的网球队、棒球队、高尔夫队等校队，注重国际理解教育，弘扬爱的教育。没有爱心的教育是社会的灾难，社会需要立根正气的文化，教育耳濡目染的力量是强大的。学校校长是全国教育系统先进工作者，是第19届亚运会火炬传递杭州站的第51棒火炬手。学校是距离亚运会主场馆莲花最近的学校，校长是火炬手，这些都将成为奥体实验小学独一无二的文化特色。基于此，学校教育教学文化的品牌确定为"莲花莲韵"，寓意着务实与高雅。学校党建与德育的品牌确定为"火炬"，寓意着中华民族精神薪火相传。

（一）全人教育

学校以全人教育为办学理念，以国际视野、中国灵魂为培养目标，以行健至远、自强不息为校园精神。全人教育是一种教育理念和实践方法，强调培养学生全面发展和多方面素质，使其成为全面、综合、有创造力的个体。其内涵主要包括以下几方面：

全面发展：注重培养学生各个方面的素养，包括智力、情感、品德、体魄等，使学生在认知、情感、行为等层面得到全面发展。

个性化培养：尊重学生的个体差异，关注每个学生的兴趣、特长和学习需求，为他们提供个性化的学习和成长支持。

创新能力：鼓励学生发展创新思维和创造力，培养解决问题和应对挑战的能力，使他们具备创新精神和实践能力。

终身学习：强调学习是终身的过程，鼓励学生培养自主学习的习惯，持续不断地学习和成长。

社会责任：培养学生的社会责任感和公民意识，关注他们作为社会成员的角色和责任。

良好品德：强调品德教育，培养学生的道德修养和正确价值观，使他们成为有社会良知和行为操守的公民。

教育与生活融合：将教育与生活融为一体，使学生能够在实际生活中运用所学知识和技能，促进学与用的有机结合。

全人教育的理论依据主要包括以下几方面：

教育学理论：全人教育是教育学理论的重要组成部分，强调学生全面发展和个性化培养。

心理学理论：全人教育注重培养学生的情感、意志、创造力等素质，促进学生全面成长。

人本主义教育思想：全人教育强调关注学生的自主性，尊重学生的人格和需求，主张以人为本。

教育社会学理论：全人教育认为教育不仅仅是学校内部的教学过程，也离不开社会和家庭等外部环境的参与。

教育伦理学：全人教育将道德品质和品行培养纳入教育目标，强调培养学生的道德修养和社会责任感。

（二）仁爱教育

学校践行顾明远先生教育的箴言——"没有爱就没有教育"。关爱学生，深爱专业，在安静平和做教育的教育思想引领下，沉下心来安安静静做教育，共促家校合力，共赴美好未来。"没有爱就没有教育"是强调在教育过程中，爱的情感和关怀是至关重要的。其内涵主要包括以下几方面：

关怀和尊重：教育需要教师和家长对学生的关怀和尊重，这样学生才能感受到被认同和被重视，这样才有助于建立积极的学习氛围。

激发学习动力：爱可以激发学生对学习的兴趣和动力，让他们更愿意刻苦学习，追求知识和技能的提升。

培养自信：教育中的爱能够培养学生的自信心，使他们敢于面对挑战，勇于表达自己的想法和观点。

培养情感和品德：爱有助于培养学生良好的情感态度和品德修养，培养学生的友爱、宽容和正义感。

建立良好师生关系：教师的爱和关心可以建立良好的师生关系，帮助学生更好地接受教育和指导。

促进综合素质发展：爱能够促进学生认知、情感、社交、体育等各个方面的发展。

培养社会责任感：教育中的爱能够培养学生的社会责任感和公民意识，引导其关注他人和社会的发展。

总的来说，"没有爱就没有教育"强调教育不仅仅是知识的传授，更重要的是爱与关怀的融入，这样才能真正实现学生的全面发展和幸福成长。"没有爱就没有教育"这个观点与一些教育学理论和心理学理论有一定的相关性：

人本主义教育思想：人本主义教育注重尊重学生的个体差异，强调关注学生的情感需求和个性成长，而爱与关怀是实现这一理念的关键要素之一。

心理学理论：积极心理学认为积极情感和关怀能够提高学生的学习动力和幸福感，这与"没有爱就没有教育"的观点相契合。

儿童发展理论：儿童发展研究表明，在情感上支持和关爱儿童有助于建立儿童积极的自我概念和社会适应能力。

（三）成人教育

学校在"成长为身心健康幸福完整的人"这一教育核心文化体系下，提出"成人"教育。"成长为身心健康幸福完整的人"是指在成长过程中，个体身心得到全面发展，拥有健康、幸福、完整的生活状态。这一目标强调了人的全面素质和幸福感的培养，涵盖了多个方面：

身体健康：关注个体身体的健康状况，包括饮食均衡、适度锻炼、规律作息等方面，以确保身体的良好状态。

心理健康：注重个体心理的健康成长，培养积极心态、自信心和心理韧性，有效应对生活中的挑战和压力。

学业与职业发展：努力获得优质教育，追求个人学业和职业的成长，实现个人潜能的最大发挥。

人际关系与社交能力：建立良好的人际关系，培养有效的沟通和合作能力，增进社会融入感。

情感和情绪的发展：培养积极的情感态度，学会理解和表达自己的情感，建立稳定的情感关系。

社会责任与公民意识：关注社会公益，培养对社会的责任感和公民意识，积极参与社会活动。

这一目标的理论依据包括：

人本主义心理学：强调个体的主观感受和自我实现，关注人的自我价值和幸福感。

积极心理学：关注积极情感和个体的优点与优势，以提高幸福感和心理韧性。

综合素质教育：以全面培养学生的素质为目标，关注身心健康的发展。

教育学理论：全面发展个体，以培养幸福和完整的人为核心教育目标。

通过以上理论依据，将学生培养成身心健康幸福完整的人，使其更好地适应社会和生活的需求，为个人和社会的发展做出积极的贡献。

二、我的办学实践

（一）文化建设

1. 教育理念

学校以全人教育为办学理念，以国际视野、中国灵魂为培养目标，以行健至远、自强不息为校园精神。践行顾明远先生的教育箴言——"没有爱就没有教育"。学校在"成长为身心健康幸福完整的人"教育核心文化体系下，提出"全人"教育。并融合"亚运"精神，融入中华优秀传统文化，培养儿童的国际视野、家国情怀与利他思维。

2. 校园文化

学校打造"奥体文化"，开设"奥体课程"，强调卓越、友谊、尊重和团结。"奥体文化"强调全人教育，将体育与学习、艺术、品德等多个方面结合，促进个体的全面发展；同时，"奥体文化"强调对社会的责任，倡导个体积极参与公益活动和社会公益事业，为社会贡献力量。

3. 教育环境

校园分为师生服务中心、学习教学中心和生活运动中心三大区域。三大区域相对独立又互相连接，融合为一个大型综合体社区校园。从运动场、大台阶、架空平台，到内庭院、屋顶活动平台等，由低到高逐层抬起的多层级交流空间，为学生创造丰富立体的室外学习交流活动场所。

4. 课程设置

学校在课程设计的实践与探索中，逐步形成了三大系列教育活动：

一是节日教育课程。以传统节日和纪念日为载体，组织学生了解节日的来历，懂得节日的习俗，感受节日的氛围。例如：在开学第一天组织学生进行"开学第一课"的活动；在教师节组织学生亲手制作"小小手工卡"活动；国庆节组织"向国旗敬礼"活动；"11·9"全国消防日组织全体师生齐学"防火术"活动；"国家宪法日"组织全体学生"宪法晨读"活动；等等。

二是劳动实践课程。尊重劳动、尊重知识、尊重人才、尊重创造，是党和国家的长期方针。生活靠劳动创造，人生也靠劳动创造。劳动教育是提高中小学生综合素质、成就幸福圆满人生的有效途径。学校结合实际，根据学生的身心发育规律，分年级制定由易到难、由简到繁的劳动课程体系，让学生每学期至少学会5项劳动技能，并且每学年开展一次学生劳动技能大赛活动。

三是主题教育活动课程。以开学第一课教育、国防教育、融合教育、国旗下演讲为抓手，开展系列活动。同时以学校重要活动为依托，如九月初对一年级学生进行国防教育，让学生在国防教育中深刻地领悟到爱国主义的内涵，从小树立起自觉履行国防义务的意识。通过队列训练、会操表演等形式，帮助学生确立规范意识，增强纪律观念，磨炼坚韧意志，培养吃苦耐劳的精神。

5. 师生关系

学校一贯倡导发挥学生的主体作用和建构班级的管理特色，充分发扬教育民主，创设宽松、和谐、开放的教育环境，使教育成为学生在教师指导下主动、积极参与的过程，成为师生间双向交流的过程。鼓励班主任根据班级具体情况，发挥学生的聪明才智进行高效能的班级管理。学生干部一律竞争上岗，班级中人人有事做，事事有人做；常规管理放手由学生组织实施，让学生在自我管理中培养做人的尊严感、道德感和责任感。不少班级探索出了特色鲜明的管理方法，如班委轮换制、一日小班主任制等。

6. 家校合作

学校以习近平总书记关于家庭家教家风的重要论述为指导，以面向全体学生，促进学生德智体美劳全面发展为基本准则，服务学生身心健康发展，完善并落实常态化家访、家长会、家委会工作制度，以进一步增进家校理解，凝聚家校合力，促进家校协同，实现家校学情会商，携手落实全环境立德树人根本任务，切实提升全环境育人成效。我校积极开展各年级的全员家访和家长会活动，让浓浓的家校情在家校共育路上传递。

（二）教师队伍建设

1. 提升教学能力

（1）严格执行课程计划。教师按照国家课程计划开齐、上足、上好各类课程,不任意增删课时。学校加大课程管理巡查力度,对各教师课程计划执行、课表上课等情况进行督查,发现问题严肃处理。严格控制学生在校时间,关注学生按时到校、教师及时放学情况,关注学生身心健康。

（2）严格备课管理。教师深入学习课标,认真钻研教材,精心设计教案。教学目标体现情感、态度、价值观的三维统一,教学设计突出学生的主体性,突出学生的实践活动、合作学习和探究方式,及时进行教学反思。各教研组认真展开集体备课。练习册、补充习题等教师要事先做,作文课前教师要先写"下水文",准备一些优美的词句、片段,为提升学生的作文水平作铺垫。年轻教师的教案要突出规范性和有效性；有经验的教师的教案要突出研究性和创新性,要备详案,格式规范,教学过程描述详细,有具体的问题设计与练习设计,尤其是要详尽地展开教学重点内容；骨干教师发挥学科带头作用,负责指导青年教师备课、撰写教案,注重二次备课和教学后记的撰写。

（3）精心设计及批改作业。认真落实"五项管理",精心设计作业。做到难易适中,体现梯度,形式多样,在巩固基础中求提高。作业书写要规范,教师认真批改作业,在批改过程中注重文字、符号、图案的激励作用,以批改促作业质量提高。作业批改要求"日日清",随时摘记学生作业中的独特见解和典型错误,分析原因,对症下药,举一反三。回家作业严格遵照减负方案执行,一、二年级不留书面作业,三、四年级作业总量不超1小时,每周三为无作业日。教师每日公示教学进度和作业布置,学校要同步公示、备份、存档。

（4）抓好学困生辅导。教师遵循"面向全体,注重差异"原则,对学困生采取面批、面改或个别辅导的办法,帮助他们弥补缺陷,完成课外作业,克服学习困难。教师要有爱心、热心、耐心,始终对学生充满信心,从学生的基础出发帮助他们一点一滴地取得成功,重视学生的学习心理,帮助他们树立信心,激发他们自觉发奋努力,对学生做到"不放弃、不抛弃"。

（5）加强质量监控。考核学生学习成果是检查教学效果、促进学生发展的重要措施。个性化评价由教研组精心制订方案,及时批改,认真评讲、认真分析。课堂评讲有重点,不一一讲演。教师既要做好集体评讲,更要做好小组分类评讲、个别辅导评讲。组织好校内期末教学质量的评价工作,做好评价统计及质量分析。深入开展学科教学全面调研和专项调研，找出问题，制定措施，调整教学策略。各教研组掌握每个学段学生素质发展的要求，精心组织学生素质成果展示活动，通过调研、评估、展示等形式，转变教学观念，改进教学方法，提高教学质量。

（6）加强教学常规的检查制度。坚持定期检查与平时检查相结合，加大对备课、作业布置及批改、课后反思等检查力度，及时反馈。采用年级组循环传阅的方式，开展"优秀备课本、优秀听课笔记"展示交流活动。加强随堂听课，经常性地组织教研组长、各年级学科负责人以及行政成员深入课堂开展听课、评课活动。教导处每月对备课、听课笔记，作业布置等情况进行检查。

2. 增强管理能力

教师队伍是落实立德树人根本任务的实践主体。学校不断提升德育教师的视野格局、专业素养和教育境界，组织班主任、辅导员参加班级管理和育人方法培训学习；举行"优秀班主任经验分享会"，推广优秀班主任的育人智慧；开展"优秀班主任事迹展播"，让更多优秀班主任讲述他们教书育人的感人故事。组建校级"班主任成长大本营"，进一步加强班主任队伍建设，培养奥体班主任成为既具有较高的德育理念素养和教育管理艺术，又具有自我教育风格的创新型班主任。精心策划"教师节和班主任节活动"，花式表白"老班"，进一步提升班主任的职业成就感和幸福感，使班主任队伍更加团结、奋进、求实、创新。学校的区级班主任工作室也从商讨恳谈、专业指导、科研指导、班级建设难题指导等方面为年轻班主任们全方面地传授经验，让每位班主任在学校帮扶和个人努力下得到锻炼和提升。

3. 助力科研能力

教科研工作以教改创新为动力，积极做好"双减"工作，坚持"走出去、请进来、沉下去"的工作思路。从科研和师训等方面精细管理、精准指导、精心服务，为教师寻求多层面、全方位的教育科研平台，让教育科研成为学校教育教学的常态工作，助力教师的专业成长。

（1）制定详尽的教科研计划，确立工作目标。我校以"四有"教师（有理想信念、有道德情操、有扎实知识、有仁爱之心）为培养目标。以"六动"学习（任务驱动、实践互动、导师带动、反思促动、科研推动、区校联动）为培养方式，加快各梯队教师成长，塑造一支"没有爱就没有教育"的优秀奥体教师队伍。

（2）掀起全员科研热潮，"必做"与"选做"相结合。从教师的年龄结构与学历上来看，学校近80%的年轻教师具有本科及以上学历，但研究能力、方法、水平还有待提升。为了让全校教师"研动"起来，学校鼓励全员参与"滨江区学会论文"的写作与"教育科研课题"的申报，营造学校的科研氛围，树立全体教师"科研兴教，科研兴校"的专业意识。根据学科的特点、研究方向，把部分"选做"作业放到教研组内，由教师根据自己的研究喜好、特长，自主选择。

（3）专家引领与同伴互助相结合，提升全员科研能力。我校聘请各级各类专家在线上线下为我们指导，学校为教师们搭建平台，给予专业上的支持与帮助。同时，充分发挥校内骨干教师团队及名师专业的引领、带动、辐射作用，成立"教科研智囊团"。"教科研智囊团"的导师由学校中层、教研组长、骨干教师等中坚力量组成，各导师进行"一对一"的课题、论文指导，为提升教师教育科研能力，促进学校可持续发展努力。

（4）成立研修共同体，自愿组队，抱团研究，鼓励教师结成学习研修共同体。教师自愿组队申报研究课题，建立多学科的科研项目群组，每周利用学科教研时间，开展30分钟的学术沙龙活动、成果分享会，让教师们在交流与学习中共同成长。

（5）评选教科研先进个人与团队。学校制定了教科研奖励办法，鼓励教师开展课题研究和论文撰写。每学期末根据教师们的教科研成果，评选教科研先进个人与团队，激励教师提升科研水平。

（三）课程建设与课堂教学变革

开展高效课堂研究活动。通过理论学习、课堂展示、自我反思、集体评议等多种方式，提高教师驾驭课堂的能力。

1. 理论引导实践

教育观念是教育行为的内驱力，没有先进的教育观念，就不会有进步的教育实践。学校深入研究优质课堂教学策略，注重课堂教学行为、落实教学目标和随机评价的研究，强调教师对自己教学行为的分析与反思。以学生的"学"评价教师的"教"，使课堂教学真正成为激发学生兴趣、促进学生发展的过程。以习惯养成和夯实基础为重点，尊重差异，培养兴趣，关注体验，发展能力，促进学生和谐健康发展。

2. 上好"四种课"

第一是"推门课"。对于课堂教学存在问题较多的教师，采取"跟踪听课"，帮助教师改进课堂教学，提高常态课质量。第二是校级教研课。采用"备课——授课——评课"三环节进行，自行申报，教导处制订活动方案，学科教研组负责落实。第三是校级精品课。通过"集体备课，形成预案——上课实践，评议交流——再上课实践，再评议——再实践""一课三研磨"的课例研究模式，形成了以"课"为核心的循环往复的"卷入式"教研过程。第四是交际友谊课。向兄弟学校发出"友谊帖"，进行校际教学展示。由校内骨干教师组成智囊团进行磨课，校际间进行互相展示，取长补短，共同提高。每位教师每一学期都进行校际教研课展示，40周岁以上的成熟型教师进行精品课展示，同时通过区定点教研，开展"卷入式"的教育活动，通过组内的校际教研课，选出优秀课件在联盟内和区级展示。学校还开展"扬帆杯"青年教师课堂教学大比武活动，全校40周岁以下教师全员参与，三分之二的教师获得一、二、三等奖。

3. 落实教师间听课活动

通过教师间合作交流，探讨反思，使各科教师在活动中得到互相学习，磨课锤炼。同时鼓励教师外出学习、听课，每位教师每学期听课不少于15节，三年内年轻教师不少于20节，行政人员听课不少于25节，校长听课不少于30节。听完课后要及时组织评课交流，让教师进行深入分析和研究存在的问题，便于同伴间互相学习、互相指导。外出学习听课的教师，回校后要在教研组内交流学习心得。

4.教学反思促成长

美国学者波斯纳提出教师成长的公式："教师成长＝经验＋反思"。学校致力于提高教学随笔的有效性，鼓励教师坚持进行"每日十分钟"教学随笔撰写。引导教师重点关注以下内容：一要反思教学行为是否达到教学目标；二要反思课堂是否落实了学生的主体地位；三要反思是否创造性地使用了教材；四要反思教学过程是否存在"内伤"；五要反思是否迸发出"智慧的火花"，提高教学反思质量。

（四）学生发展与管理

学校注重学生文化课学习的同时，加强体艺学科的教育教学，促进学生全面发展。体育、艺术教育工作是学校实施素质教育的重要内容和途径。教师以学校的工作计划为指导，围绕课堂教学，以学生发展为本，坚持特色创新。体艺教学中心扎实开展教学研究，以提高教师的素质和工作效率为重点，以学校拓展课程和社团活动为载体，以发展和提高学生特长水平为特点，提高体艺水平，促进学生的全面发展。

1.完善体艺教育管理——有规有矩

学校对体艺投入了大量经费，保证了体艺教育的正常开展。每学年还有预算投入，配备体艺专用艺术教室，其中美术4间、音乐5间、科学4间，以及陶艺室、手工室、舞蹈室等，满足了体艺教学的需要。

体艺工作被列入学校中长期的发展规划，学校按课程要求开足开齐体艺课程，做到每天一节体育课，并落实课间体育活动，保证学生每天1.5小时的体育锻炼时间。每个学生有1～2门的艺术爱好，艺术品上墙展示、上台展示。在"'艺'起创地球"活动中，35个班级开设了班级艺术品的装置展及美术社团、英语社团、音乐社团的大型舞台表演，让每一个孩子都沉浸在艺术海洋中。同时学校大力推进器乐进课堂，将口风琴教学落实到每一个班级，做到人人会吹。管弦乐队及课外乐器社团的成立，使得器乐教学率达到了100%。此外，学校设计了多种活动促进美育，如学生动手实践，以"喜迎党的二十大，献礼教师节，我爱我的国，我爱我的家"为主题创作各种精美的艺术品。

为了加强体艺工作的规范性，学校先后制定了多项体艺教育制度，如教师上课规范、教研组考核、教研组记录等，并严格按照执行，做到年初有计划、年中有检查、年末有总结，活动有记录。

2. 创设艺术教育文化——活灵活现

学校开展艺术特色课程，以周五的未来课程为时间点，严抓音体美特长训练，做好社团的工作，鼓励学生积极参加各项活动。根据体艺教师的个人专业特点，开设了包含球类、棋类、演奏类等在内的20多门未来课程。教师们根据自身的专业特点，实现了学生特长发展的层次性和递进性，将学校的体艺教育与办学品位有机融合。

（1）体育：在新课程理念的指导下，树立"健康第一"的理念，遵重学生成长发育规律、心理活动和运动形成的规律、终身体育意识和习惯养成的规律。组建篮球、足球、乒乓球、羽毛球、田径、啦啦操、武术操、体育游戏、棋类等体育社团，提升教育品质。

（2）音乐：学校开设了舞蹈、合唱、管乐、音乐剧等音乐类社团。全校学生统一学习乐器——口风琴，努力成为口风琴特色学校。同时，学校成立校管乐团。经一学期的训练，管乐教育卓有成效，管乐团也将在各个舞台上呈现精彩节目。

（3）美术：美术组是学校美的宣传者和环境的美化者。每一位美术教师都认真承担了学校的各种环节布置以及设计宣传，学校开设有国画、水彩、陶艺、创意美术社团。在项目化学习——"'艺'起创地球"活动中，美术教师致力于STEAM教育理念引领下的跨学科教学研究，展现地球之美。校外带领社团学生开展的"大手牵小手走美术馆"活动，提高了学生艺术修养和审美水平。

（4）科学：积极组织学生参加科技竞赛活动；积极组织教师参加中国教育学会科学教育分会相关评比活动、滨江区科学课程课堂教学评比、市教育学会年会论文和"案例评析"评选活动、市科学年会论文评比、教育学会年会论文评比活动、市区研训中心组织的各类科学活动等，取得了良好的成绩。

（5）信息：开发有利于学生智力发展的小游戏，既巩固了学生所学的知识，又提高了其学习兴趣。经过实践，取得了很好的效果。

（五）学校特色建设

第一，以"健康第一"为宗旨，把学校体育工作作为实施素质教育的突破口，从学生的兴趣出发，培养学生勤于锻炼的良好习惯，使学生身心得到和谐发展，提升教学效果。

第二，积极营造学校体育氛围。充分落实课间体育活动，向学生发放借球卡，确保学生午间田径训练等有效活动常规化。用好早上和下午体育锻炼时间，开展年级比赛，促进体育尖子生之间相互竞争，全面提升学生身体素质，激励学生在运动会上取得优异成绩。重点抓好二、五年级学生的体质健康成绩，通过班主任、体育教师和家校三方的紧密配合，提高学生的体质健康成绩和身体素质。

第三，开展体育小竞赛和素质测试，设置跳绳、仰卧起坐、立定跳远、50米等选测项目，以全体参与取平均值的方式进行评价，发放奖状。每月针对性练习一项，月底通测。

第四，每日组织十分钟的口风琴课堂练习。除每月定期演出之外，组织大型活动演出，并将口风琴演奏纳入音乐课期末考评。严格进行管乐团日常训练，保持每日晨训，外聘教师所教授的弦乐也勤加练习，为今后校管弦乐团的成立打下良好的基础。

第五，把握美术课教学的特点以及文化教育与知识技能的相互关系问题。在教学改革中既要突破传统的教学方法和形式，又不能丢失美术课的专业知识和技能。开展多种形式的美术课堂教学和美术创作活动，既注重传统文化艺术教育，也强调现代艺术教育。对学生进行美育教育，凸显美术教育的特殊审美教育功能。组织辅导学生绘画创作，以节日为契合点开展贴近学生学习生活的教育活动艺术创作，培养学生的创作意识，增强创新意识，尝试感受成功的喜悦情感。

第六，继续推进各类教科研活动。做到精细管理——早启动、早打磨；做到精准指导——加强校内导师指导与校外专家指导，一学期至少组织两次校内导师"一对一"的指导,至少组织一次校外专家到校讲座和"一对一"指导,提高教师的教科研能力;做到精心服务——重视课题管理,实行"热线制",对于目前立项的各级各类课题,帮助教师做好开题、中期小结、课题结题等过程性管理工作,实行"热线制",通过微信、钉钉、电话等网络联系方式或者面辅等沟通方式,切实帮助在教育教学方面有想法或者有困难的教师。

(作者单位:浙江省杭州市奥体实验小学)